Alfabetização
BASEADA EM EVIDÊNCIAS

A385   Alfabetização baseada em evidências : da ciência à sala de aula /
       Organizador, Renan Sargiani. Porto Alegre : Penso, 2022.
       xiv, 272 p. : il. ; 23 cm.

       ISBN 978-65-5976-008-4

       1. Ensino – Alfabetização. I. Sargiani, Renan.

                                                        CDU 37.014.22

Catalogação na publicação: Karin Lorien Menoncin – CRB 10/2147

RENAN SARGIANI

Organizador

Alfabetização
BASEADA EM EVIDÊNCIAS

Da ciência à sala de aula

penso

Porto Alegre
2022

© Grupo A Educação S.A., 2022.

Gerente editorial
Letícia Bispo de Lima

Colaboraram nesta edição:

Coordenadora editorial
Cláudia Bittencourt

Capa
Paola Manica | Brand&Book

Tradução
Cap. 3 – Renan Sargiani e Caroline Campos Rodrigues da Silva
Cap. 7 – Renan Sargiani e Fabiane Gamero
Cap. 6 – Renan Sargiani e Giselle Lira Amaro
Cap. 12 – Renan Sargiani e Fabiane Gamero

Preparação de originais
Marcela Bezerra Meirelles

Leitura final
Giovana Silva da Roza

Editoração
Ledur Serviços Editoriais Ltda.

Reservados todos os direitos de publicação ao GRUPO A EDUCAÇÃO S.A.
(Penso é um selo editorial do GRUPO A EDUCAÇÃO S.A.)
Rua Ernesto Alves, 150 – Bairro Floresta
90220-190 – Porto Alegre – RS
Fone: (51) 3027-7000

SAC 0800 703 3444 – www.grupoa.com.br

É proibida a duplicação ou reprodução deste volume, no todo ou em parte, sob quaisquer formas ou por quaisquer meios (eletrônico, mecânico, gravação, fotocópia, distribuição na Web e outros), sem permissão expressa da Editora.

IMPRESSO NO BRASIL
PRINTED IN BRAZIL

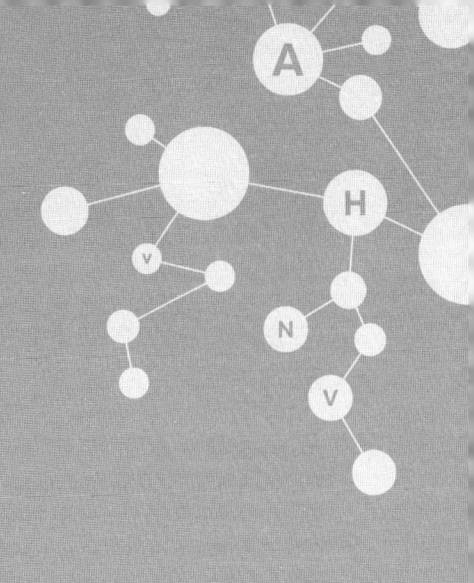

Autores

Renan Sargiani (organizador)
Psicólogo. Professor de Psicologia da Universidade Cruzeiro do Sul e presidente do Instituto de Educação Baseada em Evidências (Edube). Mestre em Psicologia da Educação pela Pontifícia Universidade Católica de São Paulo (PUC-SP). Doutor em Psicologia Escolar e do Desenvolvimento Humano pela Universidade de São Paulo (USP), com estágio doutoral pelo Graduate Center of the City University of New York, Estados Unidos. Fez pós-doutorado em Psicologia na USP, em Psicologia da Educação na PUC-SP, e em Educação na Harvard Graduate School of Education, Estados Unidos.

Alberto Mariotto
Psicólogo e fonoaudiólogo. Tutor de Psicologia Educacional e Dificuldades de Aprendizagem da Universidade de Pádua, Itália. Chefe de centro médico privado e coordenador de equipe multidisciplinar de diagnóstico e reabilitação.

Ana Albuquerque
Psicóloga. Assistente de pesquisa no Centro de Investigação em Educação (ISPA-IU), Portugal. Doutora em Psicologia pelo ISPA-IU, estagiária na USP e visitante na Universidade de Oxford, Reino Unido.

Ana Luiza Navas
Professora titular do Curso de Fonoaudiologia da Faculdade de Ciências Médicas da Santa Casa de São Paulo. Especialista em Distúrbios da Comunicação Humana pela Universidade Federal de São Paulo (Unifesp). Mestra em Psicologia e Doutora em Psicolinguística pela University of Connecticut, Estados Unidos.

Ana Paula Vale
Professora de Psicologia Cognitiva da Linguagem e de Perturbações do Neurodesenvolvimento da Universidade de Trás-os-Montes e Alto Douro (UTAD), Portugal. Coordenadora científica e clínica da Unidade de Dislexia da UTAD. Membro do Projeto Internacional MABEL – Multilanguage Assessment Battery of Early Literacy. Colaboradora do Projeto LER – Recursos, do EDULOG, parte do Plano Nacional de Leitura, Portugal. Especialista em Processos de Linguagem Oral e Escrita e Desenvolvimento da Criança. Doutora em Psicologia pela UTAD.

Barbara Arfé
Professora de Psicologia Educacional e Dificuldades de Aprendizagem e vice-reitora para Inclusão e Deficiência na Universidade de Pádua, Itália. Chefe do Laboratório de Aprendizagem para Crianças Surdas do Departamento de Psicologia do Desenvolvimento da Universidade de Pádua e associada do Centro de Linguagem, Literacia e Numeracia: Pesquisa e Prática (LLNR&P), do Instituto de Educação da University College London (UCL), Reino Unido. Doutora em Psicologia do Desenvolvimento e Processos de Socialização pela Universidade de Pádua, Itália.

Carolyn B. Mervis
Bacharel em Linguística. Professora do Department of Psychological and Brain Sciences da University of Louisville, Estados Unidos. Doutora em Psicologia pela Cornell University, Estados Unidos.

Catherine Elizabeth Snow
Linguista e psicóloga educacional. Professora John H. e Elisabeth A. Hobbs de Cognição e Educação da Harvard Graduate School of Education, Estados Unidos. Doutora (Ph.D.) em Psicologia pela McGill University, Canadá.

Cláudia Cardoso-Martins
Psicóloga. Professora titular aposentada do Departamento de Psicologia da Universidade Federal de Minas Gerais (UFMG). Cocoordenadora do Laboratório de Estudos e Extensão em Autismo e Desenvolvimento (LEAD) da UFMG. Pesquisadora do Conselho Nacional de Desenvolvimento Científico e Tecnológico (CNPq). Mestra em Educação Especial e Doutora (Ph.D.) em Psicologia pela Universidade de Illinois at Urbana-Champaign, Estados Unidos.

Ilona Becskeházy
Consultora. Mestra em Educação Brasileira pela Pontifícia Universidade Católica do Rio de Janeiro (PUC-Rio). Doutora em Política Educacional: Estado, Sociedade e Educação pela Faculdade de Educação da USP.

Josiane Toledo Ferreira Silva
Professora. Doutora em Ciências da Educação pela PUC-Rio. Membro do comitê diretor e grupo de trabalho de conteúdo FLIP+ e-assessment community, representando o Centro de Políticas Públicas e Avaliação da Educação (CAEd/UFJF). Supervisora de entrega de resultados de avaliação educacional no CAEd/UFJF.

Linnea C. Ehri
Psicóloga. Professora distinta emérita de Psicologia Educacional do Graduate Center of the City University of New York, Estados Unidos. Membro do Reading Hall of Fame da IRA. Doutora (Ph.D.) em Psicologia Educacional pela Universidade da Califórnia, Berkeley. Recebeu prêmios de pesquisa da American Educational Research Association (AERA), da International Reading Association (IRA), da National Reading Conference (NRC) e da Society for the Scientific Study of Reading (SSSR).

Maria Regina Maluf
Professora e pesquisadora da PUC-SP e da USP. Especialista em Psicologia da Educação e do Desenvolvimento. Especialista em Psicologia pela Universidade de Louvain, Bélgica. Mestra e Doutora em Psicologia pela Universidade de Louvain, Bélgica. Recebeu o "2018 IAAP Distinguished Professional Contributions Award", da International Association of Applied Psychology.

Hakima Megherbi
Professora de Psicologia do Desenvolvimento, Unité Transversale de Psychogénèse et Psychopathologie (UTRPP), Université Sorbonne Paris Nord. Codiretora do projeto Plataforma MEDIALECT, Université Sorbonne Paris Nord. Especialista em Alfabetização do Ministério da Educação Nacional da França, da Organização para a Cooperação e Desenvolvimento Econômico (OCDE) e da Organização das Nações Unidas para a Educação, a Ciência e a Cultura (Unesco). Doutora em Psicologia pela Université Paris Descartes – Paris 5.

Mirelle França Michalick-Triginelli
Psicóloga. Professora adjunta de Psicologia da Pontifícia Universidade Católica de Minas Gerais (PUC-Minas). Mestra e Doutora em Psicologia pela UFMG.

Otília Sousa
Professora coordenadora principal do Instituto Politécnico de Lisboa. Investigadora da Unidade de Investigação e Desenvolvimento em Educação (UIDEF) do Instituto

de Educação da Universidade de Lisboa, Portugal. Investigadora principal do Projeto Educação pela Integração. Doutora em Linguística pela Universidade Nova de Lisboa e Agregação em Educação pela Universidade de Lisboa, Portugal.

Robin O'Leary

Professora. Doutora (Ph.D.) em Psicologia Educacional pelo Graduate Center of the City University of New York, Estados Unidos. Especialista em Educação Infantil na Escola de Educação do Hunter College, Estados Unidos.

Stanislas Dehaene

Neurocientista. Professor do Collège de France. Diretor da Unidade de Neuroimagem Cognitiva do Institut National de la Santé et de la Recherche Médicale (INSERM). Presidente do Conseil Scientifique de L'Éducation Nationale (Conselho Científico de Educação Nacional da França). Mestre em Matemática Aplicada e Ciência da Computação pela Universidade de Paris VI. Doutor (Ph.D.) em Ciências Cognitivas pela Ecole des Hautes Etudes em Sciences sociales (EHESS), Paris, França.

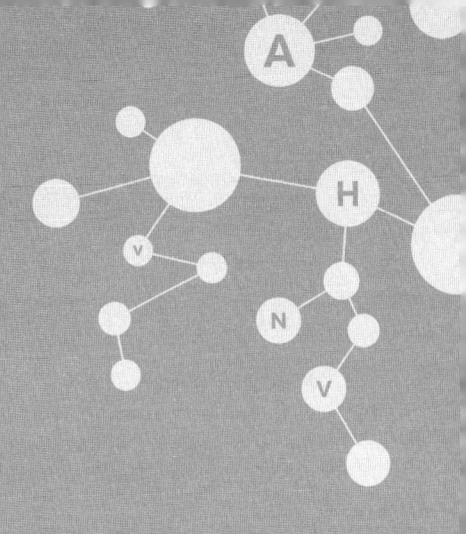

Agradecimentos

"A alfabetização é uma ponte que leva da miséria à esperança."
Kofi Annan — Ex-secretário-geral das Nações Unidas
e Prêmio Nobel da Paz

Este livro nasceu do desejo de tornar acessível aos professores o conhecimento científico mais atualizado sobre a alfabetização, de forma que possam aperfeiçoar suas práticas e garantir que todas as crianças aprendam a ler e a escrever. Assim, tem o objetivo de contribuir para assegurar a educação inclusiva e equitativa de qualidade, bem como de promover oportunidades de aprendizagem ao longo da vida para todos, que é o quarto objetivo do desenvolvimento sustentável da Organização das Nações Unidas (ONU) na agenda 2030.

O trabalho em educação é sempre mais profícuo se for feito em uma rede de colaboração, com diferentes atores contribuindo com seus conhecimentos e suas experiências em prol de um mesmo objetivo. Assim, não poderia ser diferente em um livro como este. Trata-se de um esforço coletivo de muitos profissionais envolvidos na defesa de uma educação mais inclusiva, um trabalho colaborativo de muitas pessoas que acreditam na importância da alfabetização e da educação e que buscaram compartilhar seus conhecimentos de maneira didática, simples e fundamentada em evidências.

Agradeço a generosidade de cada um dos autores deste livro, por terem aceitado contribuir com seus trabalhos, por planejarem e escreverem capítulos tão ricos em informações, evidências, experiências e recomendações, e que poderão auxiliar os professores e os futuros professores a preencher as lacunas entre a ciência e a sala de aula e garantir que todas as crianças possam aprender a ler e a escrever com qualidade e equidade.

Além dos autores, gostaria também de agradecer a preciosa e indispensável ajuda de amigas queridas que contribuíram com seu tempo e *expertise* para as traduções e revisões de alguns dos capítulos deste livro. Suas contribuições valiosas auxiliaram na organização do livro e possibilitaram a concretização do sonho de ofertar um material para os professores que pudesse ao mesmo tempo trazer informações e evidências rigorosas e estar em uma linguagem clara e acessível. Assim, agradeço nominalmente pelas traduções e revisões de Fabiane Gamero, Caroline Campos Rodrigues da Silva, Giselle Lira Amaro, Bruna Gomes de Oliveira, Ana Luiza Navas, Aline Coralim Azevedo e Laura Franco de Souza Minussi.

Renan Sargiani
Organizador

Apresentação

Este livro coletivo, organizado por Renan Sargiani, traz uma reflexão importante sobre a alfabetização de crianças no Brasil, em um contexto em que quase 55% dos alunos de terceiro ano do ensino fundamental não lograram se alfabetizar e os dados de analfabetismo adulto mostram uma estagnação em um patamar inaceitável para um país que se coloca como 12º no mundo em termos de produto interno bruto (PIB).

Algo caminha mal com a forma que escolhemos para alfabetizar os alunos. Afinal, a Avaliação Nacional de Alfabetização de 2016, a última censitária que tivemos antes da elaboração deste livro, foi aplicada quase no final do segundo semestre, em uma série em que as crianças iniciam em média com 8 anos de idade. De fato, precisamos estudar de forma desapaixonada por que as crianças não se alfabetizam e o motivo de ainda produzirmos analfabetos escolarizados. Para tanto, precisamos usar evidências científicas para nos guiar. É o que este livro faz.

Ele começa com uma abertura do organizador mostrando o que as pesquisas vêm apontando sobre o que funciona na alfabetização de crianças no mundo e trazendo essas evidências para o caso brasileiro. Entender como podemos adaptar abordagens internacionais para um país tão diverso como o nosso é sempre um desafio grande, o que não quer dizer que o que é feito fora do Brasil não deva iluminar nossa busca de maneira mais efetiva para garantir que todos aprendam.

Nesse sentido, é particularmente útil o modelo mais detalhado de como aprender a ler e a escrever. Apoiando-se na própria Base Nacional Comum Curricular (BNCC), Sargiani aponta caminhos, que depois se desdobram em um dos capítulos do livro, para iniciar o processo mesmo na educação infantil, de forma lúdica e assegurando, assim, maior equidade a uma educação em que as desigualdades educacionais começam muito cedo na trajetória do aluno.

Os demais capítulos, muitos deles de autores internacionais consagrados, como Catherine Snow, linguista e psicóloga educacional da Faculdade de Educação de Harvard, ou Linnea Ehri, professora emérita em Psicologia Educacional da Universidade da Cidade de Nova York, debatem temas relevantes para uma boa alfabetização, como a necessária formação de professores, a avaliação de aprendizagens e o sempre lembrado — mas não muito compreendido em seus detalhes — caso de Sobral, que deu um exemplo para o Brasil sobre como assegurar que todos os alunos se alfabetizem no primeiro ano.

Com certeza não há uma única maneira correta de se alfabetizar, como bem afirma Renan Sargiani. No entanto, se compreendermos que a habilidade de ler não é inata no ser humano e que temos de buscar uma abordagem que funcione para todos e não apenas para os que nasceram em famílias letradas, precisamos, com intencionalidade e de forma lúdica, avançar em noções de consciência fonológica desde a educação infantil e apresentar às crianças o código letrado, ao mesmo tempo em que as expomos a livros apropriados para a idade, lemos para elas histórias ou registramos por escrito suas construções ficcionais coletivas. A alfabetização se construirá de forma bem mais suave na sequência e permitirá uma vida leitora mais agradável, profícua e apta a oferecer outras aprendizagens.

Para tanto, precisamos abandonar o negacionismo científico em alfabetização e preparar os professores para uma abordagem mais efetiva, que assegure a eles maior realização profissional e às crianças um acesso mais sólido à literacia e, portanto, a uma continuidade de sua aprendizagem mais efetiva e menos desigual.

Claudia Costin
Professora e Diretora do Centro de Excelência e Inovação em
Políticas Educacionais (CEIPE) da Fundação Getúlio Vargas (FGV)

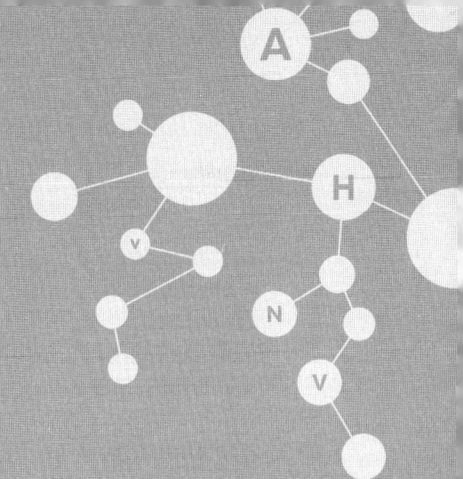

Sumário

Apresentação xi
Claudia Costin

1. Alfabetização baseada em evidências: como a ciência cognitiva da leitura contribui para as práticas e políticas educacionais de literacia 1
Renan Sargiani

2. Ensinar a ler: urgência do mundo atual e de contextos de pobreza 45
Maria Regina Maluf

3. Ensinar letras e consciência fonêmica como habilidades fundamentais ajuda as crianças de 4 e 5 anos a avançarem na leitura 61
Linnea C. Ehri, Robin O'Leary

4. Linguagem escrita na educação infantil: práticas pedagógicas promotoras da aprendizagem em sala de aula 77
Ana Albuquerque

5. A decodificação e a linguagem oral são ambas necessárias para a aprendizagem da leitura 93
Cláudia Cardoso-Martins, Mirelle França Michalick-Triginelli, Carolyn B. Mervis

6. Métodos de ensino e manuais para aprender a ler: como escolher?...... 113
Stanislas Dehaene e colaboradores

7. Recomendações para o ensino de escrita e leitura para iniciantes........ 153
Alberto Mariotto, Barbara Arfé

8. A análise dos erros ortográficos como instrumento para compreender o desenvolvimento e apoiar o ensino da escrita...... 169
Ana Paula Vale, Otília Sousa

9. As dificuldades do ensino da leitura e da escrita no desenvolvimento típico e nos transtornos do neurodesenvolvimento 207
Ana Luiza Navas

10. Avaliação em larga escala da alfabetização para a garantia das aprendizagens: os avanços com o Spaece-Alfa................................. 217
Josiane Toledo Ferreira Silva, Hakima Megherbi

11. Por que devemos estudar mais o sucesso escolar dos alunos do município de Sobral? 233
Ilona Becskeházy

12. O que os professores precisam saber? 265
Catherine Elizabeth Snow

1

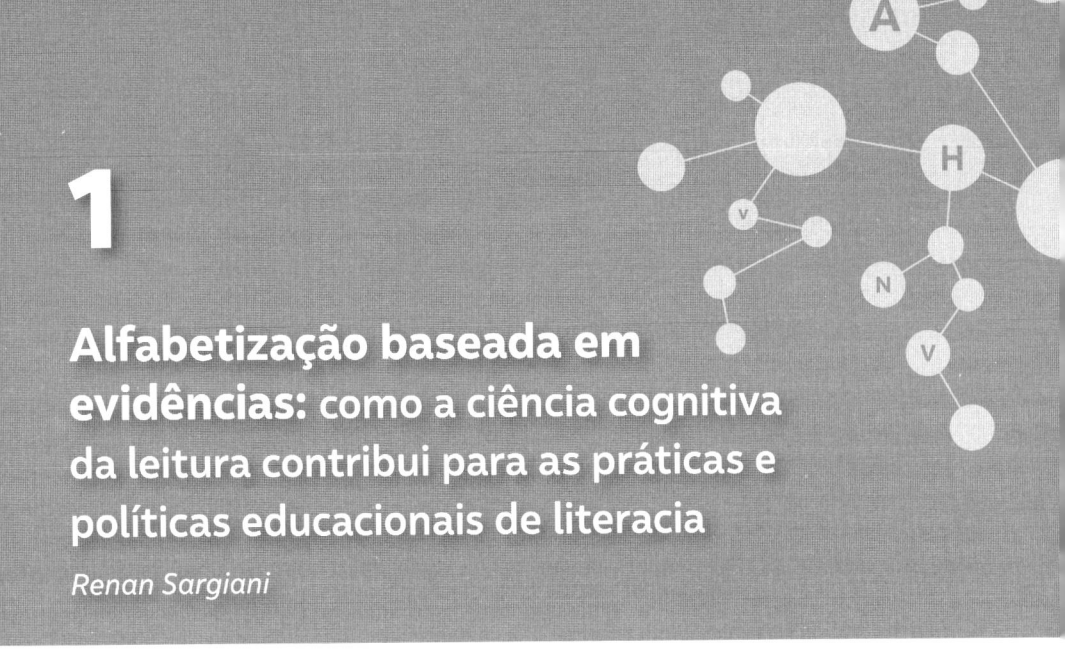

Alfabetização baseada em evidências: como a ciência cognitiva da leitura contribui para as práticas e políticas educacionais de literacia

Renan Sargiani

A base de toda a educação começa por uma alfabetização eficiente. As habilidades de leitura e de escrita — chamadas em conjunto de habilidades de literacia — são essenciais para a vida dentro e fora das escolas em sociedades democráticas modernas. Aprender as habilidades de literacia é um direito humano básico que tem sido negado, principalmente para os grupos mais marginalizados, o que implica necessidade de políticas mais equitativas e que se fundamentem em evidências (UNESCO, 2009). As consequências do analfabetismo custam caro tanto para os indivíduos quanto para a sociedade. O baixo desempenho em alfabetização está correlacionado a altas taxas de abandono escolar, pobreza e subemprego (BRASIL, 2020; SNOW; BURNS; GRIFFIN, 1998).

Garantir o direito de que todos aprendam a ler e a escrever com proficiência, autonomia e independência é, portanto, um desafio que engloba pais, professores, gestores educacionais, pesquisadores, formuladores de políticas e governos. Nesse sentido, diversos países e entidades mundiais, como a Organização das Nações Unidas (ONU) e a Organização das Nações Unidas para a Educação, a Ciência e a Cultura (Unesco), reconhecem a importância da alfabetização e consideram o tema crucial para o desenvolvimento socioeconômico sustentável dos países e para o pleno desenvolvimento pessoal dos indivíduos em todo o mundo (PNUD, 2015; UNESCO, 2009; 2019). O interesse por uma alfabetização de qualidade para todos envolve a busca por práticas de ensino que sejam mais eficientes e que promovam melhores resultados nos níveis de aprendizagem dos estudantes. Nas últimas décadas, essa busca levou a um interesse maior por práticas baseadas em evidências. Contudo, há ainda um grande vão entre o conhecimento científico e as práticas em sala de aula.

As evidências científicas sobre a alfabetização mais fortes têm sido produzidas por um campo interdisciplinar de estudos denominado ciência cognitiva da leitura (HULME; SNOWLING, 2013; SNOWLING; HULME, 2013). Esses achados, hoje, são o referencial para políticas educacionais em diversos países que têm obtido sucesso na alfabetização de suas crianças. Portugal, França, Chile, Estados Unidos, Austrália e Reino Unido, por exemplo, promoveram mudanças curriculares nas práticas de ensino e nas políticas de alfabetização informados por evidências. Para tanto, tais nações se fundamentaram em relatórios científicos e conselhos de especialistas que informavam os caminhos mais eficientes, baseados em evidências, para se ensinar a ler e a escrever com mais qualidade e equidade. Infelizmente, esse conhecimento não tem chegado às escolas brasileiras, nas quais ainda se observa um descompasso entre a ciência e as práticas e políticas de alfabetização (ARAÚJO, 2011).

Esse descompasso pode ser observado, por exemplo, no fato de que no Brasil, ainda hoje, muitas das discussões sobre a aprendizagem e o ensino da leitura e da escrita têm se centrado sobre a escolha de métodos de alfabetização (SOARES, 2016), uma questão já superada em outros países que se orientam por evidências de pesquisas. O debate era tão intenso que ficou conhecido internacionalmente como a "Guerra da Leitura", ou a "Guerra dos Métodos". A despeito de disputas e debates inócuos sobre qual é a melhor metodologia, as pesquisas mostram que a alfabetização envolve múltiplos fatores e que todos eles contribuem de diferentes modos para que as crianças possam aprender a ler e a escrever com autonomia, proficiência e prazer. A escolha mais eficiente, portanto, é a do caminho das evidências, e não das opiniões ou ideologias individuais; uma direção que inclui pesquisas e instruções para leitura e escrita que sejam balanceadas, adequadas ao nível de desenvolvimento e baseadas em um profundo conhecimento sobre como a língua e o sistema de escrita funcionam (CASTLES *et al.*, 2018).

Neste capítulo, busca-se superar a superficialidade de disputas teóricas e debates ideologizados, e priorizar o que afirmam as pesquisas científicas, enfatizando a necessidade de que se considerem os resultados de pesquisas para a tomada de decisões de práticas de alfabetização no microcosmo da sala de aula e das políticas educacionais e no macrocosmo da sociedade e dos governos. Aprender a ler e a escrever com sucesso é essencial para o desenvolvimento tanto dos indivíduos quanto dos municípios, estados e países; isso será possível apenas quando se adotarem os resultados de pesquisas no lugar de decisões informadas pelas crenças e ideologias ou pelo comodismo de se repetirem práticas tradicionais e premissas sem evidências empíricas.

Este capítulo está organizado em quatro partes. Na primeira parte, será discutido como a ciência cognitiva da leitura pode contribuir para a melhoria dos processos de ensino e de aprendizagem da leitura e da escrita. Na segunda parte, será abordado como diferentes países e estados utilizaram evidências para a modificação de suas práticas de alfabetização e políticas educacionais. Na terceira parte, será discutido o que significa considerar uma perspectiva de alfabetização baseada em evidências que promova melhorias nas práticas e políticas educacionais. Por fim, na quarta parte, serão sintetizadas algumas recomendações para políticas e práticas de alfabetização com base em evidências.

PARTE I — CIÊNCIA COGNITIVA DA LEITURA: O QUE DIZEM AS PESQUISAS SOBRE ALFABETIZAÇÃO

Saber ler e escrever pode parecer simples e trivial para pessoas alfabetizadas e que já têm o domínio dessas habilidades. Contudo, a leitura e a escrita demandam muitos processos cognitivos e linguísticos complexos os quais requerem inúmeros esforços por parte dos aprendizes que estão apenas começando a alfabetização. Os leitores e escritores iniciantes precisam aprender a segmentar os sons da fala, a relacionar os sons com símbolos gráficos, chamados letras, e a usar esse conhecimento de modo sistemático para se comunicar por meio da escrita, obter e produzir novos conhecimentos. Essas aprendizagens modificam não só a linguagem e a cognição, mas também o cérebro. Todas essas mudanças requerem muita atenção inicialmente, tornando a leitura e a escrita lentificadas, custosas e imprecisas no começo, mas, com a prática repetida, essas habilidades se tornam cada vez mais automatizadas, rápidas e precisas, de modo que se torna praticamente impossível que a criança coloque seus olhos sobre essas palavras escritas e não as leia instantaneamente sem grandes dificuldades.

Como o ser humano é capaz de aprender a ler e a escrever? O que é necessário para que a alfabetização ocorra de modo eficiente? O que acontece no cérebro humano quando se aprende a ler? Como é possível ensinar alguém a ler e a escrever da melhor maneira? Essas são apenas algumas das muitas questões que intrigam pesquisadores há décadas. Tal interesse pela literacia é tão antigo nas ciências dedicadas à educação, e tão abundante, que culminou na formação de um campo específico de estudo multidisciplinar que se ocupa da investigação científica sobre os processos de ensino e de aprendizagem da leitura e da escrita, a chamada ciência cognitiva da leitura (CASTLES et al., 2018; HULME; SNOWLING, 2013; SNOWLING; HULME, 2013). Essa área de estudos, também chamada apenas de ciência da leitura, reúne pesquisas e conhecimentos de áreas como neurociência cognitiva, psicologia, linguística, pedagogia e fonoaudiologia (CASTLES et al., 2018; MALUF, 2005; RAYNER et al., 2001).

A denominação do campo como ciência da leitura deu-se pela prevalência inicial na área de estudos sobre a aprendizagem e o ensino da habilidade de leitura. Contudo, atualmente também se busca maior equilíbrio com os estudos sobre a habilidade de escrita, de tal modo que o mais correto seria denominá-la como ciência cognitiva da literacia. O termo "literacia" designa o conjunto das habilidades de leitura e de escrita e sua prática social (MORAIS, 2013). Portanto, é mais apropriado do que o termo "alfabetização" para designar essa área de estudos. Alfabetização refere-se ao ensino de leitura e de escrita em um sistema alfabético, por isso restringiria a área, que também estuda outros sistemas de escrita. Uma pessoa pode aprender a ler e a escrever em um sistema de escrita que não seja alfabético, como no caso do idioma japonês, em que também se aprende a literacia, mas em um sistema silábico. Nesse contexto, diz-se que a pessoa aprendeu a literacia em japonês, mas não que é alfabetizada. Em contrapartida, alguém que aprendeu a ler e a escrever em português é alfabetizado e aprendeu a literacia, pois essa língua usa um sistema alfabético de escrita. Como a ciência cognitiva da leitura não estuda apenas sistemas alfabéticos, o termo "literacia" é mais empregado do que "alfabetização".

O psicólogo norte-americano Edmund Huey é considerado um pioneiro dessa área por ter publicado, em 1908, um compilado de estudos científicos sobre a psicologia e a pedagogia da leitura. Huey mostrava, sobretudo, suas importantes descobertas sobre os movimentos oculares durante a leitura, o que deu origem a muitos outros estudos sobre o processamento visual (HUEY, 1908). A área ganhou seus contornos atuais com os avanços da Revolução Cognitiva: iniciada na década de 1950, esta impulsionou o desenvolvimento de diferentes formas de se pensar a osicologia, a linguística, a pedagogia, a fonoaudiologia e as neurociências. Tais áreas passaram a se pautar pelo referencial de que a cognição influencia o comportamento humano; além disso, desenvolveram-se muito com o avanço das tecnologias que permitiram o estudo do cérebro em pessoas vivas por meio de técnicas cada vez mais refinadas e avançadas. Os estudos em psicologia cognitiva e linguística cognitiva possibilitaram entender melhor os processos cognitivos e linguísticos envolvidos no desenvolvimento da fala e na aprendizagem da leitura e da escrita (BRASIL, 2020; SARGIANI; MALUF, 2018).

Na década de 1970, com o avanço das pesquisas nas ciências cognitivas, estudiosos como o casal Isabelle Liberman e Alvin Liberman revolucionaram o campo de estudos sobre a leitura, mostrando a primazia do processamento fonológico para a leitura a despeito da ênfase anterior dada ao estudo do processamento visual (LIBERMAN, *et al.*, 1967, 1974, 1977; MORAIS, 1991). Desde os anos 1990, os estudos da ciência cognitiva da leitura têm sido cada vez mais reveladores à medida que as metodologias de pesquisas e os idiomas estudados avançam. Esses conhecimentos sumarizados em diversos relatórios científicos foram utilizados como base para mudanças em práticas e políticas de alfabetização no mundo todo, principalmente a partir do final dos anos 1990 e no começo dos anos 2000 (BRASIL, 2007; SNOW; BURNS; GRIFFIN, 1998; NAYEC, 1998; OBSERVATOIRE NATIONAL DE LA LECTURE, 1998; ROSE, 2006; SHANAHAN; LONIGAN, 2010).

Como as pessoas aprendem a ler e a escrever: teorias e evidências

A ciência cognitiva da leitura tem possibilitado uma nova compreensão sobre como as pessoas aprendem a ler, a escrever e sobre como ensiná-las. A primeira constatação é que aprender a ler e a escrever não é natural; além disso, o cérebro humano não está biologicamente preparado para ler e escrever. A leitura e a escrita são invenções relativamente recentes na história e ainda não houve tempo suficiente para que o nosso genoma se modificasse para desenvolver os circuitos cerebrais próprios à leitura. Assim, os seres humanos aprendem a ler e a escrever graças à **neuroplasticidade cerebral**, que permite que circuitos usados para outras funções sejam adaptados para aprender as habilidades de leitura e de escrita (DEHAENE, 2012). Dessa forma, aprender a ler e a escrever modifica as estruturas do cérebro. Essa modificação permite conectar áreas cerebrais dedicadas ao processamento da linguagem oral (fala e escuta) com as áreas de processamento visual (DEHAENE, 2012; DEHAENE *et al.*, 2010; HRUBY *et al.*, 2011; YONCHEVA *et al.*, 2015).

As pesquisas mostram que a aprendizagem da leitura e da escrita é relativamente semelhante em diferentes sistemas de escrita, evidentemente guardadas as suas especificidades (CARAVOLAS *et al.*, 2012; SERRANO *et al.*, 2010; SEYMOUR *et al.*, 2003; SHARE, 2008; ZIEGLER; GOSWAMI, 2005). No que se refere à língua portuguesa, é importante destacar que a sua escrita é feita por meio de um sistema alfabético. Os sistemas de escrita alfabéticos são aqueles nos quais os menores sons da fala, ou seja, os fonemas, são mapeados às unidades gráficas chamadas de grafemas, que correspondem a uma ou mais letras do alfabeto. A palavra "chuva", por exemplo, possui cinco letras, porém se ouvem apenas quatro fonemas, uma vez que as letras CH juntas representam um único grafema e um único fonema, o /ʃ/, o qual corresponde ao fonema frequentemente representado pela letra X.

Sistemas alfabéticos são complexos e oferecem muitas dificuldades aos seus aprendizes, principalmente pelas regras de correspondências entre fonemas e grafemas. Alguns grafemas, como B, P, D, T, V e F representam biunivocamente fonemas como /b/, /p/, /d/, /t/, /v/ e /f/. Outros fonemas podem ser representados por múltiplos grafemas, como o /s/, que pode ser representado pelas letras C, S, X, Z, SS, Ç e SC. Ainda há grafemas que podem representar sons diferentes dependendo do contexto, como a letra L, que antes de uma vogal representa o som /l/, mas após uma vogal representa o fonema /u/ (p. ex., na palavra "legal"). Somam-se a isso as regras ortográficas, que muitas vezes são históricas ou não permitem uma explicação por meio de regras generalizáveis (SCLIAR-CABRAL, 2003).

Apesar de todas essas dificuldades, para aprender a ler e a escrever em um sistema alfabético, o aprendiz deve saber essencialmente quais são as letras e quais sons elas representam sistematicamente, o que é denominado **conhecimento fônico**. Além disso, é importante aprender que as palavras faladas naturalmente em um fluxo acústico contínuo são, na verdade, passíveis de serem segmentadas em sons menores, como palavras, sílabas, rimas e fonemas. Assim, as pesquisas mostram que a consciência fonológica, ou seja, a habilidade de perceber e manipular os diferentes segmentos sonoros da fala, é fundamental para a alfabetização (BRASIL, 2020; SANTOS; BARRERA, 2017). Destaca-se, ainda, que, como o nível de consciência dos fonemas é o mais importante e também o mais difícil de ser aprendido, focar a atenção nos gestos fonoarticulatórios usados para pronunciar os fonemas pode facilitar essa aprendizagem e a alfabetização (BOYER; EHRI, 2011; EHRI, 2020; SARGIANI *et al.*, 2018).

A alfabetização deve possibilitar que os aprendizes adquiram uma série de conhecimentos e que desenvolvam várias habilidades, mas sobretudo deve proporcionar a aprendizagem do conhecimento fônico e da consciência fonêmica, as quais serão as chaves para a decodificação e codificação, permitindo que eles sejam capazes de ler e escrever quaisquer palavras com autonomia e acurácia. O conhecimento ortográfico também deve ser explicitado após a alfabetização inicial, dadas as suas peculiaridades (ver Capítulos 7 e 8 deste livro). Com essa capacidade, os jovens leitores e escritores serão capazes de se autoensinar novas palavras à medida que conseguirem ler e escrever sozinhos quaisquer palavras solicitadas ou encontradas em textos novos (NATION *et al.*, 2007; SHARE, 1999; 2004; 2011). Desse modo, cada vez mais eles automatizam esses processos básicos de decodificação e codificação, tanto lendo com fluência e compreensão como escrevendo com precisão e ortografia.

Nota-se, portanto, que aprender a ler e a escrever não é uma aprendizagem do tipo "tudo ou nada", mas sim algo que se desenvolve gradualmente. Linnea Ehri (2013, 2014, 2020) descreveu o desenvolvimento das habilidades de leitura e de escrita em quatro fases distintas (ver Capítulo 3 deste livro) que mudam de acordo com o conhecimento e o uso que as crianças fazem do sistema de escrita. Inicialmente, crianças na fase pré-alfabética não sabem que letras representam sons e usam pistas visuais para ler e escrever, como cores e formas. Quando aprendem que letras representam os sons da fala, passam a usar pistas fonológicas para ler e escrever palavras; alcançam, dessa forma, a fase alfabética parcial. Ao completarem seu conhecimento sobre as relações fonema–grafema, passam a escrever palavras de forma mais completa, ainda que não respeitando a ortografia; esta é a fase alfabética completa. Por fim, acumulam muitas experiências de leitura e armazenam na memória a ortografia de várias palavras, o que permite que crianças na fase alfabética consolidada possam ler reconhecendo palavras de modo automatizado ou usando padrões ortográficos maiores, como sílabas e morfemas.

Como ensinar a ler e a escrever com base em evidências

Muitos relatórios científicos sintetizam as principais evidências oriundas de estudos da ciência cognitiva, o que permite orientar o desenvolvimento de currículos, programas de alfabetização e políticas educacionais. Dentre esses diferentes relatórios, destaca-se, por sua importância e rigorosidade, o National Reading Panel (NATIONAL READING PANEL, 2000), uma extensa revisão de metanálise da literatura científica, em que se estabeleceram cinco pilares da alfabetização eficiente, que são: **consciência fonêmica**, **conhecimento fônico**, **fluência**, **vocabulário** e **compreensão da leitura**. Esses componentes curriculares são essenciais para a alfabetização, mas evidentemente não esgotam todo o conteúdo a ser ensinado.

As pesquisas mais recentes trazidas pelo Relatório Nacional de Alfabetização Baseada em Evidências (Renabe) (BRASIL, 2020), por exemplo, enfatizam a importância dos mesmos componentes, mas adicionam também a produção escrita. Ademais, os professores devem sempre complementar o ensino com os demais componentes/conteúdos recomendados pelo currículo adotado em suas escolas, cidades ou estados.

Além dos componentes essenciais para a alfabetização, as pesquisas também têm discutido a forma como eles são ensinados. Dentre os diferentes métodos de alfabetização (OLIVEIRA, 2010; SEBRA; DIAS, 2011; SOARES, 2016), destacam-se os programas que contemplam explicitamente o ensino sistemático das relações entre letras e sons, ou seja, entre grafemas e fonemas (CASTLES *et al.*, 2018). Esses programas são denominados fônicos porque privilegiam o ensino explícito e sistemático de fônica. A palavra "fônica" foi criada em língua inglesa como *phonics*, com o objetivo de representar o conhecimento básico e simplificado de fonologia e fonética que deve ser ensinado para crianças que estão aprendendo a ler e a escrever (BLEVINS, 2017).

Nota-se, portanto, que existe um longo histórico de conflitos sobre a melhor maneira de se ensinar as crianças a ler e a escrever. Esse debate ficou conhecido na literatura anglófona como "Guerra da Leitura" e teve, por um lado, defensores de abordagens fônicas, que recomendavam o foco inicial no ensino do código alfabético; por outro lado, os defensores de abordagens globais (*whole language*, no Brasil conhecida como construtivista) recomendam a ênfase no contexto, em textos autênticos e nos significados do que se está ensinando, deixando a aprendizagem do código alfabético ocorrer de forma mais espontânea e incidental. As pesquisas mais recentes mostram que a virtude está no meio; inicialmente, é crucial se ensinar o código de modo explícito e sistemático, mas não se pode ignorar a importância de textos significativos e do trabalho mais amplo com o desenvolvimento da linguagem (CASTLES *et al.*, 2018).

Há evidências de que os programas fônicos de alfabetização são mais eficientes do que aqueles que não focam no ensino explícito e sistemático das relações entre letras e sons (BRASIL, 2020; CASTLES *et al*., 2018; EHRI *et al*., 2001). Logo, dentre as diferentes formas de se ensinar por meio de abordagens fônicas, as mais eficientes são aquelas que oferecem um ensino sintético, sistemático e explícito, abordando um número razoável de correspondências entre fonemas e grafemas (BRASIL, 2020; EHRI *et al*., 2001; EHRI, 2020; OLIVEIRA, 2008).

Isso significa que os programas de alfabetização devem ser baseados primeiramente no ensino das relações entre letras e sons para, então, ensinar-se a decodificar palavras a partir desses elementos básicos. O foco está nesse processo de síntese dos fonemas que são representados por letras, por isso são chamados de programas de fônica sintética. Assim, os alunos devem aprender quais são os sons das letras para entenderem qual som deve ser pronunciado diante de uma determinada letra (decodificar, ler), ou qual letra deve ser escolhida para representar cada som identificado (codificar, escrever), segmentar palavras fonemas e depois sintetizar (juntar) as letras para formar a palavra escrita.

Além de serem sintéticos, os programas de alfabetização eficientes devem ser sistemáticos, ou seja, precisam ser planejados para ofertar as relações entre letras e sons em uma ordem lógica, racional e equilibrada. Isso significa que eles não precisam esgotar todas as relações possíveis entre grafemas e fonemas, mas sim apresentar aquelas que são as mais importantes para iniciar a aprendizagem e, aos poucos, são introduzidas outras letras e sons em ordem de dificuldade crescente. Desse modo, são oferecidas oportunidades para que as crianças aprendam regras básicas, pratiquem, consolidem essa aprendizagem e só então passem para novas regras mais complexas (DEHAENE, 2011).

As crianças que começam a aprender as relações entre letras e sons devem ser capazes de praticar essa leitura ainda que com o conhecimento limitado sobre o código alfabético que possuem. Por isso, textos simplificados, também chamados de decodificáveis, podem ser importantes para que a criança pratique as habilidades aprendidas e possa consolidar esses conhecimentos. Em paralelo, os professores podem ampliar o vocabulário e os conhecimentos linguísticos e de mundo com leitura partilhada, leitura em voz alta e leitura guiada de textos mais amplos e complexos.

Dessa forma, não é necessário que se siga a ordem alfabética para ensinar a ler e a escrever. Esse conhecimento sobre a ordem das letras no alfabeto é importante, mas não é crucial para que as crianças aprendam a ler e a escrever. Apresentar as letras seguindo essa ordem era característica de **métodos alfabéticos**, pouco utilizados hoje em dia. Eles são menos eficientes, pois não explicitam o valor fonológico das letras, mas conferem relevância nos nomes delas e na ordem alfabética, o que é pouco eficiente, pois a ordem alfabética não é uma sistematização de dificuldade, uma vez que algumas letras iniciais representam fonemas mais difíceis para os estudantes iniciantes do que outras.

Para ilustrar, é simples notar que aprender a letra V primeiro é mais fácil do que a letra B, uma vez que a letra V representa um fonema fricativo e contínuo, isto é, apresenta uma continuação enquanto se pronuncia, enquanto o fonema B é oclusivo, ou seja, o som é interrompido assim que ele é pronunciado; logo, começar o processo pelo som da letra V é mais eficiente do que pelo som da letra B. Embora tal letra apareça antes da anterior na ordem alfabética, isso rompe com a ideia de que a ordem alfabética seja mais simples.

Outro argumento em favor do ensino de letras em outra ordem que não a alfabética é a sua forma gráfica. Alguns autores argumentam que desenhar algumas letras é mais fácil do que outras para crianças muito pequenas e com coordenação motora limitada. Dessa forma, desenhar o V é mais simples para crianças pequenas do que a letra B, já que a letra V não envolve curvas, são apenas dois traços, tanto na sua forma maiúscula quanto minúscula (SCLIAR-CABRAL, 2013).

Esses são apenas alguns dos muitos argumentos que existem em relação à ordem de ensino das relações entre letras e sons. O fato é, portanto, que ensinar as letras de modo sistematizado e em uma ordem de dificuldades progressiva, do mais simples para o mais complexo, é importante, mas quais letras devem ser ensinadas primeiro podem variar muito de autor para autor (BLEVINS, 2017; DEHAENE, 2011). Realmente, existem diversas sequências de ensino possíveis; por exemplo, é possível começar pelas vogais e consoantes, ou pelos fonemas mais regulares, fonemas mais frequentes, fonemas fricativos — mais fáceis para exercícios de síntese antes dos sons oclusivos (OLIVEIRA, 2008). Ademais, a ordem pode ser diferente também em função do idioma e de suas especificidades. Por fim, também se pode optar por iniciar com as letras que possibilitem formar o maior número de palavras mais simples que as crianças poderão escrever com pouco conhecimento.

Cabe ressaltar que, embora vários idiomas com origem europeia utilizem o mesmo alfabeto, como é o caso do português, do espanhol, do italiano e do inglês, as diferenças entre essas línguas são refletidas também na maneira como se utiliza o sistema alfabético de escrita (SEYMOUR, 2013). Assim, há uma classificação hipotética de línguas europeias em relação às dimensões de complexidade silábicas (de simples a complexa) e profundidade ortográfica (de transparente a opaca) (SEYMOUR *et al.*, 2003). Segundo essa classificação, os idiomas como o finlandês, o grego, o italiano e o espanhol são relativamente mais transparentes do que o português e o francês em termos do mapeamento de letras e sons, enquanto o inglês seria o mais opaco de todos. Isso significa que aprender as relações entre fonemas e grafemas é mais simples no espanhol do que no português, e ambas mais simples do que no inglês, de modo que demora menos tempo para dominar o sistema em espanhol do que no português e no inglês.

Outro aspecto a se destacar é o papel crucial dos professores na alfabetização. Há muitas evidências de que as qualificações destes profissionais influenciam o resultado da alfabetização, inclusive independentemente do programa, método ou currículo utilizados (SNOW; JUEL, 2013). Os professores são os principais atores de todo processo educacional, e seu impacto é muito grande nos processos de ensino e de aprendizagem. Muitos educadores brasileiros ensinam em condições adversas, com poucos recursos e tendo de competir com a fome e outras mazelas que as condições socioeconômicas impõem às crianças e às suas famílias.

A despeito de toda a adversidade, esses professores conseguem realizar pequenos milagres, alfabetizando cerca de 30 a 40 alunos em salas de aulas com poucos recursos. É importante considerar que, nesses contextos adversos, não são apenas materiais que irão fazer a diferença. Eles precisam, para além de condições mínimas de trabalho nas escolas, ter também uma formação inicial sólida e baseada em evidências, com a oportunidade de praticar e realizar estágios supervisionados durante a formação. Depois de formados, é preciso que se mantenham atualizados e passem por cursos de formação continuada e de desenvolvimento profissional para que possam reciclar suas práticas e aperfeiçoar seu repertório.

Há uma vasta literatura internacional e parâmetros para a formação inicial e continuada de professores. As práticas efetivas deles incluem tornar os objetivos de aprendizagem mais claros para seus alunos; avaliar e monitorar a sua prática de aprender e dar retorno sobre a aprendizagem dos alunos; criar e manter um clima cooperativo e afetuoso; além de responder às diferenças individuais entre os estudantes. É possível afirmar que não é fácil ser professor, mas é certamente muito necessário. Valorizar e promover a melhoria da formação inicial e o desenvolvimento deles é condição *sine qua non* para o sucesso da alfabetização.

Esse contexto mostra o quanto conhecer o que dizem as pesquisas e o potencial delas para a melhoria da qualidade de alfabetização se faz urgente no Brasil. Os dados de avaliações nacionais e internacionais são alarmantes, já que mostram que grande parte das crianças brasileiras, apesar de frequentarem escolas por muitos anos, não conseguem aprender a ler e a escrever satisfatoriamente. Isso tudo é ainda mais lamentável, porque atualmente tem-se à disposição amplas evidências sobre o que fazer; logo, este capítulo surge da necessidade de que esses conhecimentos se vertam em práticas efetivas e em políticas públicas eficientes passíveis de alterar o triste cenário educacional brasileiro.

Reconceitualizando a alfabetização com base em evidências

Alfabetizar, com base na definição científica do termo, significa ensinar a ler e a escrever em um sistema alfabético. Dessa maneira, o produto do processo de alfabetização é tornar o aprendiz capaz de ler e de escrever. Por ler, entende-se a capacidade de extrair sons de palavras escritas e, a partir desses sons, reconhecer os seus significados. Essa habilidade, também chamada de decodificação, deverá ser praticada até que a leitura possa se tornar fluente e permita a compreensão de frases e textos de forma independente. Por escrever, compreende-se o processo inverso de codificação, no qual o escritor deve ser capaz de representar palavras escritas, conhecidas ou novas, utilizando-se de seus conhecimentos alfabéticos e ortográficos (MALUF; SARGIANI, 2014; RAYNER *et al.*, 2001).

Nesse sentido, a compreensão é o objetivo da leitura, mas não é o seu começo, pois o princípio da leitura é a extração de sons. As crianças alfabetizadas devem ser capazes de ler palavras reais ou inventadas (pseudopalavras), porque sabem aplicar o sistema de relações entre grafemas e fonemas da língua. Em contrapartida, a escrita implica a habilidade reversa de codificação, ou seja, na capacidade de grafar letras para cada som na pronúncia, o que envolve não só o princípio fonográfico, mas também o princípio ortográfico, já que as regras ortográficas evoluem e não são ligadas unicamente à fonologia das palavras. Ademais, há ainda a necessidade de se grafar com respeito à caligrafia, que não equivale a uma letra bonita e perfeita, mas sim a uma letra legível e que corresponda às convenções sociais; por exemplo, as letras p, b, q, e d são diferentes apenas pela rotação (SCLIAR-CABRAL, 2013).

Além disso, é importante refletir sobre quando se começa efetivamente a aprender a ler. Do ponto de vista científico, não existe uma idade certa para ser alfabetizado, pois essa decisão dependerá de uma série de fatores, como a complexidade do sistema de escrita de cada idioma, as orientações curriculares e os documentos normativos de cada país. Contudo, a maioria dos países começa a ensinar uma criança a ler e a escrever por volta de seus 5 e 7 anos (BRASIL, 2020). No caso do Brasil, a alfabetização formal deve começar no 1º ano do ensino fundamental, como recomendado pela Política Nacional de Alfabetização (PNA) e pela Base Nacional Curricular Comum (BNCC), mas não se pode ignorar que esse processo, na verdade, tem raízes muito anteriores. A aprendizagem da língua escrita depende da base da linguagem oral, portanto não se pode pensar que o que acontece com as crianças na educação infantil não terá reflexos no 1º ano do ensino fundamental (SARGIANI; MALUF, 2018).

Segundo a Teoria de Fases de Ehri (2013; 2014; 2020), o elemento crucial para que as crianças progridam em sua aprendizagem não é a idade, mas sim o conhecimento e o uso que elas fazem das relações entre letras e sons. Inicialmente, as crianças não sabem que letras representam os sons da fala e escrevem usando pistas visuais, mas, logo que aprendem sobre como as letras representam os sons da fala, passam a progredir rumo à autonomia e à acurácia na leitura e na escrita.

Portanto, as crianças na idade pré-escolar precisam e devem aprender habilidades fundamentais para a alfabetização. Dentre essas habilidades, estão o conhecimento sobre as letras do alfabeto, denominado conhecimento alfabético, e a consciência fonológica, uma habilidade de reflexão intencional sobre os sons da fala. A própria BNCC (BRASIL, 2017) resgata no campo "Fala, Escuta, Criatividade e Pensamento" a necessária articulação entre linguagem e pensamento. Pensar sobre a linguagem é fundamental e deve ser estimulado na educação infantil. Chama-se metalinguagem esse pensamento ou essa reflexão intencional sobre a linguagem, o que inclui a consciência fonológica e outras habilidades metalinguísticas importantes (MALUF; SARGIANI, 2015). Na educação infantil, deve-se trabalhar as habilidades de literacia emergente, isto é, as crianças precisam participar de atividades, brincadeiras e jogos intencionalmente direcionados para o trabalho com as linguagens oral e escrita, que estimulem a emergência da consciência fonológica e despertem seu interesse pelo mundo letrado.

A alfabetização envolve diferentes etapas, com demandas e requisitos distintos, nas quais os aprendizes demonstram conhecimentos e habilidades diferentes. Assim, é importante resgatar uma proposição histórica da famosa pesquisadora de alfabetização Jeanne Chall, "primeiro se aprende a ler, depois se lê para aprender" (CHALL, 1967). Essa proposição é oportuna, pois enfatiza que o foco do ensino deve ser diferente em cada etapa; no começo, é necessário garantir que as crianças possam aprender as habilidades de leitura e de escrita enquanto competências, para que, depois, possam efetivamente se beneficiar dessas para aprender e produzir novos conhecimentos.

Anteriormente, era comum se pensar no ciclo da alfabetização composto pelos três primeiros anos do ensino fundamental; porém, entende-se que essa visão desconsiderava os pré-requisitos da alfabetização e diluía as especificidades de cada etapa (ou momento) desse processo, sem separar adequadamente o "aprender a ler" do "ler para aprender". Essa visão anterior considera que, desde o começo da alfabetização, a leitura é um sinônimo de compreensão e ignora a importância de adquirir a decodificação para que se chegue à fluência e a leitura com compreensão; desconsidera-se, portanto, o desenvolvimento da habilidade de leitura. Nesse sentido, este capítulo propõe uma reconceitualização do ciclo de alfabetização com base em evidências científicas atuais e na interpretação das metas e recomendações dos documentos normativos oficiais do Brasil, conforme se ilustra na Figura 1.1.

Metas de aprendizagem	PNA	BNCC	PNE				
Ed. infantil I 4 anos	Ed. infantil II 5 anos	1º ano do EF 6 anos	2º ano do EF 7 anos	3º ano do EF 8 anos	4º ano do EF 9 anos	5º ano do EF 10 anos	Remediação por nível de competência leitora
Pré-alfabetização		Alfabetização inicial	Consolidação da alfabetização				
		Aprender a ler			Ler para aprender		

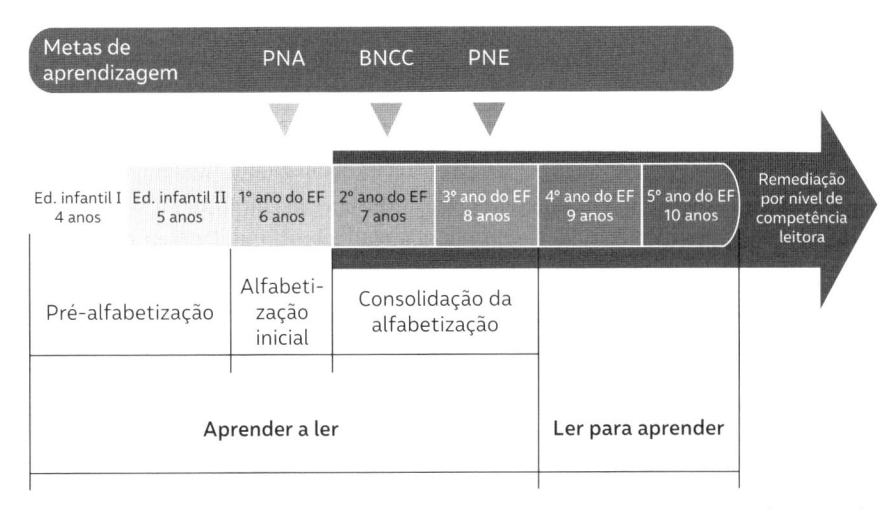

Figura 1.1 Ciclo da alfabetização baseada em evidências com metas de aprendizagem por ano escolar e documentos norteadores.

Esta proposta do ciclo de alfabetização divide esse processo em três etapas: **pré-alfabetização**, **alfabetização inicial** e **consolidação da alfabetização**. Essa divisão não é limitada pela idade ou pelo ano escolar das crianças, mas pelos conhecimentos e usos que elas fazem do sistema de escrita. Contudo, também serve de baliza para que se possa estimar em que momento do período da escolarização é esperado que as crianças estejam em cada etapa; quais são as orientações curriculares, habilidades e conhecimentos esperados; e, finalmente, quais práticas de ensino são recomendadas para cada momento.

A primeira etapa é denominada **pré-alfabetização** (ou literacia emergente) e corresponde ao período no qual as crianças estão na educação infantil e desenvolvem noções básicas e gerais sobre a leitura e a escrita, como habilidades fundamentais para a alfabetização (p. ex., consciência fonológica e conhecimento alfabético). Habilidades fundamentais também podem ser chamadas de habilidades fundantes, pois formam a base que fundamenta e possibilita a leitura e a escrita. Na sequência, o período identificado como **alfabetização inicial**, correspondente ao 1º ano do ensino fundamental, é o momento no qual o foco está no ensino das habilidades de decodificação e codificação, essenciais para que a criança possa ler e escrever com autonomia e acurácia em um sistema alfabético. Após essa etapa, conclui-se a aprendizagem da leitura e da escrita, e as crianças passam, então, a ler para aprender. Quanto mais leem, mais desenvolvem a fluência de leitura e a compreensão leitora, então podem se beneficiar das leituras para obter novos conhecimentos; já na escrita, os alunos passam a escrever textos respeitando a ortografia e a coesão. Esse momento, que se propõe denominar **consolidação da alfabetização**, deveria ser o foco dos demais anos do ensino fundamental.

Ressalta-se que, nesta proposta, o que determina a etapa de escolarização não é a idade ou o ano escolar, posto que uma criança pode estar no 3º ano do ensino fundamental e ainda não ter aprendido a decodificar, o que faria com que ela precisasse de ensino apropriado para a etapa de alfabetização inicial antes de prosseguir com a consolidação da alfabetização recomendada para seu ano escolar. Do mesmo modo, um adulto analfabeto precisará adquirir as mesmas habilidades e conhecimentos previstos em cada etapa da alfabetização, ainda que já seja mais velho. O crucial, portanto, é o conhecimento que a pessoa tem sobre como funciona o sistema de escrita e o nível de habilidades de leitura e escrita que demonstra ter para que se possa entender em que etapa da alfabetização ela pode estar.

Como se observa na Figura 1.1, as metas de alfabetização, ou seja, quando se espera que as crianças estejam alfabetizadas, também se modificaram na legislação brasileira em função das concepções teóricas envolvidas no entendimento do que se considera como alfabetização. Segundo o Plano Nacional de Educação (PNE), era esperado que as crianças fossem plenamente alfabetizadas até o 3º ano do ensino fundamental (BRASIL, 2015a), enquanto a BNCC propôs que essa aprendizagem ocorresse até o 2º ano do ensino fundamental. A proposta da PNA é de que o processo ocorra preferencialmente no 1º ano do ensino fundamental, então espera-se que as crianças possam, na realidade, aprender a decodificar e codificar nesse ano escolar e tenham tempo de consolidar essa aprendizagem nos anos seguintes. A PNA também enfatiza a importância dos anos de educação infantil, nos quais as crianças devem desenvolver habilidades fundamentais para a alfabetização, também chamadas de habilidades de literacia emergente.

Essa proposta de reconceitualização do ciclo de alfabetização, portanto, possibilita uma visão mais ampla que permite entender que, pontualmente, a alfabetização como ensino das habilidades de decodificação e codificação deve ser o foco do 1º ano do ensino fundamental; mas, para que isso ocorra, existem habilidades que antecedem essa etapa. Além disso, ela mesma não se esgota e continua a se consolidar nos anos ulteriores. As habilidades fundantes para a alfabetização, como o conhecimento fônico e a consciência fonêmica, que são as chaves para a aprendizagem das habilidades de decodificação e codificação, podem ser desenvolvidas desde a educação infantil. Enquanto a decodificação e a codificação devem ser o foco do ensino no 1º ano, a fluência, a compreensão e a ortografia devem ser desenvolvidas nos demais anos iniciais do ensino fundamental.

Como se pode depreender, ao conhecer exatamente como ocorre a aprendizagem da literacia, torna-se possível programar melhor como deverá acontecer o seu ensino. As evidências atuais apontam para caminhos mais eficientes para se ensinar a ler e a escrever em sistemas alfabéticos, como é o caso do português (BRASIL, 2019; CARDOSO-MARTINS *et al.*, 2005). As pesquisas indicam o que é necessário para aprender a literacia e como se pode ensinar isso de maneiras mais eficientes. Esses caminhos propostos com base nas evidências de pesquisas exigem a adoção de uma posição científica que considere que, diante de novas evidências mais vigorosas, é preciso modificar posições antigas, revisar hipóteses, planejar e executar mudanças que correspondam às evidências atuais.

Antes de o processo formal de alfabetização ter início, há uma série de habilidades que devem ser desenvolvidas para que se obtenha sucesso na aprendizagem da leitura e da escrita. O conjunto de conhecimentos constituído pelas habilidades e atitudes relacionadas à leitura e à escrita desenvolvido antes da alfabetização é denominado literacia emergente, ou habilidades fundamentais para a alfabetização. Estudos longitudinais têm apontado sistematicamente que crianças que desenvolvem mais habilidades de literacia emergente ao longo da educação infantil apresentam facilidade na alfabetização e melhor desempenho em leitura e escrita nas séries subsequentes.

A literacia emergente, em geral, engloba tanto a literacia familiar (ou literacia domiciliar, *home literacy*) quanto a literacia pré-escolar (pré-alfabetização). Em outras palavras, a literacia emergente denomina o conjunto de habilidades, valores, atitudes, conhecimentos e comportamentos relacionados à leitura e à escrita que as crianças desenvolvem antes do ingresso no 1º ano do ensino fundamental, isto é, na alfabetização formal. Esses conhecimentos podem ser desenvolvidos em casa, com os exemplos de pais, irmãos e outros familiares que leem para ou com as crianças, bem como podem ser componentes curriculares a serem desenvolvidos nas escolas de educação infantil.

As escolas de educação infantil têm papel fundamental na pré-alfabetização das crianças. Ainda que a ciência insista na necessidade de um ensino planejado, explícito e estruturado desde a educação infantil, no Brasil, infelizmente, esse segmento da educação ainda assume em boa parte dos casos um caráter mais assistencialista do que educacional (SARGIANI; MALUF, 2018). Para superar esse desafio, é preciso investir em programas e ações que promovam benefícios e melhorias nos currículos de educação infantil e na formação de professores, a fim de que a escola promova experiências linguísticas mais ricas e aumentem as oportunidades de sucesso na alfabetização de todas as crianças. Um número significativo de pesquisas mostra a forte relação entre habilidades de literacia emergente, instrução adequada e desenvolvimento de habilidades fundamentais para alfabetização (BORISOVA, 2013; PIASTA; WAGNER, 2011).

PARTE II — O USO DE EVIDÊNCIAS CIENTÍFICAS EM POLÍTICAS PÚBLICAS E PROGRAMAS DE ALFABETIZAÇÃO

O analfabetismo é um problema crônico e histórico no Brasil e, embora pesquisas tenham sido produzidas há muitas décadas, a priorização da educação nas políticas públicas é recente, e o uso de evidências para fundamentá-las é ainda mais recente (ARAÚJO, 2011; CARDOSO-MARTINS *et al.*, 2005; MORTATTI, 2011; SOARES, 2016). Se antes o problema enfrentado era o do acesso à escola, agora, com a universalização do acesso, fica cada vez mais patente o problema da qualidade da educação. Há escolas para todos, porém a qualidade da educação varia muito, até mesmo dentro de uma mesma escola.

Muitas vezes, as desigualdades intraescolares são a principal fonte que incide sobre o desempenho escolar individual e afetam a garantia de uma educação de qualidade para todos. As desigualdades no interior da escola podem se dar por fatores externos (p. ex., família, raça, gênero, capital cultural, nível socioeconômico, violência, etc.) ou internos (p. ex., clima escolar, relação comunidade – escola, organização, administração, recursos financeiros e estruturais, metodologias de ensino e frequência dos professores). Esses últimos, por vezes, são estudados como "efeito escola" (ALVES; SOARES, 2013; FRANCO *et al.*, 2007; MARINHO; DANTAS, 2015). Infelizmente, muitas crianças cuja escola é a única esperança de uma transformação em suas vidas se frustram, pois, mesmo frequentando uma instituição de ensino, não aprendem o básico, que é ler e escrever.

Logo, no século XXI, não é mais possível produzir analfabetos escolarizados e reproduzir o fracasso escolar (CEARÁ, 2006). É inadmissível que as crianças brasileiras frequentem as escolas por anos e não aprendam minimamente a ler, escrever e contar. Não é o caso de culpabilizar as crianças ou famílias, mas sim de uma análise mais abrangente, a qual permita entender o que está sendo feito de errado e o que precisa ser mudado. Essas evidências lamentáveis são incontestáveis e superam quaisquer discussões políticas ou ideológicas. A verdade é que o Brasil está fracassando na alfabetização e é preciso mudar esse cenário.

Vale ressaltar que esse problema não é exclusividade do Brasil, e diversos países também já enfrentaram ou estão enfrentando o desafio de alfabetizar a todos (CASTLES *et al.*, 2018). Felizmente, hoje há um grande corpo de evidências científicas que ajuda a clarificar o modo pelo qual as pessoas aprendem a ler e a escrever e como é possível melhorar essa aprendizagem por meio de um currículo estruturado, sequencial e exigente e de práticas de ensino mais eficientes. Essas evidências têm sido sintetizadas em diversos relatórios que fundamentaram políticas públicas em diferentes países (PIASTA; WAGNER, 2011; NATIONAL READING PANEL, 2000; OBSERVATOIRE NATIONAL DE LA LECTURE, 1998; 2000).

Desde os anos 2000, houve um progresso significativo no acesso universal à educação primária para crianças em todo o mundo. Em 2015, representantes dos 193 estados-membros da ONU se reuniram em Nova York e reconheceram que a erradicação da pobreza, em todas as suas formas e dimensões, era uma prioridade mundial. Assim, estabeleceram um plano de ação com 17 objetivos, conhecido como **Agenda 2030** para o desenvolvimento social, comprometendo-se a tomar medidas importantes para promover o desenvolvimento sustentável das nações sem deixar ninguém para trás (PNUD, 2015).

Com o propósito de "assegurar a educação inclusiva e equitativa e de qualidade, e promover oportunidades de aprendizagem ao longo da vida para todos" (PNUD, 2015, p. 72), o Objetivo do Desenvolvimento Sustentável 4 (ODS 4) demonstra um entendimento de que o grande desafio de todos os países não é mais apenas garantir a universalização do acesso à educação, mas sim a universalização de um ensino de qualidade para todos. Dentre as metas estabelecidas para atingir esse ODS está a meta 4.6, que afirma: "Até 2030, garantir que todos os jovens e uma substancial proporção dos adultos, homens e mulheres, estejam alfabetizados e tenham adquirido o conhecimento básico de matemática" (PNUD, 2015, p. 81-83).

Desse modo, garantir a alfabetização de todos é essencial e, inclusive, tem sido um desafio histórico do Brasil (MORTATTI, 2011). Em relação à Agenda 2030, pode-se dizer que o ODS 4 foi antecipado como meta no PNE, que estabeleceu alguns objetivos para a educação brasileira para o período de 2014 a 2024 (BRASIL, 2015a). Em relação à alfabetização, o PNE estabeleceu as metas 5 e 9. A meta 5 diz respeito a alfabetizar todas as crianças no máximo até o final do 3º ano do ensino fundamental, e a meta 9 é de elevar a taxa de alfabetização da população com 15 anos ou mais, erradicar o analfabetismo absoluto e reduzir a taxa de analfabetismo funcional (BRASIL, 2015a).

Nesse mesmo sentido, em 2013, foi criado o Pacto Nacional pela Alfabetização na Idade Certa (PNAIC), visando a estabelecer um compromisso nacional formal com todos os agentes envolvidos para que se pudesse garantir a alfabetização nos primeiros anos de escolarização (BRASIL, 2013). Ainda nesse contexto de atenção à alfabetização promovida com o PNAIC, foi criada a Avaliação Nacional de Alfabetização (ANA), uma avaliação censitária, com vistas a obter um diagnóstico dos níveis de alfabetização de todas as crianças ao final do ciclo de alfabetização, ou seja, ao final do 3º ano do ensino fundamental.

Os resultados das avaliações nacionais e internacionais ainda são bastante lamentáveis. Em 2015, os resultados da ANA (BRASIL, 2015b) mostraram que mais de 54% das crianças brasileiras do 3º ano do ensino fundamental não conseguem ler em níveis considerados suficientes. Na mesma avaliação, mostrou-se também que 34% dessas crianças não tinham níveis de desempenho considerados suficientes em escrita e 54% em matemática. Os resultados são desiguais em todo o País e mais alarmantes para os estados mais pobres das regiões Norte e Nordeste, onde se observa de 75 a 80% de níveis insuficientes de leitura em estados como Sergipe, Pará, Maranhão, Alagoas e Amapá. Contudo, a desigualdade socioeconômica não é o único fator a explicar esses resultados, como se pode ver nos desempenhos do município de Sobral e do Estado do Ceará (ver os Capítulos 10 e 11 deste livro).

Em 2017, foi aprovada a BNCC (BRASIL, 2017), que é outro esforço nacional para a melhoria da qualidade da educação com base no estabelecimento de recomendações curriculares universais que contemplem conteúdos mínimos a serem abordados pelos currículos estaduais e municipais. A ideia da BNCC objetiva promover avanços importantes na direção de uma educação com qualidade e equidade para todos. De acordo com a BNCC, espera-se que as crianças estejam alfabetizadas ao final do 2º ano do ensino fundamental, o que levou a uma mudança para esse ano de escolaridade do fechamento do ciclo para se avaliar os níveis de alfabetização. Em 2019, o Sistema de Avaliação da Educação Básica (Saeb) incorporou a antiga ANA e avaliou de modo amostral alunos do 2º ano do ensino fundamental. Os resultados ainda foram lamentáveis e mostraram que 17 estados não alcançaram a média esperada em alfabetização, sendo que o estado do Ceará permaneceu com os melhores índices nacionais.

Buscando mudar esse cenário, o Governo Federal do Brasil publicou o Decreto nº 9.765, que institui a PNA, em abril de 2019 (BRASIL, 2019). O intuito desse documento foi instituir uma política de estado para que as ações e os programas do Ministério da Educação (MEC) fossem fundamentados em evidências científicas vigorosas e atualizadas. Para isso, no documento enfatizam-se os conhecimentos oriundos da ciência cognitiva da leitura, principal área de estudos científicos sobre a aprendizagem e o ensino de leitura e escrita, o qual tem fornecido evidências para a melhoria e a implementação de práticas e políticas de alfabetização efetivas em diferentes países. Em decorrência desse alinhamento com as evidências científicas, passou-se a priorizar a alfabetização no 1º ano do ensino fundamental e enfatizar a importância de que esta seja precedida pela pré-alfabetização na educação infantil, articulando de forma mais efetiva essas duas etapas da educação básica.

Como se pode depreender, as evidências atuais apontam para caminhos mais eficientes para se ensinar a ler e a escrever em sistemas alfabéticos, como é o caso do português (BRASIL, 2019, 2020; CARDOSO-MARTINS et al., 2005). As pesquisas indicam o que é necessário para aprender a ler e a escrever, além de como se pode ensiná-los de maneiras mais eficientes. Esses caminhos propostos com base nas evidências de pesquisas exigem a adoção de uma posição científica que considere que, diante de novas evidências mais vigorosas, é preciso modificar posições antigas, revisar hipóteses e formular mudanças que correspondam às evidências atuais.

Nessa lógica, não é científico manter-se em uma posição rígida seguindo teorias e evidências ultrapassadas apenas por tradição ou respeito aos teóricos que as formularam. As evidências devem ser mais fortes do que a assinatura do autor que as produziu. Reconhece-se a contribuição de grandes pesquisadores e teóricos, mas é importante que se reconheça também que eles são circunstanciados pelo tempo e espaço em que viveram. Dessa forma, não podem continuar a ser utilizados como únicas referências, em função das novas problemáticas e evidências que surgem a cada dia. Em contrapartida, seria frívolo ignorar todos os avanços já conquistados e rejeitar os progressos já obtidos, mesmo que com teorias que não se sustentam mais, e deve-se aproveitar o que já se conquistou, aprender com o passado, somar com os conhecimentos novos e planejar o futuro com base em todo o conhecimento mais atual disponível. Os países, estados e municípios que tomaram essa decisão têm obtido resultados melhores nas avaliações nacionais e internacionais, como será apresentado a seguir.

O Reino Unido, por exemplo, é uma união política de quatro países (Escócia, Inglaterra, Irlanda do Norte e País de Gales) situada no noroeste da Europa e tem se destacado muito em termos de políticas educacionais baseadas em evidências e desempenhos de seus estudantes em avaliações nacionais e internacionais. Contudo, cabe destacar aqui o caso específico da Inglaterra, nação que tem promovido mudanças importantes na alfabetização com base em evidências vigorosas (ROSE, 2006; 2009). Cada um dos quatro países do Reino Unido tem poder legislativo e administrativo exclusivo sobre a política educacional dentro de suas fronteiras e, portanto, um sistema educacional próprio. Na Inglaterra, a legislação exige que todas as pessoas com idade entre 5 e 16 anos frequentem a educação em tempo integral, o que geralmente significa a escola. Cerca de 93% deles estão em escolas públicas não pagas, cerca de 7% estão em escolas privadas e uma proporção muito pequena é educada em casa.

As recomendações para a alfabetização na Inglaterra têm se pautado no que dizem as pesquisas científicas mais atualizadas, como em todo o Reino Unido, mas destaca-se a ênfase dada ao ensino explícito e à estrutura e às avaliações sistemáticas que são feitas em todas as crianças (ROSE, 2006). Por exemplo, próximo à conclusão do 1º ano (5-6 anos), as crianças são avaliadas na Verificação de Triagem Fônica (*Phonics Screening Check*), visando a entender se as crianças já possuem os conhecimentos básicos sobre relações entre grafemas e fonemas. Aquelas que não alcançam a marca de aprovação recebem suporte extra e são avaliadas novamente no ano seguinte. As crianças que progridem lentamente recebem ajuda extra em vez de serem retidas.

Cerca de dois anos ou mais após o ingresso na escola (6–7 anos), as crianças passam por uma avaliação formal organizada nacionalmente em alfabetização (e matemática) no final do Estágio Principal 1. No final do Estágio Principal 2 (10–11 anos), seus conhecimentos de ciências também são avaliados. Esses cuidados têm feito da Inglaterra um destaque em avaliações nacionais e internacionais no que se refere à leitura e à escrita, superando indicadores que mostravam a estagnação de escores médios nos anos 1990. As mudanças começaram em 1998 com o National Literacy Strategy, em que o país passou a adotar medidas baseadas em evidências para ensinar e avaliar os estudantes (ARAÚJO, 2011).

No Brasil, os estudos científicos sobre a alfabetização foram sintetizados em dois relatórios nacionais publicados em 2003 e 2011, mas somente foram utilizados pelo Governo Federal de modo efetivo em 2019. Antes disso, as evidências de pesquisas contribuíram para as políticas públicas no município de Sobral e, por conseguinte, no estado do Ceará. Os resultados da implementação desses conhecimentos se encontram nos dados de avaliações nacionais e regionais, que mostram que Sobral e Ceará conseguem isolar os fatores socioeconômicos e obter resultados de alfabetização bastante superiores às médias nacionais (BECSKEHÁZY, 2018).

Em 2004, a Assembleia Legislativa do Estado do Ceará, preocupada com o baixo desempenho de aprendizagem dos alunos do sistema público de ensino, instituiu o Comitê Cearense para a Eliminação do Analfabetismo Escolar. Esse Comitê fez um diagnóstico da rede e produziu um extenso relatório em 2006, o qual mostrou que apenas 40% de uma amostra de 8 mil estudantes no final do 2º ano estava alfabetizado. Outros dados alarmantes foram de que as universidades não dispunham de estrutura curricular adequada para formar professores alfabetizadores e esses, por sua vez, não possuíam metodologias adequadas de ensino, usando, muitas vezes, cópias da lousa e sem gestão adequada do tempo.

Diante desse cenário, o governo do Ceará desenvolveu e passou a implementar o Programa Alfabetização na Idade Certa (PAIC), que teve início com um compromisso formal de 60 prefeitos de direcionarem suas ações na melhoria da qualidade da alfabetização. A ideia inicial era desenvolver ações conjuntas em cinco áreas: Avaliação da Aprendizagem, Gestão Educacional, Gestão Pedagógica, Educação Infantil e Literatura Infantil. Em 2007, com a posse do novo governo, a Secretaria de Educação do Estado resolveu oferecer todas as condições, logísticas e financeiras, necessárias para atender a todos os 184 municípios cearenses em ações focadas nos cinco eixos descritos.

Os resultados do PAIC têm sido observados anualmente, desde o começo do programa. Segundo o Sistema Permanente de Avaliação da Educação Básica do Ceará (SPAECE), o número de crianças que concluíam o 2º ano do ensino fundamental alfabetizadas saltou de 39,9 para 87% entre 2007 e 2016 (CEARÁ, 2021). As melhorias são vistas em todo o Estado. Nesse sentido, atualmente o Ceará é o 2º estado do Brasil com maior número de escolas — 21 no total — de ensino médio (públicas estaduais) mais bem classificadas em 2019 pelo Índice de Desenvolvimento da Educação Básica (IDEB), atrás somente de São Paulo, que tem 83. Em seguida, está

Pernambuco, com sete, e empatados, com quatro escolas, Minas Gerais e Rio Grande do Sul.

Em 2017, o governo do Ceará investiu R$ 52 milhões em diversas ações do PAIC, como distribuição de premiações às escolas com melhores índices de alfabetização; avaliações dos alunos; aquisição de material didático para os estudantes; bolsas para os professores e gestores e apoio para viabilizar as formações continuadas. Além disso, para os municípios com melhores resultados no SPAECE, também existem benefícios, como uma lei estadual que garante o repasse do Imposto sobre Circulação de Mercadorias e Serviços (ICMS) com base no Índice de Qualidade da Educação (IQE). Esse incentivo faz com que as prefeituras priorizem a melhoria dos indicadores educacionais como uma forma de obter maiores repasses para os cofres públicos municipais.

É importante considerar que o conjunto de ações desenvolvido na política de alfabetização na idade certa do Ceará já teve impacto em outros estados. O Espírito Santo, por exemplo, inspirado pelo modelo cearense, desenvolveu o Pacto pela Aprendizagem no Espírito Santo (PAES) em 2017. Mesmo em nível nacional, a PAIC foi também a inspiração para o PNAIC, porém foi descontinuado em governos seguintes.

Nesse sentido, algumas lições aprendidas com o sucesso do PAIC incluem: 1) uma política desenvolvida após um diagnóstico da rede; 2) elaboração de diretrizes com base em evidências científicas; 3) ações desenvolvidas em regime de colaboração com os municípios; 4) foco na alfabetização nos anos iniciais do ensino fundamental; 5) avaliações sistemáticas contínuas de aprendizagem e implementação de mudanças a partir dos resultados; e 6) continuidade nas ações, independentemente da mudança de governos.

Considera-se que essas lições, juntamente com as evidências apresentadas neste capítulo, configuram uma possibilidade tanto de informar novas práticas e políticas de alfabetização mais sólidas como de promover que todas as crianças possam aprender a ler e escrever na idade esperada. Dessa forma, relatórios científicos e avaliações internacionais e subnacionais, como no caso de Sobral e Ceará, mostram que o caminho das evidências é eficiente para promover avanços importantes na alfabetização de qualidade e com equidade para todos.

No Brasil, de modo geral, o Renabe aponta que ainda prevalece na área de educação a utilização de estudos do tipo teórico, nos quais hipóteses são discutidas sem a realização de testes empíricos. Tais teorias são tradicionalmente adotadas como verdades por conveniência, tradição ou fama do autor, o que é um caminho inapropriado para a tomada de decisão em política pública, uma vez que não se trata de um caminho de gestão baseada em evidências (BRASIL, 2020).

Como educadores e formuladores de políticas públicas, deve-se buscar identificar evidências oriundas de pesquisas que são realizadas seguindo as proposições metodológicas apropriadas e forneçam respaldo para a melhoria das práticas pedagógicas, independentemente do nome de quem as produziu. É essencial respeitar todo o rigor científico com a testagem de hipóteses, o delineamento de estudos, a obtenção e a análise de resultados, além da confirmação ou da rejeição das hipóteses iniciais. A abordagem da educação baseada em evidências não se faz com a força do argumento de autoridade, mas com base na qualidade das pesquisas, na replicabilidade dos estudos e no consenso obtido por meio do teste – reteste de hipóteses.

Recentemente, resgatando aqueles relatórios científicos e analisando os indicadores de alfabetização, o Governo Federal decidiu pela regulamentação da incorporação de evidências científicas na elaboração de programas e ações relacionados à alfabetização. Assim, foi criada a PNA (BRASIL, 2019) como uma política de Estado que objetiva estabelecer parâmetros para os programas e as ações do Governo Federal com relação à alfabetização. Essa política foi construída com base em discussões de um grupo de trabalho criado pelo MEC para esse fim. O grupo foi composto por membros das secretarias do MEC e de suas autarquias e contou com a participação de cientistas e membros do Conselho Nacional de Educação (CNE), da União Nacional dos Dirigentes Municipais de Educação (UNDIME) e do Conselho Nacional de Secretários de Educação (CONSED).

Consequentemente, a política desdobrou-se em uma série de ações que incluem a adoção de um exame internacional de leitura, o Progress in International Reading Literacy Study (PIRLS), a realização de uma Conferência Nacional de Alfabetização Baseada em Evidências (Conabe), a produção de um Renabe, um programa de incentivo à literacia familiar (*Conta pra mim*) e um programa denominado *Tempo de Aprender*, que inclui diversas ações, como formação continuada de professores e distribuição de materiais suplementares de alfabetização, além de incentivos à valorização dos professores e ao desempenho. Os impactos dessa política ainda não são completamente dimensionados dado o seu pouco tempo de existência.

A delimitação do escopo de uma política pública implica também uma definição do que se entende por alfabetização. As políticas de alfabetização ocorrem dentro de um contexto educacional mais amplo, o que inclui articulação com outras políticas educacionais, o currículo do ensino de língua e o currículo escolar, o que não impede que sejam feitas políticas específicas para a alfabetização, mas que elas sejam integradas às demais. De modo geral, essas políticas, diretrizes e quadros de referência adotados em outros países compartilham algumas características, como no âmbito central, nas políticas, nas práticas e nos métodos baseados em critérios científicos comprovados ou passíveis de comprovação; na definição clara do que seja alfabetização; de conteúdos e programas para cada etapa da escolarização; critérios para a provisão e escolha de materiais didáticos, além de requisitos para a formação de professores; e avaliação permanente dos resultados.

As políticas educacionais no século XXI devem assegurar os compromissos expressos no Marco de Ação de Dakar[1] e na Agenda 2030 assumida pelos países e pela comunidade internacional, isto é, compreender que a educação é um bem público e direito humano fundamental, reforçada por uma visão humanista que associa o direito a educação, dignidade, justiça social, inclusão e diversidade (GATTI et al., 2019); para atingir o ODS 4 de assegurar a educação inclusiva e equitativa de qualidade, além de promover oportunidades de aprendizagem ao longo da vida para todos, o que inclui a alfabetização como prioridade. Todas as crianças podem aprender, desde que lhes sejam dadas condições apropriadas de ensino.

Verifica-se, portanto, que, em políticas públicas, o uso de evidências oriundas de estudos científicos é extremamente importante. Adotar uma perspectiva fundamentada em evidências científicas pode não ser a garantia total de sucesso, mas é, certamente, o melhor caminho para se aumentar a eficiência, a eficácia e a efetividade das políticas públicas, desde que as evidências não sejam escolhidas por mera conveniência, tradição ou preferências pessoais, mas seguindo fielmente as evidências mais vigorosas e atualizadas disponíveis, obtidas por meio de estudos com metodologia científica rigorosa e replicável. Ao analisar uma evidência científica, é necessário sempre considerar a qualidade da metodologia utilizada para obtê-la; estudos experimentais oferecem condições mais rigorosas e, portanto, resultados mais sólidos do que estudos correlacionais e quase-experimentais, além de que ambos oferecem mais evidências do que estudos nos quais apenas foram feitas observações, sem controle de variáveis, grupos de comparação, ou ainda estudos apenas teóricos nos quais um autor formula hipóteses, mas não oferece evidências de teste empírico.

Dessa forma, propõe-se neste capítulo uma sugestão sobre como uma política de alfabetização baseada em evidências deveria se orientar pelo ciclo ilustrado na Figura 1.2. Tudo começa pela análise das evidências disponíveis que devem guiar a criação de um currículo estruturado, sequencial e exigente. Com base nesse referencial teórico e em um currículo claro e detalhado, estabelecem-se os materiais pedagógicos e livros didáticos que serão utilizados pelos professores. Estes, por sua vez, devem ser capacitados por meio de cursos de formação continuada e desenvolvimento profissional para que possam se apropriar das evidências mais atuais, reciclar suas práticas e compartilhar suas experiências. Além disso, eles devem se integrar sobre como cumprir o previsto no currículo com base nos materiais desenvolvidos e em outras estratégias a serem ensinadas na formação.

---

[1] O Fórum Mundial da Educação, que aconteceu em abril de 2000 na capital do Senegal, Dakar, é considerado um marco para a educação global, pois contou com participantes da Cúpula Mundial de Educação; representantes de diversos países se comprometeram a atingir seis objetivos da Educação para Todos (EPT). Disponível em: http://cape.edunet.sp.gov.br/textos/declaracoes/6_Declaracao_Dakar.pdf. Acesso em: 11 abr. 2022.

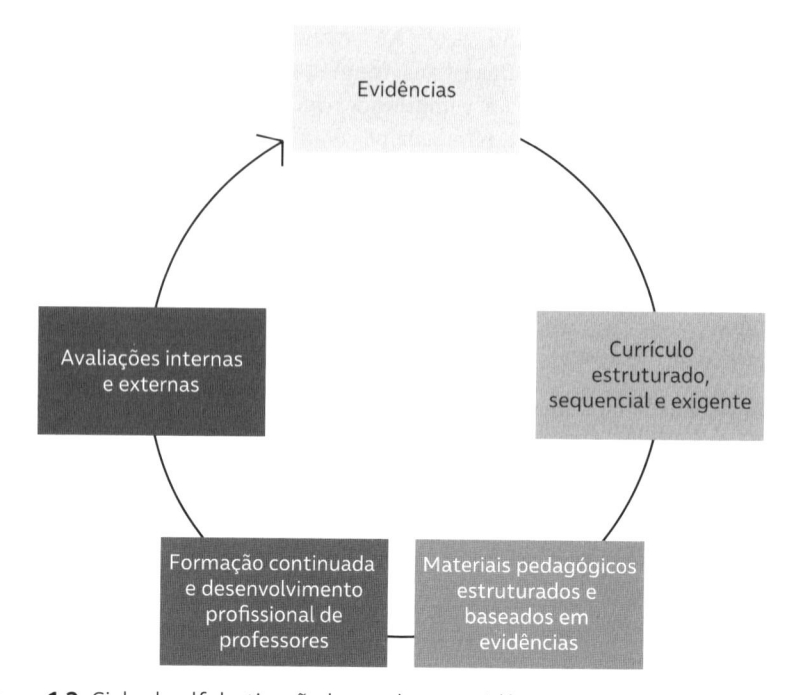

Figura 1.2 Ciclo da alfabetização baseada em evidências.

Com isso feito, professores executam suas práticas e colocam em ação todo o processo de alfabetização, que deve ser continuamente avaliado interna e externamente para que se possa monitorar o progresso e corrigir rotas. O resultado das avaliações serão novas evidências que permitirão, dessa vez, fazer novos ajustes no currículo, etc., dando continuidade ao ciclo.

PARTE III — ESTABELECENDO UMA ABORDAGEM DE ALFABETIZAÇÃO BASEADA EM EVIDÊNCIAS

No século XX, observou-se uma proliferação de abordagens baseadas em evidências para áreas como a medicina, a agricultura e a engenharia. O princípio era idêntico: deveria se optar por práticas que tivessem respaldo em evidências oriundas de estudos científicos e que permitissem melhor previsibilidade de seu impacto. Na área da educação, esse movimento é mais recente e tem crescido nas duas primeiras décadas do século XXI, devido à recomendação de pesquisadores sobre a necessidade de que programas e práticas educacionais sejam baseados em evidências (DAVIES, 1999). Desde então, um número crescente de estudos de alta qualidade avaliando programas replicáveis em ambientes educacionais reais tem sido produzido, fornecendo evidências para informar as decisões de educadores e formuladores de políticas. Além disso, novas políticas têm sido desenvolvidas para apoiar o uso de evidências na tomada de decisões (SLAVIN, 2020).

Segundo Davies (2004), a abordagem de políticas informadas por evidências considera as melhores evidências disponíveis sobre programas, políticas e projetos no centro das decisões para a formulação e implementação de políticas; em contrapartida, opõe-se à política baseada na opinião, que considera a tomada de decisões com base em ideologias ou perspectivas individuais. Autores e iniciativas europeias têm dado preferência à expressão "educação informada por evidências", o que traz a implicação da consideração de estudos com metodologias mistas e mais qualitativas, além dos estudos experimentais. Os documentos da União Europeia fornecem orientações em vez de estipulações sobre o uso de evidências na tomada de decisões. Nos Estados Unidos, é mais comum o uso da expressão "educação baseada em evidências", com maior ênfase nos estudos controlados randomizados (SLAVIN, 2020).

Nas últimas décadas, tem sido cada vez mais frequente a busca por "práticas baseadas em evidências" ou "educação baseada em evidências", entendendo o termo "evidências" como um indicativo de qualidade. Contudo, tal termo é muito genérico e pode se referir a diversos fatores. Há muitos tipos de evidências disponíveis, inclusive utilizadas para dar sustentação a ideias e proposições em diferentes contextos. Assim, como argumenta Davies (1999), a educação baseada em evidências não é uma panaceia, mas um conjunto de princípios para aprimorar as políticas e práticas educacionais.

Essas evidências podem ser obtidas a partir da observação de documentos, palavras, entrevistas, experiências, eventos pontuais, da razão ou da reflexão e, notoriamente, como resultado de pesquisas que seguem critérios rigorosos para a obtenção de evidências. As evidências podem assumir formas distintas, ter níveis de qualidade diferentes e serem valorizadas de forma diversa em diferentes contextos (p. ex., na medicina, na educação, no sistema jurídico e nas políticas públicas) (THOMAS; PRING, 2007).

As evidências podem ser obtidas de diferentes modos e serem mais ou menos confiáveis. Nesse sentido, buscando a diminuição de riscos, recomenda-se sempre a adoção de evidências científicas, ou seja, aquelas oriundas de estudos científicos e de pesquisas conduzidas por rigorosos métodos, que podem ser replicadas e normalmente são publicadas em jornais ou periódicos acadêmicos, mas também podem ser publicadas por organizações independentes (instituições de caridade, departamentos governamentais e empresas interessadas em um determinado nicho de pesquisa), individualmente ou em pequenos grupos. É importante ressaltar que a publicação em uma revista científica não é por si uma garantia de qualidade, por isso é fundamental também que se analise a qualidade de cada estudo, a metodologia utilizada, as limitações e a abrangência.

Como determinar o que são práticas de alfabetização baseadas em evidências?

É fortemente recomendado que as decisões em políticas públicas sejam informadas por evidências antes de serem testadas sem critérios claros de criação e avaliação de seu impacto com possibilidade de ajustes. O interesse pelo uso de evidências científicas como base para a tomada de decisão em políticas educacionais e orientação de práticas de ensino deriva da abordagem de educação baseada em evidências. É óbvio que a maioria dos educadores está interessada em oferecer as melhores práticas para garantir que seus alunos aprendam, mas nem sempre é simples determinar uma base de evidências efetiva.

Existem muitas abordagens diferentes para se produzir evidências em alfabetização. Alguns pesquisadores abordam uma visão mais direcionada às vivências culturais da experiência de alfabetização; outros podem estudar as qualidades das interações professor – aluno e aluno – aluno que ocorrem na alfabetização; ainda há aqueles que podem focar nas habilidades precursoras e no impacto de métodos de ensino específicos. Todos esses diferentes tipos de estudos podem oferecer evidências importantes para entender como as pessoas aprendem a ler e escrever, além do impacto dessa aprendizagem em suas vidas.

Desse modo, não é possível afirmar que apenas um tipo de pesquisa ou abordagem específica pode responder à questão sobre o que de fato funciona para aprender a ler e escrever. Ao propor a reflexão sobre a importância da ciência cognitiva da leitura para a melhoria da alfabetização, não se excluem aqui outros saberes produzidos por outras abordagens teóricas ou campos do conhecimento. Pelo contrário, busca-se apenas enfatizar que esse campo surgiu a partir do esforço de concatenar diferentes perspectivas, metodologias de pesquisa e investigar, a partir de uma abordagem multidisciplinar, a aprendizagem e o ensino da leitura e da escrita em diferentes sistemas de escrita.

Todos os tipos de pesquisa podem auxiliar a compreender aspectos da alfabetização, mas os projetos de pesquisa têm como objetivo responder a diferentes questões e fornecem evidências de diferentes tipos. Quando se fazem perguntas sobre o que funciona para ajudar os alunos a se tornarem leitores bem-sucedidos, o interesse é saber se existe uma relação de causa e efeito entre um programa de instrução específico ou prática implementada e o desempenho subsequente dos alunos em alfabetização. O estabelecimento de um vínculo causal requer **pesquisa experimental** ou **quase-experimental**. Algumas políticas públicas baseadas em evidências requerem justamente as obtidas por meio desse tipo de estudo, sobretudo as políticas em saúde. Estudos de outros tipos, como correlacionais, podem ser utilizados eventualmente na ausência de evidências oriundas de estudos experimentais.

Ao avaliar as evidências disponíveis para a tomada de decisão, não basta ser considerado apenas o resultado de um único relato de pesquisa. Quanto mais pesquisas forem encontradas sobre um tema ou programa de ensino, maiores serão as chances de se obter evidências confiáveis. Não se pode também apenas considerar as evidências favoráveis a uma opinião ou um desejo, deve-se utilizar critérios objetivos para a escolha das pesquisas e considerar todas, ainda que elas sejam contrárias aos interesses individuais. É fundamental também que não se limite apenas à leitura de resumos e relatórios, mas que se busque ler os textos originais para que se possa entender os limites e as qualidades de cada pesquisa. Essas são recomendações para que a tomada de decisões com base em evidências seja mais segura.

Como já mencionado neste capítulo, não se pode afirmar que um único tipo de pesquisa pode esgotar a pergunta "o que funciona na alfabetização?" ou "como alfabetizar?". Na realidade, existem múltiplos fatores a serem considerados e que podem ser obtidos a partir de diferentes perspectivas. Contudo, ressalta-se que, na tomada de decisões sobre as melhores práticas com base em evidências, é fundamental considerar alguns critérios. Dentre eles, a despeito das perspectivas teóricas, deve-se analisar o tipo de estudo realizado, pois cada *design* fornece evidências de força diferentes.

Existem diferentes tipos de **estudos científicos** que comparam sistematicamente práticas de alfabetização que um grupo de alunos recebe com uma instrução alternativa à que outro grupo recebe. Estudos mais rigorosos oferecem evidências mais fortes. Essas pesquisas, classificadas como **estudos experimentais**, devem ter um número suficiente de alunos (ou turmas) e atribuição aleatória às opções de instrução. A **atribuição aleatória** requer que todos os alunos participantes tenham chances iguais de serem atribuídos a qualquer um dos tratamentos. Se os alunos não forem atribuídos aleatoriamente, o estudo é classificado como **quase-experimental**. Cada estudo comparando diferentes práticas de alfabetização gera uma evidência de que o programa funciona ou não e de seus impactos. Quando vários estudos contribuem com resultados consistentemente positivos, a instrução que foi estudada pode ser considerada uma **prática baseada em evidências**.

Como se pode imaginar, não é simples conduzir estudos experimentais e quase-experimentais em escolas, pois geralmente envolvem muitas mudanças nas rotinas escolares e demandam muitos esforços dos pesquisadores, professores e alunos. Outro ponto a ser considerado é que, dependendo do programa ou da prática a ser estudada, os fornecedores ou criadores podem alterar, atualizar ou fazer novas versões. Isso é mais frequente com metodologias digitais, como programas baseados em computador (*softwares* e aplicativos), que geralmente são atualizados várias vezes ao longo do ano. Dados todos esses desafios para a realização de pesquisas científicas, pode não haver evidências de estudos experimentais e quase-experimentais disponíveis para indicar se um determinado programa ou uma prática que a escola esteja interessada em implementar realmente "funcione". Nesses casos, outros tipos de estudos podem servir de base para a tomada de decisão:

- **Pesquisas de correlação:** estudos que estabelecem uma relação entre um tipo de prática de ensino e o resultado desejado no desempenho do aluno. Esses estudos não provam que a prática *causou* a mudança nos resultados dos alunos, apenas que parece haver algum tipo de relacionamento.
- **Pesquisas de avaliação ou comparação:** estudos realizados para avaliar o impacto de programas com ou sem comparação com outras metodologias. Embora possam ser estudos experimentais e quase-experimentais, também é possível encontrar estudos com o mesmo objetivo, mas que não tenham tanto cuidado metodológico e, por isso, são mais frágeis, podendo ficar à deriva de interesses de organizações ou fornecedores com intenções comerciais. Sem grupos de comparação, não é possível determinar se as mudanças ocorreram em razão da instrução ou meramente do acaso.
- **Pesquisa descritiva ou observacional:** esses estudos podem apenas descrever as características de programas e de sua implementação. Podem também ser estudos de revisão de literatura que não têm acesso controlado e direto às crianças e aos professores. Eles podem resumir as práticas e agrupar, mas não têm o mesmo peso de evidências obtidas em estudos empíricos.
- **Pesquisa anedótica ou estudos de caso:** esses estudos costumam ser menos sistemáticos e apenas descrevem e relatam experiências de professores e escolas que implementaram algum programa ou uma prática de ensino que acreditavam ser útil para seus alunos. Assim, os estudos de avaliação podem ser mais ou menos sistemáticos e ficarem à deriva de opiniões e interesses diversos dos científicos. Além disso, podem ter muitos vieses que não foram rigorosamente controlados, como as características dos estudantes e o tempo e a frequência de instrução.

Considerando-se que nem sempre é possível lidar apenas com estudos experimentais, é possível tomar decisões informadas por esses outros tipos de estudos, o que se pode denominar de **base de pesquisa**. Em outras palavras, isso quer dizer que existem certos indícios de que uma abordagem ou prática seja efetiva porque existem estudos para isso, mas não há evidências rigorosas o suficiente para que se considerem com confiança esses achados. Por isso, é importante considerar os níveis de evidências.

Ademais, outro critério utilizado para determinar a força de uma evidência diz respeito aos **tamanhos de efeito**. Um tamanho de efeito é um meio estatístico de indicar o tamanho da diferença entre duas abordagens de ensino ou intervenções. Quando se comparam, por exemplo, duas formas de ensinar consciência fonológica, é possível que ambas produzam efeitos estatisticamente significativos, então torna-se dificultoso concluir qual seja a melhor. Com a análise do tamanho de efeito, pode-se determinar que os alunos que participaram de um programa tiveram um desempenho estatístico significativamente melhor do que os alunos que participaram do programa alternativo, mas o tamanho dessa diferença pode ser muito pequeno para um professor perceber no dia a dia dos alunos em seu trabalho de alfabetização.

Existem diferentes formas de se estimar os tamanhos de efeitos e que não produzem os mesmos valores. Os tamanhos de efeito podem ser expressos em decimais (como 0,21, 0,76, etc.) e às vezes com números inteiros (como 1,18, etc.). Geralmente, tamanhos de efeito maiores são melhores do que tamanhos de efeito menores, mas os valores são influenciados por muitos recursos de um estudo de pesquisa. Entretanto, é importante notar que tamanhos de efeito inesperadamente altos podem ser encontrados quando um estudo tem número pequeno de participantes, atribuição não aleatória dos participantes ou avaliações limitadas (CHEUNG; SLAVIN, 2016). Por isso, não basta que se procure um tamanho de efeito específico para a tomada de decisão, caso não se leve em consideração a forma como o estudo foi desenhado e os meios de se avaliar o tamanho de efeito.

Tomando uma decisão informada por evidências sobre programas ou práticas de alfabetização

Quando se fala em práticas de alfabetização baseadas em evidências, pode-se pensar que a intenção seja determinar um único método ideal que servirá a todas as crianças e que, caso adotado, garantirá a alfabetização. Contudo, isso está longe da realidade. A análise das pesquisas mostra que não existe apenas um único método, programa ou uma abordagem que tenha sido identificada como exclusivamente efetiva para ensinar a todos os estudantes a ler e escrever (GLAZZARD; STONES, 2020). Na realidade, existem muitas práticas e métodos que possuem níveis diferentes de evidências para determinados públicos ou situações e que podem ser identificados como sendo promotores dos melhores resultados em alfabetização com base em evidências (GAMBRELL *et al.*, 2011).

Deve-se considerar, por conseguinte, que uma prática baseada em evidências é uma estratégia de ensino que apresenta um histórico de sucesso documentado e que é tanto eficaz quanto confiável. Existe evidência de que, quando essa prática é usada para um determinado grupo particular de crianças, pode-se esperar que essas crianças terão mais ganhos em leitura e escrita (INTERNATIONAL READING ASSOCIATION, 2002). O objetivo do ensino baseado em evidências é preparar os alunos para que eles tenham habilidades que irão precisar para a plena participação em sociedades democráticas que são parte de uma economia global. Os estudantes devem ser capazes de ler e escrever com propósito, competência, facilidade e alegria.

No entanto, com salas de aulas cada vez mais inclusivas e diversas, é esperado que os professores devam atender a diferentes demandas e necessidades dos alunos. Assim, esses profissionais precisam conhecer diferentes estratégias de ensino e monitorar suas ações para readequar as estratégias e garantir que todos os alunos possam aprender a ler e a escrever com sucesso. Conhecer as práticas de alfabetização baseadas em evidências pode auxiliar muito os professores nesse processo, mas é preciso saber como determinar quais são as melhores práticas para cada situação, uma vez que não existe uma única prática que resolva todos os casos (GAMBRELL *et al.*, 2011).

Ao considerar as evidências disponíveis para cada prática, programa ou material didático, é fundamental importar-se com a qualidade dos dados disponíveis. Segundo a International Reading Association (2002), atual International Literacy Association (Associação Internacional de Literacia), alguns elementos devem ser atendidos para que uma prática seja confiável e eficaz. São eles:

- **Dados objetivos:** permitem que qualquer avaliador possa identificá-los e interpretá-los de modo semelhante.
- **Dados válidos:** representam adequadamente as tarefas que as crianças precisam realizar para se tornarem leitoras com sucesso.
- **Dados confiáveis:** permanecem essencialmente estáveis se coletados em dias diferentes ou por pessoas diferentes.
- **Dados sistemáticos:** foram coletados de acordo com desenhos rigorosos, experimentação ou observação.
- **Dados referendados:** foram analisados e aprovados por publicações com painel de revisores independentes.

Nem sempre os professores dispõem de conhecimentos suficientes para analisar a qualidade dos estudos científicos que fundamentariam a escolha de uma prática baseada em evidências ou de outra que não possui evidências (STANOVICH; STANOVICH, 2003). Não é recomendável escolher uma prática que tenha apenas uma única evidência, como um único artigo publicado. Neste ponto, vale relembrar que existem diferentes tipos de estudos e com diversos níveis de confiabilidade. É importante que gestores educacionais e formuladores de políticas públicas possam auxiliar nessa importante etapa, promovendo painéis de especialistas que são objetivamente capazes para identificar e selecionar as melhores práticas com base em critérios científicos.

Concomitantemente, Allington (2005; 2006) ressalta que a experiência profissional dos docentes não deve ser ignorada; pelo contrário, essa experiência deve ser levada em conta para que os professores possam analisar a pertinência e a viabilidade de usar uma ou outra prática conforme suas necessidades. Desse modo, é a **convergência de evidências** obtida a partir de uma série de estudos científicos usando uma variedade de *designs* e metodologias que permite identificar as melhores práticas. No entanto, deve-se dar autonomia para que os professores possam fazer suas escolhas a partir dessas melhores práticas, e para isso é fundamental que eles tenham conhecimentos fortes sobre boas evidências, pautados tanto pela experiência profissional quanto pela pesquisa.

Tal observação é importante, pois vários estudos em diferentes países mostram que os professores geralmente têm poucos conhecimentos sobre a natureza e o funcionamento do sistema de escrita, fato que dificulta suas escolhas metodológicas e a compreensão sobre o que é mais importante no processo de alfabetização (CASTLES *et al.*, 2018). A formação inicial e continuada de professores com base em evidências é essencial e um grande desafio a ser superado (BRASIL, 2020; GATTI *et al.*, 2019; SNOW; JUEL, 2013). Esses profissionais precisam ter conhecimentos específicos que lhes permitam distinguir os estudos e analisar as evidências para uma tomada de decisão mais informada e eficiente.

No entanto, determinar quais são as melhores evidências disponíveis não é tarefa simples. Nos Estados Unidos, por exemplo, organismos como o What Works Clearinghouse (WWC) servem para mapear a literatura existente de modo a analisar e classificar as evidências disponíveis, assim como determinar práticas e programas mais recomendados. O WWC foca em estudos do tipo randomizado-controlado (RCTs, do inglês *randomized controlled trials*), ou seja, experimentos mais controlados, com atribuição aleatória de sujeitos para condições experimentais e grupos controle. Esses estudos possuem um *design* robusto e produzem evidências muito sólidas com explicação causal, sendo, portanto, fortemente recomendados, sobretudo na área de saúde, mas são de difícil execução na área da educação, por isso são mais escassos.

Na Europa, uma instituição semelhante é o Evidence for Policy and Practice Information and Co-ordinating Centre (EPPI), que realiza revisões sistemáticas, incluindo abordagens mais ecléticas, com estudos de outros *designs* (correlacional, quase-experimental) e análises mais qualitativas para se obter uma "síntese das melhores evidências disponíveis", e não das evidências mais fortes, como o WWC.

Retornando ao caso dos Estados Unidos, há uma preocupação com a adoção de práticas baseadas em evidências na educação há décadas. Em 1965, foi publicada a Lei de Educação Elementar e Secundária (ESEA, do inglês *Elementary and Secondary Education Act*), que já trazia orientações para o uso de evidências. Em 2001, isso foi enfatizado com a publicação da Lei Nenhuma Criança Deixada para Trás (NCLFB, do inglês *No Child Left Behind*), que atualizou a ESEA e gerou uma série de recomendações com base em evidências, seguidas da publicação do *National Reading Panel* (2000), uma extensa metanálise sobre aprendizagem e ensino de literacia. Mais recentemente, em 2015, o Governo Federal promulgou a Lei Todo Aluno Tem Sucesso (ESSA, do inglês *Every Student Succeeds Act*), substituindo a NCLFB e atualizando novamente a ESEA, também enfatizando iniciativas baseadas em evidências e fornecendo novas flexibilidades aos estados e distritos no que diz respeito ao uso de fundos federais, incluindo fundos para promover uma liderança escolar eficaz.

O Departamento de Educação dos Estados Unidos apresentou um guia de orientações da ESSA para o uso de evidências (US DEPARTMENT OF EDUCATION, 2016) apontando a importância de alguns passos para promover melhorias contínuas na educação com base em evidências. Na Figura 1.3, é apresentado um fluxograma que ilustra como esses passos indicam a necessidade da consideração das realidades locais para a busca por evidências apropriadas que irão fundamentar mudanças e gerar novas evidências, dando continuidade ao ciclo virtuoso.

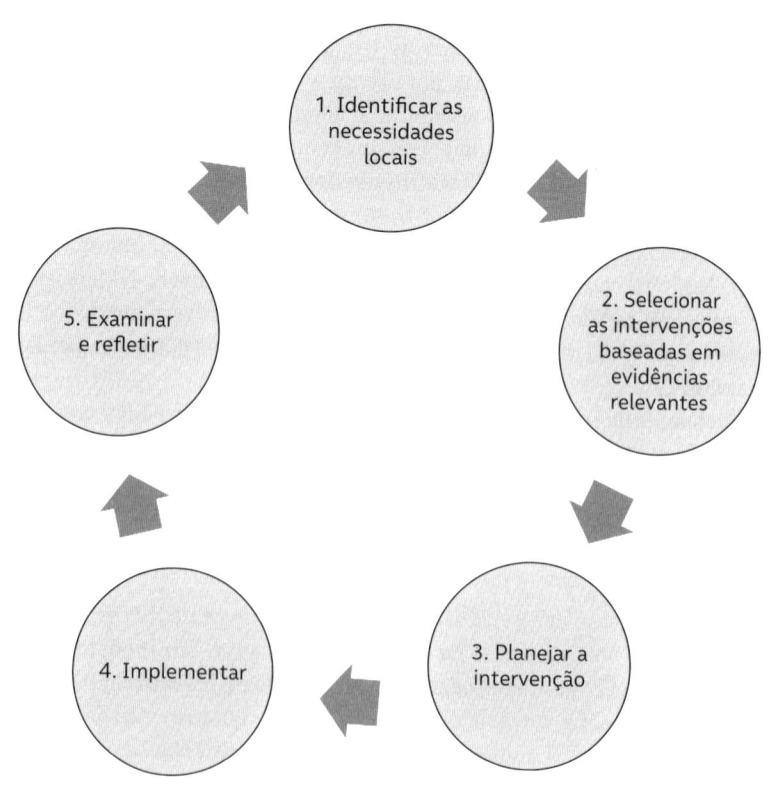

Figura 1.3 Passos para promover a melhoria contínua.
Fonte: US Department of Education (2016).

A escolha criteriosa de evidências deve levar em consideração aspectos objetivos para a análise dos estudos e de seu potencial impacto. A ESSA propõe uma classificação de evidências em quatro níveis:

- **Nível 1 — Evidência forte** — apoiado por um ou mais estudos experimentais de controle randomizado bem desenhados e bem implementados.
- **Nível 2 — Evidência moderada** — apoiado por um ou mais estudos quase-experimentais bem planejados e bem implementados.
- **Nível 3 — Evidência promissora** — apoiado por um ou mais estudos correlacionais bem desenhados e bem implementados (com controles estatísticos para viés de seleção).
- **Nível 4 — Indica uma razão** — práticas que têm modelo lógico ou teoria de ação bem definidos, são apoiadas por pesquisas e têm algum esforço em andamento por uma agência educacional estadual (SEA), agência educacional local (LEA), ou organização de pesquisa externa para determinar sua eficácia.

Salienta-se que esses rótulos podem ser um tanto enganosos. Por exemplo, um programa ou prática de alfabetização que atenda às orientações da ESSA por ter "evidências fortes" com base em resultados positivos de um estudo experimental pode não ser considerado uma "prática baseada em evidências". Para que essa determinação seja feita, o programa precisaria de cada um dos seguintes quesitos, no mínimo:

- resultados positivos de vários estudos experimentais e quase-experimentais elaborados com rigor, conduzidos com grandes amostras de alunos e em diferentes locais;
- nenhum estudo experimental ou quase experimental rigorosamente projetado com resultados negativos que substituiriam os resultados positivos encontrados por outros;
- estudos experimentais ou quase-experimentais elaborados com rigor, conduzidos com populações e em ambientes semelhantes aos onde o programa será implementado.

Nesse sentido, ganham importância os estudos de **revisões sistemáticas** ou **metanálise**, que são o método básico para gerenciar o conhecimento, sintetizar resultados de pesquisas e possibilitar a adoção de evidências vigorosas de forma técnica e imparcial. Revisões sistemáticas são estudos que utilizam como fontes de dados outras pesquisas e que objetivam analisar e sistematizar o conjunto de evidências disponíveis sobre determinados temas. As revisões sintetizam as conclusões ou os resultados de muitas pesquisas diferentes, de forma explícita, transparente, replicável, responsável e potencialmente atualizável. Os critérios adotados em revisões sistemáticas permitem distinguir entre boas evidências e evidências frágeis, entre estudos de qualidade e estudos limitados.

Nesse sentido, para auxiliar a melhor tomada de decisão, não são consideradas evidências anedóticas, mas sim aquilo que de fato encontra respaldo científico, consensuado por uma comunidade internacional de cientistas e pesquisadores. As evidências anedóticas são aquelas obtidas por outros meios que não o de estudos científicos. Em um exemplo prático, duas professoras alfabetizadoras podem usar dois métodos de alfabetização distintos e obter resultados diferentes. A professora Maria alcançou 95% de sucesso no final do ano, enquanto a professora Joana obteve apenas 58% de sucesso. Entende-se, nesse exemplo, que sucesso é o número de alunos alfabetizados. Seria possível afirmar que o método de alfabetização da professora Maria foi mais eficiente, uma vez que há uma evidência; porém, ela é apenas anedótica, e não científica. Existem diversas outras variáveis que podem explicar as diferenças entre o desempenho das duas turmas, como os anos de experiência docente de ambas as professoras, o número de dias letivos, o conhecimento de base das crianças, o número de aulas que tiveram, o número de estudantes em sala de aula, a infrequência das professoras e dos alunos, etc. Percebe-se, portanto, que dar importância apenas ao relato de uma experiência exitosa sem considerar a multiplicidade de fatores envolvidos pode ser perigoso e levar a conclusões inapropriadas.

Vale ainda ressaltar que, embora o resultado da professora Maria tenha sido melhor, inclusive talvez até mesmo sua metodologia de avaliação tenha sido distinta, ela poderia considerar que uma criança está alfabetizada quando sabe escrever o próprio nome, enquanto a professora Joana segue as regulamentações e é mais exigente. Evidentemente esse caso é esdrúxulo, mas serve para ilustrar o que muitas vezes acontece na educação brasileira: muitos são os casos em que evidências anedóticas são utilizadas como justificativa para decisões. As evidências científicas são obtidas por meio de estudos rigorosos e, logo, é possível controlar o impacto desses fatores e entender o que é realmente crucial no processo de alfabetização.

Destaca-se aqui a importância de que tanto a gestão escolar quanto a gestão educacional sejam baseadas em evidências, o que enfatiza a necessidade do uso de evidências nos processos de tomada de decisão, formulação de políticas, programas, projetos e ações em todos os âmbitos da Secretaria, inclusive na sala de aula, visando a promover oportunidades de aprendizagem para todos os estudantes.

Sob o apoio de evidências científicas, é possível refletir a respeito dos sistemas de gestão educacional, bem como monitorar índices de acesso e aprendizagem. Reiteram-se as mensagens trazidas pela Unesco (2019), no sentido de que uma gestão baseada em evidências subsidia decisões mais assertivas a respeito dos sistemas de ensino, distribuição do financiamento da educação, alocação de professores e recursos, abordagens destinadas à melhoria dos padrões de aprendizagem para aquelas "pessoas em situação de risco de serem deixadas para trás", seja por gênero, etnia, religião, idioma, localização, riqueza, deficiência ou quaisquer outras características.

PARTE IV — RECOMENDAÇÕES PARA PRÁTICAS E POLÍTICAS DE ALFABETIZAÇÃO COM BASE EM EVIDÊNCIAS

Diante do exposto até aqui, pode-se observar que existem muitas características que devem ser levadas em consideração ao se determinar o que são evidências e como elas podem influenciar na tomada de decisão para a escolha de práticas e formulação de políticas de alfabetização. Esses achados são especialmente importantes, pois muitas vezes não são explicitados em cursos de formação inicial ou continuada de professores brasileiros. Essa lacuna entre o conhecimento científico produzido nas universidades e o que acontece nas salas de aula precisa urgentemente ser superada. Por isso, sintetizam-se a seguir algumas recomendações que têm sido reiteradamente encontradas em muitos estudos de revisão sistemática da literatura e que precisam ser disseminadas.

Aprender a ler e a escrever não é natural

A despeito de muitas proposições teóricas alternativas, está nítido atualmente que a aprendizagem da leitura e da escrita não é natural e requer o ensino explícito e estruturado. O ser humano aprende a falar sem muitos esforços, mas para aprender a ler e escrever é preciso ensino explícito. A linguagem escrita é uma invenção cultural relativamente recente na história, o que implica a necessidade de que o cérebro se adapte para aprender a ler e a escrever (DEHAENE, 2012; MORAIS, 2013).

As instruções explícitas são mais efetivas

Diversos estudos mostram que a maioria das crianças precisa de instruções explícitas, claras e diretas para aprender a ler e a escrever. Os programas de alfabetização são mais efetivos quando apresentam habilidades de forma explícita, clara e organizada em uma lógica progressiva, sequencial e cumulativa. Os professores devem fornecer demonstrações com passo a passo e exemplos úteis que permitam às crianças praticarem o que está sendo ensinado até que obtenham o domínio ou a proficiência (BRASIL, 2020; CASTLES *et al.*, 2018).

Conhecimento fônico é essencial

A relação entre os sons (fonemas) e suas letras impressas correspondentes (grafemas) é a chave para o desenvolvimento de estratégias e habilidades de leitura em sistemas alfabéticos, como é o caso do português. A utilização desse conhecimento para ler (decodificar) e escrever (codificar) só é possível quando as regras da linguagem são compreendidas gradualmente. As crianças não conseguem apenas "adivinhar" as palavras ou criar hipóteses sobre a escrita, elas precisam efetivamente ser ensinadas sobre o código alfabético e como ele funciona. A palavra fônica gera muitas dúvidas e rejeição, pois não se compreende sua real importância e se confunde com um único método de alfabetizaçao – o método fônico. Na realidade, fônica significa o ensino simplificado e otimizado de fonética e fonologia necessário para a alfabetização. Não há possibilidade de um indivíduo ser alfabetizado sem o conhecimento fônico, o qual pode ser ensinado por diferentes métodos de alfabetização, sendo que os sistemáticos e explícitos são os mais efetivos (BLEVINS, 2017; EHRI, 2020; EHRI *et al.*, 2001; SAVAGE, 2015).

Consciência fonológica, consciência fonêmica e gestos fonoarticulatórios

As crianças devem adquirir a capacidade de identificar e manipular os sons na própria língua. Isso inclui ser capaz de isolar, combinar, segmentar, adicionar, excluir e substituir sons individuais (consciência fonêmica), bem como sílabas, rimas, ritmo de início e palavras inteiras dentro de frases. Muitas vezes, essas atividades são lúdicas e divertidas, e devem ser feitas especialmente na educação infantil. A consciência fonêmica é a habilidade mais importante e difícil de ser desenvolvida, e pode ser estimulada por atividades com letras e/ou que chamem a atenção para os movimentos da boca na produção dos sons, como pedindo para as crianças observarem o professor, os colegas ou a si mesmas, usando espelhos enquanto falam cada fonema (EHRI, 2020; SARGIANI *et al.*, 2018).

Decodificação, fluência e compreensão

No começo da alfabetização, as crianças precisam aprender a decodificar, o que é um processo lento, mas muito preciso e que as habilita a conseguirem identificar as palavras escritas com acurácia. Esse processo é custoso para a memória e dificulta a compreensão; com as práticas repetidas de leitura, elas desenvolvem a fluência, que é a ponte entre a decodificação e a compreensão. Portanto, é normal que as crianças leiam com mais dificuldade no começo, de modo silabado e que depois vão automatizando a leitura e liberando espaço na memória para ler com rapidez, precisão e prosódia, podendo também compreender melhor.

Não basta apenas ensinar estratégias de compreensão da leitura

A compreensão da leitura é um processo de extração e construção simultânea de significados por meio da interação e do envolvimento com a linguagem escrita. O uso das palavras "extração" e "construção" é intencional para enfatizar tanto a importância quanto a insuficiência do texto como determinante da compreensão da leitura. O leitor traz para o ato de ler suas capacidades cognitivas (atenção, memória, capacidade analítica crítica, inferência e visualização); motivação (finalidade da leitura, interesse pelo conteúdo e autoeficácia como leitor); conhecimentos (de vocabulário e tópicos, linguísticos e discursivos, e de estratégias de compreensão); e experiências. Esses atributos variam consideravelmente entre os leitores (diferenças interindividuais) e até mesmo internamente em um leitor, em função do texto e da atividade específicos (diferenças intraindividuais). As pesquisas e práticas educacionais ainda não são conclusivas sobre como melhorar a compreensão de leitura, mas nenhum desses atributos pode ser ignorado, e não basta apenas ensinar estratégias de compreensão da leitura, pois algumas vezes os alunos não compreendem por falta de vocabulário, de conhecimento do tema ou características do próprio texto (SNOW, 2002).

Monitoramento e avaliação do progresso

O monitoramento do progresso é uma forma de avaliar o desenvolvimento do aluno e a eficácia do ensino. Não se pode apenas avaliar por avaliar ou para criar *rankings* de estudantes. É importante que os professores saibam avaliar, interpretar e utilizar os resultados das avaliações para a melhoria da aprendizagem dos alunos. As formativas são essenciais para que se possa ajustar o ensino e garantir que todos possam aprender. As avaliações em larga escala, no contexto de políticas, também servem como uma base para a formulação e a tomada de decisão (UNESCO, 2005).

Programas de Resposta à Intervenção são efetivos e importantes

Os Programas de Resposta à Intervenção (RTI) são muito eficientes em oferecer condições de prevenção e remediação para crianças com e sem dificuldades ou transtornos. Esses programas são fortemente baseados em evidências e na identificação e intervenção precoce com alunos que mostram sinais de possíveis dificuldades de leitura, oferecendo instrução em níveis ou camadas. A triagem universal determina a eficácia da instrução em Nível 1. Quando necessário, os alunos podem receber intervenções adicionais no Nível 2 e, possivelmente, beneficiar-se de apoios no Nível 3 (educação especial), que são individualizados e intensivos, baseados em uma avaliação abrangente (ALEXANDER; SLINGER-CONSTANT, 2004; NAVAS *et al.*, 2017; SLAVIN, 2020).

CONSIDERAÇÕES FINAIS

Adotar uma perspectiva de alfabetização baseada em evidências pode não ser uma garantia total de sucesso, mas certamente se mostra o melhor caminho para dirimir divergências e focar no objetivo de ensinar a todas as crianças a ler e a escrever na etapa escolar esperada. As evidências mostram-se um caminho seguro para aumentar a efetividade de práticas de alfabetização e políticas educacionais, permitindo distinguir crenças e opiniões de fatos bem-estabelecidos.

Países, estados e municípios que adotaram o caminho das evidências científicas para informar as suas decisões educacionais obtiveram melhorias importantes nos resultados de aprendizagem de seus estudantes. No entanto, deve-se ter precaução ao analisar evidências, considerando-se sempre suas fontes e as características dos estudos produzidos. Não se deve apenas escolher evidências favoráveis e ignorar evidências contrárias às crenças e às opiniões de quem está tomando uma decisão, seja para o ensino em sala de aula ou a formulação de uma política educacional, por isso sugere-se sempre recorrer a revisões sistemáticas da literatura que permitam analisar a qualidade dos estudos disponíveis e das evidências. Recomenda-se também que os professores tenham acesso em sua formação inicial e continuada a conhecimentos que os habilite a compreender melhor sobre metodologias de pesquisa e o uso de evidências científicas para a tomada de decisões educacionais.

A ciência cognitiva da leitura é um campo do conhecimento em constante evolução, mas que já tem servido para importantes melhorias em políticas públicas e práticas de alfabetização. Esse conhecimento deve ser mais amplamente divulgado para preencher as lacunas entre a ciência e as salas de aula. Desse modo, a perspectiva de alfabetização baseada em evidências pode ser um caminho mais seguro para garantir que todas as crianças possam aprender a ler e escrever com sucesso, recebendo um ensino com mais qualidade e equidade.

REFERÊNCIAS

ALEXANDER, A. W.; SLINGER-CONSTANT, A.-M. Current status of treatments for dyslexia: critical review. *Journal of Child Neurology*, v. 19, n. 10, p. 744-758, 2004.

ALLINGTON, R. L. Critical factors in designing effective reading intervention for struggling readers. In: CUMMINS, C. (ed.). *Understanding and implementing reading first initiatives*: the changing role of administrators. Newark: International Reading Association, 2006. p. 127-138.

ALLINGTON, R. L. Ignoring the policy makers to improve teacher preparation. *Journal of Teacher Education*, v. 56, n. 3, p. 199-204, 2005.

ALVES, M. T. G.; SOARES, J. F. Contexto escolar e indicadores educacionais: condições desiguais para a efetivação de uma política de avaliação educacional. *Educação e Pesquisa*, v. 39, n. 1, p. 177-194, 2013.

ARAÚJO, A. P. (coord.). *Aprendizagem Infantil*: uma abordagem da neurociência, economia e psicologia cognitiva. Rio de Janeiro: Academia Brasileira de Ciências, 2011.

BECSKEHÁZY, I. *Institucionalização do direito à educação de qualidade*: o caso de Sobral, CE. Tese (Doutorado) – Faculdade de Medicina, Universidade de São Paulo, São Paulo, 2018.

BLEVINS, W. *Phonics from A to Z*: a practical guide. 3rd ed. Oxford: Teaching Resources, 2017.

BORISOVA, I. *Investing early for exponential outcomes*. Save the Children US, 2013.

BOYER, N.; EHRI, L. C. Contribution of phonemic segmentation instruction with letters and articulation pictures to word reading and spelling in beginners. *Scientific Studies of Reading*, v. 15, n. 5, p. 440-470, 2011.

BRASIL. *Alfabetização infantil*: os novos caminhos - relatório final. Brasília: Comissão de Educação e Cultura, 2007.

BRASIL. *Base nacional comum curricular*: educação é a base. Brasília: Ministério da Educação, 2017.

BRASIL. Instituto Nacional de Estudos e Pesquisas Educacionais Anísio Teixeira. *Avaliação nacional da alfabetização:* relatório 2013-2014. Brasília: INEP, 2015b.

BRASIL. *Lei nº 12.801, de 24 de abril de 2013*. Dispõe sobre o apoio técnico e financeiro da União aos entes federados no âmbito do Pacto Nacional pela Alfabetização na Idade Certa e altera as Leis nos 5.537, de 21 de novembro de 1968, 8.405, de 9 de janeiro de 19. Brasília: Presidência da República, 2013. Disponível em: http://www.planalto.gov.br/CCIVIL_03/_Ato2011-2014/2013/Lei/L12801.htm

BRASIL. *Plano nacional de educação 2014-2024*: Lei 13.005, de 25 de junho de 2014, que aprova o Plano Nacional de Educação (PNE) e dá outras providências. 2. ed. Brasília: Câmara dos Deputados, 2015a.

BRASIL. *PNA*: política nacional de alfabetização. Brasília: MEC/Sealf, 2019.

BRASIL. *Relatório nacional de alfabetização baseada em evidências*. Brasília: MEC/Sealf, 2020.

CARAVOLAS, M. *et al.* Common patterns of prediction of literacy development in different alphabetic orthographies. *Psychological Science*, v. 23, n. 6, p. 678-686, 2012.

CARDOSO-MARTINS, C. *et al. Os novos caminhos da alfabetização infantil*. São Paulo: Menon, 2005.

CASTLES, A. *et al.* Ending the reading wars: reading acquisition from novice to expert. *Psychological Science in the Public Interest*, v. 19, n. 1, p. 5-51, 2018.

CEARÁ. *Educação de qualidade começando pelo começo*. Relatório Final do Comitê Cearense para a Eliminação do Analfabetismo Escolar. Fortaleza: Seduc, 2006.

CEARÁ. Sistema Permanente de Avaliação da Educação Básica do Ceará. (SPAECE). *Mapas dos Resultados MAIS PAIC*. Fortaleza: Seduc, 2021. Disponível em: https://idadecerta.seduc.ce.gov.br/index.php/resultados/mapas-dos-resultados. Acesso em 25 fev. 2022.

CHALL, J. *Learning to read*: the great debate. New York: McGraw-Hill, 1967.

CHEUNG, A. C. K.; SLAVIN, R. E. How methodological features affect effect sizes in education. *Educational Researcher*, v. 45, n. 5, p. 283-292, 2016.

DAVIES, P. Is evidence-based government possible? Jerry Lee Lecture 2004. *In*: ANNUAL CAMPBELL COLLABORATION COLLOQUIM, 4th, 2004, Washington. London: Government Chief Social Researcher's Office, 2004.

DAVIES, P. What is evidence-based education? *British Journal of Educational Studies*, v. 47, n. 2, p. 108-121, 1999.

DEHAENE, S. Apprendre à lire: des sciences cognitives à la salle de classe. Paris: Odile Jacob, 2011.

DEHAENE, S. *Os neurônios da leitura*: como a ciência explica a nossa capacidade de ler. Porto Alegre: Penso, 2012.

DEHAENE, S. et al. How learning to read changes the cortical networks for vision and language. *Science*, v. 330, n. 6009, p. 1359-1364, 2010.

EHRI, L. C. Aquisição da habilidade de leitura de palavras e sua influência na pronúncia e na aprendizagem do vocabulário. *In*: MALUF, M. R.; CARDOSO-MARTINS, C. (ed.). *Alfabetização no século XXI*: como se aprende a ler e a escrever. Porto Alegre: Penso, 2013. p. 49-81.

EHRI, L. C. Orthographic mapping in the acquisition of sight word reading, spelling memory, and vocabulary learning. *Scientific Studies of Reading*, v. 18, n. 1, p. 5-21, 2014.

EHRI, L. C. The science of learning to read words: a case for systematic phonics instruction. *Reading Research Quarterly*, v. 55, n. S1, p. S45-S60, 2020.

EHRI, L. C. et al. Systematic phonics instruction helps students learn to read: evidence from the national reading panel's meta-analysis. *Review of Educational Research*, v. 71, n. 3, p. 393-447, 2001.

FRANCO, C. et al. Qualidade e equidade em educação: reconsiderando o significado de "fatores intra-escolares." *Ensaio: Avaliação e Políticas Públicas em Educação*, v. 15, n. 55, p. 277-298, 2007.

GAMBRELL, L. B. et al. Evidence-based best practices in comprehensive literacy instruction. *In*: MORROW, L. M.; GAMBRELL, L. B. (eds.). *Best practices in literacy instruction*. 4th ed. New York: Guilford, 2011. p. 11-36.

GATTI, B. A.; BARRETTO, E. S. S.; ANDRE, M. E. D. A.; ALMEIDA, P. C. A. Professores do Brasil: novos cenários de formação. Brasília: Unesco, 2019.

GLAZZARD, J; STONES, S. A rigorous approach to the teaching of reading? Systematic synthetic phonics in initial teacher education. *Frontiers in Education*, 2020.

HRUBY, G. G. et al. Neuroscience and reading: a review for reading education researchers. *Reading Research Quarterly*, v. 46, n. 2, p. 156-172, 2011.

HUEY, E. B. *The psychology and pedagogy of reading*. New York: Macmillan Company, 1908.

HULME, C.; SNOWLING, M. J. Learning to read: What we know and what we need to understand better. *Child Development Perspectives*, v. 7, n. 1, p. 1-5, 2013.

INTERNATIONAL READING ASSOCIATION. *What is evidence-based reading instruction?* Newark: International Reading Association, 2002.

LIBERMAN, A. M. et al. Perception of the speech code. *Psychological Review*, v. 74, n. 6, p. 431-461, 1967.

LIBERMAN, I. Y. et al. Explicit syllable and phoneme segmentation in the young child. *Journal of Experimental Child Psychology*, v.18, n. 2, p. 201-212, 1974.

LIBERMAN, I. Y. et al. Phonemic segmentation and recording in the beginning reader. *In*: REBER, A. S.; SCABOROUGH, D. L. *Towards a psychology of reading*. Hillsdale: laerence Erlbaum Associates, 1977.

MALUF, M. R. Ciência da leitura e alfabetização infantil: um enfoque metalinguístico. *Boletim Academia Paulista de Psicologia*, v. XXV, n. 2, p. 55-62, 2005.

MALUF, M. R.; SARGIANI, R. A. Alfabetização e metalinguagem: condições para o ensino eficiente da linguagem escrita. *In*: NASCHOLD, A. C.; PEREIRA, A.; GUARESI, R.; PEREIRA, V. W. (eds.). *Aprendizado da leitura e da escrita*: a ciência em interfaces. Natal: EDUFRN, 2015. p. 237-255.

MALUF, M. R.; SARGIANI, R. A. Aprendendo a ler e a escrever em português brasileiro: contribuições de pesquisas de avaliação e intervenção experimental. *In:* OLIVEIRA, J. P.; BRAGA, T. M. S.; VIANA, F. L. P.; SANTOS, A. S. (Eds.), *Alfabetização em países de língua portuguesa*: pesquisa e intervenção. Curitiba: CRV, 2014. p. 11-26.

MARINHO, I. C.; DANTAS, L. M. A relação gestão escolar e desigualdades intraescolares: uma aproximação ao tema. *In:* LEITE, R. H.; SILVA, A. B.; JESUINO, F. M.; CARVALHO, W.R. L. (org.). *VI Congresso Internacional em Avaliação Educacional*: Avaliação: Veredas e experiências educacionais. Fortaleza: Imprece, 2015. p. 1808-1830.

MORAIS, J. Constraints on the development of phonemic awareness. *In:* BRADY, S. A.; SHANKWEILER, D. P. (eds.). *Phonological processes in literacy*: a tribute to Isabelle y Liberman. Mahwah: Lawrence Erlbaum, 1991. p. 5-28.

MORAIS, J. *Criar leitores*: para professores e educadores. São Paulo: Manole, 2013.

MORTATTI, M. R. L. Alfabetização no Brasil: Uma história de sua história. *Cadernos CEDES*, v. 33, n. 89, 2011.

NATION, K. *et al.* Orthographic learning via self-teaching in children learning to read english: effects of exposure, durability, and context. *Journal of Experimental Child Psychology*, v. 96, n. 1, p. 71-84, 2007.

NATIONAL READING PANEL. *Teaching children to read*: an evidence-based assessment of the scientific research literature on reading and its implications for reading instruction. Rockville: NIH Publication, 2000.

NAVAS, A. *et al. Guia de boas práticas*: do diagnóstico à intervenção de pessoas com transtornos específicos de aprendizagem. São Paulo: Instituto ABCD, 2017.

NAYEC. Learning to read and write: developmentally appropriate practices for young children. *Young Children*, v. 53, n. 4, p. 30-46, 1998.

OBSERVATOIRE NATIONAL DE LA LECTURE. *Apprendre à Lire*. Paris: Centre National de Documentation Pédagogique et Editions Odile Jacob, 1998.

OBSERVATOIRE NATIONAL DE LA LECTURE. *Maîtriser la lecture*. Paris: Centre National de Documentation Pédagogique et Editions Odile Jacob, 2000.

OLIVEIRA, J. B. A. *Abc do Alfabetizador*. 8. ed. Brasília: Instituto Alfa e Beto, 2008.

OLIVEIRA, J. B. A. Cartilhas de alfabetização: a redescoberta do código alfabético. *Ensaio*, v. 18, n. 69, p. 669-710, 2010.

PIASTA, S. B.; WAGNER, R. K. Developing early literacy skills: a meta-analysis of alphabet learning and instruction. *Reading Research Quarterly*, v. 45, n. 1, p. 8-38, 2011.

PNUD. *Acompanhando a agenda 2030 para o desenvolvimento sustentável*: subsídios iniciais do Sistema das Nações Unidas no Brasil sobre a identificação de indicadores nacionais referentes aos objetivos de desenvolvimento sustentável. Programa das Nações Unidas para o Desenvolvimento. Brasília: PNUD, 2015.

RAYNER, K. *et al.* How psychological science informs the teaching of reading. *Psychological Science: A Journal of the American Psychological Society*, v. 2, n. 2 Suppl, p. 31-74, 2001.

ROSE, J. *Independent review of the primary curriculum*: final report. Nottingham: Crown, 2009.

ROSE, J. *Independent review of the teaching of early reading*: final report. Nottingham: Education and Skills, 2006.

SANTOS, M. J.; BARRERA, S. D. Impacto do treino em habilidades de consciência fonológica na escrita de pré-escolares. *Psicologia Escolar e Educacional*, v. 21, n. 1, p. 93-102, 2017.

SARGIANI, R. A. *et al*. Orthographic mapping instruction to facilitate reading and spelling in Brazilian emergent readers. *Applied Psycholinguistics*, v. 39, n. 6, p. 1405-1437, 2018.

SARGIANI, R. A.; MALUF, M. R. Linguagem, cognição e educação infantil: contribuições da psicologia cognitiva e das neurociências. *Psicologia Escolar e Educacional*, v. 22, n. 3, p. 477-484, 2018.

SAVAGE, J. F. *Aprender a ler e escrever a partir da fônica*: um programa abrangente de ensino. Porto Alegre: AMGH, 2015.

SCLIAR-CABRAL, L. A desmistificação do método global. *Letras de Hoje*, v. 48, n. 1, p. 6-11, 2013.

SCLIAR-CABRAL, L. *Princípios do sistema alfabético do português do Brasil*. São Paulo: Contexto, 2003.

SEBRA, A. G.; DIAS, N. M. Métodos de alfabetização: delimitação de procedimentos e considerações para uma prática eficaz. *Revista Psicopedagogia*, v. 28, n. 87, p. 306-320, 2011.

SERRANO, F. *et al*. Variations in reading and spelling acquisition in portuguese, french and spanish: a cross-linguistic comparison. *Journal of Portuguese Linguistics*, v. 2, p. 1-26, 2010.

SEYMOUR, P. H. K. O desenvolvimento inicial da leitura em ortografias europeias. *In*: SNOWLING, M. J.; HULME, C. (org.). *A ciência da leitura*. Porto Alegre: Penso, 2013. p. 314-333.

SEYMOUR, P. H. K. *et al*. Foundation literacy acquisition in European orthographies. *British Journal of Psychology*, v. 94, n. 2, p. 143-174, 2003.

SHANAHAN, T.; LONIGAN, C. J. The national early literacy panel: a summary of the process and the report. *Educational Researcher*, v. 39, n. 4, p. 279-285, 2010.

SHARE, D. L. On the anglocentricities of current reading research and practice: the perils of overreliance on an "outlier" orthography. *Psychological Bulletin*, v. 134, n. 4, p. 584-615, 2008.

SHARE, D. L. On the role of phonology in reading acquisition: the self-teaching hypothesis. *In*: BRADY, S.A.; BRAZE, D.; FOWLER, C. A. (eds.). *Explaining individual differences in reading*: theory and evidence. East Sussex: Psychology, 2011. p. 45-68.

SHARE, D. L. Orthographic learning at a glance: on the time course and developmental onset of self-teaching. *Journal of Experimental Child Psychology*, v. 87, n. 4, p. 267-298, 2004.

SHARE, D. L. Phonological recoding and orthographic learning: a direct test of the self-teaching hypothesis. *Journal of Experimental Child Psychology*, v. 72, n. 2, p. 95-129, 1999.

SLAVIN, R. E. How evidence-based reform will transform research and practice in education. *Educational Psychologist*, v. 55, n. 1, p. 21-31, 2020.

SNOW, C. E. *Reading for understanding*: toward a research and development program in reading comprehension. Santa Monica: Rand, 2002.

SNOW, C. E.; BURNS, M. S.; GRIFFIN, P. (eds.). *Preventing reading difficulties in young children*. Washington: Committee on the Preventing Reading Difficulties in Young Children, 1998.

SNOW, C. E.; JUEL, C. O Ensino de Leitura para Crianças: O que sabemos a respeito? *In*: SNOWLING, M. J.; HULME, C. *A ciência da leitura*. Porto Alegre: Penso, 2013. p. 519-538.

SNOWLING, M. J.; HULME, C. *A ciência da leitura*. Porto Alegre: Penso, 2013.

SOARES, M. B. *Alfabetização*: a questão dos métodos. São Paulo: Contexto, 2016.

STANOVICH, P. J.; STANOVICH, K. E. *Using research and reason in education*: how teachers can use scientifically based research |to make curricular & instructional decisions. The Jessup: Partnership for Reading/National Institute for Literacy, 2003.

THOMAS, G.; PRING, R. *Educação baseada em evidências*: a utilização dos achados científicos para a qualificação da prática pedagógica. Porto Alegre: Artmed, 2007.

UNESCO. *Aspects of literacy assessment*: topics and issues from the UNESCO expert meeting. Paris: Unesco, 2005. Disponível em: http://unesdoc.unesco.org/images/0014/001401/140125eo.pdf. Acesso em: 7 mar. 2022.

UNESCO. *Manual para a medição da equidade na educação*. Brasília: Unesco, 2019.

UNESCO. *United nations literacy decade*: international strategic framework for action. 2009. Disponível em: https://unesdoc.unesco.org/ark:/48223/pf0000184023/PDF/184023eng.pdf.multi. Acesso em: 7 mar. 2022.

U.S. DEPARTMENT OF EDUCATION. *Non-regulator guidance*: using evidence to strengthen education investments. Washington: Department of Education, 2016. Disponível em: www. https://www2.ed.gov/policy/elsec/leg/essa/guidanceuseseinvestment.pdf. Acesso em: 7 mar. 2022.

YONCHEVA, Y. N.; WISE, J.; MCCANDLISS, B. Hemispheric specialization for visual words is shaped by attention to sublexical units during initial learning. *Brain and Language* v.145-146, p. 23-33, 2015.

ZIEGLER, J. C.; GOSWAMI, U. Reading acquisition, developmental dyslexia, and skilled reading across languages: a psycholinguistic grain size theory. *Psychological Bulletin*, v. 131, n. 1, p. 3-29, 2005.

2

Ensinar a ler:
urgência do mundo atual e de contextos de pobreza

Maria Regina Maluf

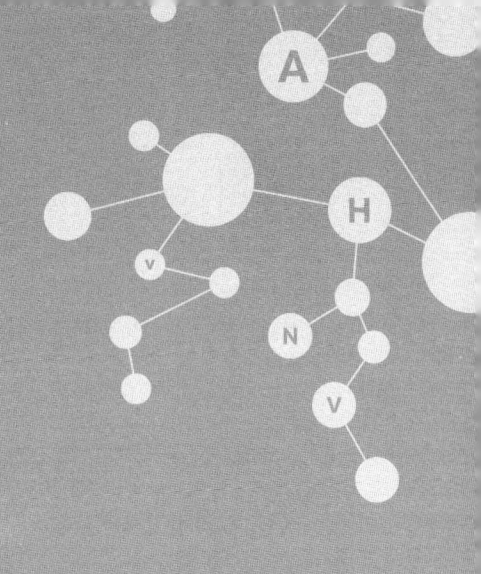

Povos ágrafos são praticamente inexistentes, ou ao menos são desconhecidos no mundo atual. A história antiga é pródiga em descrever os povos não letrados que constituíram sociedades baseadas na fala, cujas evidências são capturadas por antropólogos e historiadores por meio de vestígios de pintura, instrumentos e objetos. Os mesmos historiadores reconhecem que a invenção da escrita, que ocorreu cerca de 4 mil anos a.C., transformou as bases das organizações sociais e passou a ser o fundamento das sociedades modernas.

A escrita é uma invenção histórica da humanidade, que passou por séculos de evolução, desde seus primeiros formatos com função mnemônica, como o *quipu* do Império Inca, que usava nós para registrar quantidades (FISCHER, 2009) e outras formas de registro, como os entalhes, a pictografia e, mais tarde, os diferentes sistemas de símbolos gráficos até a criação do alfabeto latino, que se tornou o mais importante sistema de escrita. De acordo com Florian Coulmas, um dos mais reconhecidos estudiosos dos sistemas de escrita e suas origens (COULMAS, 1989), a utilização de pictogramas com valor fonético marcou um momento fundamental no desenvolvimento da escrita. Trata-se do processo de fonetização, ou sonorização, que expressa a transição do ícone pictográfico para o símbolo com significado fonético. Assim, os sons das palavras passavam a estar necessariamente ligados a um símbolo. Ao dar prioridade ao som da palavra falada, o sistema de escrita forneceu a possibilidade de representação de todo o pensamento falado. Símbolo e som já não dependiam da referência a um objeto externo, pois tornou-se possível ler um signo só por seu valor sonoro, o que se consolidou no uso do princípio fonético, ou princípio *rebus*. Desse modo, por exemplo, para escrever SOLDADO usava-se os desenhos de um SOL e de um DADO.

Essa invenção do princípio *rebus* está na origem da escrita alfabética, que é fonetizada e cujos símbolos são lidos de acordo com seu valor sonoro como integrantes de um número limitado de símbolos em um sistema padronizado de representação dos sons. Paulatinamente, nasceu o sistema alfabético de escrita, cuja aprendizagem inicial exige a compreensão do princípio alfabético, como se verá mais adiante neste capítulo.

A história da escrita é repleta de evidências de que ela foi durante séculos e milênios reservada a poucos aprendizes e usuários. Durante esses primeiros séculos e milênios, a aprendizagem da leitura e da escrita foi um enorme privilégio reservado a poucas pessoas e fonte de grande poder.

A partir do século XV, sob várias influências, sobretudo da invenção da imprensa, a leitura e a escrita passaram a ser mais disseminadas e ensinadas, transformando-se efetivamente em instrumento que diminui distâncias, garante a fidelidade da mensagem, registra narrativas e amplia enormemente a memória humana, abrindo novas possibilidades de planejamento do futuro. Como muito bem analisado por Harari (2015), os esforços dos humanos para viverem em sociedade geram quantidades enormes de informação e é preciso manter registros de transações, suprimentos, calendários e vitórias e o cérebro humano, com capacidade limitada de memória, com certeza não dá conta de todo esse armazenamento. Os que conseguirem deter toda a informação, mesmo após a morte dos protagonistas, serão os privilegiados do grupo.

Conforme as sociedades se tornavam mais complexas, mais necessário se fazia armazenar informações: cobrar impostos, recolher dados sobre a renda e as posses das pessoas, os costumes e as regras de convivência (BOUZON, 2003). A utilidade e importância da escrita se impôs por si só. Os sistemas de escrita se multiplicaram e se desenvolveram, aparentemente de maneira independente, em lugares e culturas diversos e distantes.

Na atualidade, o alfabeto latino tornou-se o sistema de escrita mais importante do mundo. A maioria da população mundial faz uso desse sistema, embora ainda cerca de 15% não saiba ler e escrever (FISCHER, 2003).

Governantes, cientistas, artistas, organizações civis ou religiosas e instituições as mais diversas constituídas por humanos que falam os mais diferentes idiomas, todos dependem de práticas que implicam o domínio da escrita. Por meio dela, as informações são captadas, processadas e disseminadas. A escrita se transforma cada vez mais em uma dimensão necessária do exercício pleno de nossa humanidade.

O que sabemos sobre os milênios de história antiga (HARARI, 2015) nos mostra que, embora os humanos tenham aprendido a se organizar em redes de cooperação em massa, essas organizações nunca foram neutras nem justas: elas sempre dividiram as pessoas em grupos hierarquizados, nos quais os níveis superiores dispunham de privilégios e poder em detrimento dos níveis inferiores. A hierarquia da riqueza ou posse de bens continuou a ser vista predominantemente como ordenada por Deus ou como expressão de leis imutáveis da natureza. Nessa perspectiva, hoje nos deparamos com o fato comprovado de que:

> [...] a maior parte dos ricos são ricos pelo simples motivo de terem nascido em uma família rica, enquanto a maior parte dos pobres continuarão pobres no decorrer da vida simplesmente por terem nascido em uma família pobre (HARARI, 2015, documento *on-line*).

Pobreza e riqueza são categorias que regulamentam relações entre milhões de seres humanos e tornam algumas pessoas superiores a outras em termos jurídicos, políticos ou sociais. Essas pessoas, como facilmente se pode comprovar, não estão incluídas entre os analfabetos. Dados mundiais apontam para uma forte associação entre pobreza, exclusão social e analfabetismo.

Na origem dessas categorias estão os recursos de educação e formação, pois a maioria de nossas habilidades cognitivas, especificamente as habilidades de ler e de escrever, precisa ser aprendida e desenvolvida. Ter ou não ter a oportunidade de aprender e desenvolver habilidades fará toda a diferença.

POR QUE TANTAS CRIANÇAS QUE ESTÃO INDO À ESCOLA NÃO ESTÃO APRENDENDO A LER?

Ler e escrever são habilidades linguísticas necessárias e indispensáveis para compreender o mundo em que vivemos. Consequentemente, aprender a ler tem que ser um direito de todos. Durante séculos, o ensino da leitura e da escrita foi visto como uma arte e um privilégio, e práticas instrucionais surgiam espontaneamente, enquanto as dificuldades eram atribuídas exclusivamente aos aprendizes. De acordo com Kilpatrick (2015), entre os séculos XVII e XIX, ideias e práticas sobre como ensinar a ler e a escrever começaram a ser formalizadas e sistematizadas. Uma das primeiras sistematizações ensinava **combinações de sílabas e letras**. Outra era uma forma de fônica, chamada **método ABC**, ou **do Alfabeto**, que, diferentemente da fônica moderna, levava a criança a dizer o nome de cada letra antes de pronunciar a palavra. Então se popularizou uma terceira forma, de palavras inteiras, conhecida como **olhe e diga (*look and say*)**, a qual encorajava a criança a simplesmente olhar para a palavra escrita e dizê-la. A abordagem ainda hoje conhecida como **linguagem total** surgiu por volta de 1870 e focalizava a sentença como a unidade de estudo, em vez das letras ou das palavras. De acordo com Kilpatrick (2015), vários conceitos e estratégias que estão na base dessas abordagens clássicas ainda inspiram as discussões atuais sobre como ensinar a ler.

Nenhuma dessas abordagens se debruçou sobre entender o porquê de algumas crianças encontrarem dificuldades na aprendizagem da linguagem escrita. As abordagens que se desenvolveram até a década de 1970, apresentando diferentes práticas e quadros conceituais, buscaram explicar o modo como a criança típica aprende a ler, mas não se interessaram especificamente pelo entendimento das dificuldades que algumas crianças enfrentam para dominar essa habilidade (KILPATRICK, 2015).

A partir do final do século XX, com o desenvolvimento das ciências cognitivas, os processos de aprender e de ensinar a ler e a escrever tornaram-se objeto de conhecimento científico, com campo específico de estudo, métodos apropriados, hipóteses verificáveis e resultados inspiradores de novas pesquisas que impactam a prática.

Todos sabemos que algumas crianças aprendem rápida e eficientemente a ler e a escrever, enquanto outras enfrentam dificuldades nessa aprendizagem. A busca de conhecimento científico para essa questão tornou-se objeto privilegiado de pesquisa em muitos países, que passaram a colocar à prova práticas de prevenção e de intervenção para enfrentar esses obstáculos (KILPATRICK, 2015; KILPATRICK; JOSHI; WAGNER, 2019; MALUF; CARDOSO-MARTINS, 2013; MORAIS, 2014; SNOW; BURNS; GRIFFIN, 2002; SNOWLING; HULME, 2013).

Um dos focos de atenção e pesquisa que se apresentam como mais promissores na busca de conhecimento científico que ajude a compreender por que tantas crianças que vão à escola não estão aprendendo a ler e a escrever diz respeito aos fatores que precedem as dificuldades nessa aprendizagem, de tal modo que os obstáculos possam ser evitados antes de se manifestarem, isto é, prevenidos. Esses fatores são designados como preditores do sucesso ou insucesso na aprendizagem da leitura e da escrita. Alguns modos de instrução levam em consideração esses fatores, enquanto outros não os consideram. Conhecê-los e usar práticas de ensino que facilitem seu desenvolvimento pode abrir novas possibilidades de antecipar problemas e gerar estratégias mais eficientes de ensino, a fim de ajudar as crianças que manifestam dificuldades.

A possibilidade de identificar habilidades precursoras do sucesso na aprendizagem da linguagem escrita, ou dito de outro modo, de identificar habilidades cuja ausência pode dar origem a dificuldades de aprendizagem, está implícita na imagem de corrida injusta, utilizada por Kilpatrick (2015) logo no início de um de seus escritos. Utilizando analogias de uma corrida, o autor ilustra a prevenção de dificuldades na aprendizagem da linguagem escrita. A analogia nos parece bem adequada para demarcar o quadro conceitual adotado neste capítulo:

Imaginemos que estamos assistindo a uma corrida em que os atletas precisam dar quatro voltas na pista. Há seis faixas na pista e nós percebemos que em duas dessas seis faixas existem obstáculos grandes ou pequenos, enquanto nas outras duas faixas não vemos obstáculo nenhum. Quando é dado o sinal de partida, os atletas que estão nas duas faixas prejudicadas logo vão ficando para trás, e quanto mais a corrida avança mais para trás eles ficam; não se vê praticamente nenhuma probabilidade de que esses atletas corredores, que seriam os estudantes, alcancem os outros que correram nas quatro faixas livres de obstáculos. A corrida nos parecerá injusta e provavelmente nos causará sofrimento observá-la. Um terço dos estudantes-atletas se deparam com obstáculos logo ao tentar iniciar a corrida, e devido a esses obstáculos, sempre estarão em desvantagem face àqueles que não os encontram em suas pistas de corrida (KILPATRICK, 2015, p. 1).

Na questão que nos ocupa, esses obstáculos podem residir nas circunstâncias de vida, no tipo de escola frequentada e no tipo de ensino recebido, bem como em outras oportunidades de desenvolvimento de habilidades precursoras. Todos esses fatores estão sendo estudados pela ciência da leitura, uma área de conhecimento que inclui neurociência, psicologia e linguística (DEHAENE, 2011; 2012; SNOWLING; HULME, 2013). O conhecimento gerado por essas ciências cognitivas inclui vigorosas hipóteses sobre como funciona nosso cérebro na aquisição da linguagem escrita e abre novas possibilidades de intervenção nos casos de dificuldades de aprendizagem já manifestas.

Na ilustração de Kilpatrick (2015, p. 1), em quatro das seis faixas, ou seja, em dois terços das faixas, não se percebe obstáculos para os atletas-estudantes, enquanto nas duas outras faixas (um terço) estão os vários obstáculos que dificultam e mesmo impedem o desempenho daqueles que nelas correm. Essa proporção foi baseada em dados de avaliação que indicam que um terço dos estudantes leem abaixo do desejado no quarto ano de frequência à escola.

As proporções utilizadas por Kilpatrick nessa ilustração resultam de avaliações de aprendizagem da leitura, que mostram que aproximadamente um terço dos estudantes que aprendem a ler em inglês nos Estados Unidos encontram dificuldades. No entanto, essa proporção parece ser bem maior em outras sociedades e regiões, como se vê, por exemplo, nas avaliações de 41 países que participam do Programa Internacional de Avaliação de Estudantes (PISA, do inglês Programme for International Student Assessment). Os resultados obtidos nessas avaliações mostram que os estudantes de sociedades de economia mais avançada tendem a obter melhores resultados, enquanto em países em desenvolvimento os resultados são claramente inferiores. Avaliações em grande escala nesses países sugerem fortemente que a proporção de estudantes com dificuldades de aprendizagem da leitura seja de dois terços (ou mais) do total de estudantes das escolas (em sua grande maioria das escolas públicas), o que recoloca para educadores e pesquisadores a questão de saber por que tantos estudantes que vão à escola não aprendem a ler.

Se os resultados das avaliações de aprendizagem da leitura e da escrita — aprendizagem que é condição primária para continuar aprendendo no âmbito do sistema educacional — são tão pífios, é preciso buscar respostas para preveni-los ou superá-los.

Neste início de século XXI, em que dispomos de conhecimento decorrente das ciências cognitivas e mais especificamente da ciência da leitura, já não são sustentáveis hipóteses explicativas baseadas predominantemente em afirmações da incapacidade de aprender de algumas crianças (DEHAENE, 2020). Tampouco são defensáveis explicações fundamentadas em determinismos ambientais, segundo os quais as crianças não aprendem porque chegam às escolas vindas de famílias em situação de vulnerabilidade socioeconômica. Resta-nos a hipótese mais plausível de que as crianças não aprendem porque não estão sendo ensinadas a contento.

Dentre as três alternativas, consideremos a terceira: as crianças não aprendem porque não estão sendo ensinadas a contento. Essa escolha significa que todos são capazes de aprender se recebem ensino apropriado e que o meio ambiente tem sim enorme importância na aprendizagem, porém sua influência não é determinista (DEHAENE, 2020; STANOVICH, 2009). Essa terceira alternativa nos parece ser a única que se baseia em evidências de pesquisas provenientes de estudos científicos atuais, as quais abrem novas possibilidades de conhecimento a respeito da natureza do objeto a ser ensinado — o sistema alfabético de escrita – e do modo como nosso cérebro aprende — especificamente como ele aprende a ler (DEHAENE, 2012; KOLINSKY; MORAIS, 2008).

QUAL É O MELHOR MODO DE ENSINAR A LER?

Esta questão atraiu a atenção dos estudiosos e professores, sobretudo a partir da década de 1960, na medida em que muitos países entraram em um movimento de democratização que atingiu a educação oferecida nas escolas públicas e atribuiu especial importância ao objetivo de ensinar as crianças provenientes das camadas desprivilegiadas da população. Contudo, os argumentos colocados em discussão na abordagem dessa questão permaneceram enviesados por crenças e preferências políticas e ideológicas e não levaram em conta suficientemente o conhecimento disponível baseado em evidências, de modo que o ensino da leitura e da escrita foi frequentemente tratado como objeto de política e economia, e não como uma questão propriamente educacional e pedagógica.

A discussão sobre como ensinar a ler e a escrever tomou enormes proporções a partir de então e permanece até a atualidade, embora com ênfases distintas em diferentes contextos culturais. McCardle e Chhabra (2004, p. 1, tradução nossa) consideraram que "[...] a história da pesquisa sobre alfabetização afetou tanto a legislação nacional quanto as políticas públicas nacionais em tudo que se refere a como ensinar a ler e a escrever". Atualmente, poucos não aceitariam o argumento de que para implementar práticas efetivas de instrução inicial em leitura e escrita é essencial baseá-las em evidências científicas, isto é, implantar programas e abordagens que provaram ser úteis na produção dos melhores resultados. Contudo, apesar das evidências científicas a respeito de instruções em linguagem escrita fornecidas pelas neurociências, pela linguística e pela psicologia cognitiva da leitura, as políticas públicas no campo da educação de muitos países, assim como as práticas de formação de professores alfabetizadores, não as incluíram em seus programas e projetos.

Sobre o que dizem as evidências de pesquisa na área da ciência da leitura a respeito do melhor modo de ensinar a ler, vejamos alguns pontos que se referem a como funciona nosso cérebro quando aprendemos a ler e às características da aprendizagem do sistema alfabético de escrita.

Como nosso cérebro funciona quando lemos

A ciência da leitura admite que ler não é uma atividade natural para a criança, pois ler é muito diferente de falar. A fala é um produto da evolução biológica e aparece em todos os grupos humanos. A escrita é uma invenção da humanidade que ocorreu há cerca de seis milênios. A fala se desenvolve a partir da herança genética e sob a influência do meio social. O mesmo não acontece com a leitura: viver em um ambiente letrado não é suficiente para que aprendamos a ler.

> Nosso patrimônio genético não é portador de instruções para ler nem fornece circuitos prontos dedicados à leitura. Mas, com muito esforço, podemos reciclar certas predisposições de nosso cérebro e chegarmos a ser leitores proficientes (DEHAENE, 2011, p. 22).

Aprendemos a falar bem antes de aprender a ler, e nosso cérebro manipula, de modo não consciente, os fonemas de nossa língua. Mas para ler será preciso tomar consciência das estruturas da linguagem oral e adquirir consciência metalinguística de palavras, sílabas e fonemas (GOMBERT, 1990). Essa consciência metalinguística, que ocorre na medida em que tomamos consciência e refletimos sobre nossa linguagem falada, terá que ser colocada em relação ao código visual das letras. Todo esse processo, que leva em conta o modo como nosso cérebro funciona e o sistema de escrita em referência, precisa ser ensinado.

Antes de aprendermos a ler, todas as letras que vemos se parecem e se misturam em nossa percepção visual. São necessários esforço, treino, repetição e memória para aprendermos a distinguir um [c] de um [o], um [d] de um [b] e assim por diante. Para aprender a decodificar palavras escritas, uma região específica de nosso cérebro terá que se especializar para distinguir esses novos objetos visuais. Assim, aprender a ler produz uma mudança no hemisfério esquerdo de nosso cérebro (DEHAENE, 2011), em uma região bem precisa do córtex visual, que vem sendo designada como **caixa de letras do cérebro**, porque ali está concentrado o conhecimento visual que precisamos adquirir sobre as letras e suas combinações, para sermos capazes de ler, uma vez que toda leitura começa pela percepção e decodificação das letras que a constituem. Só aprendemos a ler quando um número crescente de neurônios se especializa na percepção e no reconhecimento das letras e das sequências de letras que formam palavras e sílabas. Na proporção em que dominamos essa habilidade, a nossa leitura se automatiza, reconhecemos fácil e rapidamente as letras e assim podemos chegar à leitura fluente, precisa e compreensiva. Na área da forma visual das palavras, nossas respostas às palavras escritas tornam-se cada vez mais rápidas e automatizadas, a tal ponto que não conseguimos impedir-nos de ler: quando vemos uma palavra escrita, nós a lemos de imediato e determinadamente mesmo que tenhamos a intenção de não a ler.

Além de desenvolver a área da forma visual das palavras no nosso cérebro, a atividade de ler também nos leva a recodificar os sons da linguagem falada, no *planum temporale*, situado na parte posterior da área auditiva primária de nosso cérebro, de tal modo que "pode-se dizer que a codificação dos sons da linguagem se modifica com a aprendizagem do alfabeto" (DEHAENE, 2011, p. 34).

Ainda segundo Dehaene (2011), nosso cérebro nesse momento de sua evolução já está habilitado a desenvolver um sistema de linguagem falada apto a codificar todos os fonemas da fala, mas isso ocorre de modo espontâneo e não está acessível à nossa consciência. À medida que aprendemos a ler, tem lugar a percepção e a tomada de consciência desses fonemas. Essa dimensão fonêmica de nosso desenvolvimento metalinguístico aparece em todo leitor proficiente e está ligada à aprendizagem inicial da linguagem escrita.

Em uma pesquisa que teve como objetivo verificar relações entre a amplitude visuoatencional e a consciência fonêmica na aprendizagem da linguagem escrita de crianças de 1º, 3º e 5º anos do ensino fundamental de uma escola pública de São Paulo, falantes do português do Brasil, foi verificado que a amplitude visuoatencional e a consciência fonêmica se relacionaram com a aprendizagem da leitura, do 1º até o 5º ano, mas foram mais fortes no 1º ano. Tal resultado reforça a importância de oferecer aos que estão aprendendo a ler atividades diversas que favoreçam o desenvolvimento dessas habilidades como facilitadoras no processo de alfabetização (SARGIANI; MALUF; BOSSE, 2015).

Assim, é válido afirmar que a aprendizagem plena da linguagem escrita exige a criação de um código visual eficaz da escrita, a consciência explícita da estrutura da linguagem oral que será representada por meio da escrita e o desenvolvimento metalinguístico, sobretudo sob a forma de consciência fonêmica.

O sistema alfabético de escrita

O sistema alfabético, conforme visto antes, foi uma das maiores invenções da humanidade e superou outras formas anteriores de escrita porque criou um modo de grafar os sons da fala usando sinais, que são as letras; esta é uma habilidade relativamente simples, que pode ser ensinada a todos. Em vez de memorizar milhares de caracteres para ler e escrever, tornou-se possível utilizar, no alfabeto latino, um pouco mais de duas dezenas de sinais gráficos para poder ler e escrever tudo aquilo que pode ser falado. A partir de então, passou a ser relativamente simples ensinar a muitos, senão a todos, o uso do princípio alfabético, segundo o qual formas gráficas representam segmentos fonêmicos da fala, de tal modo que os fonemas que ocorrem na fala podem ser representados por letras específicas, levando-se em conta o código ortográfico. Como definição de princípio alfabético adotamos aqui a mesma conceituação de Snowling e Hulme: denominamos princípio alfabético o conhecimento utilizável do fato de que formas gráficas representam segmentos fonêmicos da fala, desse modo, qualquer fonema específico que ocorra na fala pode ser representado por uma letra específica.

Os sistemas alfabéticos de escrita são baseados em regras de notação cujo primeiro objetivo é representar as relações entre os sons da fala e as letras do alfabeto. Nessa perspectiva, o primeiro passo para aprender a ler e a escrever é compreender o princípio alfabético e reconhecer o fato de que letras representam sons e que a combinação de letras forma palavras. Por isso é tão importante que os professores ensinem aos seus alunos o nome de cada letra do alfabeto bem no início do processo de aprender a ler. Nesse enfoque, aprender a ler e a escrever é um processo que consiste ao menos em dois componentes essenciais: o código (composto por letras e suas combinações) e a compreensão (que é dependente da compreensão da linguagem oral).

Portanto, é preciso ensinar que letras são letras porque representam sons da fala. No alfabeto latino usado em português do Brasil, dispomos de 26 letras (**A B C D E F G H I J K L M N O P Q R S T U V W X Y Z**) e de alguns diacríticos (p. ex., ^ ´ ` ~), que são sinais gráficos que se colocam em algumas letras para alterar sua realização fonética, isto é, o seu som, ou para marcar qualquer outra característica linguística. Outros sinais gráficos que podem ser encontrados em textos escritos (p. ex., < = 7 # $ 3 " + @ %) têm nome, porém não são representação de sons. É, portanto, de fundamental importância que as crianças (assim como adultos iletrados que estão em processo de aprendizagem da linguagem escrita) compreendam o que são letras e que elas são usadas para representar os sons da fala.

Para ler, assim como para escrever, adotamos regras do sistema alfabético, no idioma utilizado, para combinar as letras de modo a formar palavras. Palavras são unidades significativas da fala. Aprendemos a ler e a escrever palavras, a combiná--las para formar frases, e a organização das frases nos permite ler textos, bem como escrevê-los. Assim, por exemplo: BONECA MARGARIDA ELEFANTE são palavras separadas entre si por um espaço em branco. Se combinarmos letras de acordo com as regras do sistema alfabético do português, podemos nos deparar com pseudopalavras, pois elas podem ser lidas e escritas (p. ex., BOSEGA MORMEJIDO ELIODONO), porém não possuem significado. Algo semelhante se apresenta quando estamos diante de palavras que não fazem parte de nosso vocabulário.

Contudo, se combinarmos letras desconhecendo as regras de combinação do sistema alfabético do português, teremos conjuntos de letras que não podem ser lidos, por impossibilidade de combinação entre os grafemas utilizados e os fonemas do idioma em questão (p. ex., BRFGEB MRVGUPBLE EKYPBGTF). Esses conjuntos de letras não podem ser lidos em português do Brasil porque deles não conseguimos extrair pronúncia.

A consciência fonêmica é hoje reconhecida como a habilidade metalinguística mais fundamental para aquisição da linguagem escrita. Desenvolve-se quando são exercitadas atividades como isolar o primeiro fonema (p. ex., /s/ em sapato), reconhecer fonemas idênticos (p. ex., /p/ em pato e pito), deletar ou misturar fonemas e outras atividades metafonológicas. Isso é feito mediante exercícios lúdicos que se mostram atrativos para as crianças (EHRI, 2013; EHRI *et al.*, 2001).

Cabe aqui uma referência explícita aos exercícios, geralmente lúdicos, que favorecem o desenvolvimento de habilidades metalinguísticas, sejam elas fonológicas, sintáticas, lexicais, semânticas, textuais ou morfológicas.

São numerosas as pesquisas que já demonstraram que o ensino bem-sucedido da linguagem escrita é diretamente dependente de procedimentos que estimulam nos aprendizes o desenvolvimento de habilidades metalinguísticas. A metalinguagem é um campo da metacognição que se refere à linguagem e seus usos. Ela inclui atividades de reflexão sobre a linguagem e seus usos e a habilidade do indivíduo para controlar o tratamento da linguagem, tanto sob a forma de compreensão quanto de produção (GOMBERT, 1990).

A maior parte das pesquisas têm se ocupado da consciência do som e da estrutura das palavras, isto é, da consciência fonológica. Morais e Kolinski (2007) mostram que o conhecimento metafonológico é fortemente influenciado e influencia a aprendizagem da leitura e o seu impacto mais importante ocorre na facilitação do aparecimento da consciência fonêmica. Entende-se por consciência fonêmica a habilidade de ouvir e lembrar a ordem dos fonemas nas palavras. Ela surge no início da aprendizagem da leitura e da escrita em sistemas alfabéticos e permite que aqueles que estão aprendendo possam lidar com outras unidades fonológicas (como sílabas, rimas e aliterações) no mais alto nível de eficiência, isto é, demonstrar conhecimento explícito das diferentes unidades fonológicas, e não só um conhecimento implícito, como acontecia antes. Pesquisas experimentais já mostraram que a consciência fonêmica não é apenas um grande facilitador do processo de aprendizagem da linguagem escrita: ela é também um recurso excelente para ajudar as crianças que enfrentam dificuldades nessa aprendizagem.

De acordo com Ehri e Roberts (2006), as mais importantes aquisições no início da aprendizagem da linguagem escrita são a consciência fonêmica e o conhecimento das letras. Convém sublinhar que a consciência fonêmica é diferente da consciência fonológica, a qual diz respeito a diferentes unidades da fala, como sílabas e rimas das palavras. A avaliação da consciência fonológica é geralmente feita solicitando que as crianças produzam ou reconheçam as palavras que rimam ou as aliterações, ou que segmentem sentenças em palavras, ou que segmentem palavras em sílabas. Para avaliar a consciência fonêmica, solicita-se às crianças que isolem o primeiro fonema da palavra (p. ex., /i/ de igreja), que reconheçam fonemas idênticos (p. ex., /ão/ em balão e caixão), que deletem ou misturem os fonemas, e outras atividades semelhantes.

Pesquisas de intervenção e ensino já demonstraram que as crianças que recebem instrução em habilidades fonêmicas quando estão começando a aprender a ler fazem maior progresso do que as crianças que não recebem esse tipo de instrução (EHRI *et al.*, 2001).

Muitas crianças que enfrentam dificuldades para aprender a ler demonstram fragilidade no campo da consciência fonológica, embora sua habilidade linguística oral seja boa. Sendo assim, a principal preocupação para ajudá-las a aprender a ler deverá estar voltada para a exercitação na leitura exata de palavras. As crianças que têm ambas as dificuldades — no domínio pleno da linguagem oral e no desenvolvimento metafonológico — necessitam de intervenções em uma gama maior de conhecimentos e habilidades, que aumentam a quantidade e a característica explícita e sistemática da instrução fônica. Como Torgesen (2004) já observou:

> ...embora as pesquisas em sala de aula tenham até agora sugerido que a instrução inicial explícita em fônica é particularmente útil para todas as crianças, os benefícios desse tipo de instrução são especialmente intensos para as crianças que apresentam frágeis habilidades fonológicas quando começam a aprender (TORGESEN, 2004, p. 357).

Ensinar a ler na América Latina

O acesso à educação precisa ainda ser garantido a todas as crianças quando se trata dos países que constituem a América Latina. A oferta de instrução de qualidade para que essa faixa etária possa aprender a ler e a escrever é um passo essencial em todos os sistemas educacionais, mais ainda quando se trata de crianças provenientes de famílias em situação de vulnerabilidade social. A escola é, com muita frequência, a única referência que as crianças desses países em desenvolvimento possuem para essa aprendizagem. Entre esses países se inclui o Brasil.

É amplamente admitido que o analfabetismo está fortemente associado à pobreza, o que equivale a reconhecer que as pessoas mais atingidas por ele são as que ocupam os estratos socioeconômicos mais básicos. Em consequência, são as pessoas que mais necessitam de uma escola pública de alta qualidade, que lhes abra amplas oportunidades de aprender, começando pela conquista de habilidades de leitura e escrita fluente, precisa e compreensiva. Muitas crianças não usufruem dessa oportunidade porque frequentam escolas que não fornecem ensino de acordo com suas características e necessidades.

Dados da Organização das Nações Unidas para a Educação, a Ciência e a Cultura (Unesco), em relatório de 2018, apontam que existem no mundo cerca de 750 milhões de jovens e adultos que não sabem ler nem escrever. Seiscentos e dezessete milhões de crianças e adolescentes no mundo todo não estão adquirindo habilidades mínimas de leitura, escrita e matemática. Essas deficiências seriamente debilitantes levam, na prática, à exclusão da sociedade e perpetuam uma espiral de desigualdades sociais e disparidade de gênero. Esses dados disponíveis demonstram que dois terços dos jovens e adultos analfabetos são mulheres.

Ler e escrever é reconhecidamente uma condição necessária, embora não suficiente, para a redução da pobreza e da desigualdade.

Os dados do terceiro relatório global da Unesco mostram que a baixa alfabetização afeta 758 milhões de adultos no mundo, dos quais 115 milhões têm entre 15 e 24 anos. Esse público não sabe ler nem escrever frases simples, o que afeta negativamente sua participação e seu desempenho em programas de educação para jovens e adultos (EJA). Participaram do relatório 139 nações, e destas, 65% identificaram a falta de alfabetização como o principal fator que impede a aprendizagem e a educação de adultos de terem um impacto mais significativo sobre a saúde e o bem-estar de estudantes. Sessenta e seis porcento dos estados-membros da Unesco concordaram que iniciativas de alfabetização ajudam a promover valores democráticos, coexistência pacífica e solidariedade.

Face a esse panorama mundial de urgência de disseminação de um eficiente ensino da linguagem escrita para todos, cabe ressaltar que em muitos países da América Latina as abordagens dominantes ainda favorecem o que é chamado de métodos construtivistas na alfabetização.

Esse termo, nesses países, oculta a preferência pela espontaneidade na escola ou pela orientação minimal: ao invés da colocação da ênfase dos esforços em descobrir "[...] que nível de orientação é ótimo para a aprendizagem", eles optam pela orientação minimal. Nas palavras de Tobias e Duffy (2009, p. 4, tradução nossa).

[...] existem numerosos modelos instrucionais que são baseados em um quadro conceitual construtivista. Contudo raramente se percebe esforços dirigidos a confrontar esses modelos para definir princípios comuns ou para refinar o modelo e suas bases teóricas de modo que ele possa ser testado.

O que é comum a esses modelos construtivistas quando se trata da aprendizagem da linguagem escrita, é que eles valorizam o processo de compreensão em detrimento da valorização da aprendizagem do princípio alfabético, mas não apresentam suficiente evidência dessa preferência teórica. Ademais, eles se posicionam contra o que já é conhecido com base nas pesquisas da ciência da leitura que se consolidou nos últimos 40 anos.

CONCLUSÕES E RECOMENDAÇÕES AOS PROFESSORES

As evidências científicas das neurociências mostram que o cérebro humano é capaz de aprender a ler, mas não da mesma forma que aprende a falar. Aprender a ler é decodificar sons grafados por meio de sinais; esses sinais são as letras que representam sons. Imagens cerebrais permitem verificar que algo específico acontece no cérebro quando ele é ativado pela sequência de letras das palavras e é o cérebro que produz compreensão em conexão com outras capacidades cognitivas. A compreensão da escrita é uma habilidade que depende da compreensão da linguagem oral ou auditiva.

Escolher o conhecimento científico baseado em evidência é uma prática que informa os sistemas educacionais de muitos países que optaram pela equidade na criação de condições de alfabetização para todos. O conhecimento que vem sendo gerado pela ciência da leitura demonstra que o jeito mais eficiente de alfabetizar é ensinar a representar o que falamos, mediante o mapeamento entre grafemas e seus respectivos fonemas, por ser esse o caminho mais curto e mais vantajoso para se chegar à leitura e à escrita fluentes. A compreensão da leitura de textos é o ponto de chegada desse aprendizado e não seu ponto de partida. Compreender a fala precede a compreensão da leitura: só podemos compreender o que lemos se compreendemos o que ouvimos e ademais decodificamos os sinais visuais combinados de modo a constituir palavras, separadas entre si por um espaço em branco. Na escrita de frases esse espaço em branco é designado como segmentação entre palavras.

No ensino da linguagem escrita levam enorme vantagem aqueles que escolhem os métodos que passam pelo conhecimento da natureza do objeto a ser ensinado: o sistema alfabético de escrita. As pesquisas, no Brasil e no exterior, são generosas na demonstração das vantagens da instrução fônica, quando comparam as crianças que receberam ensino sistemático e estruturado baseado na fônica com as crianças submetidas a práticas que no contexto brasileiro são chamadas de construtivistas, segundo as quais as crianças devem descobrir por si mesmas o que está escrito e levantar hipóteses sobre como escrever, sob o olhar atento de um professor que acredita que não lhe cabe ensinar.

REFERÊNCIAS

BOUZON, E. *O código de Hammurabi*. Petrópolis: Vozes, 2003.

COULMAS, F. *The writing systems of the world*. Cambridge: Text Books in Linguistics, 1989.

DEHAENE, S. *Apprendre à Lire*: des sciences cognitives à la salle de classe. Paris: Odile Jacob, 2011.

DEHAENE, S. *How we learn*. Viking: Penguin Random House, 2020.

DEHAENE, S. *Os neurônios da leitura*: como a ciência explica a nossa capacidade de ler. Porto Alegre: Penso, 2012.

EHRI, L. C. Aquisição da habilidade de leitura de palavras e sua influência na pronúncia e na aprendizagem do vocabulário. In: MALUF, M. R.; CARDOSO-MARTINS, C. (ed.). *Alfabetização no século XXI*: Como se aprende a ler e a escrever. Porto Alegre: Penso, 2013. p. 48-81.

EHRI, L. *et al*. Systematic phonics instruction helps students learn to read: evidence from the National Reading Panel´s meta-analysis. *Review of Educational Research*, v. 71, n. 393-447, 2001.

EHRI, L.; ROBERTS, T. The roots of learning to read and write: acquisition of letters and phonemicawareness. In: DICKSON, D.; NEWMAN, S. (ed.). *Handbook of early literacy research*. New York: Guilford, 2006. v. 2.

FISCHER, S. R. *História da escrita*. São Paulo: UNESP, 2009.

GOMBERT, J. E. *Le développement métalinguistique*. Paris: PUF, 1990.

HARARI, Y. N. *Sapiens:* uma breve história da humanidade. Porto Alegre: L&PM, 2015. E-book.

KILPATRICK, D. A. *Essentials of assessing, preventing and overcoming reading difficulties*. New Jersey: Wiley, 2015.

KILPATRICK, D. A.; JOSHI, R. M.; WAGNER, R. K. *Reading development and difficulties:* bridging the gap between research and practice. Cham: Springer, 2019.

KOLINSKY, R.; MORAIS, J. Comment l'écrit modifie-t-il le traitement de la parole? *In*: DANBLON, E. *et al*. (ed.). *Linguista Sum*. Paris: L'Harmattan, 2008. p. 317-336.

MALUF, M. R.; CARDOSO-MARTINS, C. *Alfabetização no século XXI*: como se aprende a ler e a escrever. Porto Alegre: Penso, 2013.

McCARDLE, P.; CHHABRA, V. *The voice of evidence in reading research*. London: Paul Brooks, 2004.

MORAIS, J. *Criar leitores*. Barueri: Manole, 2014.

MORAIS, J.; KOLINSKI, R. Literacy and cognitive change. *In*: SNOWLING, M. J.; HULME, C. *The science of reading*: a handbook. New York: Blackwell Publishing, 2007. p.188-208

PISA. *Pisa 2009 results*: what students know and can do student performance. in reading, mathematics and science. Paris: OECD, 2010. v. I. Disponível em: https://www.oecd.org/pisa/pisaproducts/48852548.pdf. Acesso em: 10 mar. 2022.

SARGIANI, R.; MALUF, M. R.; BOSSE, M. O papel da amplitude visuoatencional e da consciência fonêmica na aprendizagem da leitura. *Psychology/Psicologia Reflexão e Crítica*, v. 28, n. 3, p. 593-602, 2015.

SNOW, C. E.; BURNS, M. S.; GRIFFIN, P. *Preventing reading difficulties in young children*. Washington: National Academy of Sciences, 2002.

SNOWLING, M. J.; HULME, C. *A ciência da leitura*. Porto Alegre: Penso, 2013.

STANOVICH, K. E. Matthew effects in reading: some consequences of individual differences in the acquisition of literacy. *Journal of Education*, v. 189, n. 1-2, p. 23-55, 2009.

TOBIAS, S.; DUFFY, T. M. *Constructivist instruction*: success or failure? New York: Routledge/Taylor & Francis Group, 2009.

TORGESEN, J. K. Lessons learned from research on intervention for students who have difficulty learning to read. *In*: McCARDLE, P.; CHHABRA, V. *The voice of evidence in reading research*. Baltimore: Paul H. Brooks Publishing, 2004. p. 355-382.

UNESCO. *UNESCO: 750 milhões de jovens e adultos no mundo são analfabetos* [brasil.un.org]. Disponível em: https://nacoesunidas.org/unesco-750-milhoes-de-jovens-e-adultos-no-mundo-sao-analfabetos/. Acesso em: 6 set. 2021.

UNESCO. *UNESCO: 758 milhões de adultos não sabem ler nem escrever frases simples* [brasil.un.org]. Disponível em: https://nacoesunidas.org/unesco-758-milhoes-de-adultos-nao-sabem-ler-nem-escrever-frases-simples/. Acesso em: 16 fev. 2022.

3

Ensinar letras e consciência fonêmica como habilidades fundamentais ajuda as crianças de 4 e 5 anos a avançarem na leitura

Linnea C. Ehri • Robin O'Leary

Nos Estados Unidos, muitos distritos escolares criaram programas de educação infantil[1] em um esforço para ampliar a educação pública e incluir mesmo as crianças mais novas, em especial aquelas em distritos mais vulneráveis, abaixo da linha da pobreza. Os educadores diferem em seus pontos de vista sobre o quanto a alfabetização deve ser ensinada nesses programas e se a instrução direta deve ser usada. Alguns professores não consideram o ensino de letras e de consciência fonêmica como apropriados para essa fase do desenvolvimento e, portanto, excluíram essa instrução de seu currículo. Outros o incluíram, mas confiaram na aprendizagem incidental por meio da exposição e da descoberta guiada pelo interesse da criança. Outros, ainda, utilizaram a instrução explícita, implementando programas estruturados que ensinam habilidades fundamentais de maneiras lúdicas e envolventes. Este capítulo oferece suporte para a terceira abordagem. Um dos objetivos é explicar como a habilidade de leitura de palavras se desenvolve em leitores iniciantes e como o conhecimento das letras e a consciência fonêmica são contribuidores essenciais. Outro objetivo é descrever como ensinar letras e consciência fonêmica de forma eficaz para crianças pequenas com base em resultados de pesquisas. Ensinar essas habilidades às crianças antes da instrução formal de leitura deve ser considerado

---

[1] N. de T. Nos Estados Unidos, a educação infantil não é obrigatória, e as autoras se referem aos programas voluntários de *Pre-Kindergarten* destinados às crianças de 4 e 5 anos, portanto, correspondem, no Brasil, ao período da pré-escola na educação infantil. A educação básica obrigatória, nos Estados Unidos, começa com o *Kindergarten*, destinado às crianças de 6 anos, e corresponde ao 1º ano do ensino fundamental no Brasil depois da Lei nº 11.274 de 2016, que ampliou o ensino fundamental para nove anos e incorporou o antigo último ano da pré-escola como primeiro ano.

não apenas apropriado para essa fase do desenvolvimento, mas também essencial para o desenvolvimento infantil.

PREPARANDO AS CRIANÇAS PARA O ENSINO DE LEITURA

O conhecimento fundamental para a alfabetização de crianças de 4 e 5 anos envolve várias realizações (SNOW; BURNS; GRIFFIN, 1998). As crianças adquirem competência com a linguagem falada. Elas aprendem a seguir as instruções. A escrita é tentada. Elas aprendem sobre palavras que rimam e sons repetidos em palavras, sobre a estrutura dos livros e da escrita e sobre como a escrita é construída da esquerda para a direita. Ouvir histórias as ensina a compreender a linguagem escrita e é uma grande fonte para o crescimento de vocabulário. Elas também adquirem conhecimento de letras e consciência fonêmica rudimentar.

Metanálises de muitas pesquisas mostraram que o conhecimento das letras e a segmentação fonêmica no início da pré-escola são os **preditores mais fortes** do desempenho de leitura das crianças durante a pré-escola e o 1º ano do ensino fundamental (NRP, 2000; NELP, 2008). Crianças de famílias pobres, de minorias e de língua não nativa podem entrar na escola com pouco conhecimento fundamental, e correm maior risco de ficar para trás na aprendizagem da leitura. Os programas de pré-alfabetização na educação infantil podem ser a única esperança de fornecer essas habilidades fundamentais antes do início do ensino formal de leitura.

MANEIRAS DE LER PALAVRAS

Para entender a importância de ensinar habilidades fundamentais para crianças de 4 e 5 anos, precisamos esclarecer como os iniciantes aprendem a ler palavras. O sistema de escrita do inglês[2] consiste em grafemas e fonemas. Os fonemas são os menores sons das palavras faladas e os grafemas são as letras que simbolizam esses sons. *STOP* possui quatro grafemas e fonemas. *CHECK* tem cinco letras, mas três grafemas e fonemas (CH-E-CK).[3] Os fonemas separados nas palavras podem ser ouvidos, bem como sentidos ao se monitorar as posições e os movimentos articulatórios da boca. Os iniciantes aplicam seu conhecimento do sistema de escrita para ler palavras usando várias estratégias (EHRI, 1998), sendo uma delas a decodificação, que envolve a aplicação do conhecimento das correspondências grafema–fonema para transformar letras em sons e combiná-los para formar a pronúncia das palavras (MOATS, 2000). Outra estratégia é ler palavras por analogia (GOSWAMI, 1986), que envolve o uso de partes da grafia de palavras conhecidas armazenadas na memória

---

[2] N. de T. Também vale para o português.
[3] N. de T. Em português, a palavra PARE tem quatro grafemas e fonemas. A palavra CHEQUE tem seis letras, mas quatro fonemas /CH/-/É/-/QU/-/E/ e quatro grafemas <CH> - <E> - <QU> - <E>.

para ler palavras desconhecidas que compartilham os mesmos padrões de grafia, por exemplo, usar *JUMP* para ler *DUMP* ou *NIGHT* para ler *BRIGHT*.[4] Outra estratégia é usar dicas de contexto e uma ou mais letras para prever a identidade das palavras, por exemplo, "O hospital empregava muitos médicos e en..." (enfermeiras).

Palavras cuja grafia não é familiar porque não foram lidas antes são lidas aplicando-se uma dessas estratégias. A decodificação funciona bem para palavras com grafias regulares com sons de letras previsíveis. A analogia funciona quando os leitores acumulam palavras com grafias semelhantes na memória para servir de análogos. A previsão ajuda com palavras desconhecidas que são lidas no contexto.

Uma vez que as palavras se tornam familiares e são armazenadas na memória, são lidas por reconhecimento automatizado.[5] A visão de uma palavra escrita familiar ativa sua pronúncia e seu significado na memória. Os leitores podem fazer isso porque a palavra foi lida antes e armazenada na memória. A palavra é lida automaticamente como uma unidade inteira assim que é vista com pouca atenção ou esforço consciente (EHRI, 1992). Ter um estoque de palavras que podem ser lidas por memória torna a leitura de texto muito mais fácil. Os leitores podem se concentrar no significado do texto enquanto as palavras são lidas automaticamente. As pessoas costumavam acreditar que apenas palavras de alta frequência e palavras com grafia irregular eram lidas por reconhecimento automatizado. Isso não é verdade. As evidências mostram que todas as palavras são lidas de memória, uma vez que os leitores tenham praticado a leitura (EHRI, 1998; 2014).

APRENDENDO A LER PALAVRAS POR RECONHECIMENTO AUTOMATIZADO

Costumávamos pensar que os leitores usavam pistas visuais e memorizavam as formas das palavras que reconheciam de modo automatizado. Essa era a justificativa para os métodos de alfabetização "olhe–diga" (*look–say*) ou da palavra inteira (*whole word*). Antes que os iniciantes soubessem muito sobre letras, eles praticavam a leitura de palavras escritas em cartões para armazenar as palavras escritas na memória. No entanto, a memorização de formas ou características visuais não pode explicar como as palavras escritas são lembradas por várias razões: primeiro, as formas das palavras não são suficientemente distintas para explicar como os leitores podem reconhecer milhares de palavras em instantes. Estes deveriam confundir palavras de formato semelhante, embora as evidências mostrem que a leitura de palavras é

---

[4] N. de T. Em português, pode-se usar a palavra JOÃO para ler MELÃO, ou PATO para ler SAPATO.

[5] N. de T. Em inglês, pode-se utilizar a expressão leitura "*by sight*" para as palavras que são reconhecidas instantaneamente pelo reconhecimento visual depois de terem sido "vistas" antes e armazenadas na memória. Em português, convencionou-se traduzir essa estratégia como leitura "por memória" ou "por reconhecimento automatizado".

altamente precisa (PERFETTI, 1985). Além disso, se as pistas visuais fossem a base para lembrar as palavras, seria necessária muita prática porque as conexões com os sons e significados são arbitrárias e assistemáticas. No entanto, as evidências mostram que as pessoas armazenam palavras escritas na memória muito rapidamente, sem muita prática (SHARE, 2008).

Para explicar a aprendizagem de palavras que ocorre de maneira rápida e eficaz, é necessário um poderoso sistema mnemônico, algo semelhante a uma supercola para juntar a grafia das palavras na memória. A pesquisa mostrou que as conexões grafema–fonema fornecem a cola que une a grafia às pronúncias de palavras individuais na memória (EHRI, 1992; 1998; 2005b). Posteriormente, quando as grafias das palavras são vistas na escrita, as conexões com as pronúncias são ativadas automaticamente e permitem que os leitores reconheçam as palavras e os seus significados. A Figura 3.1 mostra exemplos de conexões para armazenar palavras com grafias regulares na memória. As letras maiúsculas representam grafemas separados por espaços. Os símbolos fonéticos entre barras representam fonemas únicos nas pronúncias. As linhas representam conexões (a cola) que ligam grafemas a fonemas. As conexões também são usadas para armazenar palavras com grafia irregular na memória, conforme mostrado na Figura 3.1. As conexões são possíveis porque a maioria das letras nessas palavras está em conformidade com o sistema grafema–fonema. Apenas letras silenciosas únicas são as exceções marcadas com um asterisco.

Para formar conexões e grafias seguras na memória, os leitores precisam da habilidade de segmentação de fonemas para que possam analisar as palavras em

Palavras regulares

P A R A /p/-/a/-/r/-/a/

CH U V A /ʃ/-/u/-/v/-/a/

| Grafemas na grafia |
| Conexões |
| Fonemas na pronúncia |

Palavras irregulares

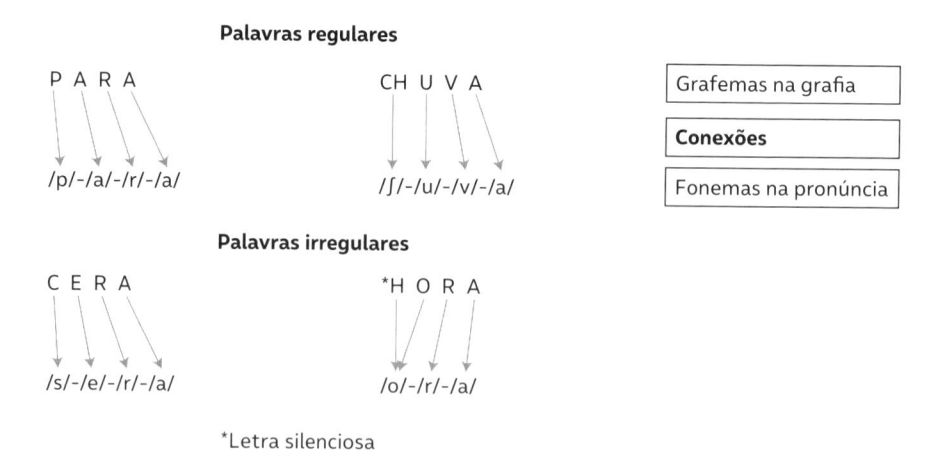

C E R A /s/-/e/-/r/-/a/

*H O R A /o/-/r/-/a/

*Letra silenciosa

Figura 3.1 Exemplos de conexões para **colar** grafemas a fonemas nas palavras. Grafemas em grafias simbolizam fonemas em pronúncias de palavras. Palavras automatizadas são armazenadas na memória quando grafemas são conectados a fonemas.

seus menores sons. Eles precisam de conhecimento das correspondências grafema––fonema. É preciso aplicar seus conhecimentos para conectar grafemas a fonemas dentro de palavras individuais na memória, o que é conhecido como mapeamento ortográfico. Além disso, eles necessitam de conhecimento de vocabulário para ligar os significados das palavras à sua grafia. Se os alunos decodificarem palavras transformando e combinando letras em pronúncias, isso ativará as conexões e garantirá a grafia na memória (EHRI, 2005b). A decodificação funciona como uma ferramenta de autoaprendizagem que os leitores podem usar para armazenar por conta própria na memória palavras que são reconhecidas de modo automatizado quando encontram novas palavras no texto que estão lendo (SHARE, 2008).

Esse conceito de leitura por reconhecimento automatizado difere da visão convencional de que a fônica e a leitura por memória são duas formas opostas de ler palavras. Em vez disso, a fônica fornece às crianças as ferramentas para ler por memória. Essas ferramentas incluem o conhecimento das principais correspondências grafema–fonema, consciência fonêmica e habilidade de decodificação.

FASES DO DESENVOLVIMENTO DE APRENDER A LEITURA DE PALAVRAS

As crianças progridem por várias fases de desenvolvimento na aprendizagem da leitura de palavras, de acordo com a teoria e a pesquisa de Ehri (2005a). As fases são governadas pelo conhecimento das crianças sobre o sistema de escrita e o tipo predominante de conexão para reter as palavras escritas na memória. Na **fase pré-alfabética**, as crianças não têm muito conhecimento das relações letra–som, então elas formam conexões entre as características visuais da palavra ou o seu contexto e a pronúncia e o significado da palavra. Por exemplo, eles podem se lembrar de dois olhos para ler a palavra *LOOK* (olhar) ou lembrar dos arcos dourados para ler *McDonald's*. No entanto, as conexões são idiossincráticas e difíceis de lembrar. Além disso, as letras podem estar ligadas a um conceito em vez de uma palavra específica; nesse sentido, "olhar" pode ser lido como "ver" ou "observar". Portanto, a leitura de palavras nessa fase é limitada e não confiável.

Na **fase alfabética parcial**, as crianças já adquiriram algum conhecimento das relações letra–som e podem usá-lo para formar conexões parciais entre algumas letras e sons com o objetivo de lembrar como ler palavras. Por exemplo, B e R, cujos nomes das letras são os sons iniciais e finais ouvidos na palavra *BEAVER* (castor).[6] No entanto, eles não podem decodificar palavras desconhecidas.

---

[6] N. de T. Em português, as crianças podem escrever BB para a palavra "bebê" porque ouvem o nome da letra na palavra e ainda não identificam todos os sons, assim como também podem escrever KZ ou KA para "casa" porque identificam apenas alguns dos sons nas palavras e usam seu conhecimento parcial sobre as relações grafema–fonema para escrever.

Na **fase alfabética completa**, as crianças já aprenderam as principais correspondências grafema–fonema, como segmentar palavras em fonemas e decodificar palavras novas extraindo sons e combinando suas letras. Com esse conhecimento, elas são capazes de conectar grafemas na grafia aos fonemas nas palavras faladas de forma mais completa e, assim, fixar melhor as palavras escritas com suas pronúncias e seus significados na memória (EHRI; WILCE, 1987). Exemplos de formação de conexões completas entre palavras escritas e faladas são mostrados na Figura 3.1.

A **fase alfabética consolidada** surge depois que as crianças construíram um vocabulário de palavras reconhecidas de modo automatizado considerável e, como resultado, adquiriram conhecimento de unidades de grafia com várias letras, consistindo em combinações de grafemas e fonemas, como sílabas e morfemas. Elas usam essas unidades maiores para formar conexões entre grafias e pronúncias e, assim, reter palavras na memória, por exemplo, as quatro unidades grafo-silábicas em *i-gual-da-de*.

As fases não são períodos distintos de desenvolvimento, mas sim sobrepõem-se à medida que surgem. As crianças podem usar mais de um tipo de conexão para reter palavras na memória, e o tipo que predomina indica a fase.

A teoria das fases serve para esclarecer como o conhecimento das letras e a consciência fonêmica preparam as crianças de 4 e 5 anos para aprender a ler palavras. Durante a fase pré-alfabética, as crianças carecem de muito conhecimento das letras, de modo que se limitam a ler palavras, lembrando-se de pistas visuais ou contextuais salientes nas palavras ou perto delas. Elas leem a escrita ambiental lembrando-se dos logotipos, não das letras. Em um estudo, quando Pepsi foi mudado para Xepsi em uma lata de refrigerante, elas continuaram a lê-lo como Pepsi e não perceberam o erro (MASONHEIMER; DRUM; EHRI, 1984). Elas leem nomes pessoais escritos, por exemplo, em armários ou espaços para mochilas na sala de aula por sua localização ou por adesivos colados ao lado dos nomes, não por observarem as letras. Quando os nomes foram mostrados fora do contexto, eles não foram reconhecidos (LEVIN; EHRI, 2009). Estudos revelam que as crianças não têm muita capacidade de lembrar como ler palavras nesta fase porque elas não têm um sistema para colar palavras na memória, apenas conexões idiossincráticas. Como resultado, muitas pistas não são confiáveis nem lembradas.

Para passar para a próxima fase alfabética parcial e começar a usar conexões de letras e sons para ler palavras, as crianças precisam adquirir conhecimento de muitos nomes de letras, em torno de 18 maiúsculas e 15 minúsculas, de acordo com um estudo (PIASTA; PETSCHER; JUSTICE, 2012). Elas também precisam de alguma consciência fonêmica, pelo menos a capacidade de detectar sons iniciais e finais em palavras. Embora as crianças nessa fase não consigam decodificar palavras por falta de conhecimento completo do sistema de escrita grafema–fonema, elas podem se lembrar de como ler palavras usando conexões parciais de letras e sons.

Vários estudos mostraram como crianças pré-alfabéticas diferem das alfabéticas parciais em sua capacidade de ler e escrever (EHRI, 2005a). Em um estudo, as crianças aprenderam a ler dois tipos de grafia de palavras em várias tentativas. Um tipo pode ser aprendido usando pistas de formato de palavra, por exemplo, XsP para representar *elefante* sem nenhuma das letras representando qualquer som nas palavras. O outro tipo poderia ser aprendido usando conexões fonéticas parciais de letras e sons, como LFT[7] para representar *elefante*, tendo pistas visuais menos distintas, mas contendo os nomes ou sons das letras na pronúncia. Crianças pré-alfabéticas aprenderam as grafias visualmente distintas mais facilmente do que as grafias fonéticas, enquanto as crianças alfabéticas parciais mostraram o padrão oposto, aprendendo as grafias de letras e sons mais facilmente (EHRI; WILCE, 1985). Isso mostra que, uma vez que as crianças sabem os nomes das letras, elas podem formar conexões entre letras e sons para se lembrar de como ler as palavras.

ENSINANDO LETRAS

Quando as crianças aprendem as letras, elas devem distinguir e lembrar as diferentes formas de letras maiúsculas e minúsculas, bem como aprender as associações entre o formato das letras, seus nomes e os sons que simbolizam nas palavras. A tarefa de aprender todas as 26 letras é difícil. Os formatos das letras são arbitrários e sem sentido, algumas letras são semelhantes e, portanto, confundíveis (p. ex., b vs. d, f vs. t) e há muitas letras para aprender. Os sons das letras são fonemas. Alguns têm durações muito curtas e, dessa forma, são difíceis de distinguir. Alguns são articulados de forma semelhante, tornando-os confusos (p. ex., b vs. p, t vs. d). As associações entre letras e sons também são arbitrárias. Para crianças em risco de transtornos de leitura, aprender letras é especialmente difícil (TORPA *et al.*, 2010).

MNEMÔNICOS

Mnemônicos são ferramentas para aprimorar a memória. Um mnemônico que inicia a aprendizagem das letras é a canção do ABC. Isso ensina os nomes das letras. No entanto, as crianças precisam de ajuda adicional para separar os nomes das letras. Caso contrário, "éliemieneópe" (L–M–N–O–P) permanece uma palavra sem sentido não analisada. Saber os nomes das letras pode ajudar as crianças a aprender muitas relações entre letras e sons. A maioria dos nomes de letras contém sons relevantes em seus nomes, por exemplo, B, Bê /b/. Se as crianças já sabem os nomes, a pesquisa mostrou que é fácil extrair sons relevantes dos nomes (SHARE, 2004).

---

[7] Em inglês, ao pronunciar o nome das letras LFT, elas soam como a palavra "*elephant*". Em português, um exemplo parecido seria KDRA para "cadeira", BB para "bebê", ou FLZ para "feliz".

Apenas alguns nomes de letras não são úteis: G é chamado "Gê", mas simboliza /g/, como em gato, ou simboliza /j/, como J "Jota" em gelo.

Para aprender as formas das letras e suas associações aos sons, mnemônicos de imagem embutida são eficazes (EHRI; DEFFNER; WILCE, 1984; SHMIDMAN; EHRI, 2010). As letras são embutidas em desenhos de objetos que se assemelham às formas das letras e têm nomes que começam com os sons destas. Já em 1963, os autores de *Curious George* publicaram um livro do alfabeto com mnemônicos de imagem incorporados para ensinar os sons das letras (REY, 1963). Exemplos aparecem na Figura 3.2. Mais recentemente, vários programas para crianças em idade pré-escolar e do jardim de infância ensinaram sons de letras, dessa forma, incluindo *Letterland* (WENDON, 2014) e *Zoo Phonics* (WIGHTON, 2018).

Os mnemônicos de imagem embutida têm três propriedades valiosas que aceleram a aprendizagem das letras, tornando mais fácil aprender (1) formas das letras, (2) sons das letras e (3) associações entre os dois. As formas são lembradas porque se assemelham a objetos familiares. Os sons são lembrados porque são os sons iniciais nos nomes dos objetos com os quais as letras se parecem. As associações entre as letras e os seus sons são tornadas memoráveis pela ligação entre a forma do objeto e o som inicial em seu nome. O objetivo da aprendizagem é de que a criança seja capaz de olhar para a letra sozinha e se lembrar do objeto, de seu nome e do som inicial deste. Com a prática repetida dessas ligações associativas, as letras passam a evocar

Figura 3.2 Exemplos de mnemônicos de imagem embutida para ensinar relações entre letras e sons em inglês. As letras estão embutidas nos seguintes objetos: mesa, caranguejo, cavalo, canguru, casa e flor (respectivamente, *table*, *crab*, *horse*, *kangaroo*, *house* e *flower*), cujos nomes começam com o som das letras embutidas no desenho. As figuras foram extraídas do livro *Curious George learns the alphabet*, de H. A. Rey, publicado em 1963, com direitos de Houghton Mifflin Harcourt Co, reproduzido com permissão.
Fonte: Recuperada de Rey (1963).

seus sons automaticamente. Quanto maior a semelhança entre a forma de todo o objeto e a forma da letra, mais fácil é aprender a associação.

Dois estudos mostraram que crianças pequenas podem se beneficiar dos mnemônicos de imagem embutida na aprendizagem de correspondências entre letras e sons. No primeiro estudo (EHRI; DEFFNER; WILCE, 1984), as crianças que não conheciam os sons das letras foram aleatoriamente designadas para uma das três condições. Elas aprenderam sons de letras (1) com mnemônicos de imagem embutida (p. ex., uma serpente desenhada como um S), ou (2) com mnemônicos desassociados exibindo os mesmos objetos, mas desenhados para não se assemelharem a formas de letras (p. ex., uma serpente esticada), ou (3) sem nenhuma imagem. As crianças ensinadas com os mnemônicos de imagem embutida aprenderam os sons das letras melhor do que as crianças dos outros dois grupos, que não diferiram.

No segundo estudo (SHMIDMAN; EHRI, 2010), pré-escolares de 5 anos, nos Estados Unidos, sem nenhum conhecimento de hebraico, foram ensinados sobre as relações entre letras e som em hebraico com mnemônicos de imagem embutida ou mnemônicos de imagem desassociados. Por exemplo, a letra ש simbolizando /sh/ foi desenhada como um navio com três velas (imagem embutida), ou um navio de transatlântico sem velas (imagem desassociada). As crianças foram ensinadas a segmentar os sons iniciais nos nomes dos objetos e, em seguida, ensinadas a associar letras e sons com as imagens. As crianças demoravam em média apenas metade do tempo para aprender todas as letras com mnemônicos de imagem embutida em comparação com os mnemônicos desassociados. Também descobrimos que as crianças que aprenderam os sons das letras com mnemônicos de imagem embutida podiam ler e escrever palavras simples escritas com essas letras melhor do que o outro grupo, indicando que a aprendizagem das letras foi transferida para tarefas de leitura e escrita que não foram ensinadas.

ENSINO DE CONSCIÊNCIA FONÊMICA

O inglês tem cerca de 41 fonemas. Consciência fonêmica refere-se à habilidade de focalizar, distinguir e manipular sons do tamanho de um fonema em palavras faladas (MOATS, 2000; SCARBOROUGH; BRADY, 2002). Existem vários recursos que dificultam a detecção de fonemas nas palavras. A tendência natural das crianças é de se concentrar no significado das palavras, em vez de nos sons. Os fonemas são efêmeros e passageiros, pois desaparecem assim que são falados. Além disso, não há quebras entre os fonemas na fala, mas sim os fonemas se sobrepõem e são coarticulados. Liberman *et al.* (1974) foram os primeiros a mostrar que, antes de aprender a ler, as crianças têm muita dificuldade de segmentar palavras em fonemas. Além disso, pessoas que não aprenderam a ler e a escrever em um sistema de escrita grafema–fonema têm mais dificuldade de quebrar palavras em fonemas, como leitores de chinês cujos símbolos escritos representam palavras em vez de fonemas (READ *et al.*, 1986). Um dos motivos é que aprender a usar grafemas para escrever fonemas clarifica-os separados na fala.

Existem várias maneiras de avaliar e ensinar a consciência fonêmica (STAHL; MURRAY, 1994). As tarefas mais fáceis apropriadas para crianças em idade pré--escolar incluem: "Diga o primeiro som em peixes", "Diga o último som em peixes" e "Encontre dois objetos cujos nomes comecem com o mesmo som". Tarefas mais avançadas incluem a exclusão de fonemas, "Diga chuva. Agora remova o /ch/ e diga a palavra que resta" (uva), e a segmentação do fonema "Conte os sons na palavra chuva" (são quatro).

A metanálise NRP (2000) mostrou que ensinar crianças a segmentar palavras faladas usando letras melhorou sua consciência fonêmica mais do que ensinar crianças sem letras. As letras servem como marcadores concretos que simbolizam os fonemas, uma vez que as crianças tenham aprendido as correspondências letra–som. As letras fornecem uma representação permanente de sons que, de outra forma, são fugazes. Uma abordagem eficaz é ensinar as crianças a deslizar fichas de letras em uma fileira de caixas desenhada horizontalmente para mostrar os sons separados nas palavras. Por exemplo, as crianças primeiro contam os sons em "ovo" nos dedos para determinar que três caixas devem ser preenchidas. Em seguida, elas selecionam e movem as letras para as caixas à medida que dizem os sons separados. Em outras palavras, elas emitem cada fonema e identificam sua letra para escrever as palavras.

Outra abordagem eficaz ensina as crianças a monitorar os movimentos da boca enquanto pronunciam as palavras. Quando você diz a palavra "ovo", primeiro sua boca se fecha parcialmente para dizer /o/, depois muda de posição para dizer /v/ e se fecha parcialmente de novo para dizer /o/. As posições e os movimentos da boca fornecem uma maneira de segurar os fonemas e distingui-los em palavras. Até mesmo os pré-escolares podem ser informados sobre a posição da boca quando falam. De acordo com a teoria motora da percepção da fala, os fonemas são representados no cérebro por posições e movimentos da boca (LIBERMAN, 1992).

Em um estudo (BOYER; EHRI, 2011), crianças em idade pré-escolar de 4 a 5 anos foram ensinadas a segmentar palavras em fonemas, rastreando suas próprias posições e os movimentos da boca enquanto falavam as palavras. Elas usaram imagens que descrevem as posições da boca para 15 fonemas, como os lábios fechados para representar /m/. As crianças que sabiam os nomes da maioria das letras do alfabeto foram selecionadas e atribuídas aleatoriamente para um grupo que foi ensinado a mover imagens de boca e fichas de letras em um diagrama de caixas de som à medida que pronunciavam os fonemas correspondentes em palavras (grupo Letra--boca), ou a um grupo que foi ensinado a mover apenas fichas de letras para caixas de som à medida que pronunciavam fonemas em palavras (grupo Somente–letras), ou para um grupo-controle sem tratamento. Depois de aprender a associar imagens de boca e/ou letras com seus sons, os grupos praticaram a segmentação e a escrita de muitas palavras de dois e três fonemas até que pudessem executar perfeitamente, por exemplo, DA (*day*–dia), EV (*Eve*–Eva), BAK (*bake*–assar), KOM (*comb*–pente). Eles usaram apenas uma letra para identificar cada fonema em palavras para escrever grafias simplificadas em vez de grafias convencionais. A ideia era ensinar os dois grupos a mapear grafemas e fonemas em palavras, e no grupo Letra–boca, monitorar os movimentos da boca usados para produzir os fonemas também.

Um e sete dias depois que os alunos aprenderam a mapear os sons em palavras, eles receberam pós-testes. Ambos os grupos instruídos foram capazes de segmentar muito mais palavras em fonemas corretamente do que o grupo-controle. Além disso, o grupo Letra–boca superou o grupo Somente–letras. Esses resultados confirmam que os pré-escolares podem aprender a segmentar palavras em dois ou três fonemas quando a segmentação é ensinada com letras. Chamar a atenção das crianças para as posições da boca torna o ensino ainda mais eficaz. Também foi descoberto que as crianças que aprenderam com letras e figuras de boca foram capazes de ler um conjunto de palavras e decodificar palavras novas melhor do que os outros dois grupos, indicando que o treinamento de segmentação fonêmica com ambas as letras e as articulações facilitou a capacidade de leitura de palavras. Achados semelhantes foram relatados em um estudo com crianças brasileiras falantes do português (SARGIANI; EHRI; MALUF, 2018).

Esses e outros estudos fornecem evidências de que a instrução em habilidades alfabéticas e fonêmicas fundamentais pode transferir e permitir que as crianças apliquem o que aprenderam em tarefas simplificadas de leitura e escrita. Isso mostra que as crianças de 4 e 5 anos que aprendem essas habilidades fundamentais estão prontas para se beneficiar da instrução formal de leitura quando começam a pré-escola ou o 1º ano do ensino fundamental. Os resultados sugerem que, quando os professores ensinam as crianças a segmentar palavras em fonemas, eles devem dirigir a atenção não apenas para os sons que são ouvidos nas palavras, mas também para as posições da boca e os movimentos envolvidos na pronúncia desses sons. As posições da boca fornecem uma base mais tangível para detectar fonemas do que sons.

IMPACTO DAS HABILIDADES FUNDAMENTAIS NA MEMÓRIA DAS PALAVRAS FALADAS

A aquisição de habilidades fundamentais antes de as crianças começarem a instrução formal de leitura tem demonstrado em pesquisas que impactam não apenas a capacidade desses indivíduos de realizar tarefas simples de leitura e escrita, mas também sua capacidade de aprender novas palavras de vocabulário. Uma descoberta muito importante que emergiu da pesquisa é que, quando a linguagem escrita entra na memória, ela afeta a maneira como as pessoas processam a linguagem. Aprender como as letras mapeiam os sons das palavras aumenta a capacidade de detectar os sons separados nas palavras. Além disso, formar conexões entre grafias e sons na memória ajuda as pessoas a lembrar as pronúncias e os significados de novas palavras de vocabulário (ROSENTHAL; EHRI, 2008; RICKETTS; BISHOP; NATION, 2009). Em um estudo com alunos do 2º e 5º anos, comparamos duas condições de aprendizagem. Em uma condição, os alunos foram expostos à grafia de palavras desconhecidas enquanto estudavam suas pronúncias e seus significados. Em uma condição de controle, os alunos não viram a grafia enquanto estudavam as palavras. Esta esteve presente durante os períodos de aprendizagem, mas não quando a recordação das palavras foi testada. Exemplos de palavras ensinadas a alunos do 2º ano são *sod* (solo úmido e gramado) e *gam* (uma família de baleias), e para alunos 5º ano, *barrow* (uma pequena colina) e *probóscide* (um nariz realmente grande). Os resultados mostraram que os alunos aprenderam a pronúncia e os significados das palavras mais rapidamente quando foram expostos à grafia. Além disso, eles se lembraram melhor das palavras no dia seguinte. A grafia não estava presente quando a memória dos alunos para as palavras foi testada, então os efeitos surgiram da vantagem produzida pela exposição da grafia na memória de palavras. A explicação é que ver grafias durante a aprendizagem ativou as conexões grafema–fonema, fixando as grafias das palavras às suas pronúncias na memória e melhorando a recordação das palavras em comparação com não ver as grafias. Essa explicação foi apoiada pelo fato de que os alunos que viram a grafia foram capazes de escrevê-las com muito mais precisão no final da aprendizagem do que os alunos que não viram.

Recentemente, repetimos o estudo com crianças de 4 e 5 anos e descobrimos que seu conhecimento de letras as ajudava a lembrar de palavras desconhecidas (O'LEARY, 2017). Essas crianças ainda não estavam lendo, mas sabiam citar pelo menos as 16 letras que foram utilizadas para escrever as palavras desconhecidas que foram ensinadas. Os alunos foram submetidos a várias tentativas para aprender nomes inventados de personagens interessantes desenhados como animais ou rostos. Em uma condição, os alunos viram grafias consistindo em duas letras impressas abaixo dos desenhos, por exemplo, um porco rosa com asas chamado "Fee" escrito FE. Na outra condição, as grafias não foram mostradas. Como as crianças conheciam os nomes das letras, esperávamos que ver a grafia pudesse ajudá-las a lembrar os personagens e seus nomes. Em pós-testes dados no dia seguinte, sem a presença de grafia, as crianças que haviam visto a grafia lembraram-se dos nomes dos personagens significativamente melhor do que as crianças que não haviam visto. Isso mostra o poder mnemônico de saber os nomes das letras, mesmo para as crianças antes de aprenderem a ler. Eles são capazes de usar seu conhecimento de letras para formar conexões grafia–som na memória a fim de aprender palavras novas.

ATIVIDADES PARA ENSINAR LETRAS E CONSCIÊNCIA FONÊMICA PARA CRIANÇAS EM IDADE PRÉ-ESCOLAR

A teoria e a pesquisa indicam que a consciência fonêmica, o conhecimento de letras e sons e o mapeamento grafema–fonema são habilidades fundamentais importantes que podem ser ensinadas a crianças de 4 e 5 anos antes de ingressarem no 1º ano do ensino fundamental. As descobertas sugerem o valor das atividades para ensinar essas habilidades de forma eficaz. O uso de mnemônicos de imagem embutida pode facilitar a aprendizagem das relações entre letras e sons, e as atividades de consciência fonêmica podem permitir que as crianças detectem os menores sons nas palavras. As crianças podem começar com tarefas fáceis, como detectar fonemas iniciais e finais em palavras e identificar palavras que começam com os mesmos sons. Depois que elas aprendem algumas relações entre letras e sons, podem praticar a escrita simplificada de palavras usando esse conhecimento. Elas podem ser ensinadas a monitorar não apenas os sons que ouvem, mas também a posição dos sons em suas bocas para inventar grafias sonoras simplificadas das palavras. Se souberem os nomes das letras, podem ser ensinadas a detectar sons relevantes nos nomes para escrever palavras, por exemplo, o /f/ em "éfi" e /z/ em "zê" para escrever "fez" como FZ. Elas podem praticar relações de mapeamento grafema–fonema segmentando palavras curtas em fonemas e movendo letras que simbolizam estes para caixas de som. A teoria conexionista grafema–fonema explica como essas habilidades fundamentais são necessárias para aprender a ler palavras, e os resultados da pesquisa mostram que as habilidades fundamentais permitem que crianças de 4 e 5 anos realizem tarefas simplificadas de leitura e escrita de nível inicial (EHRI, 1992; 2005a; 2005b; 2014).

Uma tarefa de identidade fonêmica é uma forma eficaz de ensinar consciência fonêmica. Byrne e Fielding-Barnsley (1991) exibiram desenhos de muitos objetos em cartazes e fizeram com que crianças em idade pré-escolar identificassem aqueles que começavam ou terminavam com os mesmos fonemas. Eles também fizeram as crianças brincarem de Dominó e Jogo da Memória para praticar a correspondência de palavras que começam ou terminam com os mesmos fonemas. Em uma metanálise de estudos de treinamento de consciência fonêmica, o NRP (2000) descobriu que ensinar grupos de alunos a manipular sons em palavras foi especialmente eficaz. Os maiores efeitos foram observados em estudos com pré-escolares.

As instruções para ensinar letras a crianças em idade pré-escolar devem incluir formas de letras e associações a nomes e sons. Aprender a música do ABC pode iniciar o processo, seguido pela distinção de nomes separados na música. Isso pode ser feito apontando para cada letra à medida que seu nome é falado na música. As primeiras letras ensinadas podem ser as do próprio nome das crianças. Ler livros do alfabeto oferece outra maneira de expor as crianças às letras. Como a maioria dos nomes de letras contém sons relevantes em seus nomes, as crianças podem ser ensinadas a dizer cada nome e, em seguida, extrair e dizer seu som. Aprender a escrever letras produzindo os traços de maneiras prescritas pode tornar a escrita de letras mais fácil e eficiente em comparação com traços idiossincráticos inventados por crianças. Vários programas especificam maneiras de ensinar a formação de letras (WENDON, 2004; SPAULDING, 2012).

Em suma, é importante que os professores entendam o curso de desenvolvimento da alfabetização e os tipos de atividades que ensinam habilidades fundamentais, para que as crianças estejam mais bem preparadas para se beneficiar da instrução formal de leitura e escrita (CUNNINGHAM; ZIBULSKY, 2014; KILPATRICK, 2015). A pesquisa indica que o início precoce da aprendizagem da leitura promove melhor desempenho na leitura nos anos escolares posteriores (NELP, 2008). Os educadores da educação infantil precisam atualizar suas visões sobre o que é apropriado do ponto de vista do desenvolvimento no ensino de alfabetização, à luz de pesquisas recentes. A instrução nas mãos de um educador habilidoso pode tornar a consciência fonêmica e a aprendizagem das letras lúdicas, envolventes e educativas para as crianças. É essencial que a instrução direta em habilidades fundamentais de alfabetização seja incorporada aos programas de pré-escola ou educação infantil para preparar as crianças para a instrução formal de leitura.

A seguir, são sumarizadas maneiras de melhorar a alfabetização e as instruções para alunos da educação infantil.

- **Instrução de letras e sons**: ensine as formas das letras/grafemas e suas associações aos fonemas com mnemônicos de imagem embutida. Estas são imagens de objetos em forma de letras e com nomes que começam com os fonemas associados.
- **Instrução de consciência fonêmica**: ensine as crianças a analisar os fonemas separados nas palavras, monitorando não apenas os sons que ouvem, mas também as posições da boca envolvidas na produção desses sons. As tarefas para praticar incluem segmentar os sons separados em palavras, identificar palavras que começam com o mesmo som, combinar uma sequência de sons separados para formar uma palavra e identificar a palavra que permanece quando um som é excluído de uma palavra mais longa.
- **Mapeamento de grafemas e fonemas**: ensine as crianças a transformar os grafemas em palavras escritas em fonemas e combiná-los para formar uma palavra. Ensine as crianças a criar grafias segmentando palavras faladas em seus fonemas e escrevendo letras que representam os fonemas.
- **Desenvolvimento profissional de professores**: ensine os professores da educação infantil sobre habilidades fundamentais porque não só são importantes, como também podem ser ensinadas de maneiras envolventes para pré-escolares; certifique-se de que os professores saibam como segmentar

palavras em fonemas e como os grafemas representam os fonemas no sistema de escrita.

REFERÊNCIAS

BOYER, N.; EHRI, L. Contribution of phonemic segmentation instruction with letters and articulation pictures to word reading and spelling in beginners. *Scientific Studies of Reading,* v. 15, n. 5, p. 440-470, 2011.

BYRNE, B.; FIELDING-BARNSLEY, R. Evaluation of a program to teach phonemic awareness to young children. *Journal of Educational Psychology,* v. 83, n. 4, p. 451-455, 1991.

CUNNINGHAM, A.; ZIBULSKY, J. *Book smart*. New York: Oxford University, 2014.

EHRI, L. C. Development of sight word reading: phases and findings. *In:* SNOWLING, M.; HULME, C. (ed.). *The science of reading*: a handbook. Malden: Blackwell, 2005a. p.135-154.

EHRI, L. C. Grapheme-phoneme knowledge is essential to learning to read words in english. *In:* METSALA, J. L.; EHRI, L. C. (ed.). *Word recognition in beginning literacy*. Mahwah: Lawrence Erlbaum Associates, 1998. p. 3-40.

EHRI, L. C. Learning to read words: theory, findings, and issues. *Scientific Studies of Reading*, v. 9, n. 2, p. 167-188, 2005b.

EHRI, L. C. Orthographic mapping in the acquisition of sight word reading, spelling memory, and vocabulary learning. *Scientific Studies of Reading*, v. 18, n. 1, p. 5-21, 2014.

EHRI, L. C. Reconceptualizing the development of sight word reading and its relationship to recoding. *In:* GOUGH, P. B. *et al.* (ed.). *Reading acquisition*. Hillsdale: Lawrence Erlbaum Associates, 1992. p. 107-143.

EHRI, L. C.; DEFFNER, N. D.; WILCE, L. S. Pictorial mnemonics for phonics. *Journal of Educational Psychology*, v. 76, n. 5, p. 880-893, 1984.

EHRI, L. C.; WILCE, L. S. Cipher versus cue reading: an experiment in decoding acquisition. *Journal of Educational Psychology*, v. 79, n. 1, p. 3, 1987.

EHRI, L. C.; WILCE, L. S. Movement into reading: Is the first stage of printed word learning visual or phonetic? *Reading Research Quarterly*, v. 20, n. 2, p. 163-179, 1985.

GOSWAMI, U. Children's use of analogy in learning to read: a developmental study. *Journal of Experimental Child Psychology*, v. 42, p. 73-83, 1986.

KILPATRICK, D. *Essentials of assessing, preventing, and overcoming reading difficulties*. Hoboken: Wiley, 2015.

LEVIN, I.; EHRI, L. Young children's ability to read and spell their own and classmates' names: the role of letter knowledge. *Scientific Studies of Reading*, v. 13, p. 249-273, 2009.

LIBERMAN, A. The relation of speech to reading and writing. *In:* FROST, R.; KATZ, L. (ed.). *Orthography, phonology, morphology, and meaning*. New York: Elsevier/North-Holland, 1992. p. 167-177.

LIBERMAN, I. *et al.* Reading and the awareness of linguistic segments. *Journal of Experimental Child Psychology*, v. 18, p.201-212, 1974.

MASONHEIMER, P. E.; DRUM, P. A.; EHRI, L. C. Does environmental print identification lead children into word reading? *Journal of Reading Behavior*, v. 16, p.257-272, 1984.

MOATS, L. *Speech to print: language essentials for teachers*. Baltimore: Brookes, 2000.

NELP. *Developing early literacy*: a scientific synthesis of early literacy development and implications for intervention. Jessup: National Institute for Literacy, 2008.

NRP. *Report of the national reading panel*: teaching children to read: an evidence-based assessment of the scientific research literature on reading and its implications for reading instruction. Washington: U. S. Government Printing Office, 2000.

O'LEARY, R. *Do spellings of words and phonemic awareness training facilitate vocabulary learning in preschoolers?* Dissertation (Doctoral) - CUNY Graduate Center, New York, 2017.

PERFETTI, C. *Reading ability*. New York: Oxford University, 1985.

PIASTA, S.; PETSCHER, Y.; JUSTICE, L. How many letters should preschoolers in public programs know? The diagnostic efficiency of various preschool letter-naming benchmarks for predicting first-grade literacy achievement. *Journal of Educational Psychology*, v. 104, n. 4), p. 945-958, 2012.

READ, C. *et al.* The ability to manipulate speech sounds depends on knowing alphabetic writing. *Cognition*, v. 24, p.31-44, 1986.

REY, H. *Curious George learns the alphabet*. Boston: Houghton Mifflin Harcourt, 1963.

RICKETTS, J.; BISHOP, D.; NATION, K. Orthographic facilitation in oral vocabulary acquisition. *The Quarterly Journal of Experimental Psychology*, v. 62, p. 1948-1966, 2009.

ROSENTHAL, J.; EHRI, L. C. The mnemonic value of orthography for vocabulary learning. *Journal of Educational Psychology*, v. 100, n. 1, p. 175-191, 2008.

SARGIANI, R.; EHRI, L.; MALUF, M. Orthographic mapping instruction to facilitate reading and spelling in Brazilian emergent readers. *Applied Psycholinguistics*, v. 39, n. 6, p.1405-1437, 2018.

SCARBOROUGH, H.; BRADY, S. Toward a common terminology for talking about speech and reading: a glossary of the "Phon" words and some related terms. *Journal of Literacy Research*, v. 34, p.299-334, 2002.

SHARE, D. Knowing letter names and learning letter sounds: a causal connection. *Journal of Experimental Child Psychology*, v. 88, p. 213-233, 2004.

SHARE, D. Orthographic learning, phonological recoding, and self-teaching. In: KAIL, R. (ed.). *Advances in child development and behavior*. New York: Elsevier, 2008. p. 31-81.

SHMIDMAN, A.; EHRI, L. Embedded picture mnemonics to learn letters. *Scientific Studies of Reading*, v. 14, n. 2, p. 159-182, 2010.

SNOW, C.; BURNS, M.; GRIFFIN, P. (ed.). *Preventing reading difficulties in young children*. Washington: National Academy, 1998.

SPAULDING, B. *The writing road to reading*. 6. ed. New York: Harper Collins, 2012.

STAHL, S.; MURRAY, B. Defining phonological awareness and its relationship to early reading. *Journal of Educational Psychology*, v. 86, n. 2, p. 221-234, 1994.

TORPA, M. *et al.* Language development, literacy skills, and predictive connections to reading in Finnish children with and without familial risk for dyslexia. *Journal of Learning Disabilities*, v. 43, n. 4, p. 308-321, 2010.

WENDON, L. *Handwriting*. Cambridge: Letterland International, 2004.

WENDON, L. *Letterland*. Cambridge: Letterland International, 2014.

WIGHTON, C. *Zoo-phonics program*. Disponível em: www.zoo-phonics.com/home.html. Acesso em: 22 fev. 2022.

4

Linguagem escrita na educação infantil:
práticas pedagógicas promotoras da aprendizagem em sala de aula
Ana Albuquerque

Este capítulo pretende olhar para a alfabetização inicial de forma global e integrada, de modo a explorar a importância do desenvolvimento de habilidades metalinguísticas no começo do processo de aquisição da linguagem escrita. Em particular, pretende-se destacar a contribuição das atividades e experiências significativas realizadas na educação infantil para o sucesso da aprendizagem.

Tradicionalmente, a aquisição da linguagem escrita era vista como o resultado de um processo de instrução que envolvia sobretudo um conjunto de técnicas perceptivas e motoras. A atividade de ler e escrever estava associada a uma capacidade mecânica, que exigia unicamente a maturidade das aptidões psicológicas gerais, como a estruturação espaço-temporal, a organização perceptivo-motora, o desenvolvimento da função simbólica, a coordenação do esquema corporal e a discriminação auditiva e visual. Assim, pouca importância era dada às primeiras produções escritas das crianças, sendo consideradas simples garatujas sem significado e que não envolviam qualquer ligação com a cognição. Eram vistas como reproduções erradas da escrita, que apenas contribuíam para a destreza oculomanual.

Hoje em dia, inúmeras contribuições científicas no domínio das neurociências, da psicologia cognitiva e da linguística fornecem evidências empíricas relevantes, demonstrando que a aquisição da leitura e da escrita envolve essencialmente mecanismos cerebrais e processos cognitivos. Pesquisas atuais sugerem, assim, que o processo de aprendizagem de habilidades cognitivas e metalinguísticas remonta à primeira infância, ainda em idade pré-escolar. Com efeito, as crianças desempenham um papel ativo no seu próprio processo de desenvolvimento e de construção do conhecimento.

O desenvolvimento da linguagem escrita constitui-se um processo simultaneamente cultural/social e cognitivo/linguístico, fortemente potenciado pela qualidade dos contextos educativos em que as crianças estão inseridas e pelas estratégias de mediação e facilitação dos adultos. Por um lado, a aprendizagem pressupõe a interiorização de práticas funcionais e de utilização social da linguagem escrita inerentes ao seu meio sociocultural. Por outro, considerando as dimensões cognitivo-linguísticas, é fulcral compreender as especificidades do sistema alfabético de escrita e entender que os grafemas na escrita codificam os fonemas da oralidade.

A alfabetização é um processo não natural, e a tarefa de aprender a ler em um sistema alfabético, como é o caso da língua portuguesa, implica um elevado nível de capacidade para refletir de forma consciente sobre a oralidade e a relação com a escrita, sendo essencial dar atenção a determinados conhecimentos associados à **literacia emergente**, como a funcionalidade, os comportamentos e as atitudes face à leitura e à escrita, os aspectos formais, as escritas inventadas e as primeiras leituras.

Chomsky (1970), Read (1971) e Ferreiro e Teberosky (1979) foram os primeiros autores a salientar a importância das primeiras formas de escrita que surgem antes do ensino formal, tendo apontado que são reveladoras da forma como as crianças pensam a linguagem escrita. Com efeito, esse processo de aquisição inicia-se frequentemente antes da escolarização formal, uma vez que a interação com a escrita em situações informais do cotidiano fornece unidades visuais e fonológicas úteis à aprendizagem (DEHAENE, 2012; TOLCHINSKY, 2005).

Figura 4.1 Crianças brincando com o alfabeto móvel.

Nesse sentido, reconhece-se a importância de assegurar, no período da educação infantil, práticas pedagógicas de qualidade com vista à promoção de capacidades relacionadas diretamente com a linguagem escrita. Não se trata de ensinar as crianças a ler ou a escrever de uma forma formal e rigorosa, mas sim de promover o desenvolvimento de habilidades básicas de leitura e escrita, isto é, planejar atividades impulsionadoras da aprendizagem. Essas práticas pedagógicas assumem uma função crucial não só na forma como as crianças assimilam e se apropriam da utilização e funcionalidade da linguagem escrita, mas também na forma como compreendem e integram as especificidades do sistema alfabético.

UTILIZAÇÃO E FUNCIONALIDADE DA LINGUAGEM ESCRITA

A compreensão da funcionalidade da linguagem escrita é fundamental para o processo de alfabetização. É importante as crianças compreenderem que a escrita tem inúmeras funções e que é utilizada em diversos contextos. Esses conhecimentos são adquiridos por meio do envolvimento em experiências e práticas significativas em que a linguagem escrita é utilizada de forma funcional. Quanto mais interações as crianças tiverem com material escrito, melhor compreenderão os objetivos e as funções da escrita. Além disso, aprendem a reconhecer a leitura e a escrita como atividades de prazer, aumentando a sua motivação para explorar e aprender.

Para a compreensão da funcionalidade, é importante a familiarização com diferentes suportes de escrita, que remetam para múltiplas utilizações, como o lazer, a comunicação, o caráter informativo, a gestão das rotinas do dia a dia, etc. Esse entendimento baseia a construção de sentidos e razões para a aprendizagem, constituindo o designado **projeto pessoal de leitor–escritor**, isto é, os significados atribuídos à linguagem escrita por meio das experiências pessoais e das práticas familiares, sociais e culturais executadas, ao longo do desenvolvimento da criança no seu contexto envolvente (CHAUVEAU; ROGOVAS-CHAUVEAU, 1994).

Para ilustrar a diversidade de sentidos atribuídos para a importância da leitura e escrita, apresentam-se, a seguir, excertos retirados de entrevistas realizadas com crianças no fim da educação infantil e no início do ensino fundamental.

Desse modo, a linguagem escrita deverá ser integrada de forma significativa em situações diversificadas e funcionais no contexto da educação infantil, para que as crianças possam, por um lado, apropriar-se dos seus diferentes propósitos no dia a dia e, por outro, associar diferentes suportes escritos aos respectivos conteúdos de escrita (CURTO; MORILLO; TEIXIDÓ, 2000; SOARES, 2016; TEBEROSKY; COLOMER, 2003).

Essa diversidade de funções está associada a inúmeros tipos de texto, como informativo (transmissão de informações genéricas: notícias, cartas, convites, recados), enumerativo (classificação/memorização de informações: listas, etiquetas,

Quadro 4.1 Respostas de crianças brasileiras à pergunta "Para que serve ler e escrever?"

"Ler é ler livro, ler história, jornal e revista. Serve para ler, para ver e também para fazer outras coisas que eu esqueci". (Ana Júlia, 7 anos)
"Ler é para saber coisas. Serve para você saber o que é certo e errado". (João, 6 anos)
"Ler é quando você fica falando o que está escrito. Serve para a gente saber o que está acontecendo ou para saber o que a pessoa respondeu". (Melissa, 6 anos)
"Ler é a gente prestar atenção, aprender a ler, pegar um livro, um caderno e ler. Serve para a gente passar de ano, ser um adulto e fazer nossa profissão". (Júlia, 7 anos)

horários, cardápios), prescritivo (transmissão de instruções: receitas, regras de jogos), literário (prazer de leitura: contos, narrativas, poesias, músicas, gibis) e expositivo (transmissão de conhecimentos: livros temáticos ou de estudo).

A facilitação e a mediação das experiências de aprendizagem por parte dos professores, recorrendo a diferentes suportes e materiais, promovem a assimilação dos conhecimentos de forma mais sólida. Diversas pesquisas tornaram evidente a associação entre as práticas dos professores na educação infantil e os projetos pessoais de leitor/escritor dos alunos. Além disso, parece haver uma ligação entre a atribuição de um significado positivo para a aprendizagem da leitura e escrita e o desempenho acadêmico das crianças no início do ensino fundamental, considerando o forte impacto da dimensão cognitiva e afetiva no desenvolvimento infantil.

Nesse sentido, várias estratégias podem ser utilizadas pelos professores, adotando a postura de leitor/escritor modelo para os alunos e enquadrando a promoção da compreensão da funcionalidade nas suas práticas pedagógicas: por meio da exploração de diferentes suportes de escrita, interação com a escrita no dia a dia, descoberta da escrita fora da sala de aula e envolvimento das famílias. Ou seja, genericamente, é essencial que sejam organizadas atividades de linguagem escrita significativas, reais, funcionais e autênticas, com diversidade de materiais e objetivos, incentivando uma cultura educativa promotora da motivação para a leitura e a escrita.

APROPRIAÇÃO DO SISTEMA ALFABÉTICO E COMPREENSÃO DAS SUAS ESPECIFICIDADES

A aprendizagem da leitura e da escrita implica uma reflexão sobre a linguagem de forma consciente e explícita, uma vez que é essencial conhecer a estrutura fonêmica da fala e reconhecer os grafemas como unidades representativas de um sistema de notação de sons (ADAMS, 1998; BYRNE, 1998; CARDOSO MARTINS, 1995; EHRI, 2014; MORAIS, 2013; RAYNER *et al.*, 2001; TREIMAN, 2017). Assim, é imperativo que os aprendizes adquiram conhecimentos explícitos sobre a linguagem escrita e a habilidade para refletir sobre a oralidade, tomando consciência de que a sucessão de unidades fonológicas é representada pelo código escrito.

Com efeito, existem duas habilidades centrais na aquisição da linguagem escrita: por um lado, as crianças precisam conhecer o nome das letras, reconhecer a sua forma gráfica e identificar o som correspondente; e, por outro, precisam desenvolver a consciência fonológica, que se refere à habilidade de manipular de forma consciente os elementos sonoros das palavras orais (BRADLEY; BRYANT, 1991; GOMBERT, 1990).

A consciência fonológica não surge de forma espontânea, pois muitas crianças em idade pré-escolar, apesar de já terem consciência de alguns sons, ainda não são capazes de manipular os constituintes fonéticos das palavras. Devem, assim, progressivamente adquirir a consciência de que as palavras podem ser decompostas em segmentos fonêmicos para compreenderem que os grafemas representam os fonemas. O contato com a escrita, a escrita do nome próprio e a nomeação de letras facilitam a compreensão da natureza dessas conexões. Além disso, essa relação é facilitada pelo fato de que, na sua maioria, os nomes das letras no alfabeto português são icônicos (ou acrofônicos), isto é, conter no próprio nome um dos sons que representam (POLLO; KESSLER; TREIMAN, 2005).

Com efeito, é pelo entendimento dessas relações que a articulação entre o conhecimento alfabético e a identificação dos fonemas correspondentes se constitui como a base para a compreensão do princípio alfabético.

Desse modo, analisar as estratégias de escrita no início do processo de alfabetização permite entender as hipóteses formuladas pelas crianças sobre as conexões entre os nomes das letras e os fonemas correspondentes (TREIMAN, 2017).

ESCRITAS INVENTADAS E DESAFIO DA DIVERSIDADE NA SALA DE AULA

Recentemente, as escritas inventadas, isto é, as produções escritas prévias à aprendizagem da linguagem escrita, têm sido referidas como um fator importante para a aquisição da alfabetização, sendo consideradas um elemento útil que permite entender a forma como o princípio alfabético é percepcionado pelas crianças. Essas escritas não surgem associadas a uma simples memorização ou cópia, pois traduzem processos de reflexão e experimentação por meio dos recursos cognitivos e da memória efetiva dos aprendizes (ADAMS, 1998; MANN, 1993; McBRIDE-CHANG, 1998; OUELLETTE; SÉNÉCHAL, 2008a; TOLCHINSKY, 2005). Apesar de no início não ser evidente a semelhança entre as escritas inventadas e a escrita convencional, a complexidade ortográfica e a acuidade fonológica vão progredindo ao longo da aprendizagem.

Há relatos de crianças que começaram a escrever antes de saber ler, grafando palavras com uma escrita inventada própria. Usando seu conhecimento de nomes de letras e, em alguns casos, de sons de letras, essas crianças eram capazes de representar os sons de palavras de forma bastante precisa e consistente (CHOMSKY, 1979, p. 43).

Nas salas de educação infantil coexistem alunos com diferentes experiências, recursos, conhecimentos e aptidões, revelando as mais variadas estratégias de mapeamento ortográfico, desde escritas sem critérios linguísticos até escritas mais sofisticadas com representação fonêmica. A partir das interações com pares e adultos, as crianças desenvolvem habilidades e constroem conhecimentos acerca das propriedades do sistema alfabético, nomeadamente as ligações entre a linguagem oral e a escrita, os objetos e a escrita, o desenho e a escrita, as características gráficas e fonológicas da linguagem escrita, assim como seu funcionamento, suas regras e sua utilização. Desse modo, é muito importante ter acesso à forma como as crianças escrevem e pensam a escrita, de maneira a contribuir positivamente para a aprendizagem do princípio alfabético. Com efeito, ao longo do processo de alfabetização verifica-se que as crianças recorrem a estratégias diversificadas, evidenciando diferentes tentativas de compreensão do princípio alfabético.

Procurando dominar o sistema convencional de escrita, algumas crianças têm dificuldade de distinguir desenho e escrita; outras brincam com as letras do nome próprio; outras fazem garatujas; outras inventam as suas escritas incluindo letras aleatórias, pseudoletras e números; outras apresentam escritas pré-alfabéticas/grafoperceptivas; outras utilizam uma letra aleatória para cada sílaba da palavra; outras baseiam-se em critérios linguísticos de fonetização e demonstram uma escolha intencional das letras; outras apresentam uma escrita alfabética parcial, pois não são capazes de representar a totalidade dos fonemas; e, por fim, algumas crianças já revelam uma escrita ortográfica correta.

Apresenta-se, a seguir, um conjunto de exemplos reais de escritas de crianças de 5 anos (Fig. 4.2), demonstrando a diversidade de habilidades e conhecimentos nas salas de educação infantil, o que se constitui como um forte desafio para os professores.

Tendo em conta essa diversidade, é frequente que, no início no ensino fundamental, alguns alunos não entendam ainda as relações entre oralidade e escrita e outros já dominem a compreensão da representatividade dos fonemas nas grafias. Com efeito, essas concepções iniciais desempenham um papel importante na

Letras do nome próprio	 AFONSO AFO ASO	Escrita silábica sem fonetização	 T M
Distinção escrita/desenho	 SAODADS (desenho)	Escrita silábica com fonetização	 OA
Garatujas	 (rabiscos)	Escrita alfabética parcial	 BTA
Letras, pseudoletras, números	 LIAH	Escrita ortográfica	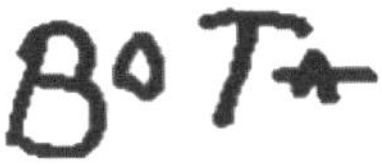 BOTA
Escrita pré-alfabética/ grafoperceptiva	 KCTB	Escrita de frases	 F AUTAUM 10 DIAS

Figura 4.2 Produções escritas de crianças no período anterior ao ensino da alfabetização.

aprendizagem na educação infantil, tendo impacto nos desempenhos em escrita e leitura no fim do 1º ano do ensino fundamental (ALBUQUERQUE; ALVES MARTINS, 2016; OUELLETTE; SÉNÉCHAL; HALEY, 2013). Assim, é de extrema relevância desenvolver práticas pedagógicas de qualidade com vistas à promoção de habilidades relacionadas diretamente com a linguagem escrita na educação infantil.

A participação em situações de leitura e escrita colaborativa contribui para o desenvolvimento da aquisição da linguagem escrita, sobretudo em interação com pares e adultos, em escrita simultânea de um texto, em escrita com apoio dos pares e em escrita coletiva com mediação do adulto (PONTECORVO, 2005; TEBEROSKY; COLOMER, 2003; VEGAS, 2004).

Estudos atuais mostraram efetivamente que encorajar as crianças a escrever e pensar sobre a escrita nos anos pré-escolares tem impacto no nível da aprendizagem da leitura e da escrita, inclusive no início do ensino fundamental (OUELLETTE; SÉNÉCHAL, 2016). Desse modo, as atividades que promovem a escrita inventada podem ser consideradas uma ferramenta útil, na medida em que incentivam a reflexão sobre os elementos da oralidade, os sinais gráficos e as relações entre ambos.

Nesse âmbito, foram efetuados programas de treino na educação infantil com o propósito de trabalhar as escritas inventadas por meio da promoção da reflexão acerca das letras e dos sons de palavras, surtindo efeitos positivos no desenvolvimento da escrita, no conhecimento ortográfico, na leitura de palavras e na consciência fonêmica de crianças de várias nacionalidades (ALBUQUERQUE; ALVES MARTINS, 2017; ALVES MARTINS; SILVA, 2006; HOFSLUNDSENGEN; HAGTVET; GUSTAFSSON, 2016; LEVIN; ARAM, 2013; OUELLETTE; SÉNÉCHAL, 2008b; PULIDO; MORIN, 2017). Pesquisas experimentais têm sido desenvolvidas em Portugal, buscando analisar os benefícios de programas de escrita inventada realizados com pequenos grupos de crianças de 5 anos, para o progresso nos seus desempenhos em leitura e escrita (ALVES MARTINS *et al.*, 2016).

Esses programas foram organizados em 10 sessões bissemanais com duração aproximada de 15 minutos, durante dois meses. Os participantes foram divididos em quartetos, com características heterogêneas quanto ao gênero e a diversas variáveis metalinguísticas (conhecimento de letras, consciência silábica e consciência fonêmica). A cada grupo foi proposta a tarefa de escrever, em conjunto, quatro palavras da melhor forma possível, devendo refletir coletivamente sobre as letras e os sons, assim como argumentar e discutir até chegar a um acordo para o pesquisador escrever no final.

Nessa atividade, o adulto assumiu o papel de mediador das dinâmicas interativas e de facilitador dos processos de reflexão, chamando a atenção para os componentes sonoros das palavras, os grafemas escritos pelo grupo de crianças, encorajando a participação de todos no sentido de explicitar o pensamento. Posteriormente, era apresentada a palavra na sua forma ortográfica correta escrita por um grupo fictício, sendo pedido às crianças para refletir sobre as duas formas de escrita da mesma palavra, tomando atenção às suas diferenças e semelhanças, simulando uma interação simétrica, para estimular a reflexão metalinguística.

A título de exemplo, apresenta-se, a seguir, um excerto ilustrativo das dinâmicas ocorridas em uma sessão de treino, retirado de uma pesquisa realizada com crianças portuguesas e brasileiras (Quadro 4.2).

Quadro 4.2 Transcrição do discurso verbal de uma sessão de treino de escritas inventadas por meio do registro de áudio

Pesquisador	*Hoje vamos escrever a palavra DATA. Qual será a primeira letra?*
Criança 1	*D, D, D!*
Criança 2	*/da/, /da/, /da/... é um A!*
Pesquisador	*A Catarina escutou o som do D primeiro. E vocês, também escutaram?*
Criança 2	*Eu não.*
Pesquisador	*Pensem lentamente na palavra DATA. /da/-/ta/. Qual som vocês escutam?*
Criança 3	*/də/, /də/... /də/, /də/.*
Criança 2	*Agora eu consegui escutar o som do D!*
Pesquisador	*Você escutou também? /da/.../də/. Então vamos escrever um D. [Escrita: D]*
Crianças 1, 2, 3	*Agora é um A!*
Pesquisador	*Vou escrever um A aqui? [Escrita: DA]. E agora?*
Criança 4	*T, T, T!*
Pesquisador	*Vocês concordam com a Teresa? Vocês acham que agora é a letra T?*
Criança 1, 2, 3	*/ta/, /ta/... TA, TA, TA... isso, a última letra é o T!*
Pesquisador	*[Escrita: DAT]. Agora eu vou mostrar para vocês como as crianças da outra escola escreveram DATA. Foi assim. Está igual ou está diferente?*

(Continua)

Quadro 4.2 Transcrição do discurso verbal de uma sessão de treino de escritas inventadas por meio do registro de áudio *(Continuação)*

Criança 2	*Oh! A gente deveria ter escrito um A aqui [apontando para a última letra].*
Pesquisador	*Vamos pensar. Por que vocês acham que escreveram um D primeiro?*
Criança 1	*Porque é /da/.*
Criança 4	*Isso, /da/, /da/... é D e depois um A!*
Criança 2	*E se fosse um I era /di/-/ta/.*
Pesquisador	*E a última letra, por que vocês acham que eles escreveram um A no final?*
Criança 3	*Ah, eu sei! Porque é /da/-/ta/! /ta/... /a/, /a/, /a/*

Fonte: Adaptado de Albuquerque e Alves Martins (2017, p. 441).

As interações entre pares em torno da linguagem escrita, com o apoio e a mediação do adulto, permitem desenvolver novas concepções, habilidades e competências. Os efeitos benéficos dessas atividades na evolução da linguagem escrita no começo do processo de alfabetização têm sido significativos, podendo ser integradas em práticas pedagógicas na educação infantil, como abordagem preventiva quanto a futuras dificuldades na aquisição formal da alfabetização.

Em contexto de sala de aula, a adaptação dessas sessões poderá ser realizada criando situações de interação coletiva sobre a escrita de determinadas palavras, enquanto o professor assume a função mediadora, gerindo as interações e facilitando as estratégias de apoio, tendo em conta as particularidades do grupo de crianças, no sentido de guiar a discussão para os mecanismos de apropriação da linguagem escrita. As palavras poderão ser contextualizadas e retiradas de livros do interesse das crianças, sendo o foco principal da atividade conduzi-las a pensar sobre como determinadas palavras ou frases são escritas, apoiando a análise do oral e o raciocínio sobre quais os grafemas que melhor podem representar os fonemas das palavras.

PRÁTICAS PEDAGÓGICAS IMPULSIONADORAS DA LINGUAGEM ESCRITA

A operacionalização das estratégias relatadas neste capítulo fornece conhecimentos importantes para os professores e possibilita um melhor entendimento do processo de aquisição da linguagem escrita, oferecendo indicadores relevantes para a sondagem dos alunos e a aplicação de mecanismos facilitadores da aprendizagem na educação infantil. Sabemos que é fundamental a intervenção ainda em idade pré-escolar, incorporando os domínios do conhecimento alfabético, a consciência fonológica e as escritas inventadas, de forma a contribuir para o desenvolvimento de habilidades cognitivas, linguísticas e sociais relacionadas com a linguagem escrita.

Sendo assim, que tipos de atividades podem ser desenvolvidas com crianças de 5 anos para potenciar as aprendizagens na transição da educação infantil para o ensino fundamental? Genericamente, por um lado, os professores devem assumir-se como modelos de leitor/escritor e, por outro, como agentes mediadores das relações entre os alunos e a linguagem escrita, impulsionando o desenvolvimento por intermédio de práticas educativas aplicadas diretamente nas rotinas diárias, no contexto de sala de aula.

É fundamental valorizar as experiências dos alunos, incentivando a exploração dos sistemas de linguagem (oral e escrito), de forma a encorajar a participação em situações e tentativas de leitura e escrita, olhando para o erro como uma forma natural do processo de aprendizagem. A linguagem escrita deverá estar presente de modo constante e significativo na sala de aula, por meio da criação de rotinas de escrita e leitura e da organização de oportunidades e experiências individuais, a pares e em grupo, promovendo a discussão de pontos de vista e a reflexão metalinguística.

O professor, enquanto agente facilitador, deverá conversar com as crianças sobre a linguagem escrita, assim como escrever e ler em voz alta diversos suportes e materiais de registro escrito, levando-as a refletir, sobre os aspectos formais (palavras, sílabas, fonemas, rimas, espaçamentos e orientação) e sobre os conteúdos internos associados ao registro lido/escrito. Afixar nas paredes da sala elementos escritos é também uma estratégia adequada, pois ajuda a compreender a funcionalidade da escrita como um instrumento auxiliar de memória.

Outra estratégia promotora dessa aprendizagem é a leitura e o conto de histórias. Ao ouvir histórias, as crianças entram no mundo da fantasia e têm oportunidade de conversar sobre histórias e imagens, manusear livros, descobrir letras e palavras, ler por prazer e ler para explorar. São muitos os benefícios dessas atividades para as crianças, como reconhecimento da linguagem narrativa, motivação para a aprendizagem, reconto de histórias, ampliação do vocabulário, antecipação da história, novos conhecimentos e novas preferências pessoais.

Em síntese, para concluir, apresentam-se algumas sugestões de estratégias para promover a aprendizagem da linguagem escrita nessa fase de escolarização prévia ao ensino formal da alfabetização e que poderão também ser úteis para avaliar e acompanhar os progressos das crianças na educação infantil (Quadro 4.3).

Quadro 4.3 Sugestões de estratégias para promover a aprendizagem da linguagem escrita

Trabalhar as relações entre linguagem oral e escrita
• Incentivar a partilha de acontecimentos do dia a dia à turma.
• Incentivar a transmitir uma mensagem a alguém, registrando o discurso por escrito e lendo em voz alta logo em seguida.
• Convidar a contar uma história lida em voz alta anteriormente pelo adulto.
• Pedir para ditar uma história para o professor escrever.
• Planejar a dramatização de um texto lido ou um jogo de mímica.
• Convidar a elaborar uma comunicação oral a partir de um texto lido.
• Incentivar a fazer uma entrevista com alguém e tirar notas acerca das informações.
• Redigir uma carta ou um *e-mail* em conjunto.
• Incentivar a fazer um desenho e acompanhá-lo de uma legenda ditada para o professor escrever.
• Pedir para ditar um desenho e respectivo texto ao professor.
Trabalhar a comunicação por meio da linguagem escrita
• Dar a cada criança um caderno para escrita livre: escrever letras conhecidas, inventar palavras, escrever palavras conhecidas, inventar textos, etc.
• Desenvolver atividades de escrita em pequeno grupo: a partir de livros, pedir para escrever palavras sobre as imagens da melhor forma possível; o professor registra as produções escritas dos diferentes grupos, tornando-as visíveis a todas as crianças; incentivar o pensamento e a discussão sobre as diferentes escritas, questionando a turma sobre as letras utilizadas por cada grupo e qual a hipótese mais adequada para representar as palavras.
• Afixar nas paredes da sala diversos suportes escritos pelo professor em conjunto com os alunos: relatos de experiências, regras da sala de aula, histórias, notícias, mensagens e avisos.
• Preparar uma biblioteca na sala com diversos materiais escritos (livros de histórias sobre temas específicos, enciclopédias ilustradas, revistas infantis, livros de banda desenhada, livros de receitas, etc.) e instituir rotinas de leitura individual.

(Continua)

Quadro 4.3 Sugestões de estratégias para promover a aprendizagem da linguagem escrita *(Continuação)*

- Desenvolver atividades de escrita em pequeno grupo: dar às crianças cartões com diferentes palavras referentes à temática da sala de aula (nomes dos alunos, peças de mobiliário, etc.) e pedir às crianças para colocar no lugar correspondente.

- Proporcionar momentos de leitura em voz alta do professor para os alunos: ler pequenas histórias, mostrar a capa, ler o título e o autor, conversar sobre a história lida, falar sobre o que poderá estar escrito, promover a antecipação de conteúdos a partir de imagens, apontar com o dedo durante a leitura, questionar sobre o que poderá acontecer em seguida, conversar sobre as partes de que mais gostaram, identificar determinadas partes importantes no texto com o apoio dos alunos, chamar a atenção para palavras repetidas e características textuais (sinais de pontuação, tipos de letras), pedir para identificar palavras que começam com o mesmo som.

Trabalhar a linguagem escrita em relação ao meio exterior

- Pedir para trazer de casa materiais com escrita (revistas, jornais e embalagens de produtos) e incentivar a separação de acordo com diferentes categorias: tipos de materiais (revistas/jornais), tipos de letra (impresso/manuscrito), tipos de conteúdos (alimentação/higiene).

- Levar as crianças à rua para descobrir escritas e pensar o que poderá estar escrito nos diferentes materiais e contextos; pedir para registrar palavras durante o passeio e afixar as mais importantes na parede da sala.

REFERÊNCIAS

ADAMS, M. *Beginning to read*: thinking and learning about print. Cambridge: MIT, 1998.

ALBUQUERQUE, A.; ALVES MARTINS, M. Habilidades iniciais de alfabetização em português: pesquisa transcultural em Portugal e no Brasil. *Revista Psico-USF*, v. 22, n. 3, p.437-448, 2017.

ALBUQUERQUE, A.; ALVES MARTINS, M. Promotion of literacy skills in early childhood: a follow-up study from kindergarten to Grade 1. *Infancia y Aprendizaje: Journal for the Study of Education and Development*, v. 39, n. 3, p.1-16, 2016.

ALVES MARTINS, M. *et al*. Invented spelling activities in small groups and early spelling and reading. *Educational Psychology: An International Journal of Experimental Educational Psychology*, v. 36, n. 4, p.738-752, 2016.

ALVES MARTINS, M.; SILVA, C. The impact of invented spelling on phonemic awareness. *Learning and Instruction*, v. 16, n. 1, p. 41-56, 2006.

BRADLEY, L.; BRYANT, P. Phonological skills before and after learning to read. *In*: BRADY, S.; SHANKWEILER, D. (eds). *Phonological processes in literacy*: a tribute to Isabelle Y. Liberman. Hillsdale: Lawrence Erlbaum Associates, 1991.

BYRNE, B. *The foundations of literacy*. Hove: Psychology, 1998.

CARDOSO-MARTINS, C. Sensitivity to rhymes, syllables and phonemes in literacy acquisition in Portuguese. *Reading Research Quarterly*, v. 30, p. 808-828, 1995.

CHAUVEAU, G.; ROGOVAS-CHAUVEAU, E. *Les chemins de la lecture*. Paris: Magnard, 1994.

CHOMSKY, C. Approaching reading through invented spelling. In: RESNICK, L. B.; WEAVER, P. A. (eds). *Theory and practice of early reading*. Hillsdale: Lawrence Erlbaum, 1979. p. 43-65.

CHOMSKY, C. Reading, writing and phonology. *Harvard Educational Review*, v. 40, n. 2, p.287-309, 1970.

CURTO, L. M.; MORILLO M. M.; TEIXIDÓ, M. M. *Escrever e ler*: como as crianças aprendem e como o professor pode ensiná-las a escrever e a ler. Porto Alegre: Artmed, 2000.

DEHAENE, S. *Os neurônios da leitura*: como a ciência explica a nossa capacidade de ler. Porto Alegre: Penso, 2012.

EHRI, L. C. Orthographic mapping in the acquisition of sight word reading, spelling memory and vocabulary learning. *Scientific Studies of Reading*, v. 18, n. 1, p.5-21, 2014.

FERREIRO, E.; TEBEROSKY, A. *Los sistemas de escritura en el desarrollo del niño*. Mexico: Siglo XXI, 1979.

GOMBERT, E. *Le développement métalinguistique*. Paris: PUF, 1990.

HOFSLUNDSENGEN, H.; HAGTVET, B. E.; GUSTAFSSON, J. E. Immediate and delayed effects of invented writing intervention in preschool. *Reading and Writing*, v. 29, p. 1473-1495, 2016.

LEVIN, I.; ARAM, D. Promoting early literacy via practicing invented spelling: a comparison of different mediation routines. *Reading Research Quarterly*, v. 48, n. 3, p. 221-236, 2013.

MANN, V. A. Phoneme awareness and future reading ability. *Journal of Learning Disabilities*, v. 26, p. 259-269, 1993.

McBRIDE-CHANG, C. The development of invented spelling. *Early Education & Development*, v. 9, n. 2, p.147-160, 1998.

MORAIS, J. *Criar leitores*: para professores e educadores. São Paulo: Manole, 2013.

OUELLETTE, G.; SÉNÉCHAL, M. A window into early literacy: exploring the cognitive and linguistic underpinnings of invented spelling. *Scientific Studies of Reading*, v. 12, n. 2, p. 195-219, 2008a.

OUELLETTE, G.; SÉNÉCHAL, M. Invented spelling in kindergarten as a predictor of reading and spelling in grade 1: a new pathway to literacy, or just the same road, less known? *Developmental Psychology*, v. 53, n. 1, p. 77-88, 2016.

OUELLETTE, G.; SÉNÉCHAL, M. Pathways to literacy: a study of invented spelling and its role in learning to read. *Child Development*, v. 79, n. 4, p. 899-913, 2008b.

OUELLETTE, G.; SÉNÉCHAL, M.; HALEY, A. Guiding children's invented spellings: a gateway into literacy learning. *Journal of Experimental Education*, v. 81, n. 2, p. 261-279, 2013.

POLLO, T. C.; KESSLER, B.; TREIMAN, R. Vowels, syllables and letters names: differences of young children's spelling in english and portuguese. *Journal of Experimental Child Psychology*, v. 92, p. 161-181, 2005.

PONTECORVO, C. Discutir, argumentar e pensar na escola. O adulto como regulador da aprendizagem. In: PONTECORVO, C.; ALEJO, A. M.; ZUCCHERMAGLIO, C. (ed.). *Discutindo se aprende*: interação social, conhecimento e escola. Porto Alegre: Artmed, 2005.

PULIDO, L.; MORIN, M.-F. Invented spelling: what is the best way to improve literacy skills in kindergarten? *Educational Psychology – An International Journal of Experimental Educational Psychology*, v. 38, n. 2, 2017.

RAYNER, K. *et al*. How psychological science informs the teaching. *Psychological Science: A Journal of the American Psychological Society*, v. 2, n. 2, p.31-74, 2001.

READ, C. Preschool children's knowledge of english phonology. *Harvard Educational Review*, v. 41, n. 1, p.1-34, 1971.

SOARES, M. *Alfabetização:* a questão dos métodos. São Paulo: Contexto, 2016.

TEBEROSKY, A.; COLOMER, T. *Aprender a ler e a escrever*: uma proposta construtivista. Porto Alegre: Artmed, 2003.

TOLCHINSKY, L. The emergence of writing. *In:* MacARTHUR, C.; GRAHAM, S.; FITZGERALD, J. (ed.). *Handbook of writing research*. New York: Guilford, 2005. p. 83-96.

TREIMAN, R. Learning to spell words: findings, theories, and issues. *Scientific Studies of Reading*, v. 21, n.4, p. 265-276, 2017.

VEGAS, C. *La escritura colaborativa en educación infantil*: estrategias para el trabajo em el aula. Barcelona: Horsori, 2004.

5

A decodificação e a linguagem oral são ambas necessárias para a aprendizagem da leitura

Cláudia Cardoso-Martins • Mirelle França Michalick-Triginelli • Carolyn B. Mervis

A aprendizagem da leitura é, sem dúvida, um dos direitos mais básicos do cidadão. Imprescindível para o sucesso acadêmico e profissional nas sociedades modernas, a habilidade de ler com acurácia e fluência é também a base do engajamento cultural, social e político e, portanto, do exercício pleno da cidadania. Ao que tudo indica, no entanto, grande parte da população brasileira não tem acesso real a esse direito. Por exemplo, segundo os resultados da Avaliação Nacional da Alfabetização de 2016 (BRASIL, 2017), ao final do 3º ano do ensino fundamental, apenas 13% das crianças matriculadas em escolas públicas alcançaram um desempenho satisfatório em leitura. Mais da metade das crianças avaliadas, precisamente 54,7%, não foram sequer capazes de localizar informações explícitas em um texto escrito. Tendo em vista que a alfabetização é um dos pilares da compreensão leitora, não é surpreendente que o desempenho acadêmico dos alunos que concluem o ensino fundamental e o ensino médio no Brasil não seja muito melhor. De acordo com as análises apresentadas ao Conselho Nacional da Educação pela Comissão de Avaliação da Base Curricular Comum (BRASIL, 2017), a porcentagem de alunos do 9º ano do ensino fundamental e do 3º ano do ensino médio com desempenho adequado em língua portuguesa na Avaliação Nacional da Educação Básica em 2015 era de, respectivamente, 34 e 28%. A situação é ainda mais grave quando levamos em conta que pouco ou até mesmo nenhum avanço foi evidenciado nos últimos anos. De fato, segundo as análises apresentadas por aquela comissão, entre 2007 e 2015 houve uma queda de 12 pontos na porcentagem dos alunos com desempenho satisfatório em língua portuguesa ao final do ensino básico.

Como explicar os dados alarmantes da Avaliação Nacional da Alfabetização? Em especial, como explicar que, ao final do 3º ano do ensino fundamental, mais da metade das crianças matriculadas em escolas públicas no Brasil ainda não sabem ler, quando há evidência de que, em escolas particulares, as crianças apresentam índices elevados de decodificação ao final do 1º ano do ensino fundamental (CARDOSO-MARTINS, 2017)? De acordo com vários estudiosos da alfabetização no Brasil (ver, p. ex., ANDRADE; ANDRADE; DO PRADO, 2017), o problema se deve, em grande parte, à condenação dos métodos de alfabetização, em geral, e dos métodos fônicos, em particular, pelos educadores brasileiros. Fortemente influenciadas pelas ideias de Emília Ferreiro (FERREIRO; TEBEROSKY, 1984) e de adeptos da "linguagem total" como Frank Smith (1971) e Kenneth Goodman (1986), lideranças educacionais no País encorajaram os professores a se desfazer das antigas cartilhas de alfabetização e, com elas, do ensino sistemático e explícito das relações entre as letras e os sons (ver, p. ex., SOARES, 2004, para uma discussão do que ela chamou de "desinvenção" da alfabetização). Não é surpreendente que os resultados dessa política tenham sido desastrosos. O que de fato é surpreendente é que, a despeito da vasta evidência acumulada nas últimas décadas sobre a importância dos métodos fônicos de alfabetização nos estágios iniciais da aprendizagem da leitura (ADAMS, 1990; EHRI et al., 2001; RAYNER et al., 2001; CASTLES; RASTLE; NATION, 2018), o ensino sistemático das relações entre as letras e os sons continua sendo objeto de muita resistência entre os educadores brasileiros.

Neste capítulo, argumentamos que grande parte dessa resistência se deve a uma interpretação incorreta do que é a alfabetização e de seu papel no ensino da leitura (ver SOARES, 2004, para uma posição semelhante). Claramente, os baixos níveis de desempenho em língua portuguesa evidenciados pelos nossos alunos em avaliações nacionais e internacionais não podem ser explicados unicamente por falhas na alfabetização. Embora essencial e não negociável, a aquisição das habilidades alfabéticas é claramente insuficiente para o desenvolvimento pleno da habilidade de leitura. O objetivo da leitura é a compreensão, e sua aquisição também requer o desenvolvimento de habilidades cognitivas e linguísticas indispensáveis para a compreensão da linguagem como o vocabulário, o conhecimento gramatical, a memória verbal de trabalho e a capacidade de fazer inferências. Como descreveremos a seguir, nenhum modelo expressa essa concepção da leitura de forma mais clara e contundente do que a Visão Simples da Leitura (VSL) de Gough e Tunmer (1986; ver também HOOVER; GOUGH, 1990).

Este capítulo está organizado em quatro partes. A primeira parte apresenta uma breve exposição dos pressupostos básicos da VSL e de sua evidência empírica. Na segunda, são descritos os resultados de um estudo avaliando a VSL em português brasileiro. Na terceira parte, é apresentado um modelo ampliado da VSL elaborado com base nos resultados de estudos longitudinais examinando os precursores da compreensão leitora de crianças com e sem risco de vir a apresentar dificuldades na aprendizagem da leitura. As implicações pedagógicas desse modelo são discutidas brevemente na quarta e última parte.

A VISÃO SIMPLES DA LEITURA

De acordo com a VSL (GOUGH; TUNMER, 1986; HOOVER; GOUGH, 1990), a compreensão leitora é o produto de duas habilidades: decodificação e compreensão linguística (Fig. 5.1). Gough e Tunmer definiram a decodificação como a habilidade de ler palavras com acurácia e fluência; a compreensão linguística, por sua vez, foi definida como a habilidade de compreender a linguagem oral.[1] De acordo com o modelo, tanto a decodificação quanto a compreensão da linguagem oral são necessárias para a compreensão leitora, e nenhuma é suficiente. Contudo, o peso relativo da contribuição dessas habilidades para a variância na compreensão leitora sofre mudanças ao longo do desenvolvimento da leitura.

Desde a sua concepção inicial, o modelo de Gough e Tunmer (1986) tem recebido considerável apoio empírico. Em especial os resultados de estudos utilizando medidas latentes da decodificação, compreensão da linguagem oral e compreensão leitora e incluindo amostras grandes e representativas de crianças e/ou adolescentes deixam pouca margem para dúvidas a respeito do pressuposto básico da VSL (p. ex., LANGUAGE AND READING RESEARCH CONSORTIUM, 2015; CHIU; LANGUAGE AND READING RESEARCH CONSORTIUM, 2018; LERVÅG; HULME; MELBY-LERVÅG, 2018; LONIGAN; BURGESS; SCHATSCHNEIDER, 2018; HJETLAND et al., 2019).

Da mesma maneira, há ampla evidência de que a importância relativa da decodificação e da compreensão da linguagem oral para o entendimento do leitor se modifica ao longo do desenvolvimento. No início da aquisição da leitura, quando as crianças ainda não são capazes de ler com desenvoltura, suas habilidades incipientes de decodificação impõem sérios limites à sua capacidade de compreender o que leem, independentemente da sua habilidade de compreensão da linguagem oral. Em contrapartida, na medida em que a decodificação se torna mais eficiente e automatizada, e os textos, mais complexos, a compreensão da linguagem oral torna-se um preditor mais importante da compreensão leitora do que a decodificação (ver GARCIA; CAIN, 2014, para uma metanálise).

---

[1] Diferentes abordagens têm sido utilizadas para avaliar a compreensão linguística nos estudos examinando os pressupostos da VSL. Uma abordagem comum consiste na utilização de testes de compreensão leitora adaptados de forma a serem administrados oralmente. Uma outra abordagem consiste na utilização de testes que avaliam habilidades de linguagem importantes para a compreensão da linguagem oral como o vocabulário, o conhecimento gramatical, etc.

```
        Compreensão
          leitora
       ↗           ↖
Decodificação    Compreensão da
                 linguagem oral
```

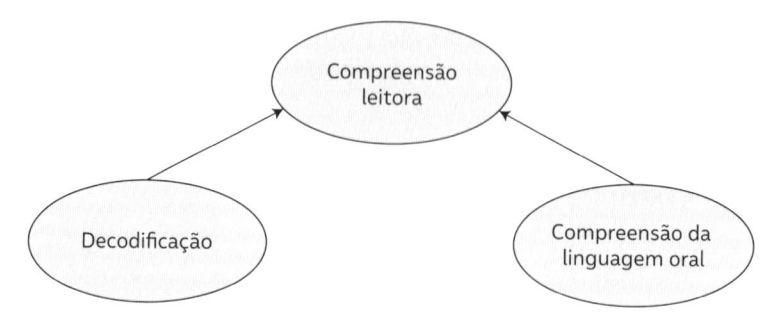

Figura 5.1 Visão Simples da Leitura (VSL).

Embora a maioria dos estudos examinando a VSL tenha sido realizada com crianças aprendendo a ler em inglês em países de língua inglesa, seus pressupostos têm sido verificados em diversas ortografias alfabéticas. Contudo, a mudança em direção à dominância da compreensão da linguagem oral parece ocorrer mais precocemente em línguas com ortografias mais transparentes do que a inglesa. Por exemplo, em espanhol, finlandês e italiano, línguas com ortografias consideravelmente mais transparentes do que a língua inglesa (ver, p. ex., SEYMOUR; ARO; ERSKINE, 2003), a compreensão da linguagem oral parece exercer um papel relativamente mais importante do que a habilidade de decodificação desde o início dos anos escolares. Em inglês, por sua vez, a decodificação costuma ser mais importante para a compreensão leitora do que a compreensão da linguagem oral até mesmo após três a cinco anos de escolaridade (ver FLORIT; CAIN, 2011, para uma metanálise). Uma razão para essa diferença é que o grau de transparência ou consistência das correspondências entre os grafemas e os fonemas influencia a habilidade de as crianças aprenderem a ler por meio da recodificação fonológica, ou seja, pela tradução das letras ou dos grupos de letras em seus sons correspondentes, uma habilidade *sine qua non* para o desenvolvimento da habilidade de ler palavras com acurácia e rapidez (SHARE, 1995; ver também EHRI, neste livro). Como resultado, em comparação com crianças que aprendem a ler em inglês, as que aprendem a ler em ortografias mais transparentes conseguem decodificar com relativa facilidade e, consequentemente, dispõem de mais recursos cognitivos para a extração do significado dos textos desde as fases iniciais da aprendizagem da leitura.

A VISÃO SIMPLES DA LEITURA EM PORTUGUÊS BRASILEIRO

Ao que tudo indica, poucos estudos (CARDOSO-MARTINS; NAVAS, 2016; OLIVEIRA; DA MOTA, 2018) avaliaram a VSL em português brasileiro, uma ortografia relativamente mais transparente do que a ortografia inglesa, mas não tão transparente quanto as ortografias finlandesa, espanhola ou italiana (ver, p. ex., SEYMOUR; ARO; ERSKINE, 2003). Cardoso-Martins e Navas (2016) avaliaram a contribuição de diferenças individuais no vocabulário e na habilidade de decodificação, avaliada ao final do 1º ano do ensino fundamental, para a compreensão leitora ao final do 2º ano em um grupo de 65 crianças matriculadas em escolas particulares de Belo Horizonte, Minas Gerais. Os resultados mostraram que tanto a decodificação quanto o vocabulário contribuíram significativa e unicamente para a variação na compreensão leitora. Contudo, diferentemente do que seria esperado com base nos resultados discutidos por Florit e Cain (2011), a decodificação contribuiu mais para a variância na compreensão leitora do que o vocabulário.

É possível que esses resultados tenham sido influenciados pelas medidas utilizadas por Cardoso-Martins e Navas (2016) para avaliar a compreensão leitora. Dois testes foram utilizados com essa finalidade em seu estudo: o Teste de Idade de Leitura (TIL) (SANTOS; CASTRO, 2010) e o teste de Cloze (SANTOS, 2005). No primeiro, a criança é solicitada a ler uma série de sentenças incompletas (p. ex., "É primavera e os jardins estão floridos com _____") e, em seguida, identificar, entre cinco palavras impressas abaixo das sentenças (p. ex., as palavras "rotas", "rosalinas", "rodas", "rosas" e "folhas"), aquela que completa o significado da sentença. Já no teste de Cloze, a tarefa da criança consiste em completar as lacunas existentes em um texto escrito com as palavras apropriadas. De acordo com Keenan, Betjemann e Olson (2008), testes de compreensão leitora com esse tipo de formato são, em geral, mais fortemente influenciados por diferenças individuais na decodificação do que na compreensão da linguagem oral. É possível, portanto, que resultados diferentes tivessem sido observados se Cardoso-Martins e Navas (2016) tivessem utilizado outros tipos de teste de compreensão leitora. Oliveira e da Mota (2018) também obtiveram resultados condizentes com a VSL em um estudo que envolveu 50 crianças matriculadas em classes do 2º e 4º anos do ensino fundamental de escolas públicas no município de São Gonçalo, Rio de Janeiro. Embora ambos os componentes da VSL tenham contribuído significativamente para a habilidade de compreensão leitora, a contribuição da decodificação vis-a-vis a contribuição da habilidade de compreensão da linguagem oral variou em função dos testes utilizados para avaliar a decodificação, bem como a compreensão leitora. Em consonância com os resultados encontrados por Keenan, Betjemann e Olson (2008), a diferença favorecendo a contribuição da compreensão da linguagem oral foi maior para um teste de compreensão leitora em que a criança era solicitada a ler um texto e, em seguida, responder a questões abertas sobre ele, do que para um teste de compreensão leitora utilizando o formato do teste de Cloze. Um problema com o estudo de Oliveira e da Mota (2018) é que, como as análises foram realizadas para a amostra como um todo, não é possível avaliar em que medida a contribuição relativa da decodificação e da compreensão da linguagem oral para a compreensão leitora variou em função da habilidade de leitura das crianças. Como já observamos, o estudo incluiu crianças matriculadas em classes do 2º e 4º anos do ensino fundamental que, a julgar pelos dados apresentados, diferiam em relação à habilidade de decodificação.

Recentemente, tivemos a oportunidade de avaliar a VSL em um grupo de 48 crianças (20 meninas e 28 meninos) que estavam participando de um estudo avaliando o desenvolvimento da leitura e da escrita em português brasileiro (CARDOSO-MARTINS; MICHALICK-TRIGINELLI, 2019). As crianças estavam matriculadas em escolas da rede particular da região metropolitana de Belo Horizonte, Minas Gerais, e todas apresentaram QI total dentro ou acima da média da população (M = 111,92; DP = 14,32; intervalo de variação = 82 – 147)[2] na Escala de Inteligência Wechsler para Criança (WISC-III) (WECHSLER, 2002). A seguir, relatamos os resultados de análises examinando a contribuição relativa da decodificação e da compreensão da linguagem oral ao final do 2º ano do ensino fundamental para a compreensão leitora um ano mais tarde, quando as crianças estavam no final do 3º ano.

A habilidade de decodificação foi avaliada por meio de três testes: o subteste de leitura de palavras do Teste de Desempenho Escolar (TDE) (STEIN, 1994) e dois testes de fluência de leitura de palavras. No subteste do TDE, a criança é solicitada a ler uma lista de 70 palavras apresentadas em ordem de dificuldade crescente (p. ex., pato, campo, chocalho, acabrunhado). Os testes de fluência de leitura foram elaborados pela nossa equipe no Laboratório de Estudos e Extensão em Autismo e Desenvolvimento (LEAD) do Departamento de Psicologia da Universidade Federal de Minas Gerais. Em ambos os testes, a criança é solicitada a ler o mais rapidamente possível uma lista de 80 palavras, frequentes (p. ex., bola, sapo, casa, papai), no caso da primeira lista, e infrequentes (p. ex., gêmeo, sauna, rifa, jegue), no caso da segunda.[3] Os escores das crianças nesses instrumentos (i.e., o número de palavras lidas corretamente) correlacionaram-se significativa e fortemente entre si (rs entre 0,73 e 0,85, todos os ps < 0,001). Em vista disso, criamos um escore composto de decodificação que consistiu na média dos z-escores em cada um dos testes de leitura de palavras.

A compreensão da linguagem oral foi avaliada por meio dos subtestes que compõem o Índice de Compreensão Verbal (ICV) da WISC-III (WECHSLER, 2002) e de um teste de memória verbal de trabalho. O escore da criança no ICV consistiu na soma dos escores padronizados em cada um dos seus subtestes, a saber, Informação, Vocabulário, Semelhanças e Compreensão. A memória verbal de trabalho foi avaliada pela tarefa de "Memória Verbal: Sentenças", de Siegel e Ryan (1989), traduzida e adaptada para o português pela nossa equipe. A tarefa consiste em três

---

[2] A média do QI na população é 100, e o desvio padrão (DP) é 15.
[3] A frequência de ocorrência das palavras foi determinada com base na contagem de palavras frequentes elaborada por Pinheiro (2015) para livros utilizados em classes do 1º ao 5º anos do ensino fundamental.

conjuntos de duas sentenças, três de três sentenças, quatro de quatro sentenças e cinco de cinco sentenças, em que a última palavra na sentença está ausente. Exemplos incluem "A galinha bota _____" e "A maçã é vermelha; a banana é _____". As sentenças em cada conjunto são apresentadas oralmente, e a criança é solicitada a completar a sentença com a palavra que está faltando. Após a última sentença de cada conjunto, a criança deve repetir as palavras que havia usado para completar as sentenças na mesma ordem (p. ex., "ovos", "amarela"). Para cada conjunto respondido corretamente, a criança recebe um ponto, para um total possível de 12 pontos. Os escores nessa tarefa e no ICV do WISC-III correlacionaram-se significativamente entre si ($r = 0,44$, $p < 0,01$) e foram, portanto, combinados em um escore composto de compreensão da linguagem oral.

Por fim, a compreensão leitora foi avaliada por meio do subteste de compreensão de leitura do Teste de Leitura e Escrita em Espanhol (LEE), indicado para crianças do 3º e 4º anos do ensino fundamental (DEFIOR CITOLER; FONSECA; GOTTHEIL, 2006). O subteste inclui três textos, dois expositivos e um narrativo, e foi traduzido e adaptado pela nossa equipe para a pesquisa em pauta. Após a leitura silenciosa de cada texto, a criança deve responder em voz alta a perguntas abertas e de múltipla escolha apresentadas oralmente pelo examinador. Uma vez que os escores das crianças em cada um dos três textos correlacionaram-se significativamente entre si (rs entre 0,49 e 0,60, todos os $ps < 0,001$), apenas o escore total, ou seja, a soma dos escores em cada um dos três textos, foi utilizado nas análises descritas a seguir.

Os resultados de análises de correlação entre as medidas de decodificação, linguagem oral e compreensão leitora são apresentados na Tabela 5.1. Como seria esperado com base na VSL, tanto a decodificação quanto a compreensão da linguagem oral ao final do 2º ano correlacionaram-se estreitamente com a habilidade de compreensão leitora no final do 3º ano escolar.

Conforme ilustrado na Tabela 5.1, os escores das crianças nas medidas de decodificação e compreensão da linguagem oral também se correlacionaram significa-

Tabela 5.1 Correlações entre a decodificação e a compreensão da linguagem oral no final do 2º ano e a compreensão leitora no final do 3º ano do ensino fundamental

	1	2	3
1. Decodificação	—		
2. Compreensão da linguagem oral	0,38*	—	
3. Compreensão leitora	0,62**	0,71**	—

Nota: *$p < 0,01$; **$p < 0,001$

tivamente. Em vista disso, uma análise de regressão linear múltipla foi realizada com o objetivo de verificar o quanto cada uma dessas variáveis contribuiu unicamente para a variação na compreensão leitora, isto é, independentemente uma da outra. Os resultados dessa análise revelaram que a decodificação e a compreensão da linguagem oral explicaram conjuntamente 63% da variância na compreensão leitora (r^2 ajustado = 0,63, $p < 0,001$). Além disso, ambas contribuíram significativa e unicamente para a variância na compreensão leitora. Como seria esperado com base nos resultados de estudos avaliando a VSL em ortografias mais transparentes do que a ortografia inglesa, a compreensão da linguagem oral contribuiu mais para a compreensão leitora do que a habilidade de decodificação. Enquanto a habilidade de decodificação explicou 14% da variância na compreensão leitora, diferenças individuais na nossa medida de compreensão da linguagem oral explicaram 26% dessa variância (ver Fig. 5.2). Notavelmente, 15% da variância na compreensão leitora foi compartilhada por variações na decodificação e na compreensão da linguagem oral. Esse resultado sugere que habilidades compartilhadas pela decodificação e compreensão da linguagem oral também contribuem para a variância na compreensão leitora.

Além de duas questões de múltipla escolha sobre o conteúdo geral do texto, o subteste de compreensão leitora do LEE (DEFIOR CITOLER; FONSECA; GOTTHEIL, 2006) inclui dois tipos de questão aberta: questões sobre informação inferencial e questões sobre informação literal. Faz sentido supor que as habilidades de linguagem oral sejam mais importantes para o primeiro tipo de perguntas do que para o segundo. Na medida em que isso é verdade, a contribuição relativa da decodificação e das habilidades de linguagem oral deveria variar em função do tipo de pergunta. A Figura 5.2 ilustra os resultados de análises de regressão múltipla conduzidas com o intuito de examinar essa questão. Em consonância com a nossa sugestão, enquanto diferenças individuais na decodificação e na compreensão da linguagem oral contribuíram igualmente para a variância dos escores nas perguntas literais (14% para ambas as habilidades), variações na compreensão da linguagem oral contribuíram mais para a variância nas perguntas inferenciais do que variações na habilidade de decodificação (22 vs. 13%). Esses resultados são importantes e sugerem que a contribuição relativa da decodificação e da compreensão da linguagem oral para a compreensão leitora varia em função do tipo de informação a ser processada.

Em comparação com vários estudos mencionados anteriormente (p. ex., LERVÅG; HULME; MELBY-LERVÅG, 2018; LONIGAN; BURGESS; SCHATSCHNEIDER, 2018), nossas medidas de decodificação e compreensão da linguagem oral explicaram uma proporção pequena da variância na compreensão leitora. Por exemplo, no estudo de Lonigan *et al.* (2018), a decodificação e a compreensão da linguagem oral explicaram, conjuntamente, entre 85 e 100% da variância em testes de compreensão leitora em uma amostra de crianças matriculadas em classes de 3º, 4º e 5º anos do

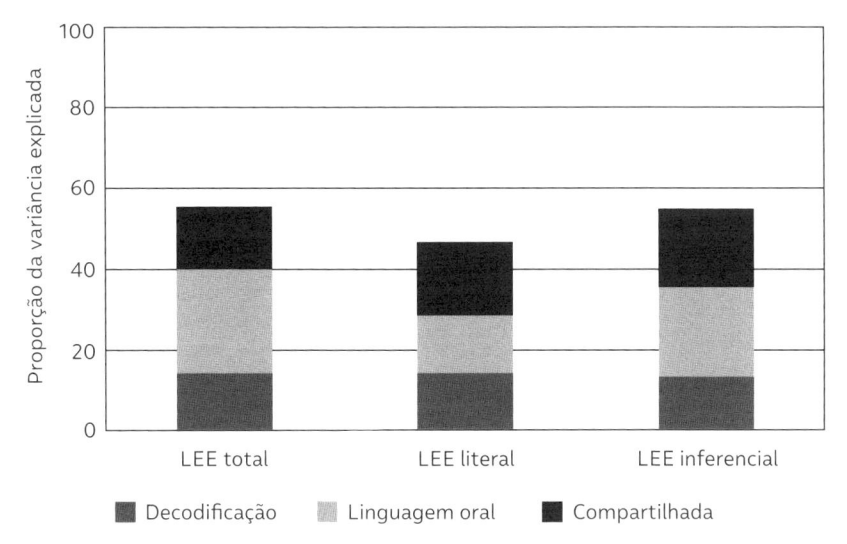

Figura 5.2 Proporção de variância única e compartilhada em LEE total, literal e inferencial explicada por variância na decodificação e na linguagem oral.
Fonte: Defior Citole; Fonseca; Gottheil (2006).

ensino fundamental. Há várias razões para essa discrepância, incluindo diferenças nas medidas utilizadas e na extensão dos seus escores. Por exemplo, nossa medida de compreensão da linguagem oral diferiu das medidas de compreensão oral utilizada nesses estudos. Nos estudos já mencionados, a compreensão da linguagem oral foi, em geral, avaliada por meio de testes de compreensão de textos narrativos e/ou expositivos apresentados oralmente para a criança e, como tal, assemelhavam-se muito às medidas de compreensão leitora. Em contrapartida, embora nossa medida avaliasse habilidades claramente importantes para a compreensão da linguagem oral, ela não incluía todas as habilidades envolvidas na compreensão de textos (orais ou escritos) como o conhecimento gramatical e o vocabulário expressivo e receptivo (ver, p. ex., LERVÅG; HULME; MELBY-LERVÅG, 2018), habilidades sabidamente importantes para a compreensão da linguagem oral e escrita.

Uma razão talvez ainda mais importante para os resultados relativamente modestos do nosso estudo diz respeito à natureza das medidas utilizadas. Todos os estudos mencionados criaram medidas latentes para os construtos avaliados, um procedimento tornado possível graças ao uso de vários indicadores para todos os construtos. As medidas psicológicas não são medidas puras dos construtos que pretendem avaliar. Além de variações no construto de interesse (p. ex., a qualidade das representações fonológicas), as variações em uma medida psicológica também refletem variações nos chamados erros de medidas (p. ex., a habilidade de a criança compreender as instruções do teste ou o seu nível de alerta durante a avaliação). A grande vantagem das medidas latentes é que elas removem os erros de medida de cada um dos testes que as compõem. Como resultado, constituem medidas mais fidedignas dos construtos avaliados do que medidas observáveis dos mesmos construtos. Dessa forma, é natural que a quantidade explicada de variância na compreensão leitora nesses estudos tenha sido maior do que a quantidade explicada em nosso estudo. Embora tenhamos utilizado vários testes para avaliar cada um dos componentes da VSL, nossas medidas finais consistiram na média dos escores padronizados em cada das medidas observáveis e, como tal, também incluíam variações em seus erros de medida.

Não obstante essas limitações, nossos resultados mostram que tanto a decodificação quanto a compreensão da linguagem oral contribuem significativa e independentemente para a compreensão leitora em português do Brasil. De modo importante, eles também sugerem que, assim como parece ocorrer em outras ortografias mais transparentes do que a ortografia inglesa, ao final do 2º ano do ensino fundamental, a compreensão da linguagem oral contribui mais do que a decodificação para a compreensão leitora um ano mais tarde, pelo menos entre crianças brasileiras de classe média/média–alta, matriculadas em escolas particulares. Tendo em vista a evidência de que, ao final do 1º ano do ensino fundamental, essas crianças já são capazes de ler palavras e pseudopalavras simples com alto grau de acurácia (CARDOSO-MARTINS, 2017),[4] não é surpreendente que, ao final do 2º ano do ensino fundamental, diferenças individuais na decodificação contribuam menos para a compreensão leitora no ano seguinte do que diferenças individuais na compreensão da linguagem oral. Isso não quer dizer que a decodificação tenha um papel menos relevante para a compreensão leitora em português ou em outras ortografias mais transparentes do que a ortografia inglesa. Significa apenas que, em condições apropriadas de ensino, crianças alfabetizadas em português brasileiro aprendem a ler com acurácia e fluência em um período relativamente curto. Como resultado, desde o início da aprendizagem da leitura, diferenças individuais na compreensão da linguagem oral tem efeitos maiores na compreensão leitora do que diferenças na habilidade de decodificação. De modo importante, nossos resultados sugerem que a diferença favorecendo a linguagem oral é ainda mais acentuada quando a informação a ser processada é inferencial.

Semelhantemente aos resultados encontrados em outros estudos (p. ex., CATTS *et al.*, 2005; LONIGAN; BURGESS; SCHATSCHNEIDER, 2018), grande parte da variância na compreensão leitora no final do 3º ano foi explicada por variações compartilhadas entre a decodificação e a compreensão da linguagem oral no final do

---

[4] Pseudopalavras são palavras inventadas que obedecem aos padrões grafônicos da língua da criança (p. ex., *printo* e faneta poderiam ser palavras em português) e, portanto, podem ser lidas por meio da tradução das letras ou dos grupos de letras em seus sons correspondentes.

2º ano. Esses resultados sugerem que, embora relativamente independentes, a decodificação e a compreensão da linguagem oral compartilham habilidades em comum que, como as habilidades não compartilhadas, também são importantes para a compreensão leitora. Conforme discutiremos a seguir, estudos recentes avaliando o desenvolvimento dos precursores da decodificação e da compreensão da linguagem oral nos anos pré-escolares e no início dos anos escolares tem contribuído para identificar a natureza dessas habilidades e de suas relações.

OS PRECURSORES DA COMPREENSÃO LEITORA NOS ANOS PRÉ-ESCOLARES

Uma questão importante tanto do ponto de vista teórico quanto do prático diz respeito aos precursores dos dois componentes da VSL nos anos pré-escolares. Os resultados dos estudos longitudinais descritos a seguir sugerem que, embora o desenvolvimento da linguagem de modo geral contribua para o desenvolvimento da decodificação e da compreensão da linguagem oral, a importância relativa das diversas habilidades de linguagem difere entre os dois componentes da VSL. Como os resultados do estudo de Hjteland *et al.* (2019) claramente demonstram, enquanto as habilidades fonológicas são especialmente críticas para o desenvolvimento da decodificação, as habilidades semânticas, gramaticais e pragmáticas são particularmente críticas para o desenvolvimento da compreensão da linguagem oral.

Hjteland *et al.* (2019) avaliaram o desenvolvimento dos preditores da compreensão leitora nos anos pré-escolares e no início dos anos escolares e sua contribuição para a variância 1) na compreensão leitora aos 7 anos de idade e 2) no crescimento dessa habilidade entre os 7 e os 9 anos. O estudo envolveu 215 crianças aprendendo a ler em norueguês, uma ortografia semitransparente (ver, p. ex., SEYMOUR; ARO; ERSKINE, 2003). A linguagem oral foi avaliada no início do estudo, quando as crianças tinham 4 anos e, novamente, aos 7 anos de idade. O conhecimento das correspondências entre os grafemas e os fonemas e a consciência fonológica, preditores importantes da decodificação, foram avaliados aos 5 anos de idade, assim como a nomeação rápida. Essa habilidade, avaliada por meio de tarefas de nomeação rápida de séries de figuras de objetos familiares ou de séries de dígitos ou letras, é também um forte preditor da habilidade de ler palavras com acurácia e fluência (p. ex., CARAVOLAS *et al.*, 2012; LANDERL; WIMMER, 2008). Por fim, a habilidade de decodificação foi avaliada quando as crianças tinham 6 e 7 anos de idade, e a compreensão leitora, quando tinham 7, 8 e 9 anos.

Os resultados mostraram que a linguagem aos 4 anos, avaliada por testes de vocabulário receptivo e expressivo, conhecimento gramatical e memória verbal de trabalho, predisse significativamente a nomeação rápida e as habilidades relacionadas ao código um ano mais tarde, as quais, por sua vez, predisseram o desenvolvimento da decodificação aos 6 e aos 7 anos de idade. A habilidade de linguagem aos 4 anos também se correlacionou fortemente com a habilidade de linguagem oral aos 7 anos, ocasião em que sua avaliação incluiu, além das habilidades já mencionadas, uma avaliação da compreensão de textos narrativos e expositivos apresentados oralmente. Em contrapartida, embora a decodificação aos 6 anos também tenha se correlacionado significativamente com a decodificação aos 7 anos, sua estabilidade foi bem menor do que a estabilidade encontrada para o desenvolvimento da linguagem.

Como seria esperado com base na VSL, tanto a decodificação quanto a linguagem oral aos 7 anos predisseram fortemente a compreensão leitora na mesma idade. De fato, mais de 99% da variância na compreensão da leitura aos 7 anos foi explicada pelas medidas concorrentes de decodificação e compreensão da linguagem oral. Como Hjteland et al. (2019) observaram, a elevada proporção de variância explicada reflete, sem dúvida, o uso de medidas latentes para todos os componentes da VSL. Em contrapartida, apenas as habilidades de linguagem oral explicaram o crescimento da compreensão leitora entre os 7 e os 9 anos de idade. De acordo com Hjteland et al. (2019), diferenças individuais na linguagem oral aos 7 anos explicaram 31% da variância no crescimento da compreensão leitora entre os 7 e os 9 anos.

Apenas crianças com desempenho normal ou acima do normal em um teste de inteligência não verbal participaram do estudo de Hjetland et al. (2019). Além disso, nenhuma criança com transtornos do desenvolvimento ou dificuldades de aprendizagem severas foram incluídas na amostra. Os estudos descritos a seguir indicam, no entanto, que os resultados obtidos por Hjetland et al. (2019) são robustos, estendendo-se para crianças com risco genético e/ou ambiental de apresentarem dificuldades na aprendizagem da leitura.

Storch e Whitehurst (2002) avaliaram os precursores da habilidade de leitura ao longo dos quatro primeiros anos do ensino fundamental em um estudo longitudinal que envolveu 624 crianças norte-americanas provenientes de famílias de baixa renda. Habilidades importantes para a aprendizagem da decodificação, incluindo a consciência fonológica e os conceitos sobre a escrita, foram avaliadas na pré-escola e no jardim de infância. A decodificação foi avaliada do 1º ao 4º ano do ensino fundamental, e a compreensão leitora, a partir do 2º ano. Por fim, a linguagem oral foi avaliada ao longo de todo o estudo, ou seja, desde a pré-escola até o 4º ano do ensino fundamental por meio de testes de vocabulário, habilidade narrativa e conhecimento conceitual.

Os resultados mostraram que tanto a decodificação quanto a linguagem oral no 3º e 4º anos do ensino fundamental contribuíram para a variância na compreensão leitora na mesma ocasião. Contudo, a decodificação contribuiu mais para as diferenças individuais na compreensão leitora do que a linguagem oral. Mais importante para a nossa discussão, as habilidades de linguagem oral correlacionaram-se fortemente com as habilidades relacionadas à aquisição do código alfabético na pré-

-escola e no jardim de infância, e variações nessas habilidades predisseram significativamente a habilidade de decodificação no início dos anos escolares. Por fim, como no estudo de Hjteland *et al.* (2019), o desenvolvimento da linguagem oral revelou grande estabilidade ao longo de todo o estudo.

Resultados semelhantes foram relatados por Hulme *et al.* (2015), em um estudo longitudinal envolvendo crianças com desenvolvimento típico e dois grupos de crianças que apresentavam risco elevado de vir a ter dificuldades na aprendizagem da leitura: um grupo com histórico de dislexia na família e outro com dificuldades de linguagem. De acordo com Hulme *et al.* (2015), diferenças individuais na linguagem oral das crianças em torno dos 3 anos e 6 meses de idade predisseram significativamente seu desempenho em testes de compreensão leitora cinco anos mais tarde, quando as crianças tinham aproximadamente 8 anos e 6 meses. Elas também predisseram o desempenho das crianças em testes que avaliavam a consciência fonológica e o conhecimento das correspondências grafema–fonema aos 4 anos e 6 meses que, por sua vez, predisseram significativamente a habilidade de decodificação no ano seguinte. De modo importante, esse padrão de intercorrelações foi observado tanto entre as crianças com desenvolvimento típico quanto entre aquelas com alto risco de apresentarem dificuldades de leitura.

Tomados em conjunto, os resultados desses estudos (ver também CATTS *et al.*, 2015; LONIGAN; BURGESS; SCHATSCHNEIDER, 2018; CHIU; LANGUAGE AND READING RESEARCH CONSORTIUM, 2018) não apenas apoiam a VSL, como contribuem para o seu refinamento. Diversos autores (p. ex., KIM, 2017; NATION, 2019; PENNINGTON, 2009) têm, de fato, sugerido ampliações na VSL de forma a levar em consideração os resultados de estudos examinando o desenvolvimento dos precursores da habilidade de decodificação e da compreensão da linguagem oral nos anos pré-escolares, assim como suas intercorrelações. A Figura 5.3 apresenta uma visão ampliada da VSL inspirada, em grande parte, nos resultados dos estudos já descritos. Conforme discutiremos a seguir, essa visão ampliada da VSL tem implicações importantes para a instrução da leitura.

IMPLICAÇÕES PEDAGÓGICAS DA VISÃO SIMPLES DA LEITURA

O modelo ampliado da VSL tem implicações pedagógicas óbvias, sobretudo, ele sugere que atividades pedagógicas voltadas para o desenvolvimento do vocabulário, da gramática e do discurso oral devem ser iniciadas o mais cedo possível, antes mesmo da implementação de atividades visando ao desenvolvimento das habilidades relacionadas à aprendizagem do código alfabético, ou seja, a consciência fonêmica, o conhecimento das correspondências grafema–fonema e a nomeação rápida. A razão disso é que, além de absolutamente crítico para a compreensão da língua-

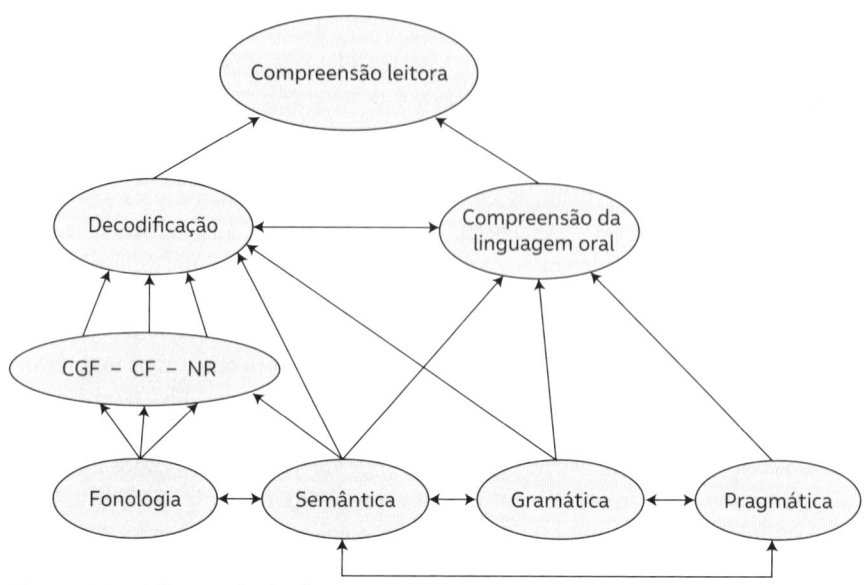

Figura 5.3 Visão ampliada da VSL.
Nota: CGF: correspondências grafema–fonema; CF: consciência fonológica; NR: nomeação rápida.

gem oral e escrita, o desenvolvimento gramatical e do vocabulário também favorece o desenvolvimento da decodificação e de seus fundamentos.

A promoção do desenvolvimento da linguagem oral na pré-escola pode ser especialmente importante para crianças de famílias de baixa renda. Conforme mencionado na introdução deste capítulo, um número desproporcionalmente elevado de crianças brasileiras matriculadas em escolas públicas fracassa em avaliações nacionais da língua portuguesa no final do 3º ano do ensino fundamental. Há pelo menos duas razões para supor que essas dificuldades estejam associadas a atrasos no desenvolvimento da linguagem. Por um lado, há evidência de que, relativamente a crianças provenientes de famílias de classes socioeconômicas mais afluentes, as crianças provenientes de famílias de baixa renda apresentam atrasos em medidas de linguagem desde o início do desenvolvimento (p. ex., BRUCKNER, 2020; FERNALD; MARCHMAN; WEISLEDER, 2013; HURT; BETANCOURT, 2017). Por outro lado, não resta dúvida de que o desenvolvimento da linguagem oral nos anos pré-escolares é fundamental para o desenvolvimento da leitura nos anos escolares. Como descrevemos anteriormente, há evidência de que o desenvolvimento da linguagem oral nos anos pré-escolares prediz o desenvolvimento de ambos os componentes da VSL, a saber, a decodificação e a compreensão da linguagem oral. Não é surpreendente, portanto, que diferenças individuais em medidas de linguagem oral no início do jardim de infância prenunciem diferenças individuais não apenas na habilidade posterior de leitura, mas também no desempenho acadêmico de modo geral (PACE *et al.*, 2019).

Os resultados de estudos avaliando o impacto de intervenções precoces para crianças com risco de vir a apresentar dificuldades de linguagem oral e/ou escrita por condições associadas à pobreza são promissores. Como Dickinson, Golinkoff e Hirsh-Pasek (2010) discutem, há evidência de que esses programas favorecem não apenas o desenvolvimento cognitivo e da linguagem oral, mas também o desenvolvimento socioemocional. Programas em que os pais são treinados em atividades de literacia familiar e estimulados a praticá-las com suas crianças parecem especialmente eficazes.

Uma atividade de literacia familiar muito promissora consiste na leitura interativa ou dialógica de livros de histórias. Além de promover o desenvolvimento da linguagem oral (p. ex., DUURSMA; AUGUSTYN; ZUCKERMAN, 2008; MENDELSOHN *et al.*, 2001), a leitura interativa oferece amplas oportunidades para o desenvolvimento de habilidades cognitivas essenciais para a compreensão da linguagem oral e leitora, como o controle da atenção, o raciocínio causal e o pensamento inferencial. Por fim, ela favorece a aquisição de conceitos e conhecimento geral, elementos também essenciais para a compreensão da linguagem oral e leitora.

Ao que tudo indica, creches e centros de atendimento pediátrico podem ter papel fundamental no fomento dessa e de outras estratégias de literacia familiar (p. ex., MENDELSOHN *et al.*, 2001; WESLEIDER *et al.*, 2018). Os resultados do estudo de Wesleider *et al.* (2018) são especialmente dignos de nota. Conforme apresentado a seguir, o estudo envolveu um número grande de famílias brasileiras vivendo em situação de pobreza.

Vinte e quatro creches do município de Boa Vista, no estado de Roraima, acolhendo crianças de famílias beneficiárias do Programa Bolsa Família, participaram do estudo de Wesleider *et al.* (2018). As creches foram designadas aleatoriamente para um grupo de intervenção, em que os pais das crianças foram treinados a ler histórias com suas crianças, e um grupo-controle, em que os pais das crianças não receberam qualquer tipo de treinamento. De acordo com Wesleider *et al.* (2018), as crianças do grupo de intervenção apresentaram ganhos significativamente maiores do que as crianças do grupo-controle em avaliações do vocabulário receptivo, inteligência não verbal e memória de trabalho realizadas nove meses após o início da intervenção. Esses resultados são encorajadores e sugerem que o envolvimento da família em programas de intervenção precoce pode contribuir de modo importante para o desenvolvimento cognitivo e da linguagem de crianças criadas em condições de pobreza e, como resultado, para o seu sucesso escolar.

SUMÁRIO E CONCLUSÕES

A VSL é capaz de explicar as diferenças individuais na compreensão leitora ao longo de todo o desenvolvimento da leitura. De acordo com essa visão, a compreensão da leitura é o produto da decodificação e da compreensão linguística. A decodificação refere-se à habilidade de traduzir as palavras escritas em palavras faladas com acurácia e fluência, e a compreensão linguística, à habilidade de compreender a linguagem oral. Embora ambas sejam críticas para a compreensão leitora, sua contribuição relativa muda ao longo do desenvolvimento. Quando as crianças ainda não aprenderam a ler com desenvoltura, limitações em sua habilidade de decodificação impõem sérias restrições à sua habilidade de compreender o que leem. Em contrapartida, tão logo a decodificação torna-se eficiente e automática, a maior parte da variância na compreensão leitora é explicada por diferenças individuais na compreensão da linguagem oral. Como observamos previamente, ambos os pressupostos têm sido verificados em diversas línguas, incluindo o português do Brasil.

As implicações da VSL para a instrução da leitura são claras. Quando as crianças vão para a escola, geralmente elas já têm um bom domínio da linguagem oral. Sua prioridade principal consiste, portanto, em aprender a decodificar. Como a equação *compreensão leitora = decodificação × compreensão linguística* deixa claro, nem mesmo habilidades de linguagem oral extremamente bem desenvolvidas podem assegurar o sucesso na aprendizagem da leitura se a criança não tiver aprendido os princípios básicos do seu sistema de escrita. Desde que tenham os pré-requisitos necessários para essa aprendizagem, é provável que, ao final do 1º ano do ensino fundamental, a maioria das crianças seja capaz de decodificar palavras e pseudopalavras simples com grau elevado de acurácia, sobretudo se estiverem aprendendo a ler em ortografias relativamente transparentes (p. ex., SEYMOUR; ARO; ERSKINE, 2003). Portanto, não é surpreendente que, como mostramos previamente, ao final do 2º ano do ensino fundamental, crianças brasileiras de classe socioeconômica média/média–alta, que receberam instrução adequada em decodificação, sejam capazes de decodificar textos escritos com acurácia e fluência. Consequentemente, diferenças individuais na sua habilidade de compreender a linguagem oral contribuem muito mais para a variância em seu desempenho em testes de compreensão leitora em português do que diferenças individuais na sua habilidade de decodificação.

É muito importante que as crianças tenham amplas oportunidades de desenvolver as habilidades necessárias para a aprendizagem da leitura e da escrita quando vão para a escola. Os resultados de estudos longitudinais e de intervenção deixam pouca margem para dúvida a respeito da importância das habilidades fonológicas para a alfabetização. No entanto, se aceitarmos o pressuposto central da VSL, a saber, que a decodificação e a compreensão da linguagem oral são ambas fundamentais para a compreensão leitora, outras habilidades de linguagem, incluindo as habilidades semânticas, gramaticais e pragmáticas, também deveriam ser importantes para o sucesso na aprendizagem da leitura. Com efeito, como discutido previamente, essas habilidades não apenas são necessárias para a compreensão da linguagem oral e escrita, como também contribuem para o desenvolvimento das habilidades de decodificação.

A preparação do terreno para a aprendizagem da leitura pode ter especial importância para as crianças de famílias de baixa renda. Como tem sido amplamente descrito na literatura (ver, p. ex., HOFF, 2013), essas crianças são tipicamente menos bem-sucedidas na escola do que as crianças de lares mais afluentes. Além disso, elas também apresentam atrasos no desenvolvimento da linguagem oral, e esses atrasos já são observados muitos anos antes de elas irem para a escola. Tendo em vista a evidência já discutida de que o desenvolvimento da linguagem oral nos anos pré-escolares é um forte preditor da aprendizagem posterior da leitura e do desempenho acadêmico em geral, é importante que centros públicos de educação infantil e pré-escolar estejam bem-preparados para fomentar o desenvolvimento das habilidades de linguagem dos seus alunos. Da mesma maneira, é necessário que os pais tenham consciência da importância dessas habilidades, bem como ofereçam oportunidades para o seu desenvolvimento. Conforme já observado, os resultados do estudo de Weisleder *et al.* (2018) sugerem que práticas de literacia familiar, como a leitura interativa ou dialógica de livros de histórias, auxiliam o desenvolvimento cognitivo e da linguagem de todas as crianças, incluindo aquelas que vivem em situação de pobreza. Independentemente do seu *background* familiar, as crianças que têm acesso a essas oportunidades têm uma probabilidade consideravelmente maior de entrar na escola bem-preparadas para a aprendizagem da leitura. Desde que sejam alfabetizadas por procedimentos cientificamente comprovados, é provável que aprendam a decodificar com acurácia e fluência, tornando-se, dessa forma, capazes de "ler com significado", uma habilidade imprescindível para seu sucesso educacional.

Agradecimentos. O projeto de pesquisa mencionado neste capítulo foi realizado graças a financiamentos do Conselho de Desenvolvimento Científico e Tecnológico (CNPq) e da Fundação de Amparo à Pesquisa do Estado de Minas Gerais (FAPEMIG) concedidos à primeira autora. Agradecemos às crianças e às escolas que participaram do projeto por sua colaboração. Somos especialmente gratas a Caroline Greiner de Magalhães e Daniela Teixeira Gonçalves por sua valiosa assistência em diversas fases desse projeto.

REFERÊNCIAS

ADAMS, M. J. *Beginning to read*: thinking and learning about print. Cambridge: MIT, 1990.

ANDRADE, P. E.; ANDRADE, O. V. C. A.; PRADO, P. S. T. Psicogênese da língua escrita: uma análise necessária. *Cadernos de Pesquisa*, v. 47, n. 166, p. 1416-1439, 2017. BRASIL. *Sistema de avaliação da educação básica – SAEB – edição 2017*: projeto básico. Brasília: INEP, 2017.

BRUCKNER, J. P. *Estudos de validade e normatização da versão brasileira do Inventário MacArthur-Bates de Desenvolvimento Comunicativo:* Palavras e Sentenças para crianças de 24 meses. Tese (Doutorado), Universidade Federal de Minas Gerais, Belo Horizonte, 2020.

CARAVOLAS, M. *et al.* Common patterns of prediction of literacy development in different alphabetic orthographies. *Psychological Science,* v. 23, p.678-686, 2012.

CARDOSO-MARTINS, C. Alfabetização no Brasil. *In:* SIMPÓSIO ALFABETIZAÇÃO INFANTIL: ARTICULANDO A CIÊNCIA COM AS POLÍTICAS PÚBLICAS. São Paulo: Instituto Insper, 2017.

CARDOSO-MARTINS, C.; MICHALICK-TRIGINELLI, M. F. *Uma avaliação da hipótese do déficit fonológico na dislexia do desenvolvimento em português brasileiro.* Relatório (Pesquisa), Universidade Federal de Minas Gerais, Belo Horizonte, 2019.

CARDOSO-MARTINS, C.; NAVAS, A. L. O papel da fluência de leitura de palavras no desenvolvimento da compreensão da leitura: um estudo longitudinal. *Educar em Revista*, v. 1, p. 17-32, 2016.

CASTLES, A.; RASTLE, K.; NATION, K. Ending the reading wars: reading acquisition from novice to expert. *Psychological Science in the Public Interest*, v. 19, p. 5-51, 2018.

CATTS, H. W. *et al.* Early prediction of reading comprehension within the simple view framework. *Reading and Writing*, v. 28, p. 1407-1425, 2015.

CHIU, Y. D.; LANGUAGE AND READING RESEARCH CONSORTIUM. The simple view of reading across development: the prediction of grade 3 reading comprehension by prekindergarten skills. *Remedial and Special Education*, v. 39, p. 289-303, 2018.

DEFIOR CITOLER, S.; FONSECA, L.; GOTTHEIL, B. *Test de lectura y escritura en español-LEE.* Buenos Aires: Paidós, 2006.

DICKINSON, D. K.; GOLINKOFF, R. M.; HIRSH-PASEK, K. Speaking out for language: why language is central to reading development. *Educational Researcher*, v. 39, p. 305-310, 2010.

DUURSMA, E.; AUGUSTYN, M.; ZUCKERMAN, B. Reading aloud to children: the evidence. *Archives of Disease in Childhood*, v. 93, p.554-557, 2008.

EHRI, L. C. *et al.* Systematic phonics instruction helps students learn to read: evidence from the National Reading Panel's meta-analysis. *Review of Educational Research*, v. 71, p. 393-447, 2001.

FERNALD, A.; MARCHMAN, V. A.; WEISLEDER, A. SES differences in language processing skill and vocabulary are evident at 18 months. *Developmental Science*, v. 16, p. 234-248, 2013.

FERREIRO, E.; TEBEROSKY, A. *Psicogênese da língua escrita.* Porto Alegre: Artes Médicas, 1984.

FLORIT, E.; CAIN, K. The simple view of reading: is it valid for different types of alphabetic orthographies? *Educational Psychology Review*, v. 23, p. 553-576, 2011.

GARCÍA, J. R.; CAIN, K. Decoding and reading comprehension: a meta-analysis to identify which reader and assessment characteristics influence the strength of the relationship in English. *Review of Educational Research*, v. 84, p. 74-111, 2014.

GOODMAN, K. S. *What's whole in whole language?* Portsmouth: Heinemann, 1986.

GOUGH, P. B.; TUNMER, W. E. Decoding, reading, and reading disability. *Remedial and Special Education*, v. 7, p. 6-10, 1986.

HJETLAND, H. N. *et al.* Pathways to reading comprehension: a longitudinal study from 4 to 9 years of age. *Journal of Educational Psychology*, v. 111, n. 5, p. 751-763, 2019.

HOFF, E. Interpreting the early language trajectories of children from low-SES and language minority homes: implications for closing achievement gaps. *Developmental Psychology*, v. 49, p. 4-14, 2013.

HOOVER, W. A.; GOUGH, P. B. The simple view of reading. *Reading and Writing: An Interdisciplinary Journal*, v. 2, p. 127-160, 1990.

HULME, C. *et al.* The foundations of literacy development in children at familial risk of dyslexia. *Psychological Science*, v. 26, p. 1877-1886, 2015.

HURT, H.; BETANCOURT, L. M. Turning 1 year of age in a low socioeconomic environment. *Journal of Developmental & Behavioral Pediatrics*, v. 38, p. 493-500, 2017.

KEENAN, J. M.; BETJEMANN, R. S.; OLSON, R. K. Reading comprehension tests vary in the skills they assess: differential dependence on decoding and oral comprehension. *Scientific Studies of Reading*, v. 12, p. 281-300, 2008.

KIM, Y.-S. G. Why the Simple View of Reading is not simplistic: Unpacking component skills of reading using a direct and indirect effect model of reading (DIER), *Scientific Studies of Reading*, v. 21, p. 310-333, 2017.

LANDERL, K.; WIMMER, H. Development of word reading fluency and orthographic spelling in a consistent orthography: an 8-year follow-up. *Journal of Educational Psychology*, v. 100, p. 150-161, 2008.

LANGUAGE AND READING RESEARCH CONSORTIUM. Learning to read: should we keep things simple? *Reading Research Quarterly*, v. 50, p. 151-169, 2015.

LERVÅG, A.; HULME, C.; MELBY-LERVÅG, M. Unpicking the developmental relationship between oral language skills and reading comprehension: it's simple, but complex. *Child Development*, v. 89, p. 1821-1838, 2018.

LONIGAN, C. J.; BURGESS, S. R.; SCHATSCHNEIDER, C. Examining the Simple View of Reading with elementary school children: still simple after all these years. *Remedial and Special Education*, v. 39, p. 260-273, 2018.

MENDELSOHN, A. L. *et al.* The impact of a clinic-based literacy intervention on language development in inner-city preschool children. *Pediatrics*, v. 107, p. 130-134, 2001.

NATION, K. Children's reading difficulties, language, and reflections on the simple view of reading. *Australian Journal of Learning Difficulties*, v. 24, p. 47-73, 2019.

OLIVEIRA, M.; DA MOTA, M. O modelo simples de leitura explica a compreensão leitora no português? *Estudos e Pesquisas em Psicologia*, v. 17, p. 306-322, 2018.

PACE, A. *et al.* Measuring success: within and cross-domain predictors of academic and social trajectories in elementary school. *Early Childhood Research Quarterly*, v. 46, p. 112-125, 2019.

PENNINGTON, B. F. *Diagnosing learning disorders*: a neuropsychological framework. 2. ed. New York: Guilford, 2009.

PINHEIRO, A. M. V. (2015). Frequency of occurrence of words in textbooks exposed to brazilian children in the early years of elementary school. *Childes - Child Language Data Exchange System*. 2015. Disponível em: http://childes.talkbank.org/derived. Acesso em 22 fev. 2022.

RAYNER, K. *et al.* How psychological science informs the teaching of reading. *Psychological Science in the Public Interest*, v. 2, p. 31-74, 2001.

SANTOS, A. *O teste de Cloze como instrumento de diagnóstico da compreensão em leitura*: relatório técnico. São Paulo: Universidade São Francisco, 2005.

SANTOS, A. S.; CASTRO, S. L. *Aprender a ler e avaliar a leitura:* o TIL - Teste de Idade de Leitura. Coimbra: Almedina, 2010.

SEYMOUR, P. H. K.; ARO, M.; ERSKINE, J. M. Foundation of literacy acquisition in european orthographies. *British Journal of Psychology*, v. 94, p. 143-174, 2003.

SHARE, D. Phonological recoding and self-teaching: *Sine qua non* of reading acquisition. *Cognition*, v. 55, p. 151-216, 1995.

SIEGEL, L. S.; RYAN, E. B. The development of working memory in normally achieving and subtypes of learning disabled children. *Child Development*, v. 60, p. 973-980, 1989.

SMITH, F. *Understanding reading*: a psycholinguistic analysis of reading and learning to read. New York: Holt, Rinehart and Winston, 1971.

SOARES, M. Letramento e alfabetização: as muitas facetas. *Revista Brasileira de Educação*, n. 25, p. 5-17, 2004.

STEIN, L. M. *TDE: Teste de Desempenho Escolar*: manual para aplicação e interpretação. São Paulo: Casa do Psicólogo, 1994.

STORCH, S. A.; WHITEHURST, G. J. Oral language and code-related precursors to reading: evidence from a longitudinal structural model. *Developmental Psychology*, v. 38, p. 934-947, 2002.

WECHSLER, D. *WISC-III: Escala de Inteligência Wechsler para Crianças*: manual. 3. ed. São Paulo: Casa do Psicólogo, 2002.

WEISLEDER, A. *et al.* Reading aloud and child development: a cluster-randomized trial in Brazil. *Pediatrics*, v. 141, e20170723, 2018.

6

Métodos de ensino e manuais para aprender a ler: como escolher?

Stanislas Dehaene e colaboradores[1]

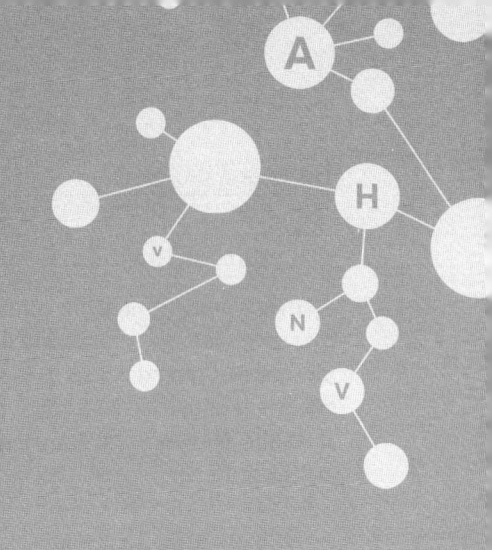

PARTE I — UM BREVE RESUMO DA CIÊNCIA DA LEITURA

Um artigo recente, escrito por três grandes autores da pesquisa em ciências da leitura cognitiva, anuncia o fim da "guerra dos métodos de alfabetização da leitura" (CASTLES; RASTLE; NATION, 2018). De fato, a pesquisa sobre aprender a ler é notavelmente convergente, tanto em laboratório quanto em experimentos em sala de aula. Resumimos aqui os pontos essenciais.[2]

---

[1] Texto escrito coletivamente, sob a direção de Stanislas Dehaene, pelo grupo de trabalho Métodos de Ensino e Livros do Conselho Científico de Educação Nacional, coordenado por Maryse Bianco e Michel Fayol. Colaboradores: Jérôme Deauvieau, Ghislaine Dehaene-Lambertz, Caroline Huron, Patrice Lemoine, Franck Ramus, Liliane Sprenger-Charolles e Johannes Ziegler. Para preservar o texto original, os exemplos se referem ao francês, língua na qual o capítulo foi originalmente escrito. Alguns dos exemplos podem não se adequar para a língua portuguesa.

[2] Não desejamos saturar este texto com um número excessivo de referências científicas, mas os seguintes textos podem ser consultados: CASTLES; RASTLE; NATION, 2018; DEAUVIEAU; REICHSTADT; TERRAIL, 2015; DEHAENE, 2007; 2011; DEHAENE et al., 2015; EHRI et al., 2001; GOIGOUX, 2016a; KOLINSKY et al., 2018; MORAIS et al., 1998; NATIONAL INSTITUTE OF CHILD HEALTH AND HUMAN DEVELOPMENT, 2000; SPRENGER-CHAROLLES; DESROCHERS; GENTAZ, 2018, ou o vídeo Leia e Escreva para o CP (conferência de Franck Ramus no ESENESR) (disponível em: https://www.youtube.com/watch?v=-SfPHLhq9qY) e as outras conferências disponíveis no *site* do Conseil Scientifique de l'education Nationale (Csen).

Um ponto de partida: linguagem oral

A criança é primeiramente confrontada com a linguagem oral. Desde os primeiros meses de vida, ela se apropria da língua materna. A linguagem escrita vem muito mais tarde. Aprender a ler é, portanto, amplamente baseado no conhecimento linguístico já adquirido pela criança, que ela recicla e refina.

O que chamamos de "linguagem oral" corresponde realmente a vários níveis de organização:

- A **prosódia** é a melodia geral de palavras e frases.
- A **fonologia** descreve a composição da fala nas próprias sílabas formadas por fonemas, cada idioma organizando a sucessão de acordo com regras precisas (p. ex., nenhuma palavra em francês começa com "TL", mas essa combinação é possível no meio de uma palavra, como em *Atlantique* [Atlântico]).
- O **léxico** contém as palavras do idioma nativo (p. ex., *crapaud* [sapo] e *drapeau* [bandeira] são palavras, mas não *grapeau*). Nosso cérebro abriga vários léxicos ortográficos (ortografia de palavras conhecidas) e fonológicos (pronúncia de palavras conhecidas), tanto na percepção quanto na produção.
- A **morfologia** é o conhecimento dos morfemas, isto é, os elementos de significado (raízes das palavras, prefixos, sufixos e terminações gramaticais) e suas combinações. Uma palavra como *recommencera* (começar novamente) consiste em três morfemas: "re", "commence" (começar) e a "era" final que indica o futuro.
- A **sintaxe** é o conhecimento de regras gramaticais que permitem ordenar palavras ou morfemas. Essa é a sintaxe que nos permite ver que "o grande sonho amarelo está se observando" é uma frase gramaticalmente correta, mesmo que não faça sentido.
- A **semântica** é a representação do significado de palavras, frases e textos. Podemos conhecer a palavra *anachorète* (anacoreta) (léxico) sem realmente conhecer seu significado (semântica).
- A **pragmática** é o conhecimento de significados no contexto e as condições de uso da linguagem na comunicação.

Esses níveis existem em todas as línguas humanas, mas empregam regras diferentes para formar palavras e frases. Assim, as crianças devem aprender as especificidades de sua língua materna. Essa aprendizagem começa no nascimento. Desse modo, um bebê recém-nascido já percebe a diferença entre as frases em francês e russo porque a melodia e o ritmo dessas duas línguas são muito diferentes.

A aquisição da melodia da língua, os fonemas que ela usa e suas regras de combinação ocorrem no primeiro ano de vida, muito antes de os bebês produzirem suas primeiras palavras. A aquisição de vocabulário (léxico, morfemas) também começa no primeiro ano e continua ao longo da vida. Com 1 ano de idade, as crianças reconhecem muitas palavras faladas (bem antes de poderem produzi-las) e compreendem seu significado, aprendendo o léxico que acelera no final do segundo ano de vida para atingir 10 a 20 palavras por dia.

Com as palavras, o conhecimento da gramática (também chamado de sintaxe) também se desenvolve: algumas construções estão presentes na criança de 18 meses, mas outras, como passivas e relativas, não são dominadas antes dos 5–6 anos. Mesmo no final das construções primárias, as complexas não são totalmente adquiridas.

A intensidade da exposição das crianças à linguagem oral e a qualidade desse estímulo linguístico desempenham um papel crítico no desenvolvimento de todos esses níveis. Sabemos que existem grandes diferenças na exposição à linguagem oral entre famílias e classes sociais e que essas diferenças se correlacionam com o tamanho do léxico e o desenvolvimento de redes de linguagem cerebral. É por isso que os pais devem ser incentivados a interagir com seus filhos desde o início, bem como a ler histórias para eles. Aprender com os colegas não é suficiente, e interagir com um adulto, que mantém a atenção da criança, é muito mais eficaz. O desenvolvimento da linguagem oral prepara a entrada na leitura.

Linguagens oral e escrita: uma distinção fundamental

Em termos de aprendizagem, a linguagem oral e a escrita são fundamentalmente diferentes.

- Presume-se que a linguagem oral resulta da evolução biológica do cérebro humano. Sua aprendizagem ocorre naturalmente assim que a criança é imersa em um ambiente linguístico. A maioria dos especialistas considera provável que a evolução darwiniana tenha dedicado mecanismos cerebrais peculiares à espécie humana a essa aprendizagem.
- A escrita é uma invenção recente e opcional que varia muito de cultura para cultura. Aprender a ler significa substituir a fala por uma nova entrada visual. Essa invenção é notável porque explora as possibilidades do cérebro humano, mas deve ser ensinada explicitamente, e é errado pensar que a mera exposição à escrita é suficiente para descobrir seus princípios. Dependendo da complexidade do sistema de escrita e da eficácia da estratégia de ensino, o código escrito pode ser adquirido em apenas alguns meses e depois enxertado na língua falada.

A linguagem oral e a escrita são, portanto, dois meios diferentes de alcançar o mesmo significado (Fig. 6.1). Informações orais (prosódia e fonologia da fala)

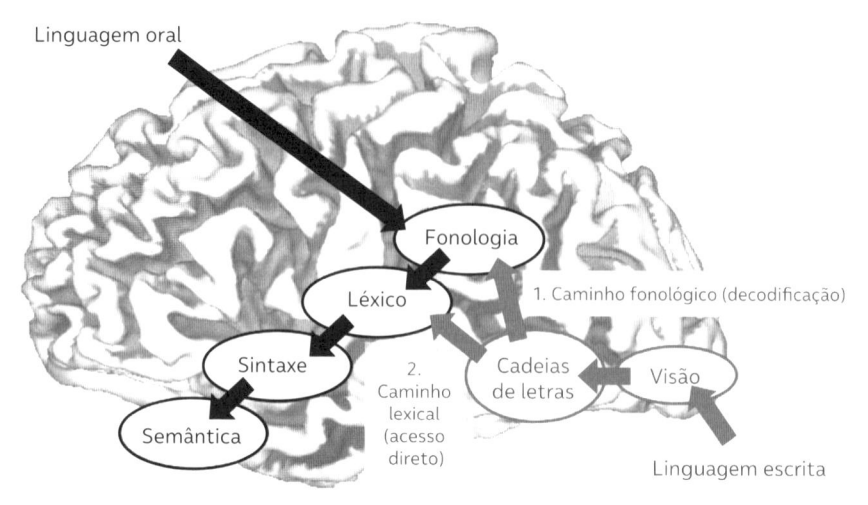

Figura 6.1 Uma visão muito esquemática dos estágios do processamento da linguagem oral (em preto) e da maneira como a leitura é enxertada nesse circuito (em cinza). Neste diagrama, as localizações do cérebro são simplificadas. Para mais detalhes, consulte, por exemplo, Dehaene (2007).
Fonte: Dehaene (2007).

e informações visuais (o alfabeto) usam códigos e regiões diferentes do cérebro para entrar no mesmo sistema linguístico.

A porta de entrada para a leitura

Aprender a ler é desenvolver uma nova forma de entrar nos circuitos da linguagem, por meio da visão. Com a aprendizagem, vê-se no cérebro das pessoas alfabetizadas uma região visual especializada no reconhecimento efetivo de letras e cadeias de letras. Essa região identifica as letras, independentemente do tamanho e da fonte, e envia essas informações para as áreas de língua falada. A partir daí, ler ou ouvir sentenças ativa quase exatamente o mesmo conhecimento. É por isso que se pode recorrer à entrada oral para desenvolver a compreensão de frases e textos, antes que a leitura em si esteja estabelecida.

Correspondências grafema-fonema e transparência ortográfica

Em francês, como em todas as ortografias alfabéticas, as letras correspondem aos sons (com irregularidades). Mais especificamente, dizemos que **grafemas**, isto é, letras ou grupos de letras, como "ch", correspondem a fonemas, as unidades mínimas de som da linguagem oral, como /ch/.³ Às vezes, um grafema corresponde a vários fonemas (o x em "táxi" corresponde aos fonemas /k/ e /s/). Acontece, também, que um grafema é ambíguo: "ch" pode ser pronunciado /ch/ em *chéri* (querida), mas /k/ em *chorale* (coral).

Dependendo de sua história, os idiomas variam muito na simplicidade de sua notação sonora, também conhecida como **transparência das correspondências grafema–fonema**. Essa transparência tem um impacto direto na velocidade de aprender a ler (SEYMOUR; ARO; ERSKINE, 2003; ZIEGLER, 2018) e até, ao que parece, no tamanho da região do córtex dedicada ao reconhecimento visual de palavras (PAULESU *et al.*, 2000). O idioma francês[4] tem várias irregularidades (muito menos, porém, que o inglês) e, portanto, requer um esforço de aprendizagem prolongado.

Duas fases de aprendizagem, dois caminhos de leitura

Esquematicamente, podemos distinguir duas fases da aprendizagem, que correspondem a duas rotas de leitura (ver Fig. 6.1).

Decodificação serial com esforço (rota fonológica)

Em um primeiro momento, a criança decodifica, praticamente um por um, cada grafema da palavra escrita e os transforma em sons da língua. Ela pode, então, "ouvir mentalmente" as palavras produzidas e, caso as reconheça oralmente, entendê-las. Essa é a maneira de decodificar ou **ler fonologicamente**: ouvimos o que lemos antes de entendê-lo. A decodificação grafema–fonema substitui a entrada de fala auditiva por entrada escrita.

Leitura paralela direta (rota lexical ou ortográfica)

Em um segundo momento, à medida que a leitura se torna mais automatizada, o sistema visual se torna capaz de tratar a palavra escrita como um todo: as letras são identificadas em paralelo, e não em série. Esse é o caminho direto da leitura, em que a palavra escrita acessa diretamente o léxico mental, onde as formas ortográficas e sonoras das palavras e seus significados estão ligados. O reconhecimento automático da forma lexical de leitura é imprescindível, pois por si só permite uma

---

[3] Para facilitar a leitura, não usamos o alfabeto fonético, apenas indicamos os fonemas com barras (p. ex., /ch/ como em *chat* [gato]). Também acreditamos que não é necessário introduzir o alfabeto fonético, nem nos livros didáticos, nem na formação de professores.

[4] N. de T. O português se assemelha ao francês em complexidade, sendo considerado uma ortografia de complexidade intermediária.

leitura rápida, fluente, e libera a atenção da criança, que pode, então, se concentrar na compreensão do texto. De fato, não podemos prestar atenção a duas coisas ao mesmo tempo: enquanto a criança não automatizar essa etapa de decodificação, a compreensão do texto é penalizada.

Qualquer professor, pai ou mãe pode avaliar onde está a automatização: basta apresentar à criança uma lista de palavras e cronometrar quantas palavras são lidas corretamente em voz alta em um minuto. Um bom leitor no início do ensino médio lê 150–200 palavras, por minuto, em voz alta. No final do curso preparatório (CP),[5] a velocidade média é de 35 palavras (ou pouco mais de uma palavra a cada dois segundos). É bem possível que uma criança no CP leia cerca de 50 palavras por minuto (cada palavra leva um pouco mais de um segundo) — esse é o caso do quadro mais avançado das crianças hoje, e essa meta de 50 palavras/minuto é a recomendação da Direção-Geral de Educação Escolar (Dgesco).

Os pesquisadores também estão avaliando o tempo de leitura de uma palavra, que varia de acordo com seu número de letras: no leitor iniciante, cada letra adicional acrescenta um atraso significativo (da ordem de um quinto de segundo), enquanto com automatização, todas as palavras de três a oito letras são lidas na mesma velocidade.

Apesar dessa automatização, as duas rotas de leitura continuam operando em paralelo com todos os leitores. A representação auditiva da fonologia das palavras continua a ser ativada inconscientemente no leitor adulto especialista, e esse caminho indireto permanece essencial para a leitura de palavras novas ou inventadas. Quando um adulto especialista lê uma palavra inventada, como "mintarque", ou uma palavra que ele encontra pela primeira vez, como "Zakouski", seu tempo de leitura indica que está voltando a uma decodificação lenta e sequencial dos grafemas que o compõem.

Compreensão

Ler é apenas uma nova forma de entrada na linguagem, que antes só era acessada pela fala. A compreensão e o domínio da língua podem ser trabalhados inicialmente de forma oral e depois de maneira conjunta, oralmente e por escrito, tão logo a decodificação seja suficiente.

---

[5] Ensino primário (1° ano/ 1ª série).

Vocabulário

O vocabulário é aprendido em ambientes ricos. A apresentação de uma nova palavra em muitos contextos, tanto na recepção quanto na produção, permite refinar o significado muito antes de ler a definição em um dicionário. Do jardim de infância e, certamente, no CP, as lições (ou sessões) são dedicadas ao trabalho preciso das palavras, sua morfologia, sua possível polissemia e seus múltiplos critérios de classificação. Essas sessões dão origem a interações que permitem que os alunos usem as palavras aprendidas por conta própria, em produções orais e escritas quando estiverem suficientemente avançadas. O uso progressivo da escrita ajuda a vincular as formas de som e ortografia das palavras. Esse enriquecimento do ambiente linguístico é crucial para crianças com pouca experiência lexical.

Morfologia e sintaxe

A leitura permite uma melhor conscientização da estrutura da língua, especialmente em francês, em que os marcadores morfológicos estão muito menos presentes na oralidade do que na escrita. Por exemplo, "*il parle*" (ele fala) e "*ils parlent*" (eles falam) são percebidos de forma idêntica quando falados, assim como *ami* (amiga), *ami* (amigo), *amis* (amigos) e *amie* (amigo). Os marcadores morfológicos complicam a ortografia francesa, mas facilitam a compreensão da leitura porque fornecem muitas pistas para sintaxe e significado. É por isso que é importante trabalhar em morfologia, oralmente e por escrito.

Existem dois tipos de morfologia (CASALIS; COLÉ, 2018):

- A derivada, ou lexical, que torna possível produzir palavras associando uma palavra conhecida (*une base* – uma base) a um ou mais prefixos e sufixos, por exemplo, de *grand* (grande) podemos formar *grandir* (crescer), *grandeur* (tamanho), etc. As crianças aprendem muito cedo e implicitamente a usar essa propriedade da linguagem. Esse conhecimento pode ser usado oralmente para enriquecer a bagagem lexical, trabalhando em famílias de palavras.
- A flexional, ou gramatical, refere-se a fenômenos de concordância em gênero e número de substantivos, verbos e adjetivos (*grand* [grande]/grande [grande]/ *grands* [grandes], etc.), bem como as marcas de moda, tempo e pessoa dos verbos (*grandir* [crescendo]/*je grandissais* [eu estava crescendo]/*il grandira* [ele vai crescer], *je mange* [eu como], *tu manges* [você come], etc.).

Por escrito, muitas cartas silenciosas correspondem a marcas de inflexão ou derivação. Compreender a estrutura do idioma permite reconhecê-las, automatizar sua leitura e, posteriormente, soletrá-las corretamente.

Acesso ao significado de um texto

Todo esse conhecimento linguístico, associado ao conhecimento semântico relacionado aos temas e à estrutura dos textos, permitirá que a criança entenda os textos escritos.

Em um texto um tanto complexo, a dificuldade geralmente consiste em estabelecer as relações entre as ideias expressas nas sentenças sucessivas. Essas relações geralmente são carregadas por certas palavras, em especial os pronomes (como *son* [dele], *il* [ele], etc.) e os conectores temporais (*ensuite* [então], *demain* [amanhã], etc.) ou lógicos (*mais* [mas], *donc* [portanto], etc.). Porém, quando estão implícitos, seu entendimento deve recorrer a mecanismos de inferência e raciocínio, baseados tanto em automatismos (ativação/inibição do conhecimento na memória) quanto na implementação de estratégias de compreensão. Essa última atividade, deliberada e ponderada, é ainda mais requisitada, uma vez que os textos a serem compreendidos tratam de temas pouco conhecidos do leitor, que devem então se envolver em uma análise rigorosa de cada uma das frases e dos relacionamentos que mantêm. As estratégias de compreensão são aprendidas desde o início (a partir dos 3 anos, portanto, com base na linguagem oral), mas continuam a se desenvolver gradualmente e continuamente ao longo da escola. Adquiri-los é um processo de aprendizagem de longo prazo que, às vezes, se mostra difícil e frequentemente requer ensino explícito.

O triângulo da leitura

Em resumo, aprender a ler corresponde ao estabelecimento de um triângulo (ver Fig. 6.1).

- Para decodificar novas palavras, é necessário saber como passar das letras para os sons e reconhecer a palavra falada correspondente (forma fonológica ou de decodificação).
- Para ler de forma eficaz, você precisa saber como mover-se rapidamente de uma cadeia de letras para a palavra ou os morfemas correspondentes (léxico ou ortografia).

O primeiro caminho deve ser ensinado explicitamente. Quanto mais rápido você ensinar cada correspondência grafema–fonema explícita e sistematicamente, mais rápido a criança será capaz de decodificar as palavras escritas. O segundo caminho, por sua vez, vem naturalmente e fica mais forte à medida que a criança lê. Falamos de autoaprendizagem: se a criança sabe decodificar uma palavra como *lapin* (coelho), mesmo que lentamente, isso lhe dá os meios, em completa autonomia, para aprender gradualmente a ligar de forma rápida essa cadeia de letras com a entrada da palavra *lapin* (coelho) em seu léxico mental da linguagem oral. Pouco a pouco, simplesmente lendo muito e usando o contexto, a criança que pode decodificar poderá automatizar sua leitura por conta própria.[6]

Os determinantes da leitura eficaz

O modelo da Figura 6.1 ajuda a entender todos os componentes que determinam se uma criança conseguirá aprender a ler fluentemente. Todos os componentes são necessários para a leitura, e cada um pode ser de um grau de dificuldade diferente. Vamos revisá-los.

- **Boa visão.** Essa é a porta de entrada para palavras escritas. É essencial que o sistema visual da criança distinga bem as letras, sem as transpor e sem confundir letras espelhadas, como p e q. Mesmo antes do CP, reconhecer e traçar letras com o dedo são atividades educacionais úteis. Também é importante que a criança desvie o olhar efetivamente para cada uma das letras ou palavras a serem lidas na direção da leitura (da esquerda para a direita).
- **Boa fonologia.** Esse é o objetivo da decodificação: a criança deve distinguir claramente entre fonemas e sua ordem temporal. Mesmo antes da leitura, os jogos de linguagem (rimas, etc.) permitem gradualmente que a criança desenvolva uma representação consciente cada vez mais precisa e explícita dos fonemas que compõem as sílabas de sua língua.
- **Ensino explícito do princípio alfabético e correspondências grafema--fonema.** Esse é o cerne da decodificação — compreendendo que você pode ir do espaço da palavra escrita, da esquerda para a direita em francês, para a sequência temporal dos fonemas da palavra falada e conhecer todas as convenções.[7]
- **Vocabulário estendido.** Não basta que a criança saiba como soar uma palavra escrita em sua cabeça — a palavra que assim decodificou deve aparecer em seu léxico oral. Dessa forma, o enriquecimento do vocabulário oral constitui uma preparação essencial para a leitura.
- **Conhecimento de morfologia oral e escrita.** A eficiência e a velocidade do caminho direto para o léxico são cruciais para uma leitura suave e sem

---

[6] Essa autoaprendizagem é possível apenas em escritas alfabéticas ou silábicas, mas não nos chamados sistemas de escrita logográficos ou morfossilábicos, como o chinês. As crianças chinesas devem aprender explicitamente, a uma taxa de cerca de 500 caracteres por ano, milhares de correspondências frequentemente arbitrárias entre caracteres escritos e as palavras ou os morfemas correspondentes da linguagem oral.

[7] Observe: as letras correspondem ao som, e não ao nome no alfabeto. A recitação do alfabeto não desempenha um papel essencial no ensino da leitura. No entanto, as letras e os seus nomes são aprendidos no jardim de infância. Seu conhecimento é um bom preditor de aprender a ler, e o conhecimento dos nomes das letras facilita a compreensão de seus sons. Veja, por exemplo, Foulin (2005; 2007).

esforço. Se "escrever é a pintura da voz" (Voltaire), também inclui convenções para escrever morfemas, por exemplo, as diferenças entre *parle* (falar) e *parlent* (falaram), ou entre *ami* (amigo) e *amis* (amigos), que não são compreendidos, mas indicam que a palavra escrita está no singular ou no plural. O conhecimento de morfemas é essencial para a construção do caminho ortográfico e deve ser ensinado explicitamente. Seu ensino começa no CP e deve ser continuado nos anos subsequentes.
- **Habilidades sintáticas e semânticas.** Uma vez que a palavra escrita seja reconhecida e encontrada no léxico mental, a criança empregará, para compreensão escrita, os mesmos recursos linguísticos que a linguagem oral. Aqui, novamente, quanto mais proficiência em linguagem oral for desenvolvida, melhor será a compreensão escrita. Algumas dificuldades de leitura são devidas a dificuldades no processamento da linguagem oral, que pode ser de origem social (baixo nível socioeconômico, outra língua materna) ou patológica (disfasia).

Além de transtornos como dislexia ou disfasia, que dizem respeito a um pequeno número de estudantes, as crianças que ingressam no CP, mesmo os falantes de francês, têm um domínio muito desigual da sintaxe, do vocabulário e da compreensão dos textos orais. Estão envolvidas a fluência nos diferentes registros de fala, a capacidade de manipular sons de fala ou famílias de palavras, mantidos por rimas infantis, jogos de palavras, contos, viagens ao museu, à biblioteca ou ao cinema na facilidade cultural que as crianças têm com a fala e a escrita. As crianças que não se beneficiaram desse ambiente cultural já estarão fora de sintonia. Empiricamente, o número de livros em casa ou o diploma da mãe (testemunha da valorização da escrita na família) são fatores culturais que interferem no sucesso de aprender a ler.

Uma fórmula simples: compreensão da leitura = decodificação *versus* compreensão oral

A relação entre leitura e compreensão é frequentemente mal compreendida. Nem é preciso dizer que o propósito da leitura é entender o que está escrito. No entanto, para conseguir isso, é necessário saber como decodificar efetivamente esse criptograma que está sendo gravado. É por isso que o foco na decodificação no início da escola também melhora a compreensão da leitura. A decodificação não é, portanto, o oposto da compreensão, e não há razão para se opor a essas duas atividades. Pelo contrário, são complementares, e a decodificação e a compreensão oral devem ser desenvolvidas em paralelo (uma vez que apenas a decodificação não é suficiente para permitir a compreensão da leitura). Intervenções precoces destinadas a fortalecer a proficiência na linguagem oral também promovem a compreensão da leitura desde o início da aprendizagem (BIANCO *et al.*, 2012).

> Uma fórmula simples, como apresentamos na Figura 6.2, resume a interação entre decodificação e compreensão. É uma relação multiplicativa: a compreensão da leitura é o produto do reconhecimento de palavras escritas e da audição das mesmas palavras, frases e textos que compõem.

Dessa forma, para simplificar, a falha na compreensão pode resultar de duas fontes:

- má decodificação de palavras escritas;
- pouca compreensão da linguagem oral.

Essa fórmula mostra que ambas as habilidades são essenciais para uma leitura eficaz.

Decodificação e compreensão: escalas de tempo muito diferentes

A decodificação e a compreensão têm dinâmicas de aprendizagem muito diferentes.

- Aprender a linguagem oral começa no primeiro ano de vida e continua no jardim de infância, no CP e ao longo da vida. Na escola, estuda-se fonologia, vocabulário oral, sintaxe e semântica da língua francesa desde o jardim de infância.

Compreensão de textos escritos = Reconhecimento de palavras escritas × Compreensão oral

Habilidades visuais
Conhecimento de letras
Habilidades fonológicas
Decodificação
Fluência
Vocabulário
Habilidades gramaticais
Memória de trabalho verbal
Estratégias
Habilidades de inferência
Conhecimento

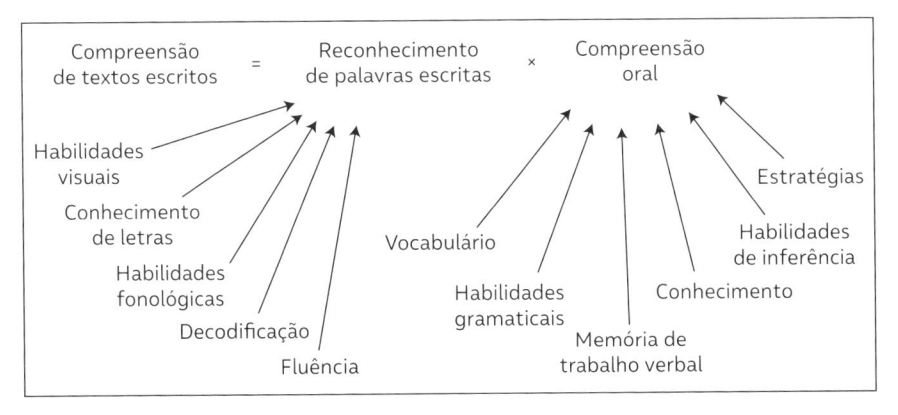

Figura 6.2 Visão Simples da Leitura: interação entre a decodificação e a compreensão.

- Aprender a decodificar a palavra escrita constitui um momento muito especial: é a aprendizagem da leitura em si, o assunto do ciclo 2, sobretudo do CP. A experiência mostra que é possível aprender rapidamente inúmeras correspondências grafema–fonema e que quanto mais essa aprendizagem se concentra no primeiro trimestre do CP, mais eficaz é a entrada na leitura (GOIGOUX, 2016a; RIOU; FONTANIEU, 2016).

Em suma, a compreensão é o objetivo final da leitura, enquanto a decodificação é apenas o instrumento — mas indispensável. Cada criança deve "aprender suas escalas" rapidamente e dominar o instrumento (correspondências grafema–fonema) para poder interpretar a partitura que é o texto.

Assim, o ensino do significado e o do código, complementares, devem ser estritamente distinguidos no CP. Durante a primeira metade do ano letivo, uma forte ênfase deve ser colocada na decodificação e codificação, enquanto ao longo do ano (na realidade, na educação infantil) o tempo deve ser dedicado a linguagem francesa, vocabulário, compreensão oral e, posteriormente, às dificuldades específicas que a compreensão de leitura pode representar.

PARTE II — OS MANUAIS E MÉTODOS DE LEITURA HOJE E AMANHÃ

O grupo de trabalho de livros didáticos e de pedagogia do Csen realizou um trabalho resumido, com o objetivo de fazer um balanço da pesquisa já realizada sobre as características dos livros didáticos e o seu uso efetivo por professores e alunos na escola primária. Para isso, baseou-se em pesquisas realizadas (p. ex., pelo Observatório Nacional da Leitura [ONL] ou Cnesco) e em relatórios elaborados (em especial pela Inspeção-geral). As raras publicações internacionais também foram consultadas.

O que sabemos sobre o uso de livros escolares na França?

Hoje, na França, existe uma extraordinária pluralidade de livros didáticos: mais de 35 livros e métodos de ensino de leitura são comercializados. Eles variam muito em forma e *design*.

Os documentos disponíveis (LEROY, 2012; OBSERVATOIRE NATIONAL DE LA LECTURE, 2007), bem como a consulta de pesquisadores que estudaram os livros didáticos e seu uso, concordam em enfatizar que os livros disponíveis nas escolas em geral são relativamente antigos (às vezes, desde 2001) e escalonados em relação aos programas atuais. De fato, os municípios os renovam apenas parcialmente, sem dúvida por causa de seus custos. Como resultado, os professores nem sempre escolhem seus livros didáticos. É raro que eles tenham créditos para comprá-los.

Na mesma escola, os livros didáticos mudam de uma turma para outra, às vezes sendo projetados por autores diferentes, o que prejudica a consistência conceitual e formal durante a escolarização, por exemplo, durante a transição do CP para o CE1.*
Os documentos acompanhantes (livros do professor, arquivos, etc.) raramente são consultados e seguidos. Como resultado, os professores adaptam consideravelmente as atividades e os exercícios dos livros didáticos, até o ponto em que, por vezes, os fundamentos teóricos ou as intenções originais de seus autores são perdidos.

Os próprios alunos costumam trabalhar em fichas. Quanto aos pais, a maioria dos livros didáticos não era vista como destinada a eles, por exemplo, para monitorar o progresso da aprendizagem ou para consolidá-la. Em geral, estamos lidando com documentos caros, muitas vezes obsoletos, pouco consultados e cuja adequação para o uso que poderiam corresponder a eles é baixa.

Mais especificamente no que diz respeito aos livros didáticos dedicados a aprender a ler, o relatório resultante da pesquisa *Lire et écrire au CP* (*Leitura e escrita no CP*) relata uma grande diversidade de opções de livros didáticos para aprender a ler, e que 30% dos professores observados não usam nenhum livro em especial (GOIGOUX, 2016a). Outro estudo (DEAUVIEAU; REICHSTADT; TERRAIL, 2015) também enfatiza que as escolhas dos professores são variadas e não necessariamente orientam-se para os métodos baseados nos princípios estabelecidos nesse documento.

No estado das observações e dos dados disponíveis, os livros didáticos, qualquer que seja a disciplina ou o campo-alvo, permanecem um componente entre outros do ensino e da aprendizagem. A formação dos professores é insuficiente quanto ao seu interesse, sua existência, escolha e seu uso. Lembrando que não é o manual que ensina, mas o professor; podemos temer que um manual mal projetado possa induzir, especialmente entre professores iniciantes, práticas ineficazes.

O que sabemos sobre o impacto atual dos livros didáticos em aprender a ler?

Dados internacionais sobre estratégias para o ensino da leitura em ortografias alfabéticas convergiram por muitos anos (CASTLES; RASTLE; NATION, 2018; EHRI *et al.*, 2001; MORAIS *et al.*, 1998; SPRENGER-CHAROLLES; DESROCHERS; GENTAZ, 2018). De acordo com a análise científica precedente, esses dados indicam que a aprendizagem rápida e sistemática das correspondências grafema–fonema, pelo chamado método "fônico", garante os melhores resultados tanto na leitura quanto na compreensão oral, mesmo em inglês, em que essas correspondências são menos transparentes do que em francês (LANDERL, 2000). Pesquisas mostram que as correspondências grafema–fonema se beneficiam de ser ensinadas rapidamente (GOI-

---

* N. de T. CP = curso preparatório; CE1 = curso elementar 1. São equivalentes ao 1° e 2° anos do ensino fundamental no Brasil.

GOUX, 2016a; RIOU; FONTANIEU, 2016) e em uma ordem racional, com base em sua frequência e regularidade no idioma (GRAAFF *et al.*, 2009).

Entre os métodos fônicos, observa-se uma pequena vantagem em favor dos métodos sintéticos (em que a criança aprende a montar grafemas para formar sílabas e palavras) sobre os métodos analíticos (em que a criança aprende a decompor as palavras em letras), mas os dados experimentais sobre esse ponto não permitem recomendações firmes (CASTLES, RASTLE; NATION, 2018), e as duas atividades são vinculadas e essenciais.

A ênfase nas correspondências grafema–fonema não significa que os outros componentes da leitura devam ser negligenciados. Assim, pesquisas mostram que, mesmo antes da primeira série, a fonologia e a compreensão auditiva podem ser objeto de treinamento específico, com efeitos distintos e complementares na leitura um ano depois (BIANCO *et al.*, 2012).

Enquanto a pesquisa em pedagogias converge, a questão distinta do impacto dos livros didáticos nas atividades pedagógicas é pouco estudada. O uso de certos livros didáticos garante melhor sucesso na aprendizagem? Hoje, não temos evidências que permitam uma resposta científica firme. Na França, há apenas dois estudos correlacionados e envolvendo populações limitadas (GOIGOUX, 2016b; DEAUVIEAU, 2013), mas fornecem observações importantes que convergem com os dados disponíveis sobre as técnicas ou práticas mais eficazes para ajudar os alunos nesse processo de aprendizagem.

O relatório *Lire et écrire au CP* (*Leitura e escrita no CP*) (GOIGOUX, 2016b) examina o ensino da leitura em 131 salas de aula. Em professores experientes, ele não consegue detectar um efeito significativo do livro de leitura usada.[8] Ao comparar os livros didáticos usados nas 15 classes com melhor desempenho e as 15 com menos desempenho, o relatório encontra uma distribuição semelhante de livros didáticos. Os professores que usam livros didáticos diferentes alcançam resultados semelhantes e os professores que usam os mesmos livros alcançam resultados variados. A dimensão mais importante, portanto, não é o livro, mas o ensino fornecido e a experiência do fornecedor. De acordo com a literatura, os elementos que promovem a aprendizagem são o ritmo da introdução de correspondências grafema–fonema no início do ano (de 12 a 14 correspondências estudadas nas primeiras seis semanas), o uso decodificável (assim definido como compreendendo 60% ou mais correspondências já ensinadas), a prática de leitura em voz alta e atividades de codificação (ou seja, produção de escrita) paralelas às atividades de decodificação.

---

[8] O relatório detalhado (GOIGOUX, 2016b) descreve, porém, na página 371: "Identificamos, no entanto, um efeito positivo, mas apenas de compreensão, para as aulas que utilizam um manual centrado no código, por comparação com as aulas que utilizam um manual cuja abordagem é integrativa ($p = 0,019$). Esse efeito diz respeito à população estudantil como um todo e, mais especificamente, aos alunos com nível inicial intermediário em compreensão ($p = 0,010$)".

O segundo estudo disponível (DEAUVIEAU, 2013) enfocou a eficácia comparativa de dois tipos de livros didáticos. Ela selecionou aulas de CP acolhendo crianças de famílias carentes e usando uma abordagem mista[9] (seis aulas para cada um dos livros estudados) ou abordagem silábica (cinco e seis aulas usando um dos dois livros didáticos que responderam a essa abordagem. O desempenho dos alunos no final do ano letivo em fluência e compreensão de leitura de textos é o melhor para um dos livros silábicos, o pior para um livro misto e intermediário para os dois últimos livros (um misto e um silábico). Esses resultados sugerem que a abordagem silábica é mais eficaz. Certas críticas, no entanto, podem ser feitas a esse trabalho, o que seria útil estender. Em primeiro lugar, não foi verificado até que ponto os professores seguiram as recomendações dos livros didáticos no ensino. Em seguida, não foi avaliado o nível inicial dos alunos no início do CP — embora todos pertencessem a uma rede de ensino prioritária, com recrutamento social homogêneo, e a categoria socioprofissional dos pais tenha sido controlada por regressão nas análises. Por fim, correlação não é causalidade, e o efeito professor também pode estar envolvido nesses resultados.

Em suma, os dados disponíveis fornecem poucas evidências da eficácia de qualquer livro, em especial para ajudar os professores a ensinar seus alunos a ler e escrever. Até onde sabemos, esse impacto pode depender, principalmente, do usuário e, portanto, da experiência do professor.

Como você visualiza o livro didático de ensino de leitura hoje e amanhã?

Embora seja difícil separar o papel específico do livro didático do efeito-mestre, a evidência científica sugere, sem dúvida, que certas estratégias para o ensino da leitura se beneficiam ao ser adotadas de forma mais sistemática e, de fato, por professores experientes. Portanto, deve ser possível desenvolver critérios precisos para projetar e escolher livros didáticos, bem como para treinar professores em seu uso, sobretudo para melhor orientar os professores iniciantes.

Tanto os colaboradores como os membros do Csen concordam com os seguintes pontos gerais:

- **Um manual é útil**, principalmente para os professores menos experientes, para permitir que a aquisição e o aprofundamento da leitura sejam organizados, de forma progressiva e racional, ao longo do ensino fundamental e para estabelecer o vínculo entre famílias e escola.

---

[9] Definido por Deauvieau (2013) como métodos "que combinam o reconhecimento visual das palavras (...); lendo enigmas (...) e aprendendo o código grafo-fonológico, que é feito aqui com mais frequência, diferentemente do método silábico, na forma de "lições sonoras" durante as quais o aluno é convidado a aprender ao mesmo tempo todas as diferentes transcrições gráficas do mesmo som".

- O Ministério da Educação Nacional e Juventude (MENJ) deve **especificar melhor as expectativas** de como a introdução de conceitos e conhecimentos se desenrolará ao longo do ensino fundamental e até da educação infantil.[10] A adoção de uma progressão mais precisa da leitura permitiria melhor acompanhamento de ano para ano, dentro do mesmo estabelecimento e entre estabelecimentos. Também devem ser especificadas as relações com os programas e, principalmente, com os objetivos de aprendizagem definidos pelo MENJ e determinando o desenvolvimento de avaliações (conhecimentos e habilidades esperados a esse nível). Por exemplo, se é essencial que o ensino das relações entre grafemas e fonemas (e vice-versa) seja realizado de maneira intensa e sistemática no início da primeira série, as atividades relacionadas à compreensão e ao enriquecimento do léxico não podem ser negligenciadas e, dessa forma, devem levar ao ensino realizado em paralelo.
- Três públicos são afetados pelos livros didáticos: os alunos, os professores e os pais. Podem ser considerados **formatos diferentes e flexíveis**, possibilitados pelas oportunidades oferecidas pelos computadores: um formato pequeno, muito legível e relativamente estável pode incluir os pontos essenciais da aprendizagem e os exemplos destinados a alunos e pais; as atividades e os exercícios acessíveis à internet seriam desenvolvidos para os professores, acompanhados de explicações e elementos de avaliação do impacto esperado. Por exemplo, as práticas de decodificação (leitura) devem ser acompanhadas de atividades de codificação (produção) destinadas a consolidar a aprendizagem. O interesse de tal organização derivaria da diversidade e possível expansão contínua das atividades (com acréscimos de profissionais e pesquisadores, o que levanta a questão da admissibilidade de propostas), bem como da adaptação às diferenças interindividuais, especialmente em caso de deficiência.
- **A formação inicial e contínua** dos professores deve incluir informações sobre os livros didáticos disponíveis (oferta editorial), os conceitos subjacentes a eles e uma introdução à análise de livros didáticos e propostas educacionais de acordo com suas características conceituais e formais. Mais importante ainda, deve incluir uma formação aprofundada em psicologia infantil e aprendizagem, nas especificidades da língua francesa e sua grafia, com vistas a adaptar as atividades diárias da sala de aula às capacidades das crianças, e identificar as suas dificuldades em um determinado estágio para apoiar sua aprendizagem. Esperamos que este documento possa, pelo menos em parte, cumprir essa função.

---

[10] A França poderia se inspirar no currículo nacional da Inglaterra, que especifica em detalhes o que deve ser aprendido, ano a ano. Disponível em: https://www.gov.uk/government/publications/national-curriculum-in-england-framework-for-key-stages-1-to-4, especialmente leitura: https://www.gov.uk/government/publications/national-curriculum-in-england-english-programmes-of-study.

PARTE III — PROPOSTA DE UMA GRELHA DE ANÁLISE PARA LIVROS DE LEITURA DE CP

Com base em dados científicos e análise de campo, podemos resumir o que deve ser atualmente um livro de leitura de CP. Este deve:

- ensinar rápida e sistematicamente a decodificação (ou seja, treinar a via fonológica, um ponto de entrada essencial para a leitura) e acompanhá-lo nas atividades de codificação correspondentes;
- ler e praticar a leitura intensiva de textos decodificáveis, a fim de automatizar a decodificação e promover o desenvolvimento da via lexical;
- dar às crianças ferramentas eficazes para acessar o significado do que leem, primeiro oralmente, depois integrando gradualmente a palavra escrita. Essa ação deve visar ao desenvolvimento do vocabulário e à aprendizagem de aspectos formais da língua (morfologia e sintaxe), ou seja, domínio da língua francesa;
- distinguir claramente as atividades que se enquadram no ensino e na aprendizagem de decodificação e codificação das atividades que se enquadram na aprendizagem de idiomas e compreensão oral e escrita.

A partir disso, desenvolvemos uma grade de critérios que qualquer manual de leitura deve ter.

Ergonomia

Um livro de leitura deve ter uma alta densidade de letras, sílabas, palavras e textos legíveis para crianças. A organização da página deve permitir que a criança tenha uma ideia clara do que aprender em cada lição. Portanto, recomendamos:

- não sobrecarregar a página com instruções que a criança não pode ler (p. ex., "eu leio palavras", "leio frases", etc., quando a tarefa é óbvia aqui);
- não introduzir grafias ou desenhos desnecessários (p. ex., "r → o → ro", as setas são desnecessárias aqui, e um elemento de confusão; em vez disso, peça às pessoas que manipulem e combinem cartões ou letras magnéticas, se alguém quiser trabalhar com combinações de letras);
- separar claramente na página o que se destina à criança e, possivelmente, aos pais e professores (p. ex., a coluna da esquerda pode ser para os pais, em uma fonte menor e com uma cor diferente);
- preferir fontes sem serifa e evitar o uso de itálico. As crianças que têm dificuldade em aprender a ler, além de leitores inexperientes, parecem se

beneficiar de um aumento no tamanho da fonte (para um mínimo de 14 pontos) e no espaçamento entre letras e palavras (ZORZI *et al.*, 2012; HAKVOORT *et al.*, 2017). Por padrão, a fonte "dislexia" possui um espaçamento maior entre letras do que outras fontes.[11]

Critérios para o ensino de decodificação e codificação

A. O ensino começa com a sistemática de correspondências grafema-fonema

Cada lição apresenta uma ou algumas correspondências, ou seja, uma letra ou sequência de letras e sua pronúncia específica (p. ex., "ch" é pronunciado /ch/ como em *char* [tanque]). Para que essa etapa seja bem-compreendida, começamos com letras cujas correspondências com os sons são inequívocas (p. ex., "f", "j") e continuamos de acordo com uma progressão racional de dificuldade, que leva em consideração a ambiguidade do grafema e sua frequência em francês.

B. A aprendizagem das correspondências grafema-fonema ocorre em ritmo acelerado

Todos os estudos científicos concordam que é importante dominar um grande número de correspondências rapidamente, para poder decodificar um grande número de palavras de forma rápida. De acordo com a pesquisa Read & Write (GOIGOUX, 2016a), as aulas que ministram mais de 11 lições nos dois primeiros meses têm melhor desempenho. A Academia de Paris recomenda e gerencia sem dificuldade um ritmo de 14 ou 15 lições estudadas durante as primeiras nove semanas. As atividades de decodificação devem ser acompanhadas de atividades de codificação relacionadas às mesmas configurações: tendo aprendido a ler do, ro, mo, etc., deve levar os alunos a escreverem essas mesmas configurações sob ditado e até a transcrever alguns que ainda não foram decodificados, desde que seus grafemas já tenham sido ensinados.

C. O manual vai do grafema ao fonema a fim de minimizar a carga de memória

No início do CP, é importante que a criança perceba que ler não é memorizar a imagem das palavras, como faria um estudante chinês, mas aprender um código que tem muitas regularidades e se baseia em um princípio de correspondência entre

---

[11] No entanto, deve-se notar que um estudo experimental restrito a 12 crianças disléxicas entre 9 e 12 anos de idade não constatou que seu uso melhorou a leitura (WERY; DILIBERTO, 2016).

letras e sons. Para que esse princípio fique claro, o ensino inicial deve se concentrar em relações simples e individuais, o que é verdade para a maioria das vogais (a, i, é ou on, etc.) e muitas consoantes (b, d, f, j, l, m, n, p, t, v, etc.) antes de introduzir correspondências mais complexas e ambíguas. Não apresente contraexemplos nas primeiras lições (p. ex., que em *maison* (casa) "i" não seja pronunciada i!), o que aumenta a confusão.

Para passar de letras para sons (leitura), a ortografia francesa é relativamente regular; enquanto na direção oposta, para passar de sons para letras (ditado), as dificuldades são numerosas. Por exemplo, a letra "o" é lida na maioria das vezes /o/, mas, inversamente, o som /o/ pode ser escrito o, au, eau, aux, ot, oo de zoológico, etc.; alguns sons, como /é/, podem ter até 15 grafias diferentes.

É por isso que, no início de aprender a ler, sugerimos que você declare apenas uma relação grafema–fonema por vez ("o" é pronunciado /o/). Alguns livros didáticos mostram imediatamente todas as representações possíveis de um som, o que é demais para lembrar, pelo menos nas primeiras lições.

Quando os sons são transcritos por várias grafias, o som /o/, por exemplo, apresentaremos bem no início do ano, as grafias mais simples e mais frequentes (letra o ↔ son /o/) e depois as outras duas grafias principais (au – às - e eau – água). A maioria das outras grafias é derivada dessas três grafias principais, e pode ser tratada como a principal seguida por uma letra em branco. Todas as grafias podem ser realizadas novamente no final do ano, durante o trabalho de morfologia, o que é muito importante para aprender a ortografia e construir as representações ortográficas envolvidas na via direta.

D. O manual oferece uma progressão sistemática, do mais simples ao mais complexo

Para construir a progressão por meio das correspondências grafema–fonema, também é necessário levar em consideração sua frequência e regularidade na direção da leitura (do grafema ao fonema) e na direção inversa. Tabelas de frequência foram estabelecidas, por exemplo, no banco de dados Manulex-MorphO (PEEREMAN; SPRENGER-CHAROLLES; MESSAOUD-GALUSI, 2013) de todas as palavras de 54 livros didáticos de escolas primárias, levando em consideração marcas morfológicas. Essa base foi construída seguindo Manulex-Infra (PEEREMAN; LETE; SPRENGER-CHAROLLES, 2007), que não levou em consideração a morfologia.[12]

---

[12] Essa progressão ecoa parcialmente a apresentada em Dehaene et al. (2011), publicada antes do estabelecimento do banco de dados Manulex-MorphO (PEEREMAN; SPRENGER-CHAROLLES; MESSAOUD-GALUSI, 2013).

Com base nos dados daquela tabela, as correspondências grafema-fonema mais frequentes e regulares são, para vogais, "a", seguido de "ou", "o", "é" e "on". Nos primeiros estágios da aprendizagem da leitura, é possível introduzir essas vogais, além de "eu", "i" e "u" (exceto quando essas duas últimas são seguidas por outra vogal, como em "ciel" – céu – e "lui" – ele), bem como o "e" no final de uma palavra consoante-vogal (le [a], je [eu], te [vocês], etc.).

Em relação às consoantes, as mais frequentes e regulares são "r", seguidas de "l", depois de "p", "m" e "v". No entanto, pode ser interessante introduzir as fricativas primeiro (f, j, ch, v) porque elas também são frequentes e regulares, além de serem produzidas isolada e continuamente — o que não ocorre. Esse não é o caso de oclusivos (p, t, k, etc.), que não permitem a produção de som contínuo. Após "l" e "r", podemos continuar com "p", "b", "m", "n", "d" e "qu" (é encontrado em muitas palavras funcionais), mais o "s" no início de uma palavra.

Você também deve prestar atenção à complexidade das sílabas e palavras. Sugerimos primeiro o uso de palavras curtas compostas por sílabas simples chamadas "CV", ou seja, compostas por uma consoante (C) seguida por uma vogal (V) (p. ex., *la* [a], *le* [o], *jeu* [jogo], *feu* [fogo], *fou* [louco], *chou* [repolho]). As palavras com estrutura CVC (p. ex., *bal* [bola] *sol* [solo], *jour* [dia]) e CCV (p. ex., *tri* – ordenação, *blé* – milho, *bleu* – azul) serão introduzidas em uma segunda etapa. Pode ser interessante apresentar contrastes mínimos como "*tu-ut*", "*fou-ouf*", "*tir-tri*" e "*dur-dru*"* para chamar a atenção das crianças para a importância da ordem dos grafemas na decodificação.

As dificuldades de ortografia francesa devem ser abordadas como um segundo passo. Algumas dificuldades podem ser explicadas pela morfologia, outras por regras contextuais. As últimas dizem respeito à pronúncia de "s", "c / g" e "e". Por exemplo, a consoante "s" é lida /s/ no início de uma palavra e quando é precedida ou seguida por uma consoante (*liste, bourse, danse* [lista, bolsa, dança]), enquanto que, entre duas vogais ou semivogais, é lida /z/ (*arrosé, arrosoir, chinoise* [aspersão, regador, chinês]), exceto quando a vogal anterior é nasal (e termina em consoante gráfica, como em *danse* [dança]).[13] Outro exemplo, o grafema "e" é pronunciado /E/ na frente de uma consoante dupla (*belle, cette, presse* [lindo, isto, pressione]), bem como em uma sílaba fonologicamente fechada (*sel, sec* [sal, seco]) ou ortograficamente (*les, effect, user, nose* [a, efeito, desgastar, nariz]).

---

* N. de T. Estes exemplos mostram que se pode ensinar uma estrutura simples de palavra e em seguida uma palavra diferente com os mesmos fonemas em ordem distinta. Em português, seria como ensinar bolo-lobo, pato-topa, lama-mala, tiro-trio.

[13] Exceto em raras palavras multimorfêmicas, como *parasol* (guarda-sol) ou *toursenol* (girassol).

E. O manual oferece apenas palavras e textos decodificáveis

A criança não deve pensar que a leitura é um jogo de adivinhação. Portanto, para cada lição, o manual oferece apenas palavras e textos decodificáveis. Um texto decodificável é definido como um texto que obtém uma alta proporção de palavras regulares compostas de relações grafema–fonema que já foram ensinadas.

Atualmente, é difícil quantificar com precisão a taxa de decodificação ideal para promover a leitura independente por leitores iniciantes nas primeiras aulas, em que a criança deve compreender o princípio da leitura, é sem dúvida preferível oferecer apenas sílabas, palavras ou pequenas frases totalmente decodificáveis. Alguns livros didáticos conseguem atingir 100% de decodificação em todas as lições, mesmo que as frases, às vezes, pareçam restritas. Como regra geral, textos suficientemente decodificáveis (contendo entre 70 e 85% das palavras totalmente decodificáveis) promovem o uso de procedimentos de decodificação pelos alunos, bem como a precisão e fluidez de leitores iniciantes. A plataforma Anagraph (RIOU; FONTANIEU, 2021) permite aos professores estimar a decodibilidade dos textos que eles ensinam aos alunos, com base nas correspondências grafema–fonema já estudadas em suas aulas.

Vamos mencionar brevemente o caso particular das "palavras-ferramentas", ou seja, palavras muito frequentes, necessárias para inúmeras sentenças (*le*, *un*, *son*, etc. [a, uma, som, etc.]). Não há razão para discutir sobre isso. Na realidade, a maioria dessas palavras é regular e, portanto, pode ser introduzida à medida que as correspondências entre grafema e fonema são aprendidas. Poucas palavras-ferramentas são irregulares e muito frequentes (p. ex., as palavras *et* [e], *sept* [sete], *dix* [dez], o *est* [é] do verbo *être* [ser], o *eu* [tinha] do verbo *avoir* [ter], etc.). Até onde sabemos, sua inclusão nos textos não parece ter um efeito negativo, pois seu número é limitado (10 devem ser suficientes). Note, no entanto, que construir frases que evitam essas palavras irregulares não é impossível, e que pode parecer desejável evitar qualquer confusão ou contradição nas instruções de ensino.

F. Revisões regulares

Como em qualquer aprendizagem, os elementos aprendidos nas semanas ou nos meses anteriores devem ser revisados regularmente. Eles podem ser misturados com as últimas correspondências aprendidas. A revisão regular facilita a memorização e automação. Vários exercícios podem ser oferecidos: leitura de correspondência palavra-imagem, busca de palavras, etc. Esses exercícios devem testar imediatamente o conhecimento adquirido e possibilitar a revisão do conhecimento anterior. Esses exercícios também são jogos que agradam a criança e mostram o prazer das palavras.

G. Os textos a serem lidos ficam mais longos à medida que você aprende

Os textos longos permitem que as crianças encontrem estruturas sintáticas mais variadas e se acostumem à estrutura escrita da língua e aos sinais de pontuação. No entanto, é necessário adaptar a estrutura dos textos às capacidades linguísticas das crianças em uma determinada idade. O autor pode se dar ao luxo, mas tendo em mente as possibilidades de seu leitor. O exemplo contrasta os relativos que requerem muita memorização de trabalho para a maioria dos CPs.

> C'est l'histoire d'un serpent qui n'est pas content
> à cause d'un singe qui a eu peur d'un éléphant
> qui a mal dormi à cause d'une chauve-souris
> qui a fait << crunch crunch >> toute la nuit,
> pile au-dessus de son lit.

Figura 6.3
Nota: História de uma cobra que não está feliz por causa de um macaco, que tinha medo de um elefante que dorme mal por causa de um morcego, que à noite fazia toda a "crunch crunch", logo acima de sua cama.

H. O manual oferece exercícios de escrita em paralelo com a leitura

As atividades de escrita ou codificação facilitam a aprendizagem da leitura. A escrita começa com letras isoladas, depois as palavras legíveis em cada lição, por fim, uma produção real de escrita curta e corrigida imediatamente em caso de erros de ortografia ou sintaxes.

Critérios para ensinar e entender a língua francesa

Além de dominar a decodificação, a pesquisa mostra que é útil ensinar explicitamente estratégias de compreensão de texto. Esse ensino é realizado oralmente desde o jardim de infância e, é claro, durante o primeiro ciclo, no qual incorpora gradualmente o trabalho de escrita. É identificado de modo claro, regular e distinto do ensino de decodificação, o que deve representar a maior parte do tempo de ensino no início do CP. Torna-se cada vez mais importante à medida que os alunos progridem na leitura. Seu principal objetivo é promover o domínio da linguagem escrita. Pode, se necessário, ser o assunto de um manual separado do manual de ensino do código alfabético. Oferecemos aqui alguns critérios para o ensino da compreensão do francês.

A. O manual fornece acesso a um vocabulário rico e ambicioso, trabalhado primeiro por via oral e, logo que possível, oralmente e por escrito

Os livros fornecem acesso a novos mundos diferentes da realidade cotidiana e enriquecem o vocabulário. Isso é mais bem compreendido se encontrado em várias situações. Uma nova palavra abordada em uma leitura, por exemplo, deve ser reutilizada em momentos de aprendizado estruturados e independentes, que levarão os alunos a ler, ouvir e produzir em muitos contextos (condição de sua memorização) e a tomar consciência do seu significado. Esses momentos estruturados também permitem a apresentação e o uso de muitas outras palavras, que enriquecerão o contexto lexical dos alunos.

B. O livro ensina a morfologia das palavras

O trabalho sobre a morfologia da língua é um ponto privilegiado de conexão oral e escrito. Trabalhar em famílias de palavras torna possível enriquecer o vocabulário e automatizar a leitura de morfemas, ou seja, facilitar a leitura pelo reconhecimento implícito da constituição da palavra ao ler um texto (grand*ement*, facil*ement*, joli*ment*, etc. [em grande parte, facilmente, agradável, etc.]).

A morfologia flexional, no CP, refere-se principalmente às marcas de gênero e número mais frequentes (p. ex., o "s" final dos substantivos plurais, o final "-ent" dos verbos, o "e" final dos adjetivos femininos). Poucos livros de leitura dedicam lições específicas a marcas plurais, por exemplo (TRÉVENIN *et al.*, 1999; FAYOL, 2003).

C. O manual oferece um ensino explícito e estruturado de compreensão

Pensar e raciocinar sobre o conteúdo das declarações é um aspecto essencial e não muito intuitivo da atividade de compreensão, especialmente para crianças com um baixo nível de linguagem e para aqueles que têm pouca experiência com a linguagem formal específica dos textos.

Aprender a entender passa em grande parte por discussões e debates fundamentados. É importante que os alunos possam se expressar, para explicar como conseguem dar uma interpretação específica e discutir entre si e com o professor qual interpretação manter. Esse ensino é realizado mais facilmente com pequenos grupos de alunos (cinco a oito). Deve-se garantir que todos possam ser questionados e se manifestar.

D. O manual oferece progressivamente textos variados, atraentes e cada vez mais complexos, abordando diversos gêneros

Os textos lidos por adultos e pelos alunos devem ser claramente identificados ao longo do ano; a complexidade dos textos a serem lidos pelas crianças aumenta com as habilidades de leitura.

A compreensão da leitura requer o domínio e o uso coordenado de muitas habilidades, as quais podem ser a fonte de dificuldade a qualquer momento. Esses obstáculos devem ser identificados e trabalhados com base em exercícios específicos. A aposta no CP não é chegar a uma formalização muito precisa das estratégias de compreensão, mas ensinar aos alunos que o texto pode ser uma fonte de dificuldade (reconheça que não se pode entender) e que podemos raciocinar para superar esses obstáculos (fornecer alguns procedimentos).

Atualmente, não há progressão estrita para a CP, com todas as habilidades em graus variados envolvidas em cada texto e, ainda, há muita pesquisa a ser feita para saber a eficácia do ensino de uma estratégia específica na CP. Entretanto, podemos citar aqui as principais habilidades identificadas pela análise teórica da atividade de compreensão:

- analisar morfemas gramaticais que indicam gênero, plural, tempos verbais, etc.;
- entender as palavras gramaticais que descrevem o espaço (acima, abaixo, dentro, etc.) e o tempo (antes, depois, durante, etc.);
- entender causalidade;
- entender referências (p. ex., poder determinar quem é mencionado por um pronome como "*il*" (ele), "*lui*" (ele) etc.);
- identificar o significado aproximado de uma palavra desconhecida no contexto;
- selecionar o significado de uma palavra polissêmica em seu contexto;
- interpretar estruturas sintáticas complexas (relativas, passivas, etc.);
- saber distinguir o que é dito (o explícito) e o que está implícito. O trabalho no implícito permite que você reconheça diferentes tipos de inferência e aprenda a distinguir entre o que o texto diz e o que você sabe;
- identificar a ideia principal de um parágrafo, resumi-lo ou reformulá-lo com suas próprias palavras;
- identificar a interpretação essencial de outras informações acessórias para poder responder a uma pergunta.

Armadilhas a evitar

Os membros do Conselho Científico da Educação Nacional ficaram surpresos com a abundância de livros de leitura disponíveis na França. Entre esses, às vezes, encontramos elementos contrários a todos os princípios já expostos. Listamos, a seguir, algumas dessas armadilhas que consideramos essenciais evitar.

A. Distraia a criança de sua tarefa principal

Muitos livros didáticos se apresentam explicitamente como "mistos". Eles ensinam decodificação, é claro, mas também muitas outras coisas que devem facilitar a compreensão, o gosto pela leitura, a motivação, etc. Essas atividades secundárias, às vezes, não têm absolutamente nada a ver com o ensino de leitura. Elas interferem no tempo de leitura e distraem a criança. Lembre-se aqui que os alunos do CP devem estar envolvidos em atividades de leitura, pelo menos, 30 minutos por dia.

Alguns exemplos de fontes de distração que julgamos questionáveis:

- **A ênfase no nome das letras.** Os nomes das letras (R é chamado "**área**"), aprendidos no jardim de infância, não estão necessariamente vinculados à sua pronúncia (R é pronunciado /r/). A insistência no nome das letras, e não na pronúncia, corre o risco de confundir a criança: como ele pode entender que R + O produz o som /ro/ e não "aire-o" ou " **héros**" (herói)?
- **A recitação do alfabeto.** Letras não são números, e saber sua ordem alfabética é irrelevante na leitura (embora seja útil posteriormente para procurar palavras no dicionário).

No exemplo a seguir, qual é o sentido de dedicar a quarta lição de leitura a "escrever as letras que faltam no alfabeto"?

> Escreva as letras que faltam na ordem alfabética.
>
> o – d – q – c – i – u – l
>
> a b _ _ e f g h _ j k _ m

Figura 6.4

- **O uso do alfabeto fonético.** Como você pode imaginar que seria útil explicar a uma criança que "y = u" ou "u = ou" (veja o oposto)? O alfabeto fonético é confuso, não tem absolutamente nada a ver em um livro de leitura infantil.
- **O uso de contraexemplos.** Que tal um livro que, ensinando o som /u/, é rápido em dizer que você não pode ouvi-lo em *lundi* (segunda-feira)? Da mesma forma, vimos um livro didático que apresenta o som /a/ da primeira lição, mas nos sentimos compelidos a esclarecer que ele não é ouvido em *maison* (casa). Nesse ponto, o aluno precisa saber como pronunciar essas letras nas palavras que encontrará, portanto, em textos decodificáveis, fazendo-o aprender as exceções ao mesmo tempo que as regras só podem sobrecarregar sua memória de trabalho e induzir confusão.

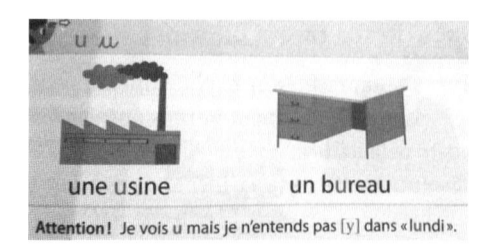

> une usine   un bureau
>
> **Attention!** Je vois u mais je n'entends pas [y] dans «lundi».

Figura 6.5 Este manual ensina o som /u/ no início do ano, associando-o à palavra "fábrica" (*usine*). Muito bem! Mas qual é o sentido de também usar o alfabeto fonético, no qual o som /u/ é escrito [y]? E por que dar a palavra "segunda-feira" (*lundi*) como um contraexemplo, em que a letra u não é pronunciada /u/?

Nota: Aviso! Vejo você u, mas não consigo ouvir {y} na "lundi" "segunda-feira".*

- **Detectando o contorno de uma palavra.** Alguns exercícios pedem à criança que identifique o perfil geral, formado principalmente pelas letras ascendentes e descendentes (veja a palavra *lapin* [coelho] a seguir). No estado atual do conhecimento científico, esses exercícios não têm relação com a leitura: isso depende da identificação de cada uma das letras, não da descrição geral e, além disso, permanece inalterado quando mudamos para maiúsculas (*lapin*/ LAPIN [/COELHO]).

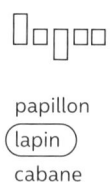

> papillon
> lapin
> cabane

Figura 6.6
Nota: Observe a *papillon* (borboleta), o *lapin* (coelho) e a *cabane* (cabana). O contorno acima é correspondente ao das letras de *lapin*.

- **A fusão de palavras.** O uso de um espaço em branco entre palavras é uma invenção notável que permite acesso rápido ao léxico. Porque nos privar dessa invenção, assim como, apesar do senso comum, alguns livros didáticos que escrevem por exemplo:

---

* N. de T. No caso, a letra u pode representar mais de um fonema e, na palavra "lundi", ela tem um som diferente da palavra "usina". Em português seria o mesmo que ensinar as palavras anel e anjo para a letra A. Em anel o fonema é /a/ e em anjo o fonema é /ã/. Embora a letra seja a mesma, o fonema é diferente.

> << Part oute lama giedumon de,quel eprin cedevien neu ncra paud! >>

Figura 6.7
Nota: A frase está segmentada de forma errada para ilustrar a fala *"Par tout la magie du monde, que le prince devienne u crapaud!"*. A tradução seria "Por toda a magia do mundo, que o príncipe se torne um sapo!").

Essa apresentação ridícula é ainda mais prejudicial para o jovem leitor, pois ele deve usar o léxico oral para validar a qualidade de sua decodificação de palavras. Esse tipo de segmentação penaliza e impede a automação da leitura. Como qualquer erro apresentado por quem detém a autoridade (o adulto, o livro), ele pode fazer com que perca a confiança em si mesmo ou aprenda uma ortografia errada.

- **Fazendo seu próprio livro.** Alguns livros acham útil "entrar no mundo da leitura" construindo seu próprio livro... não escrevendo, mas cortando páginas e encadernando-as! Atividades manuais de trabalho são importantes para as crianças, mas elas não estão lendo.
- **Textos em outras escrituras.** Mostrar frases em cirílico ou árabe é provavelmente uma abertura cultural bem-vinda, mas não ajuda a aprender a ler. Obviamente, as crianças devem prestar atenção rapidamente à direção da leitura, que vai da esquerda para a direita em nosso alfabeto, mas não é mostrando a elas contraexemplos que elas serão ensinadas de maneira eficaz.

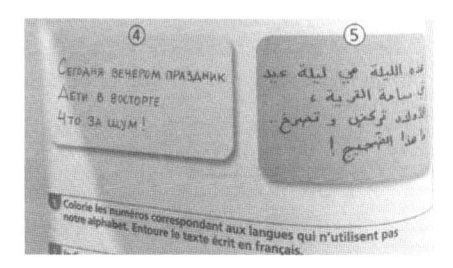

Figura 6.8

B. Desviar a atenção do código alfabético

A criança deve entender que a leitura é baseada em um código que associa cada letra ou grupo de letras a um fonema, em uma ordem sistemática, da esquerda para a direita. Esse código não é intuitivo, e qualquer tarefa que o distraia apenas não o ajuda, mas pode ser prejudicial ao direcioná-lo para a estratégia errada. Enigmas de leitura devem ser evitados nas primeiras semanas de aprendizagem. Quando ele é um leitor melhor e integra bem o princípio desse código, podemos ser menos rigorosos, porque uma criança mais experiente será capaz de fazer suposições e, portanto, será capaz de deduzir certos sons de acordo com o que ela já sabe, mesmo que não saiba todos os grafemas apresentados.

Nessa base, recomendamos que você não leia palavras ou frases inteiras que a criança não possa decodificar.

No entanto, os membros do Csen ficaram muito surpresos ao **descobrir que diversos livros continuam oferecendo para as crianças, desde a primeira semana, frases para serem lidas globalmente**, sem nenhuma chave que permita a decodificação.

- Por exemplo, um livro didático fornece para "ler", desde a primeira semana de aula, a frase "existem meninos e meninas na escola".
- Outro livro pede para as crianças que distingam uma receita culinária de um artigo de jornal na primeira semana em que elas não conseguem ler. Essa atividade não tem nada a ver com aprender a ler, mas também não vemos como a criança pode evitar o enigma puro.
- Além disso, a irregularidade e, às vezes, o caráter agramático das frases propostas também deixam uma dúvida. E isso sem que o conteúdo ganhe riqueza ou interesse em comparação aos textos decifráveis. No exemplo a seguir, a frase mal é francesa, e a palavra *fils* é uma das mais irregulares em francês.

· Le fils est en folie.

Figura 6.9
Nota: Em português seria equivalente a ensinar uma frase agramatical e com palavras irregulares apenas para forçar um exemplo, como "O palhaço está divertido".

Recomendamos que respeite as regularidades do francês, tanto quanto possível, especialmente nas lições iniciais. O contraexemplo a seguir deveria ilustrar a aprendizagem da pronúncia da letra "m". Nas primeiras semanas de leitura, que interesse há em introduzir as ortografias *outh* e *ow*, que não são sequências regulares de francês e são indecodificáveis pela criança nessa fase?

Le mammouth mauve mâche
un chamallow.

Figura 6.10
Nota: Em português, seria o mesmo que ensinar o som da letra M na frase "Mamãe me deu um *marshmallow*". As estruturas da palavra *marshmallow* não são decodificáveis em português, confundem a criança.

Questões pendentes

Como podemos ver, a pedagogia da leitura é rica em ideias, às vezes, barrocas. Entre os mais aceitos e difundidos, o grupo de trabalho questionou o valor dos métodos de ensino que requerem a aprendizagem de informações adicionais, sem chegar a uma conclusão.

Gestos de mão. Em alguns métodos, também recomendáveis por sua insistência no código fonológico, a criança é solicitada a aprender um gesto com a mão para cada letra, muitas vezes, sem nenhum vínculo óbvio com o formato da letra, nem com a boca que pronuncia o fonema. Esses gestos constituem, portanto, um código adicional para aprender, diferentemente das letras e dos movimentos articulatórios da linguagem oral. Isso é uma ajuda mnemônica? Ou, pelo contrário, uma distração? A literatura científica atual não é conclusiva — mostra que é útil associar as letras ensinadas com imagens de uma boca pronunciando os fonemas correspondentes (BOYER; EHRI, 2011), mas, até onde sabemos, não diz se esses gestos podem ser substituídos por configurações manuais. Talvez eles possam ser úteis para crianças que sofrem de surdez ou distúrbios fonológicos, para desambiguar certos sons, mas para poder oferecê-los a todas as crianças, sua utilidade deve ser demonstrada cientificamente em toda a classe.

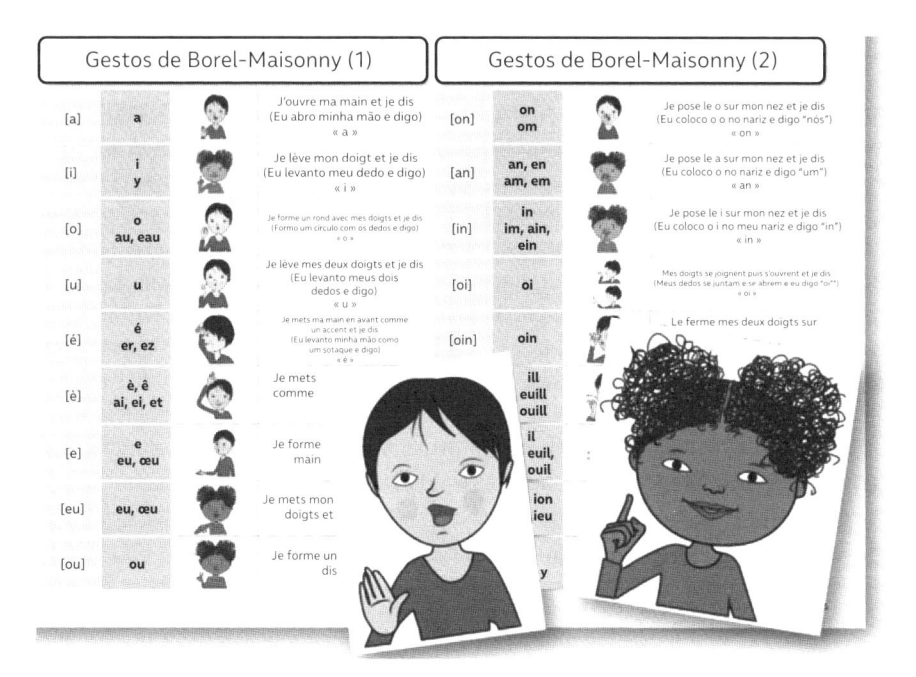

Figura 6.11

Monsieur a qui tient sa canne à l'envers « ha, ha, ha »	la botte bavarde qui bégaye « bbb »	le cornichon croque et craque « ccc... »	la dame avec son gros derrière
(Senhor que segura sua bengala de cabeça para baixo "ha, ha, ha")	(a bota faladora que gagueja "bbb")	(o picles que morde e racha/quebra "ccc")	"a dama com seu bumbum grande"

Figura 6.12

Antropomorfização de letras. Outros métodos usam faces ou figuras para representar as letras. Cada letra é associada a um caractere atraente, cujo formato de corpo ou rosto evoca a letra correspondente, e os professores dedicam os primeiros dias das instruções de leitura a retratar todos esses caracteres. Aqui, novamente, a ideia é introduzir, de maneira transitória, um meio mnemônico e motivador de lembrar a forma e o som das letras. A seu favor, vários estudos convergentes demonstraram a utilidade, para facilitar a memória das correspondências grafema–fonema, de associar cada letra ao desenho de um objeto cuja forma se assemelha à da letra e cujo nome começa com o fonema correspondente (p. ex., a letra S representada por uma cobra) (De GRAAFF *et al.*, 2007; DILORENZO *et al.*, 2011; EHRI; DEFFNER; WILCE, 1984; SHMIDMAN; EHRI, 2010). No entanto, esses são projetos mínimos e cuidadosamente selecionados. Em contrapartida, algumas pesquisas sugerem que o enriquecimento pictográfico excessivo de livros, principalmente por meio da antropomorfização, pode desviar a atenção das crianças das propriedades relevantes dos objetos ensinados, dificultando o processo de ensino da abstração simbólica (STROUSE; NYHOUT; GANEA, 2018; CHIONG; DeLOACHE, 2013). Por sua vez, no nível cerebral, as áreas corticais associadas ao reconhecimento de rostos e letras são distintas e competem durante o desenvolvimento (DEHAENE *et al.*, 2010; 2015; KOLINSKY *et al.*, 2018). Esses poucos elementos de dúvida não são conclusivos, e o grupo de trabalho pede novos estudos controlados, na medida em que somente eles permitiriam decidir sob quais condições o efeito do lembrete supera a distração.

Outras recomendações genéricas

Além da questão específica do ensino da leitura, qualquer livro escolar deve obedecer a regras simples de ergonomia, acessibilidade, simplicidade e transparência para todos os seus usuários (crianças, professores e pais). A seguir, está uma lista

Figura 6.13

de recomendações genéricas, não exaustivas, que também podem ser usadas como critério de seleção.

- O manual não utiliza jargões ou vocabulários desnecessariamente técnicos.
- O manual não espalha neuromitos nem se baseia na neurociência sem um bom motivo.
- O manual é suficiente por si só: oferece, em cada etapa, atividades educacionais que podem ser usadas diretamente pelo professor, sem a necessidade de fotocópias ou outros materiais adicionais.
- O livro didático não apresenta aprendizagem estressante: ficamos surpresos ao descobrir que muitos livros didáticos apresentam situações estressantes, associando escola e medo ou usando histórias desproporcionalmente horríveis e ilustradas com imagens de horror. Pode ser difícil querer abrir um livro que contém ilustrações como a apresentada na Figura 6.13.
- O manual contém uma seção destinada aos professores: curta, clara e sem jargões, explica em poucas páginas a pedagogia e os objetivos do ano.
- O manual contém uma seção destinada aos pais: curta, clara e sem jargões, explica em particular os objetivos do ano, a progressão pedagógica e a maneira como os pais podem intervir além das atividades da aula.
- O manual é "inclusivo" — seu formato digital (HTML, XML) permite adaptações às diferentes necessidades específicas de crianças com deficiência (tamanho da fonte, leitura em braille, leitura em voz alta, etc.).
- O preço do manual é razoável.
- O peso e o volume do manual são razoáveis.

PARTE IV — O EXEMPLO DO PLANO DE LEITURA IMPLANTADO EM 2017-2018 NA ACADEMIA DE PARIS

Como passar desses princípios para sua aplicação prática? Como apontamos, não é o livro que ensina, mas o professor. A escolha de um livro didático não é, portanto, suficiente, mas deve fazer parte de uma política geral de formação de professores e mobilização geral de todos os atores da educação nacional.

Para refletir sobre essas questões, o Conselho Científico da Educação Nacional entrevistou Antoine Destres, Diretor Acadêmico dos Serviços Nacionais de Educação (Dasen) da Academia de Paris. De fato, essa academia levou sob sua direção uma ação global conhecida como Plano de Leitura, da qual a escolha de ler livros didáticos era apenas um elemento entre outros. Pareceu-nos interessante relatar essa experiência neste capítulo, sem prejudicar a possibilidade de outras academias realizarem outras ações de escopo semelhante. Os elementos a seguir foram escritos por Antoine Destres, com um comentário final do Csen.

Diferentemente da crença popular, a educação prioritária diz respeito a um grande número de aulas na Academia de Paris, em torno de um terço das escolas e estudantes. No início do ano letivo de 2017, foram divididas 53 turmas de Redes de Educação Prioritária Reforçada (REP+) e CP, e esse número subiu para mais de 400 no início do ano letivo de 2018. Nessa ocasião, a reitoria reformulou completamente seu sistema de ensino de leitura em 2017-2018, antes da vasta implantação de 2018, a extensão em 2018-2019.* para todos os mestres em CP, ensinando ou não em REP ou REP+.* No total, mais de 850 professores de CP foram treinados em leitura e escrita em 2018-2019. Abordar a questão do manual de leitura era apenas um elemento dessa nova estratégia, que incluía quatro pontos:

- vasta organização didática e educacional;
- desenho sistêmico do dispositivo;
- postura dos formadores que combina uma grande experiência didática, uma forte presença nas aulas e uma grande benevolência para com os professores;
- introdução do manual como consequência dos elementos aprendidos na formação.

---

* N. de T. As Redes de Educação Prioritária, ou REP, socialmente mais mistas que a REP+, reúnem as redes de faculdades e escolas com dificuldades sociais mais significativas do que as de faculdades e escolas situadas fora da educação prioritária. A lista de faculdades REP é decidida em nível nacional em consulta com as academias. A lista de escolas no REP está sujeita a decretos acadêmicos.
    As Redes de Educação Prioritária Reforçada, ou REP+, são as redes que vivenciam as maiores concentrações de dificuldades sociais com forte impacto no sucesso acadêmico. No REP+, as obrigações de serviço dos docentes são modificadas por uma ponderação no segundo grau e a dispensa de 18 meios dias substituídos no primeiro grau. A lista de faculdades e escolas REP+ é decidida em nível nacional em consulta com as academias. É objeto de um decreto nacional.

Uma vasta organização didática e educacional

Assim que foi publicado o anúncio ministerial da duplicação de aulas do CP no Rep+, a gerência da Academia desejou marcar seu compromisso e a dimensão muito pragmática da abordagem, realizando reuniões de trabalho e distribuindo informações a todos os interessados na escola, sobretudo diretores, sindicatos e grupos de pais. Essas informações se concentraram nos problemas e métodos, e depois no desenvolvimento do sistema. As discussões foram apoiadas entre a reitoria e as escolas, em particular pela presença ativa de inspetores nacionais de educação (reuniões em vários níveis, visitas às escolas, às vezes, acompanhadas por autoridades eleitas, autoridades municipais, inspetores da Academia ou inspetores educacionais regionais). O Dasen visitou as 53 turmas inicialmente envolvidas e conversou com cada professor. Os 100 mestres, os professores de humanidades da Escola Superior de Ensino e Educação (ESPE) e os 70 conselheiros educacionais se reuniram, em junho, para descobrir os resultados e se apropriar de seu roteiro.

Um *design* sistêmico do dispositivo

Para o desafio "100% de sucesso no CP" ser bem-sucedido, as entradas eram plurais.

- O trabalho sobre **os empregos** a serem criados foi realizado para cada escola: para evitar tensões sobre esse assunto, um painel de avaliação por escola foi projetado e comunicado aos sindicatos com muita atenção aos números de alunos em outros níveis.
- Foi estabelecida uma forte colaboração sobre a questão **das instalações** com as autoridades da cidade para obter "duplicação real" em todos os lugares. Para isso, foi necessário realizar negociações entre funcionários, obras de restauração... O resultado — em uma cidade onde os prédios das escolas dificilmente são expansíveis — foi muito positivo: 93% das turmas de CP estavam funcionando em 2018–2019 no modo: um grupo/um mestre/uma sala.
- **A atribuição** de professores se desvia um pouco das regras usuais para colocar profissionais motivados à frente dos alunos e mantê-los no ano seguinte.
- Os mestres foram associados **em pares**. A restrição de substituição durante o treinamento (o professor que permaneceu na escola leva os alunos do colega que fez o treinamento) teve consequências muito positivas: mesmas progressões, mesmos livros didáticos, preparações comuns, constituição de grupos de apoio, etc.

No nível essencial de **treinamento**:

- Um **grupo de formadores** especializados na questão da leitura foi acompanhado de perto por um inspetor cuja competência é reconhecida a todos os níveis. Um treinador foi designado para acompanhar as aulas juntamente

com os conselheiros do círculo eleitoral. Em 2018–2019, três pessoas eram dedicadas em período integral a esse suporte local.
- Foi **implementado treinamento para orientadores educacionais** — quatro turnos por ano, um pré-requisito essencial para discursos e conselhos consistentes a serem dados aos professores.
- Um curso de **treinamento de quatro dias** (um por período) foi organizado **para cada um dos professores** do ensino fundamental (reduzido para dois dias para os demais professores das escolas).

Os temas discutidos durante esses quatro dias foram os seguintes:
- projeto do leitor;
- correspondências grafema–fonema;
- letra cursiva;
- exercícios relacionados à escrita — codificação, ditado, cópia e produção escrita;
- vocabulário e morfologia lexical;
- morfologia gramatical;
- compreensão — estratégias nos textos ouvidos e nos textos lidos;
- leitura em voz alta;
- diferenciação.

Em novembro, dedicou-se tempo à análise dos livros didáticos utilizados pelos professores.

Esse treinamento é julgado, principalmente, pelos professores, sólido, concreto, progressivo, ambicioso, depois acompanhado em campo pelos conselheiros educacionais e pelos treinadores dedicados. Esse treinamento levou a mudanças radicais, às vezes, sobretudo no ensino de código e compreensão e, portanto, na escolha de livros didáticos.

Em termos de contínuo pedagógico entre o CP e os demais níveis, por fim:
- A **conexão com a educação infantil** poderia ser reexaminada, e as trocas entre os profissionais progrediram, permitindo ajustes na aprendizagem (especialmente em termos de consciência fonológica e gesto gráfico).
- Professores de **outros anos** em geral assistiam com interesse a esse "tsunami pacífico" que estava ocorrendo no 1º ano do ensino fundamental. As linhas estão mudando em algumas escolas, e nos perguntamos seriamente a questão da continuidade no CE1 ou mesmo além.
- A **ESPE** da Academia de Paris integrou a demanda, permitindo que os treinadores da reitoria trabalhassem com seus professores, a fim de intervir na leitura com estudantes de nível 2.

Alfabetização baseada em evidências **147**

O treinamento: conhecimento didático, presença nas aulas e gentileza em relação aos professores

O treinamento busca se adaptar aos contextos dos exercícios dos professores e suas práticas. A evolução disso se deve em grande parte ao clima de benevolência e escuta durante o período de treinamento e à experiência didática do grupo de treinadores. A presença, a pontualidade dos professores e o *feedback* muito positivo nas avaliações finais são sinais convincentes disso.

As recomendações pedagógicas oferecidas no treinamento são discutidas, e ilustrações práticas permitem que os professores as compreendam rapidamente para implementação na sala de aula. Propostas didáticas específicas são meios para responder às dificuldades relatadas pelos professores, permitindo que eles se envolvam em mudanças na prática. Ao observar o progresso dos alunos de um período para o outro, o clima de confiança foi fortalecido.

O apoio aos formadores nas aulas e nas escolas é diferenciado à medida que os alunos progridem, em consonância com as dificuldades encontradas pelos professores.

Como resultado dessa organização global, os conselhos específicos sobre a escolha de livros e ferramentas para os alunos foram seguidos e apreciados.

A introdução do manual como consequência dos elementos aprendidos no treinamento

Os projetistas do plano de leitura da Academia de Paris levaram em conta a grande sensibilidade do assunto: para muitos professores, o manual é um símbolo da liberdade educacional e, no passado, cristalizou debates ideológicos fortemente marcados. Se a Academia de Paris até agora conseguiu evitar essas armadilhas, os três primeiros pontos desenvolvidos nessa nota são, sem dúvida, não relacionados a eles. A estes deve ser adicionado o lugar da disciplina na formação de professores.

Com base no trabalho apresentado, os treinadores destacam a distinção entre as ferramentas e os tempos pretendidos para o código e o funcionamento do idioma, por um lado, e para compreensão e vocabulário, por outro, até para alcançar autonomia e fluidez de decodificação. Concretamente, eles recomendam o seguinte:

1. Usar um livro para ensinar código
   - as correspondências de grafema–fonema mais regulares e frequentes;
   - um ritmo sustentado de conexões estudadas;
   - treinamento e automatização do código grafo-fonêmico e da combinatória;
   - estruturas silábicas cada vez mais complexas;
   - textos decodificáveis;
   - memorização de ortografia e conhecimento gramatical.

2. **Usar um método para ensinar a compreender**
Compreender um texto, ou seja, fazer uma representação mental coerente que integre todas as informações no texto, supõe que, a identificação das palavras ative seu significado explícito e implícito, mas também entenda sua implementação ao mobilizar conhecimento gramatical e conhecimento cultural. Isso é feito:
- de textos lidos oralmente pelo professor para desenvolver estratégias de compreensão;
- de trechos de álbuns e documentários juvenis que apresentam resistência à compreensão literal e uma alta porcentagem de decodibilidade. A taxa de decodibilidade é identificada com a plataforma Anagraph (http://anagraph.ens-lyon.fr).

Por fim, os treinadores não deixam de apontar uma condição importante para o sucesso: a leitura dos textos escolhidos para implementar as estratégias de compreensão deve ter como objetivo proporcionar prazer aos **alunos**, como o fornecido pelos textos ouvidos antes de saber decodificar.

Depois de compartilhar essas conclusões com os professores, bem como as contribuições de pesquisas recentes, os 13 livros didáticos utilizados nas 53 turmas do Rep+ puderam ser analisados à luz de elementos claros, resumidos no Quadro 6.1. Basicamente, os manuais podem ser classificados em três categorias: aqueles cuja pedagogia corresponde bem aos elementos selecionados e, portanto, devem ser eficazes (quatro manuais); aqueles que exigem muitas escolhas e/ou adaptações por parte dos professores; e aqueles que não são retidos como relevantes pelos professores.

Quadro 6.1 Pontos principais identificados pela Academia de Paris para a análise de livros didáticos como parte de seu plano de leitura

- A leitura é, antes de tudo, decodificação.
- O processo silábico é o mais eficaz para aprender a ler no CP.
- Os textos propostos são decodificáveis.
- A escrita desempenha um papel importante na aprendizagem da leitura e a melhora.
- Aprender a ler deve integrar o desenvolvimento ambicioso do repertório lexical.
- Exercícios de escrita e ditado são diários.
- Observação do funcionamento da língua: para manipular e memorizar as principais formas ortográficas lexicais regulares, iniciar o ensino da morfologia; estruturar e categorizar o léxico.
- Atividades escritas, incluindo cópia, ditado e produção de sentenças.
- Ensinar compreensão e tornar visíveis estratégias.

Naturalmente, em janeiro de 2017, parecia necessário sugerir que a cidade não publicasse mais no catálogo dos manuais Dasco de Paris (em que os professores fazem seus pedidos em janeiro), que estão muito distantes dessas recomendações e dos programas de 2016.

Em 2017-2018, cinco livros didáticos foram selecionados:

- *Lecture piano*, par Sandrine Monnier-Murariu, chez Retz;
- *Je lis, j'écris*, par Reichstadt, Terrail et Krick, chez Les lettres bleues;
- *Pilotis*, par Delphine Tendron, chez Hachette éducation;
- *Taoki*, par Carlier et Le Van Gong, chez Istra;
- *Tu vois je lis*, par Françoise Monnier-Roland et Claudine Barrou-Fret, chez Sedrap.

Em 2018-2019, após o *feedback* dos professores, apenas os dois primeiros foram selecionados.

Concluindo, de acordo com Antoine Destres, "a escolha do manual de leitura que constitui uma das chaves para o sucesso do aluno, no CP, não deu origem em Paris, polêmicas alheias à realidade: os alunos que sabem ler e, às vezes, liam muito bem no final do CP".

Comentário final do Conselho Científico da Educação Nacional

A abordagem seguida pela Academia de Paris mostra efetivamente que é possível, no contexto global de mobilização de todas as partes interessadas, chegar a um consenso sobre a questão dos métodos de ensino e manuais de leitura nas aulas preparatórias. Esta é uma abordagem exemplar.

No entanto, o Conselho Científico deve enfatizar que ainda falta um elemento-chave: **a avaliação objetiva do progresso do aluno**. Essa avaliação, em relação a um grupo-controle, deve sistematicamente fazer parte de todos os sistemas nacionais de educação inovadores. De fato, só isso permite:

- objetivar se o progresso é real;
- confrontar os debates, deixando o campo da controvérsia para os dados objetivos;
- envolver os professores em um processo de questionamento científico;
- facilitar a adoção das melhores práticas de ensino;
- evitar a adoção de práticas não justificadas por resultados concretos;
- continuar a análise, estudando até que ponto o impacto varia de acordo com o contexto geográfico, social ou linguístico, caso possa ser melhorado.

O Conselho Científico, portanto, solicitou a um de seus membros (Jérôme Deauvieau) que realizasse uma avaliação retrospectiva do "plano de leitura" da Academia de Paris. Está em andamento uma análise comparativa dos resultados obtidos pelos alunos do REP+ nas avaliações do Departamento de Avaliação, Prospectiva e Desempenho (DEPP, Direction de l'Évaluation, de la Prospective et de la Performance). Somente isso permitirá objetivar os resultados dos alunos, mesmo que aqueles refletidos pelos protocolos locais e pelos sentimentos dos professores já pareçam muito positivos.

Por fim, o Conselho Científico destaca que os dois livros selecionados na Academia de Paris não são "validados cientificamente" (se essa expressão tiver algum significado). Sua eficácia não foi objeto de uma avaliação randomizada e, além disso, apenas 13 dos 35 livros disponíveis foram analisados por professores, pesquisadores e inspetores da Academia de Paris. Portanto, é bem possível que outros livros didáticos também sejam adequados. No entanto, todo o processo mostra que já é possível selecionar, dentre a infinidade de livros didáticos oferecidos pelos editores, um pequeno número que corresponde aos critérios educacionais já identificados e apoiados por pesquisas científicas. A educação nacional poderia ter recomendações muito mais fortes nessa área do que no passado.

REFERÊNCIAS

BARA, F.; GENTAZ, E. Apprendre à tracer les lettres: une revue critique. *Psychologie Française*, v. 55, n. 2, p. 129-144, 2010.

BARA, F.; GENTAZ, E. Haptics in teaching handwriting: the role of perceptual and visuo-motor skills. *Human Movement Science*, v. 30, n.4, p. 745-759, 2011.

BIANCO, M. *et al*. Impact of early code-skill and oral-comprehension training on reading achievement in first grade, *Journal of Research in Reading*, v. 35, n. 4, p. 427-455, 2012.

BOYER, N.; EHRI, L. C. Contribution of phonemic segmentation instruction with letters and articulation pictures to word reading and spelling in beginners. *Scientific Studies of Reading*, v. 15, n. 5, p. 440-470, 2011.

CASALIS, S. *et al*. Morphological training in spelling: immediate and long-term effects of an Interventional study in french third graders. *Learning and Instruction*, v. 53, p. 89-98, 2018.

CASALIS, S.; COLÉ, P. Le morphème, une unité de traitement dans l'acquisition de la litéracie. *Langue Française*, v. 199, n. 3, p. 69-81, 2018.

CASTLES, A.; RASTLE, K.; NATION, K. Ending the reading wars: reading acquisition from novice to expert. *Psychological Science in the Public Interest*, v. 19, n. 1, p. 5-51, 2018.

CHEVROT, J-P.; DUGUA, C.; FAYOL, M. Liaison and word segmentation in french: a usage-based account. *Journal of Child Language*, v. 36, p. 557-596, 2009.

CHIONG, C.; DeLOACHE, J. S. Learning the ABCs: what kinds of picture books facilitate young children's learning? *Journal of Early Childhood Literacy*, v. 13, n. 2, p. 225-241, 2013.

DE GRAAFF, S. *et al*. Integrated pictorial mnemonics and stimulus fading: teaching kindergartners letter sounds. *British Journal of Educational Psychology*, v. 77, n. 3, p. 519-539, 2007.

DEAUVIEAU, J. *Lecture au CP* : un effet-manuel considérable. Rapport de recherche. Université de Versaille Saint Quentin em Yvelines, 2013.

DEAUVIEAU, J.; REICHSTADT, J.; TERRAIL, J.-P. *Enseigner efficacement la lecture*: une enquête et ses implications. Paris: Odile Jacob, 2015.

DEHAENE, S. *Apprendre à lire*: des sciences cognitives à la salle de classe. Paris: Odile Jacob, 2011.

DEHAENE, S. et al. Illiterate to literate: behavioural and cerebral changes induced by reading acquisition. *Nature Reviews Neuroscience*, v. 16, n. 4, p. 234-244, 2015.

DEHAENE, S. *Les neurones de la lecture*. Paris: Odile Jacob, 2007.

DEHAENE, S. et al. How learning to read changes the cortical networks for vision and language. *Science*, v. 330, n. 6009, p. 1359-1364, 2010.

DILORENZO, K. E. et al. Teaching letter-sound connections with picture mnemonics: itchy's alphabet and early decoding. *Preventing School Failure: Alternative Education for Children and Youth*, v. 55, n. 1, p. 28-34, 2011.

DUGUA, C. et al. Usage-base account of the acquisition of liaison: evidence from sensitivity to plural/singular orientation of nouns. *Journal of Experimental Child Psychology*, v. 102, p. 342-350, 2009.

EHRI, L. C. et al. Phonemic awareness instruction helps children learn to read: evidence from the national reading panel's meta-analysis. *Reading Research Quarterly*, v. 36, p. 250-287, 2001.

EHRI, L. C.; DEFFNER, N. D.; WILCE, L. S. Pictorial mnemonics for phonics. *Journal of Educational Psychology*, v. 76, n. 5, p. 880, 1984.

FAYOL, M. L'acquisition/apprentissage de la morphologie du nombre: bilan et perspectives. *Rééducation Orthophonique*, v. 213, p. 151-166, 2003.

FOULIN, J-N. La connaissance du nom des lettres chez les prélecteurs: aspects pronostiques, fonctionnels et diagnostiques. *Psychologie Française*, v. 52, p. 431-444, 2007.

FOULIN, J-N. Why is letter-name knowledge such a good predictor of learning to read? *Reading and Writing*, v. 18, p. 129-155, 2005.

GOIGOUX, R. Apprendre à lire et à écrire au cours préparatoire: enseignements d'une recherche collective. *Revue Française de Pédagogie*, v. 196, p. 5-6, 2016a.

GOIGOUX, R. *Lire et écrire*: étude de l'influence des pratiques d'enseignement de la lecture et de l'écriture sur la qualité des premiers apprentissages. Université de Lyon, Institut Français de l'Éducation, ENS de Lyon. Rapport de recherche remis à Madame la directrice générale de l'enseignement scolaire (Dgesco-MENESR), ministère de l'Éducation nationale, de l'Enseignement supérieur et de la Recherche. 2016b. Disponível em: http://ife.ens-lyon.fr/ife/recherche/lire-ecrire. Acesso em: 22 fev. 2022.

GRAAFF, S. et al. Benefits of systematic phonics instruction. *Scientific Studies of Reading*, v. 13, n. 4, p. 318-333, 2009.

HAKVOORT, B. et al. Improvements in reading accuracy as a result of increased interletter spacing are not specific to children with dyslexia. *Journal of Experimental Child Psychology*, v. 164, p. 101-116, 2017.

KOLINSKY, R. et al. Les bases neurales de l'apprentissage de la lecture. *Langue Française*, v. 199, p. 17-33, 2018.

LANDERL, K. Influences of orthographic consistency and reading instruction on the development of nonword reading skills. *European Journal of Psychology of Education*, v. 15, n. 3, p. 239, 2000.

LEGENDRE, G. et al. Comprehension of infrequent subject-verb agreement forms: evidence from french-learning children. *Child Development*, v. 81, n. 6, p. 1859-1875, 2010.

LEROY, M. Les manuels scolaires: situation et perspectives. *Rapport de l'IGEN*, 2012. Disponível em: http://www.education.gouv.fr/cid61373/les-manuels-scolaires-situation-et-perspectives.html. Acesso em: 22 fev. 2022.

MORAIS, J. et al. Apprendre à lire: au cycle des apprentissages fondamentaux (GS, CP, CE) - analyses, réflexions et propositions. Paris: Odile Jacob, 1998.

NATIONAL INSTITUTE OF CHILD HEALTH AND HUMAN DEVELOPMENT. *Report of the National Reading Panel*. Teaching children to read: an evidence-based assessment of the scientific research literature on reading and its implications for reading instruction. NIH Publication No. 00-4769, Washington: U.S. Government Printing Office, 2000.

OBSERVATOIRE NATIONAL DE LA LECTURE. *L'enseignement de la lecture et l'observation des manuels de lecture du CP*. Paris: ONL, 2007. Disponível em: http:.//onl.inrp.fr/ONL/publications/publi2007/Rapport_ONL_2007.pdf. Acesso em: 22 fev. 2022.

PACTON, S. et al. Implicit learning out of the lab.: the case of orthographic regularities. *Journal of Experimental Psychology: General*, v. 130, p. 401-426, 2001.

PACTON, S.; FAYOL, M. The impact of phonological cues on children's judgments of nonwords plausibility: the case of double letters. *Current Psychological Letter*, v. 1, p. 39-54, 2000.

PAULESU, E. et al. A cultural effect on brain function. *Nature neuroscience*, v. 3, n. 1, p. 91-96, 2000.

PEEREMAN, R.; LETE, B.; SPRENGER-CHAROLLES, L. Manulex-infra: distributional characteristics of grapheme-phoneme mappings, and infralexical and lexical units in child-directed written material. *Behav. Res. Methods*, v. 39, n. 3, p. 579-589, 2007.

PEEREMAN, R.; SPRENGER-CHAROLLES, L. Manulex-morphO, une base de données sur l'orthographe du français intégrant les morpho-phonogrammes. *Langue Francaise*, v. 199, n. 3, p. 99-109, 2018.

PEEREMAN, R.; SPRENGER-CHAROLLES, L.; MESSAOUD-GALUSI, S. The contribution of morphology to the consistency of spelling-to-sound relations: a quantitative analysis based on french elementary school readers. *L'Année Psychologique*, v. 113, n. 1, p. 3-33, 2013.

RIOU, J.; FONTANIEU, V. Influence de la planification de l'étude du code alphabétique sur les performances des élèves en décodage au cours préparatoire. *Revue Française de Pédagogie: Recherches en Éducation*, v. 196, p. 49-66, 2016.

RIOU, J.; FONTANIEU, V. La plateforme Anagraph. Lyon: Ifé, 2021. Disponível em: http://anagraph.ens-lyo. Acesso em: 22 fev. 2022.

SEYMOUR, P. H.; ARO, M.; ERSKINE, J. M. Foundation literacy acquisition in european orthographies. *Br. J. Psychol.*, v. 94, n. Pt 2, p. 143-174, 2003.

SHMIDMAN, A.; EHRI, L. Embedded picture mnemonics to learn letters. *Scientific Studies of Reading*, v. 14, n. 2, p. 159-182, 2010.

SPRENGER-CHAROLLES, L.; DESROCHERS, A.; GENTAZ, É. Apprendre à lire-écrire en français. *Langue Française*, v. 199, n. 3, p. 51-67, 2018.

STROUSE, G. A.; NYHOUT, A.; GANEA, P. A. The role of book features in young children's transfer of information from picture books to real-world contexts. *Frontiers in Psychology*, v. 9, 2018.

THÉVENIN, M. G. et al. L'apprentissage/enseignement de la morphologie écrite du nombre en français. *Revue Française de Pédagogie*, v. 126, p. 39-52, 1999.

WERY, J. J.; DILIBERTO, J. A. The effect of a specialized dyslexia font, open dyslexic, on reading rate and accuracy. *Annals of Dyslexia*, p. 1-14, 2016.

ZIEGLER, J. C. Différences inter-linguistiques dans l'apprentissage de la lecture. *Langue Française*, v. 199, n. 3, p. 35-49, 2018.

ZORZI, M. et al. Extra-large letter spacing improves reading in dyslexia. *PNAS*, v. 109, p. 11455-11459, 2012.

7

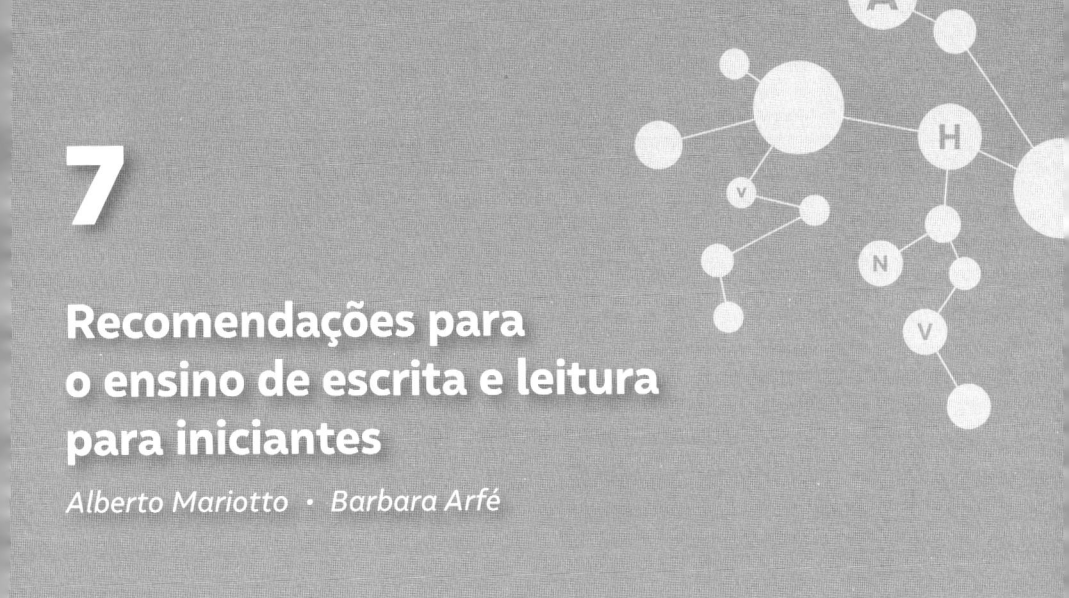

Recomendações para o ensino de escrita e leitura para iniciantes

Alberto Mariotto • Barbara Arfé

A IMPORTÂNCIA DA ESCRITA[1]

Aprender a escrever é importante não apenas para o desenvolvimento de habilidades de escrita complexas, como aquelas envolvidas na produção de texto, mas também porque quando as crianças desenvolvem o conhecimento sobre as grafias, a representação das palavras em seu léxico mental muda drasticamente. Pesquisas na área de escrita (EHRI; 2005; ROSENTHAL; EHRI, 2008) mostram o importante papel do mapeamento ortográfico em relação ao desenvolvimento do vocabulário. Quando são mostradas às crianças grafias à medida que ouvem e pronunciam as palavras, a codificação dos constituintes fonêmicos das palavras e as suas representações fonológicas na memória são reforçadas. Além disso, a exposição à grafia de novas palavras a serem aprendidas também parece aumentar a lembrança dos alunos dos significados das palavras (EHRI, 2005). A grafia facilita a aprendizagem de vocabulário em leitores mais jovens, bem como mais velhos. Isso sugere que, uma vez que os alunos se tornam alfabetizados, a capacidade superior de conectar grafias a pronúncias na memória explica por que bons leitores constroem vocabulários maiores do que os leitores pobres.

---

[1] N. de T. Em inglês, a palavra *spellings* pode significar soletrar, grafia, escrita ou escrever. A ideia geral do uso da palavra *spellings* em vez de *writing* é a de que se está falando da escrita de palavras e da habilidade de soletrar, ou seja, dizer ou escrever as letras individuais que formam a grafia das palavras, enquanto *writing* é mais usado no sentido de escrita de um texto ou composição de textos.

O desenvolvimento da escrita, para alunos de sistemas de escrita alfabéticos, é frequentemente descrito em termos da capacidade de mapear sons que são ouvidos em palavras em letras fonologicamente apropriadas (TREIMAN; KESSLER, 2014).

As pesquisas mostram que aprender a ler a escrever depende muito do mesmo conhecimento subjacente — como são as relações entre letras e sons — e que o ensino de escrita pode ser projetado para ajudar as crianças a compreender melhor esse conhecimento-chave, resultando também em melhor leitura. Snow, Griffin e Bruns (2005, p. 86) resumem a real importância da escrita para a leitura da seguinte forma: "Escrita e leitura constroem e contam com a mesma representação mental de uma palavra. Saber a grafia de uma palavra torna a representação dela robusta e acessível para uma leitura fluente". Na verdade, Ehri e Snowling (2004) descobriram que a capacidade de ler palavras "por memória"[2] (ou seja, automaticamente) depende da capacidade de mapear letras e combinações de letras em sons. Como as palavras não são muito distintas visualmente (p. ex., carro, caro, cano), é impossível para as crianças memorizarem mais do que algumas dezenas de palavras, a menos que tenham descobertas preliminares sobre como as letras e os sons correspondem. Na verdade, é muito mais eficiente e econômico para o sistema cognitivo da criança representar e memorizar correspondências entre 20 e 24 letras e sons da fala do que memorizar a estrutura ortográfica de qualquer palavra potencial para ler.

Aprender a escrever requer instrução e integração gradual de informações sobre a escrita, os sons da fala e seus significados.

O primeiro desafio, para leitores de qualquer língua alfabética, é "quebrar o código" e descobrir o princípio alfabético; isso pode ser definido como a capacidade de reconhecer que as letras nas palavras escritas representam os sons nas palavras faladas de uma forma sistemática. Essa habilidade, chamada consciência fonêmica, fornecerá a base necessária para a aquisição de habilidades de decodificação e ortografia.

Consciência fonêmica é um subconjunto da consciência fonológica, em que os ouvintes são capazes de ouvir, identificar e manipular fonemas, as menores unidades de fala que podem diferenciar o significado; a consciência fonológica também inclui as habilidades de ouvir e manipular unidades de fala maiores, como ataques (*onsets*), rimas e sílabas.

A consciência fonêmica permite que as crianças realizem a segmentação fonêmica, ou seja, a capacidade de decompor as palavras em fonemas individuais, e a combinação fonêmica, que é a capacidade de identificar/reconstruir uma palavra ao ouvir uma sequência de fonemas isoladamente.

---

[2] N. de T. Em inglês, a expressão ler palavras "*by sight*" quer dizer que uma palavra já foi lida repetidas vezes e sua ortografia foi aprendida, de modo que seu reconhecimento é instantâneo, e a leitura é feita de modo automatizado ou por memória.

O crescimento da consciência fonológica e da consciência fonêmica ocorre principalmente durante os dois últimos anos da pré-escola e durante o 1º ano do ensino fundamental, e requer instruções diretas para serem desenvolvidas e consolidadas. O processo parece progredir de características fonológicas mais globais das palavras para segmentos menores, ou seja, do nível da sílaba ao nível de início e, finalmente, ao nível fonêmico (GOSWAMI, 1992; 1993; 1999; METSALA; WALLEY, 1992).

O DESENVOLVIMENTO DA ESCRITA DEPENDE DE DIFERENTES FORMAS DE REPRESENTAÇÃO DA LINGUAGEM: TEORIA DE AMALGAMAÇÃO

Muitos modelos foram propostos para explicar o desenvolvimento da leitura e da escrita, levando em consideração diferentes funções neuropsicológicas e evidências derivadas de estudos sobre lesões cerebrais, estudos de neuroimagem e estudos comportamentais.

Um modelo que visa explicar a aquisição da leitura e da escrita deve descrever o desenvolvimento dos processos de leitura e escrita de palavras e como eles devem ocorrer em leitores e escritores iniciantes e avançados.

Um dos modelos mais influentes que explicam a aquisição da leitura e da escrita é proposto por Ehri (2005); segundo a autora, o armazenamento da palavra escrita na memória para leitura e escrita se desenvolve em fases, o que difere pelos tipos de conexão que se formam para lembrar como ler palavras. Essas conexões mudam e transitam de não alfabético (p. ex., logográfico) para parcialmente alfabético (em que o princípio alfabético da letra sonora é adquirido apenas parcialmente), para totalmente alfabético (grafo-fonêmico completo) e, por fim, grafossilábico e grafomorfêmico, em que o princípio alfabético se consolida e a leitura e a escrita são fluentes.

Considerando essas diferentes mudanças de conexão, Ehri propõe um modelo de aquisição de leitura e escrita que consiste em fases diferentes, e potencialmente sobrepostas, cada uma caracterizada pelo tipo predominante de conexão ligando a grafia das palavras às suas pronúncias na memória.

Durante a **fase pré-alfabética**, as crianças não têm conhecimento do sistema de escrita, por isso contam principalmente com recursos visuais salientes para ler as palavras. Elas podem fingir que estão lendo, mas não podem apontar para as palavras escritas que estão lendo. Como a leitura e a escrita de palavras não envolvem o uso de conexões entre letras e sons, essa fase é chamada de pré-alfabética.

O que move as crianças da fase pré-alfabética para a **alfabética parcial** é a aprendizagem das letras, portanto, nessa fase, elas passam das pistas visuais para as fonológicas, e usam letras para ler palavras, formando conexões parciais, conectando algumas letras aos sons nas pronúncias (p. ex., elas podem ser capazes de conectar as letras e os sons iniciais e finais). As conexões formadas ainda estão incompletas, como resultado da consciência fonêmica limitada e do conhecimento grafema–fonema; dessa forma, para ler palavras desconhecidas, as crianças contam principalmente com a previsão de palavras a partir de letras iniciais e pistas contextuais.

Então, as crianças passam para a **fase alfabética completa**, quando podem formar conexões completas e corretas entre grafemas e fonemas para ler palavras de memória. A aquisição de uma estratégia de decodificação facilita esse processo. Elas adquirem conhecimento das correspondências grafema–fonema e a capacidade de segmentar as pronúncias em fonemas, permitindo-lhes mapear a grafia das palavras em suas pronúncias e reter essas conexões na memória junto com os significados.

Os leitores tornam-se capazes de reconhecer palavras automaticamente sem atenção ou esforço necessário para transformar letras em sons. Na fase alfabética completa, os leitores podem escrever grafias foneticamente completas de palavras desconhecidas, segmentando as pronúncias em fonemas e escrevendo as letras correspondentes. Dessa forma, palavras e partes de palavras totalmente conectadas se acumulam na memória e podem ser lidas como unidades individuais, e as crianças passam para a **fase alfabética consolidada**.

Na fase alfabética consolidada, as conexões que ligam as grafias às pronúncias são feitas de combinações grafema–fonema que se tornaram unidades de grafia––som maiores (BHATTACHARYA; EHRI, 2004; TREIMAN; GOSWAMI; BRUCK, 1990), que incluem padrões de grafia que recorrem em várias palavras. Torna-se mais fácil, dessa forma, lembrar como ler palavras polissilábicas durante essa fase do que durante a fase alfabética completa, uma vez que menos conexões precisam ser formadas.

De acordo com Ehri (1995; 1998ab), existem pelo menos quatro maneiras de ler palavras: adivinhação contextual, decodificação de letras e sons, analogia e memória. A adivinhação contextual consiste em fazer uso de pistas baseadas em contexto ou significado no texto ou imagens para prever a palavra. A decodificação do som das letras envolve a pronúncia fonológica das letras e a combinação dos sons para formar a palavra. Ler palavras por analogia consiste em relembrar informações sobre palavras já vistas e aplicá-las a palavras desconhecidas (p. ex., usar o conhecimento da palavra "balão" para ler a palavra "sabão"). A leitura de palavras por memória envolve a recuperação de informações lexicais sobre as palavras da memória e elas são vistas como se acumulando continuamente na memória. Leitores fluentes são principalmente leitores de palavras por memória.

Na teoria da amalgamação, Ehri (2005) propõe que aprender a ler envolve a aquisição de uma forma ortográfica de palavras ao lado de informações fonológicas e semânticas/gramaticais já armazenadas. Uma vez adquirida a forma ortográfica de uma palavra, o acesso visual direto torna-se possível. No entanto, a forma ortográfica é adquirida juntamente com a forma fonológica pelo uso da recodificação fonológica. Nesse referencial, é possível afirmar que as conexões ortográficas-sonoras retidas na memória impactam no processamento dos constituintes fonológicos e na memória fonológica das palavras.

LEITURA DA FALA E GESTOS ARTICULATÓRIOS SÃO RECURSOS IMPORTANTES NA AQUISIÇÃO DA LEITURA E DA ESCRITA

O destaque da teoria da amalgamação de Ehri é a importância de chamar a atenção das crianças para diferentes formas de representação de palavras (fonológica, ortográfica, semântica) e, em alguns de seus trabalhos mais recentes (CASTIGLIONI-SPALTEN; EHRI, 2003; BOYER; EHRI, 2011; SARGIANI, 2016; SARGIANI; EHRI; MALUF, 2018), também articulatória. Na verdade, chamar a atenção das crianças para a articulação da boca enquanto elas estão aprendendo a escrever também ajuda no desenvolvimento de sua consciência fonêmica.

A consciência fonêmica é uma competência metalinguística central, obrigatória para o desenvolvimento da ortografia, da leitura e da escrita. Como já apresentado, é a capacidade de segmentar pronúncias em fonemas, e alguns estudos (LIBERMAN; COOPER; SHANKWEILER; STUDDERT-KENNEDY, 1967; LIBERMAN; MATTINGLY, 1985; LIBERMAN; WHALEN, 2000) dão razões para acreditar que os gestos articulatórios são mais centrais na codificação da estrutura da palavra pela criança do que os sons processados pelo ouvido. De acordo com a Teoria Motora da Percepção da Fala (LIBERMAN, 1999), os gestos articulatórios parecem representar melhor os fonemas do cérebro do que os sons.

O importante papel dos gestos articulatórios na codificação da fala e na representação mental é apoiado por evidências neurofisiológicas obtidas pelo uso de técnicas neurocognitivas, como estimulação magnética transcraniana e tempo de reação. Ao aplicar esses métodos, alguns autores (D'AUSILIO *et al.*, 2009) mostraram a importante ligação entre as características articulatórias e auditivas dos fonemas, ou seja, que aquele córtex motor (e gestos articulatórios ativadores) contribui especificamente para a percepção da fala e a discriminação dos sons desta. Isso abre a possibilidade de uma interação entre a articulação, o mapeamento ortográfico e a consciência fonológica.

A importância da articulação na escrita e no mapeamento ortográfico foi desvendada em diferentes estudos (BOYER; EHRI, 2011; CASTIGLIONI-SPALTEN; EHRI, 2003). Eles mostraram a presença de um desempenho diferente em crianças que receberam um treinamento de consciência fonêmica apenas com letras (ou seja, as crianças foram auxiliadas na identificação de sons de palavras isoladas com o apoio de blocos de letras), em comparação com crianças que receberam um treinamento de consciência fonêmica com letras, bem como figuras de boca que retratavam o gesto articulatório, ou posições da boca de diferentes fonemas. No estudo de Boyer e Ehri (2011), a segmentação era ensinada com letras apenas em uma condição de tratamento e com letras e figuras articulatórias na outra condição. O treinamento com letras e figuras articulatórias envolveu ensinar às crianças como oito figuras representando diferentes posições da boca correspondiam a um ou outro dos 15 fonemas, e como usar essas figuras, bem como letras, para segmentar palavras faladas em fonemas. O treinamento somente com letras foi realizado sem o componente de articulação. Um terceiro grupo de crianças recebeu apenas instrução tradicional (sem tratamento, grupo-controle). As crianças treinadas com imagens de boca superaram estatisticamente o grupo-controle, enquanto as crianças treinadas sem imagens de boca, não.

A interpretação dos autores foi de que o treinamento articulatório melhorou o acesso das crianças aos gestos motores, configurando as representações dos fonemas das palavras na memória. Como resultado, as letras nas palavras tornaram-se mais seguramente ligadas a esses constituintes fonêmicos motores e suportaram a leitura e a ortografia das palavras.

As representações motoras estão envolvidas na aprendizagem da grafia também de outras maneiras. Por exemplo, a informação cinestésica motora é importante na aprendizagem de letras e na ortografia (MUTER *et al.*, 1997; SHAHAR; SHARE, 2008) e pode fornecer uma camada adicional de conexões no triângulo tradicional ortografia–fonologia–significado, criando redundâncias adicionais e outra camada de informações mnemônicas sobre a forma ortográfica de uma palavra. Esses achados também são coerentes com a visão de Ehri (1998ab): a ortografia fonológica reforça a aquisição de conhecimento ortográfico porque requer foco em detalhes ortográficos e relações sublexicais de impressão para som. A execução grafomotora de uma palavra ou gestos articulatórios poderiam ter a mesma função, proporcionando à criança outros níveis de análise da palavra e vias alternativas de acesso à representação ortográfica, fonológica ou semântica (ARFÉ; FASTELLI, 2015).

É NECESSÁRIO UM ENSINO DIFERENTE PARA DESENVOLVER HABILIDADES DE ESCRITA EM ORTOGRAFIAS PROFUNDAS E SUPERFICIAIS?

A consistência ortográfica, ou o grau em que os leitores ou escritores podem confiar nas correspondências de som de uma letra para outra, é um fator crucial para determinar a taxa de aquisição de leitura em diferentes idiomas; mapeamentos ortográficos-fonológicos inconsistentes em ortografias opacas estão associados a maiores desafios para leitores e escritores novatos na aquisição de leitura e escrita, maior tempo para dominá-las (p. ex., SEYMOUR *et al.*, 2003) e maior confiança no léxico (palavra inteira), procedimento de leitura em comparação com ortografias consistentes (ZIEGLER; PERRY; BRAUN, 2001). Atualmente, há um debate na literatura sobre se a aquisição de habilidades de leitura de palavras e ortografia em diferentes ortografias requer as mesmas, ou parcialmente diferentes, habilidades linguísticas (CHUNG *et al.*, 2019; DIXON; ZHAO; JOSHI, 2010; SUN-ALPERIN; WANG, 2011; VAN DAAL; WASS, 2017) e, consequentemente, se os mesmos métodos de ensino podem ser adaptados e usados em todas as ortografias.

A aquisição de leitura e escrita é especialmente difícil em ortografias opacas, como o inglês, sobretudo nas fases iniciais, e pode induzir as crianças a confiar mais em unidades ortográficas de várias letras, bem como em um procedimento ortográfico lexical, ou seja, na tentativa de memorizar e recuperar representações de palavras inteiras, ou a fim de produzir uma grafia precisa (BERNINGER *et al.*, 2015). Dada a alta consistência de leitura e escrita em ortografias rasas, como em italiano, as crianças geralmente são muito precisas ao usar procedimentos de leitura e escrita um para um (ARFÉ; ZANCATO, 2021). Por esse motivo, nessas ortografias, as crianças confiam demais em procedimentos de mapeamento sublexical um a um (MARINELLI, *et al.*, 2015). No entanto, apesar das diferentes características das ortografias superficiais e profundas, a pesquisa ortográfica entre os idiomas mostra claramente que a aprendizagem de unidades ortográficas de tamanhos diferentes, ou seja, mapeamentos fonema–grafema um para um e unidades ortográficas de múltiplas letras (sequência de letras correspondendo a sílabas ou ataques/rimas) podem ser eficazes em ortografias profundas (p. ex., inglês) e rasas (p. ex., italiano) (ARFÉ; CONA; MERELLA, 2018; ARFÉ; ZANCATO, 2021; BERNINGER *et al.*, 1998ab).

Por exemplo, em italiano, palavras contendo grafemas sensíveis ao contexto requerem uma transcrição silábica (multiletra) (ANGELELLI *et al.*, 2010; ARFÉ; CONA; MERELLA, 2018). A grafia de palavras contendo grafemas sensíveis ao contexto, como as letras c e g, desvia-se, de fato, da regra de correspondências um a um perfeitamente consistentes. O mesmo grafema c corresponde a diferentes fonemas quando seguido por -e, como em *cena* (jantar), /tʃ/, ou quando seguido por -a, como em *casa* (casa), /k/. Da mesma forma, os sons consonantais /k/ e /g/ são transcritos de forma diferente, dependendo da vogal acompanhante (p. ex., /k/ é transcrito pelo grafema -c em casa, mas pelo grafema de duas letras, -ch, em /*chiavi*/). Outros desafios de ortografia são representados por geminados, em que um fonema, por exemplo, /t/, corresponde a duas letras -tt-, como em *mattino*/*morning*. Para escrever essas palavras com precisão, as crianças italianas devem mudar de unidades de transcrição um para um para multiletras/silábicas (ou seja, a recuperação e transcrição de grupos ortográficos como -ca- /ka/, -chi- /ki/ ou -cqu - /kw/) (BURANI *et al.*, 2006), um desafio tanto para crianças italianas com dificuldades de escrita quanto para as com desenvolvimento típico (ARFÉ; CONA; MERELLA, 2018). Em suma, pode ser necessário focar em unidades de grafia de uma única letra e de várias letras ao ensinar a ortografia em diferentes sistemas alfabéticos.

Juntamente com as características do sistema ortográfico, também o contexto e os métodos de ensino variam normalmente entre os países e idiomas (ARFÉ; DOCKRELL; BERNINGER, 2014). As crianças italianas são apresentadas ao ensino de ortografia formal aos 6 anos de idade, no 1º ano do ensino fundamental, e, na maioria dos casos, o ensino de ortografia é baseado na introdução explícita do princípio alfabético, ou seja, correspondências de letras sonoras um para um. Logo após serem apresentadas ao princípio alfabético, as crianças italianas tornam-se razoavelmente precisas na escrita simplesmente praticando escrita sob ditado ou na escrita espontânea. Por meio dessas atividades, elas consolidam de forma bastante automática os procedimentos de grafia sublexical um a um e, ao final do 2º ano, podem escrever com precisão a maioria das palavras. Embora o ensino de ortografia formal seja bastante homogêneo nas escolas italianas, as atividades de pré-alfabetização podem variar substancialmente durante os anos pré-escolares, com algumas crianças experimentando a escrita emergente extensivamente e praticando a escrita inventada, e outras sendo introduzidas à consciência fonológica apenas por meio de atividades lúdicas com foco na linguagem oral. Concentre-se também nos pré-requisitos motores da escrita, ou seja, atividades pré-grafismo, que variam de pré-escola para pré-escola.

Conforme observado, estudos recentes mostram que, em princípio, os mesmos métodos de ensino podem ser adaptados e usados de forma eficaz em todas as ortografias (ARFÉ; ZANCATO, 2021). Por exemplo, foi demonstrado que crianças italianas com problemas de grafia podem aprender a escrever palavras contendo grafemas sensíveis ao contexto ao ensinar unidades ortográficas de múltiplas letras (ARFÉ; CONA; MERELLA, 2018). Também foi demonstrado que, até certo ponto, essa instrução ortográfica (focada em várias letras) pode ser eficaz para ensinar ortografia bilíngue de crianças italianas, ou seja, ortografia em italiano (língua nativa) e inglês (língua adicional). No entanto, fatores específicos do idioma parecem mediar a extensão em que o conhecimento ortográfico adquirido é generalizado ou usado para aprender a escrever novas palavras (ARFÉ; ZANCATO, 2021). Mais precisamente, as estratégias ortográficas de múltiplas letras ensinadas são mais frequentemente usadas de forma espontânea por escritores italianos iniciantes para escrever palavras em inglês do que em italiano. Assim, a natureza do sistema ortográfico ou a experiência formal e informal anterior das crianças com a ortografia medeiam a eficácia dessa técnica de instrução específica.

No entanto, independentemente da consistência do sistema ortográfico, à medida que as crianças aumentam sua capacidade de gerenciar os mecanismos de escrita, cada novo item encontra benefícios do conhecimento da linguagem em vários níveis. Em italiano, por exemplo, os conhecimentos fonológicos, de vocabulário e gramaticais estão todos estritamente associados à capacidade de escrita das crianças (ARFÈ *et al.*, 2012). Em suma, a pesquisa mostra que: 1) focar em unidades de grafia de tamanhos diferentes (letras únicas, letras múltiplas e palavras inteiras) pode ser eficaz em ortografias (p. ex., italiano e inglês ou português e inglês); e 2) basear-se em diferentes tipos de representações linguísticas (p. ex., fonológicas e morfológicas) parece uma estratégia eficaz de ensino–aprendizagem em todas as línguas (RICHARDS *et al.*, 2006; ARFÉ; FASTELLI, 2015).

APOIAR A INTEGRAÇÃO E O MAPEAMENTO ENTRE AS CAMADAS MOTORAS E FONOLÓGICAS DA REPRESENTAÇÃO DE PALAVRAS

Conforme observado anteriormente, o papel da consciência articulatória no desenvolvimento da consciência fonológica é enfatizado por Ehri (2014). Boyer e Ehri (2011) mostram a importância de exibir a articulação para sustentar a aquisição de habilidades de consciência fonêmica. Concentrar-se nos gestos articulatórios enquanto escreve melhora o acesso das crianças aos gestos motores que configuram as representações de fonemas das palavras na memória. Como resultado, as letras nas palavras tornam-se mais seguramente ligadas a esses constituintes fonêmicos motores e auxiliam na leitura de palavras.

O papel da articulação na escrita é demonstrado não apenas no inglês (BOYER; EHRI, 2011), mas também em ortografias mais rasas, como o português. Foi demonstrado que também para pré-escolares de língua portuguesa nos dois últimos anos da educação infantil, o foco explícito nos gestos de articulação dá uma contribuição única para o desenvolvimento da consciência fonêmica e do mapeamento ortográfico (SARGIANI; EHRI; MALUF, 2018; SARGIANI, 2016). Essa pesquisa mostra que o mapeamento de letras com o uso de figuras de boca é eficiente na consolidação de representações de gestos articulatórios e, consequentemente, de representações fonêmicas de palavras. Uma questão com implicações práticas é, no entanto, se os gestos articulatórios apoiam a escrita mesmo quando tais gestos são representados de forma menos explícita, ou seja, as crianças se concentram em seus próprios gestos de articulação em vez de mapear letras em imagens de boca. A articulação *per se* apoia a criação de representações ortográficas sólidas?

Um estudo italiano (ARFÈ; MARIOTTO; SARGIANI, 2017) realizado sobre o efeito da consciência da articulação em crianças durante a aprendizagem da escrita teve como objetivo explorar o papel e a importância de focar na articulação *per se* no ensino de consciência fonêmica e escrita para crianças pré-escolares e alunos do 1º ano do ensino fundamental. O treinamento experimental idealizado toma como ponto de partida o treinamento proposto por Boyer e Ehri (2011) descrito anteriormente. Porém, diferentemente de Boyer e Ehri (2011), requer que a criança chame a sua atenção diretamente para seus gestos articulatórios sem a mediação de imagens. A segmentação fonêmica é ensinada com letras e gestos articulatórios na outra condição. Os resultados desse estudo preliminar mostram que um treinamento envolvendo consciência articulatória associada à apresentação de letras mostra-se superior na melhora da habilidade de segmentação fonêmica das crianças, em comparação com um treinamento que se baseia no uso apenas da letra (mapeamentos fonema–letra simples) ou instrução padrão de consciência fonológica. Um forte foco na articulação durante a segmentação fonêmica parece impactar o processo de mapeamento ortográfico, que envolve a formação de conexões entre letras e sons para ligar as grafias, pronúncias e significados de palavras específicas na memória. Esses resultados, obtidos na língua italiana, também são coerentes com os resultados obtidos em estudos anteriores (BOYER; EHRI, 2011; SARGIANI, 2016) e apoiam a teoria da amalgamação de Ehri.

A possível explicação para os efeitos salutares da articulação na grafia das palavras é que o treinamento da articulação ajuda a garantir a fixação dos grafemas aos fonemas na memória, ativando os recursos articulatórios dos fonemas nas pronúncias durante as tentativas de aprendizagem de palavras.

IMPLICAÇÕES PRÁTICAS E MENSAGEM PARA LEVAR PARA CASA

Como professores e crianças poderiam se beneficiar dessas descobertas? É possível articular teoria e prática, embasando nesse conhecimento as melhores práticas de ensino? Como podemos promover a formação de conexões entre letras e sons para unir as grafias, as pronúncias e os significados de palavras específicas na memória?

A resposta a essas perguntas, no todo ou em parte, está na capacidade de moldar e canalizar os métodos empregados nos diferentes estudos para as atividades cotidianas de ensino. Algumas sugestões estão listadas a seguir.

- Peça às crianças para pronunciar novas palavras em voz alta, transformando letras em sons. Isso ajuda a formar conexões e manter a grafia, a pronúncia e o significado das palavras na memória.
- Ensine as crianças a confiarem em todo o seu conhecimento da linguagem, incluindo vocabulário, representação gramatical e articulatória e grafomotora de palavras, para aprender a mapear sons em letras e palavras escritas.
- Oriente as crianças na segmentação fonêmica com foco nos diferentes fonemas que compõem a palavra e observando cada uma das letras.
- Oriente as crianças a estarem atentas às características fonêmicas das palavras, principalmente das palavras desconhecidas, a fim de construir um

vocabulário de palavras lidas por memória de alta qualidade, com grafia totalmente ligada à pronúncia e ao significado na memória.
- Incentive as crianças a se concentrarem na articulação durante a segmentação fonêmica, por exemplo, escrever palavras em voz alta com foco nos gestos articulatórios. Isso facilitará o processo de mapeamento ortográfico.
- Peça às crianças para se concentrarem na boca do professor que pronuncia os fonemas individuais e a palavra completa.
- Peça às crianças para se concentrarem em sua própria boca, observando-a em um espelho enquanto estão escrevendo e pronunciando a palavra.
- Incentive as crianças a olharem a boca umas das outras em pares enquanto escrevem e pronunciam a palavra.

RECOMENDAÇÕES FINAIS: MANTER A MOTIVAÇÃO DAS CRIANÇAS EM APRENDER A ESCREVER

Manter a motivação das crianças é importante na aquisição da escrita, especialmente para crianças que têm dificuldades para aprender a escrever. A palavra motivação deriva do latim *motivus* e significa mover. A motivação é frequentemente considerada intrínseca (de fontes internas, como o puro prazer do envolvimento na tarefa) ou extrínseca (de fontes externas, como receber compensação financeira). No entanto, para aqueles que estudam motivação em psicologia e educação, há uma infinidade de tipos e qualidades de motivação, como necessidades, impulsos, objetivos, aspirações, interesses e afetos, para citar alguns. A natureza diversa da motivação e dos processos associados foi estudada a partir de múltiplas perspectivas na psicologia. Na educação, essas teorias tendem a usar uma base sociocognitiva, enfatizando a percepção de um indivíduo de si mesmo dentro do contexto social (PERRY; TURNER; MEYER, 2006), em vez de confiar em impulsos e sistemas de tensão de base biológica (WEINER, 1980).

Normalmente, professores e pesquisadores tendem a se concentrar na motivação quando se trata de comportamentos de aprendizagem mais complexos, como compreensão de leitura e produção de texto, ou o desempenho acadêmico geral das crianças. A atenção aos fatores motivacionais no ensino de leitura e escrita de palavras também é importante para sustentar o trabalho cognitivo das crianças na construção de habilidades instrumentais de leitura e escrita. É importante sublinhar que os meios pelos quais os professores e a prática da sala de aula afetam a motivação para o desempenho, ou seja, um bom desempenho em relação a um padrão de excelência ou em comparação com outros concorrentes (McCLELLAND, 1961; ATKINSON, 1964), são direta e indiretamente moldados por fatores e processos relacionais. No nível do professor e da sala de aula, Martin e Dowson (2009) sugerem que o ensino, o desenvolvimento profissional, o treinamento de professores e as práticas organizacionais podem ser conceituados em termos desses fatores e processos relacionais. Os relacionamentos dentro de uma sala de aula são uma base vital para a motivação do aluno. Martin e Dowson (2009) mostram que:

1. o senso de apoio dos alunos (p. ex., ser apreciado, respeitado e valorizado pelo professor) prevê suas expectativas de sucesso e valorização do assunto. Na verdade, o apoio do professor é um fator de influência consistente na motivação e no desempenho (GOODENOW, 1993);
2. os alunos que acreditam que seu professor é atencioso também acreditam que aprendem mais (TEVEN; McCROSKEY, 1997);
3. os sentimentos de aceitação dos alunos pelos professores estão associados ao envolvimento emocional, cognitivo e comportamental na aula (CONNELL; WELLBORN, 1991);
4. os professores que apoiam a autonomia do aluno tendem a facilitar maior motivação, curiosidade e desejo de desafio (FLINK; BOGGIANO; BARRETT, 1990);
5. professores mais afetuosos tendem a desenvolver maior confiança nos alunos (RYAN; GROLNICK, 1986).

Em contrapartida, a pesquisa também apoia as seguintes conclusões:

6. quando os professores são mais controladores, os alunos tendem a mostrar menos motivação para o domínio e menor confiança (DECI *et al.*, 1981);
7. professores que não são vistos como calorosos geralmente demonstram baixa motivação e desempenho entre os alunos (KONTOS; WILCOX-HERZOG, 1997).

A teoria e a pesquisa apoiam a proposição de que relacionamentos positivos com outras pessoas significativas são importantes para a capacidade das crianças de funcionar com eficácia nos domínios social, afetivo e acadêmico. O ensino da escrita por meio de atividades lúdicas, de trabalho em equipe e significativas favorece o envolvimento dos alunos na tarefa de escrita (ARFÉ *et al.*, 2012), e isso pode ser ainda mais importante para escritores e leitores iniciantes que precisam desenvolver habilidades de ortografia, caligrafia e decodificação, que são a base para um uso maduro da leitura e da escrita. As atitudes dos professores e o clima da sala de aula também não devem ser ignorados no ensino de escrita e leitura, pois afetam significativamente o envolvimento, o prazer e as autopercepções relacionados à tarefa das crianças, o que determinará suas futuras abordagens para as tarefas de ortografia e escrita em geral, bem como o quanto elas aprenderão e generalizarão o conhecimento aprendido.

REFERÊNCIAS

ANGELELLI, P. *et al.* Spelling impairments in Italian dyslexic children: phenomenological changes in primary school. *Cortex - A Journal Devoted to the Study of the Nervous System and Behavior*, v. 46, n. 10, 2010.

ARFÉ, B. *et al.* Toward a redefinition of spelling in shallow orthographies: phonological, lexical and grammatical skills in learning to spell in Italian. *In:* BERNINGER, V. *Psta, present and future contributions of cognitive writing research to cognitive psychology.* New York: Taylor Francis, 2012. p. 359-387.

ARFÉ, B.; CONA, E.; MERELLA, A. Training implicit learning of spelling in italian children with developmental dyslexia. *Topics in Language Disorders*, v. 38, n.4, p.299-315, 2018.

ARFÉ, B.; DOCKRELL, J.; BERNINGER, V. *Writing development in children with hearing loss, dyslexia or oral language problems.* Oxford: Oxford University, 2014.

ARFÉ, B.; FASTELLI, A. L'acquisizione della lettura e della scrittura e i problemi di apprendimento della lingua scritta. *In:* VIANELLO, R; GINI, G.; LANFRANCHI, S. (ed.). *Psicologia dello sviluppo e dell'educazione.* Paris: UTET Università, 2015. p. 407-442.

ARFÈ, B.; MARIOTTO, A.; SARGIANI, R. The effects of articulatory gestures on phonemic segmentation and letter recognition. *In:* ANNUAL MEETING OF THE SOCIETY FOR THE SCIENTIFIC STUDY OF READING (SSSR). 25th., 2018, Brighton. *Proceedings* [...]. Irvine: SSSR, 2018.

ARFÉ, B.; ZANCATO, T. Language-specific effects in response to spelling intervention in italian and in english as an additional language. *Journal of Learning Disabilities*. 2021.

ATKINSON, J. W. *An introduction to motivation.* Princeton: Van Nostrand, 1964.

BERNINGER, V. W. *et al.* Computer instruction in handwriting, spelling, and composing for students with specific learning disabilities in grades 4 to 9. *Computers & Education*, v. 81, p. 154-168, 2015.

BERNINGER, V. W. *et al.* Early intervention for spelling problems: Teaching functional spelling units of varying size with a multiple-connections framework. *Journal of Educational Psychology*, v. 90, n. 4, p. 587–605, 1998b.

BERNINGER, V. W. *et al.* Teaching spelling to children with specific learning disabilities: The mind's ear and eye beat the computer or pencil. *Learning Disability Quarterly*, v. 21, n. 2, p.106–122, 1998a.

BHATTACHARYA, A.; EHRI, L. C. Graphosyllabic analysis helps adolescent struggling readers read and spell words. *Journal of Learning Disabilities*, v. 37, n. 4, p. 331-348, 2004.

BOYER, N.; EHRI, L. Contribution of phonemic segmentation instruction with letters and articulation pictures to word reading and spelling in beginners. *Scientific Studies of Reading*, v. 15, n. 5, p. 440-470, 2011.

BURANI, C.; BARCA, L.; ELLIS, A. W. Orthographic complexity and word naming in Italian: some words are more transparent than others. *Psychonomic Bulletin & Review*, v. 13, n. 2, p. 346–352, 2006.

CASTIGLIONI-SPALTEN, M. L.; EHRI, L. C. Phonemic awareness instruction: contribution of articulatory segmentation to novice beginners' reading and spelling. *Scientific Studies of Reading*, n. 1, p. 25-52, 2003.

CONNELL, J. P.; WELLBORN, J. G. Competence, autonomy, and relatedness: a motivational analysis of self-system processes. *In:* GUNNAR, M. R.; SROUFE, L. A. (ed.). *Self processes and development.* Hillsdale: Lawrence Erlbaum Associates, 1991. p. 43-77.

CHUNG, S. C.; CHEN, X.; GEVA, E. Deconstructing and reconstructing cross-language transfer in bilingual reading development: an interactive framework. *Journal of Neurolinguistics*, v. 50, p. 149–161, 2019

D'AUSILIO, A. et al. The motor somatotopy of speech perception. *Current Biology*, v. 19, n. 5, p. 381-385, 2009.

DECI, E. L. et al. An instrument to assess adults' orientations toward control versus autonomy with children: reflections on intrinsic motivation and perceived competence. *Journal of Educational Psychology*, v.73, n. 5, p. 642-650, 1981.

DIXON, L. Q.; ZHAO, J.; JOSHI, R. M. Influence of L1 orthography on spelling English words by bilingual children: a natural experiment comparing syllabic, phonological, and morphosyllabic first languages. *Learning Disability Quarterly*, v. 33, n. 3, p. 211–221, 2010.

EHRI, L. C. Development of sight word reading: phases and findings. *In:* HULME, M. S. *The science of reading*: a handbook. Oxford: Blackwell, 2005. p. 134-154.

EHRI, L. C. Grapheme-phoneme knowledge is essential for learning to read words in English. *In*: METSALA, J. L.; EHRI, L. (ed.). *Word recognition in beginning literacy*. Mahwah: Erlbaum, 1998a. p. 3-40.

EHRI, L. C. Learning to read words: Theory, findings, and issues. *Scientific Studies of Reading*, v. 9, n. 2, p. 167-188, 2005.

EHRI, L. C. Phases of development of learning to read words by sight. *Journal of Research in Reading*, v. 18, p. 116-125, 1995.

EHRI, L. C. Research on learning to read and spell: a personal-historical perspective. *Scientific Studies of Reading*, v. 2, p. 97-114, 1998b.

EHRI, L. C.; SNOWLING, M. Developmental variation in word recognition. *In:* Stone, A. C. et al. (ed.). *Handbook of language and literacy*: development and disorders. New York: Guilford, 2004. p. 443-460.

FLINK, C.; BOGGIANO, A. K.; BARRETT, M. Controlling teaching strategies: undermining children's self-determination and performance: Correction to Flink et al. *Journal of Personality and Social Psychology*, v. 59, n. 6, p. 1118, 1990.

GOODENOW, C. Classroom belonging among early adolescent students. *Journal of Early Adolescence*, v. 13, p. 21-43, 1993.

GOSWAMI, U. Annotation: phonological factors in spelling development. *Journal of Child Psychology and Psychiatry*, v. 33, n. 6, p. 967-975, 1992.

GOSWAMI, U. Orthographic analogies and phonological priming: a comment on Bowey, Vaughan, and Hansen (1998). *Journal of Experimental Child Psychology*, v. 72, n. 3, p. 210-219, 1999.

GOSWAMI, U. Phonological skills and learning to read. *Annals of the New York Academy of Sciences*, v. 682, p. 296-311, 1993.

GOSWAMI, U.; ZIEGLER, J.; RICHARDSON, U. (2005). The effects of spelling consistency on phonological awareness: a comparison of English and German. *Journal of Experimental Child Psychology*, v. 92, n. 4, p. 345-365, 1999.

KONTOS, S.; WILCOX-HERZOG, A. Influences on children's competence in early childhood classrooms. *Early Childhood Research Quarterly*, v. 12, n. 3, p. 247-262, 1997.

LIBERMAN, A. et al. Tempo of frequency change as a cue for distinguishing classes of speech sounds. *Journal of Experimental Psychology*, v. 52, n. 2, p. 127-137, 1956.

LIBERMAN, A. *et al*. The discrimination of speech sounds within and across phoneme boundaries. *Journal of Experimental Psychology*, v. 54, n. 5, p. 358-368, 1957.

LIBERMAN, A.; DELATTRE, P.; COOPER, F. The role of selected stimulus-variables in the perception of the unvoiced stop consonants. *The American Journal of Psychology*, v. 65, n. 4, p. 497-516, 1952.

LIBERMAN, A. M. *et al*. Perception of the speech code. *Psychological Review*, v. 74, n. 6, p. 431-461, 1967.

LIBERMAN, A. M.; MATTINGLY, I. G. The motor theory of speech perception revised. *Cognition*, v. 21, n. 1, p. 1-36, 1985.

LIBERMAN, A. M. The reading researcher and the reading teacher need the right theory of speech. *Scientific Studies of Reading*, v. 3, n. 2, p. 95-111, 1999.

LIBERMAN, A. M.; WHALEN, D. H. On the relation of speech to language. *Trends in cognitive sciences*, v. 4, n. 5, p. 187-196, 2000.

LIBERMAN, I. Y. *et al*. Phonetic segmentation and recoding in the beginning reader. *In*: SCARBOROUGH, A. S. *Toward a psychology of reading*. Hillsdale: Erlbaum, 1977. p. 207-226.

LIBERMAN, I. Y. Phonology and the problems of learning to read and write. *Remedial and Special Education*, n. 6, p. 8-17, 1985.

MARINELLI, C. V. *et al*. Spelling acquisition in english and italian: a cross-linguistic study. *Frontiers in Psychology*, v. 6, n. 1.843, 2015.

MARTIN, A. J.; DOWSON, M. Interpersonal relationships, motivation, engagement, and achievement: Yields for theory, current issues, and educational practice. *Review of Educational Research*, v. 79, n. 1, p. 327-365, 2009.

McCLELLAND, D. C. *University of Illinois at Urbana-Champaign's Academy for entrepreneurial leadership historical research reference in entrepreneurship*. 1961. Disponível em: https://ssrn.com/abstract=1496181. Acesso em: 23 fev. 2022.

METSALA, J. L.; WALLEY, A.C. Spoken vocabulary growth and the segmental restructuring of lexical representations: precursors to phonemic awareness and early reading ability. *In*: METSALA J. L.; EHRI L. C. (ed.) *Word recognition in beginning literacy*. Mahwah: Erlbaum, 1998. p. 89-120.

MUTER, V. *et al*. Segmentation, not rhyming, predicts early progress in learning to read. *Journal of experimental child psychology*, v. 65, n. 3, p. 370-396, 1997.

PERRY, N.; TURNER, J. C.; MEYER, D. K. Student engagement in the classroom. *In*: ALEXANDER, P.; WINNE, P. *Handbook of educational psychology*. Vancouver, 2006. p.327-348. Disponível em: https://www.researchgate.net/publication/248855492_Perry_N_Turner_J_C_Meyer_DK_2006_Student_Engagement_in_the_classroom. Acesso em: 23 fev. 2022.

RICHARDS, T. L. *et al*. Converging evidence for triple word form theory in children with dyslexia. *Developmental Neuropsychology*, v. 30, n. 1, p. 547-589, 2006.

ROSENTHAL, J.; EHRI, L. C. The mnemonic value of orthography for vocabulary learning. *Journal of Educational Psychology*, v. 100, n. 1, p. 175-191, 2008.

RYAN, R. M.; GROLNICK, W. S. Origins and pawns in the classroom: self-report and projective assessments of individual differences in children's perceptions. *Journal of Personality and Social Psychology*, v. 50, n. 3, p. 550-558, 1986.

SARGIANI, R. Teaching orthographic mapping to novice beginners in brazilian portuguese: effects of phonemes, syllables and articulatory gestures. *In*: ANNUAL MEETING, 23rd, Porto, 2016. Disponível em: https://www.triplesr.org/teaching-orthographic-mapping-novice-beginners-brazilian-portuguese-effects-phonemes-syllables-and. Acesso em: 22 fev. 2022.

SARGIANI, R.; EHRI, L.; MALUF, M. R. Teaching orthographic mapping to novice beginners in Brazilian Portuguese: effects of phonemes, syllables and articulatory gestures. *Applied Psycholinguistics Journal*, v. 39, p.1405-1437, 2018.

SEYMOUR, P. H. K. *et al*. Foundation literacy acquisition in European orthographies. *British Journal of Psychology*, v. 94, pt. 2, p. 143–174, 2003.

SHAHAR-YAMES, D.; SHARE, D. L. Spelling as a self-teaching mechanism in orthographic learning. *Journal of Research in Reading*, v. 31, n. 1, p. 22-39, 2008.

SNOW, C. E.; GRIFFIN, P.; BURNS, M. S. (ed.). *Knowledge to support the teaching of reading*: Preparing teachers for a changing world. Hoboken: Jossey-Bass, 2005.

SUN-ALPERIN, M. K.; WANG, M. Cross-language transfer of phonological and orthographic processing skills from Spanish L1 to English L2. *Reading and Writing*, v. 24, n. 5, p. 591– 614, 2011.

TEVEN, J. J.; MCCROSKEY, J. C. The relationship of perceived teacher caring with student learning and teacher evaluation. *Communication Education*, v. 46, n. 1, p. 1-9, 1997.

TREIMAN, R. B. Children's use of grapheme-phoneme correspondences in spelling: roles of position and stress. *Journal of Educational Psychology*, v. 85, n. 1-12, p. 466-477, 1994.

TREIMAN, R.; GOSWAMI, U.; BRUCK, M. Not all nonwords are alike: implications for reading development and theory. *Memory & Cognition*, v. 18, n. 6, p. 559-567, 1990.

TREIMAN, R.; KESSLER, B. *How children learn to write words*. Oxford: Oxford University, 2014.

VAN DAAL, V. H. P.; WASS, M. First- and second-language learnability explained by orthographic depth and orthographic learning: a "natural" Scandinavian experiment. *Scientific Studies of Reading*, v. 21, n. 1, p. 46–59, 2017.

WEINER, B. A cognitive (attribution)-emotion-action model of motivated behavior: an analysis of judgments of help-giving. *Journal of Personality and Social Psychology*, v. 39, n. 2, p. 186-200, 1980.

ZIEGLER, J. C.; PERRY, C. J.; BRAUN, M. Identical words are read differently in different languages. *Psychological Science*, v. 12, p. 379-384, 2001.

Leituras recomendadas

EHRI, L. C. Learning to read and learning to spell are one and the same, almost. *In*: PERFETTI, C. A.; RIEBEN, L.; FAYOL, M. (eds.). *Learning to spell*: research, theory and practice across languages. Mahwah: Erlbaum, 1997. p. 237-269.

EHRI, L. C. Reconceptualizing the development of sight word reading and its relationship to recording. *In*: GOUGH, P.; EHRI, L.; TREIMAN, R.. (ed.). *Reading acquisition*. Hillsdale: Lawrence Erlbaum, 1992. p.107-143.

EHRI, L. C. *et al*. Phonemic awareness instruction helps children learn to read: evidence from the National Reading Panel's meta-analysis. *Reading Research Quarterly*, v. 30, n. 3, p. 250-287, 2001.

8

A análise dos erros ortográficos como instrumento para compreender o desenvolvimento e apoiar o ensino da escrita

Ana Paula Vale • Otília Sousa

Escrever palavras, isto é, ser capaz de representar a linguagem falada (oralizada ou interna) pela escrita exige o domínio de um código cultural a que chamamos ortografia, o que implica o desenvolvimento do conhecimento ortográfico.

O conhecimento ortográfico é a informação armazenada em memória que nos permite escrever de acordo com a norma estabelecida: sequências corretas de grafemas (<carro>, mas não *<rroca>); palavras novas, para as quais precisamos estabelecer correspondências entre cada fonema e um grafema apropriado (as pseudopalavras ilustram essa possibilidade: <danhilipo> para a expressão /dɐɲilipu/); palavras com padrões ortográficos específicos (<ficção>; <fixar>); palavras homófonas (<passo> vs. <paço>); palavras com normas determinadas pelo contexto grafêmico (<canto> vs. <campo>) ou pela categoria gramatical (<rudez> vs. <ruandês>).

O uso do código ortográfico envolve, portanto, diferentes tipos de conhecimento. Envolve a aprendizagem do nome e do som das letras e da sua relação com os fonemas que constituem as palavras — o chamado conhecimento alfabético; o conhecimento das restrições posicionais dos grafemas, isto é, como as letras podem ou não ser combinadas — conhecimento grafotático (<rr> no início das palavras é ilegal; palavras terminadas, p. ex., em <v> também não ocorrem); a aprendizagem de regras contextuais (/R/ intervocálico escreve-se <rr>); a aquisição de conhecimentos implícitos adquiridos pelas nossas capacidades para extrair regularidades do funcionamento do código (/ʒ/ inicial seguido de /i/, /ɛ/, /e/, /ə/ ou /ẽ/ escreve-se frequentemente com <g> [p. ex., <gigante>]; GOMES, 2001); conhecimento morfossintático (<lermos> é diferente de <ler-mos>); conhecimento semântico (<ruído>

é diferente de <roído>); sensibilidade à acentuação lexical (/u/ tônico escreve-se sempre <u>, como em <canudo>).

Neste capítulo, focaremos o desenvolvimento da escrita de palavras e como podemos classificar os erros que as crianças produzem quando as escrevem. Analisaremos também a evolução do tipo de erros no decurso da aprendizagem. Considerar uma perspectiva desenvolvimentista na análise dos erros ortográficos traduz a ideia de que os erros refletem falhas que podemos associar a bases de conhecimento cujo domínio é gradual e depende do grau de sofisticação com que as crianças conseguem integrar diferentes facetas de tratamento da linguagem e aplicar na escrita. Por isso, os erros ortográficos não podem ser tratados como se fossem todos iguais (NADEAU; FISHER, 2011). Para podermos usar a informação que os erros ortográficos contêm de modo a informar as práticas de ensino e de intervenção, é importante compreender como as crianças adquirem e desenvolvem o conhecimento ortográfico que aplicam na escrita.

COMO SE APRENDE A ESCREVER PALAVRAS

A aprendizagem de cada uma das dimensões do conhecimento ortográfico depende de condições diferentes. Para a aquisição de conhecimento alfabético, é crucial ter um ensino explícito e sistemático que deve se basear, desde o início da aprendizagem, na relação entre o conhecimento de letras, a identificação dos fonemas que formam as palavras e as relações entre ambos (SARGIANI; EHRI; MALUF, 2018). A necessidade de um ensino explícito será determinante ao longo da aprendizagem (GRAHAM; SANTANGELO, 2014; TREIMAN, 2018), no entanto, conhecimentos adquiridos implicitamente também contribuem significativamente para a progressão do desenvolvimento ortográfico. Hilte e Reitsma (2011) verificaram que o ensino explícito da regra "dobrar consoantes" em palavras holandesas (<*botten*> [ossos]) a crianças do 2º ano era vantajoso relativamente à prática repetida da escrita dessas palavras sem explicitação da regra, mas apenas quando era fornecida uma grande quantidade de exemplares diferentes durante o ensino. Kemper, Verhoeven e Bosman (2012) também observaram que o ensino explícito de uma regra ortográfica a crianças do 1º ano não produzia resultados diferentes dos obtidos em uma condição de aprendizagem implícita, em que era pedido às crianças que escrevessem o singular de palavras que eram apresentadas por escrito e apenas lhes era dito se tinham escrito corretamente ou não.

Entretanto, quando a regra ensinada dependia de uma regularidade morfológica, o ensino explícito revelou ser mais eficaz do que o ensino que gerava aprendizagem implícita. Isso indica que, no planejamento do ensino e na intervenção em casos de dificuldades, é importante levar em consideração as características psicolinguísticas e o tipo de conhecimento necessário à escrita de diferentes tipos de palavras.

O ensino explícito, mesmo ocorrendo durante um longo período, parece não ser suficiente para assegurar o domínio da escrita correta, o que sugere que outras fontes de aprendizagem concorram para sustentar o uso da norma ortográfica. Dados de um estudo realizado com crianças portuguesas (VALE, 2015) sobre a aplicação de regras contextuais ensinadas explicitamente desde o final do 1º ano (p. ex., as vogais nasais escrevem-se com <-m> antes de <p> e de <b>), mostrou que apenas a partir do 3º ano as crianças atingiam níveis de sucesso acima dos 80%, o que indica que, além do ensino explícito, as crianças precisam de experiência para integrar esse conhecimento ortográfico na sua escrita. Confluindo com essa ideia, trabalhos recentes (PACTON et al., 2018; TREIMAN, 2017) mostram que uma parte substancial do conhecimento ortográfico é adquirida por meio da exposição à escrita, seja pela leitura, seja pela prática de escrita que as crianças têm oportunidade de realizar, conferindo um papel relevante à aprendizagem implícita. Nessa linha de pesquisa, as teorias da aprendizagem estatística (DEACON; LEUNG, 2013; TREIMAN; KESSLER, 2014), que vêm enquadrando grande parte da pesquisa atual sobre o desenvolvimento da escrita, têm fornecido evidências sólidas sobre as capacidades das crianças de extrair as regularidades do código ortográfico a que são expostas e usá-las na escrita.

A título de exemplo, salienta-se que é raríssimo encontrar uma produção escrita com o grafema <rr> no início de palavra (<rroda>), grafema que as crianças não encontram de fato em nenhum material escrito a que tenham acesso; no entanto, é muito frequente que, desde o início da aprendizagem, as crianças escrevam o fonema /u/ em posição final de palavra com <o> (condição com uma consistência próxima dos 100%) e não com <u>, como seria esperado se apenas usassem o conhecimento alfabético estrito decorrente das primeiras correspondências ensinadas entre os sons e as letras ou entre os sons e os nomes das letras. A aprendizagem implícita, isto é, a que ocorre dissociada de um esforço consciente, é uma habilidade que usamos em vários domínios do nosso funcionamento, bem como na aprendizagem das normas ortográficas. As vantagens são claras: não é possível ensinar explicitamente tudo que há para aprender sobre ortografia; contudo, há casos cuja complexidade não dispensa o ensino explícito, e esses devem ser reconhecidos e destacados pelos professores.

Dependendo do tipo de ensino, da magnitude da experiência e das características psicolinguísticas das palavras (frequência, comprimento, consistência ortográfica), as crianças podem usar essencialmente uma ou várias estratégias para escrever em um dado período do seu desenvolvimento. Podem, assim, (i) usar uma estratégia alfabética, também chamada fonológica, por meio da qual realizam a conversão entre fonemas e grafemas; (ii) usar estratégias ditas ortográficas, como aceder diretamente a partir da forma fonológica ao léxico ortográfico para recuperar o padrão ortográfico de uma palavra específica ou a de um padrão sublexical (<que>

ou <qui>); (iii) recorrer ao significado da palavra para aceder ao léxico ortográfico e depois recuperar o padrão ortográfico (<pião>); (iv) usar estratégias de analogia e escrever palavras a partir de outras com estruturas fonológicas semelhantes (<noz> a partir de <voz>); (v) usar conhecimentos implícitos que advêm da frequência de ocorrência e de exposição a um certo padrão ortográfico no código que estão aprendendo (escrever o fonema /u/ com <o>); (vi) usar conhecimentos linguísticos sofisticados, como o morfossintático, representando /iw/ como <iu> nos verbos [<riu>] e como <io> nos nomes [<rio>]. De acordo com uma proposta de Treiman e Kessler (2014) — integração de padrões múltiplos (IMP, do inglês *integration of multiple patterns*) —, as crianças usariam uma forma ortográfica em vez de outra quando múltiplos padrões de relações (forma visual, fonologia, morfologia e outros aspectos linguísticos) a suportam. No entanto, quando diferentes fontes de informação causam conflito, umas favorecendo uma forma escrita e outras favorecendo uma forma alternativa, a aprendizagem estatística terá um peso determinante na sua opção, já que a pregnância das regularidades do sistema tendencialmente se sobrepõe às outras informações.

DESENVOLVIMENTO DA ESCRITA DE PALAVRAS

Ainda que as crianças possam manifestar desde muito cedo diversos tipos de conhecimento ortográfico, é reconhecido que a aprendizagem da escrita tem uma natureza desenvolvimental, já que algumas dimensões linguísticas determinantes para a aquisição da norma ortográfica parecem ser usadas mais tardiamente do que outras (p. ex., a escrita de formas verbais com conjugação pronominal, como em <lavas-te>, apresenta taxas muito elevadas de erros mesmo em níveis de escolaridade avançada).

Quando começam a aprender a escrever, as crianças usam maciçamente as regularidades de base fonológica associadas às letras ensinadas de forma explícita (CARDOSO-MARTINS; BATISTA, 2005; FERNANDES *et al.*, 2008; POLLO; KESSLER; TREIMAN, 2005; TREIMAN *et al.*, 2013). Fazem-no tentando representar cada fonema de uma palavra por uma letra fonologicamente adequada, muitas vezes em uma relação estrita de um para um. Mesmo antes do ensino formal da escrita, crianças brasileiras com cerca de 4 anos treinadas para manipular fonemas associados a gestos articulatórios e a letras tiveram mais sucesso recordando as letras que compunham as palavras que tinham aprendido a ler do que crianças da mesma idade que tiveram um treino semelhante, mas usando sílabas em vez de fonemas (SARGIANI; EHRI; MALUF, 2018). Diferentemente das sílabas, o estabelecimento de relações entre letras e fonemas potencializa a capacidade de encontrar os fonemas nas palavras e representá-los por letras. Em outro estudo com crianças brasileiras em fase pré-escolar, Sargiani e Albuquerque (2016) verificaram que o conhecimento de letras estava significativamente associado ao grau de correção da escrita e que a maioria das letras utilizadas era fonologicamente adequada. Na mesma linha, Barbosa, Medeiros e Vale (2016) mostraram que crianças do 1º ano que apresentavam no início do ano letivo maior domínio na análise de sons das palavras e mais conhecimento de letras evoluíram mais na escrita.

Pouco a pouco, as crianças progridem por meio da integração de conhecimentos cada vez mais sofisticados sobre padrões ortográficos de palavras específicas, sobre padrões sublexicais e restrições contextuais e posicionais, assim como sobre outras regularidades presentes no sistema de escrita. Esse perfil de desenvolvimento tem sido vastamente comprovado por trabalhos realizados em diferentes ortografias alfabéticas (CARAVOLAS, 2004; DEFIOR; JIMENEZ-FERNANDEZ; SERRANO, 2009; KEUNING; VERHOEVEN, 2008; NOTARNICOLA *et al.*, 2012) e vários estudos realizados em língua portuguesa também documentam essa linha de progressão. Crianças portuguesas que frequentam o 1º ano escrevem palavras regulares (palavras cuja representação ortográfica depende das conversões estritas entre fonemas–grafemas, como "fita") constituídas por grafemas simples com maior exatidão do que palavras que contêm grafemas complexos ("milho") (SERRANO *et al.*, 2010; FERNANDES *et al.*, 2008). Essa escrita de base essencialmente fonológica pode atingir níveis de precisão relativamente elevados desde cedo, como mostrou um estudo de ditado de palavras isoladas, em que crianças no final do 1º ano escreveram corretamente 82% das palavras regulares com grafemas simples (VALE, 2015). Pinheiro (1995) verificou que as crianças brasileiras de 1º ano também produziam menos erros em pseudopalavras ("coeta") do que em palavras de baixa frequência ("moeda"), mostrando que o apoio na estratégia de conversão fonema–grafema ultrapassava, nessa altura, o conhecimento ortográfico lexical. Reforçando essa ideia, há evidências de que durante os 1º e 2º anos as palavras regulares são escritas com maior precisão do que as irregulares (palavras cuja representação ortográfica depende do conhecimento específico da palavra, como "roxo") (PINHEIRO, 1995; VALE, 2000). No entanto, é importante sublinhar que, a par dessa estratégia alfabética, as crianças vão, simultaneamente, construindo um léxico ortográfico, pois conseguem memorizar padrões ortográficos de palavras particulares, como foi mostrado em um estudo de Fernandes *et al.* (2008), pela observação do aumento significativo de acertos em palavras irregulares entre fevereiro, cerca de cinco meses após o início do ano escolar, e junho do 1º ano. A consolidação do léxico ortográfico, essencial para escrever com correção normativa, aumenta com a experiência, como foi documentado por um estudo transversal com crianças do 1º Ciclo da educação básica em Portugal. Nesse estudo (VALE, 2015), as crianças do 4º ano foram capazes de escrever corretamente mais palavras irregulares do que crianças do 2º ano, e estas mais do que as do 1º, mas menos do que as do 3º ano.

Relativamente à outra dimensão do conhecimento ortográfico — o grafotático —, sabe-se que, também desde cedo, a escrita reflete a sensibilidade que as crianças ganham a essas características da forma que são raramente, ou não, explicitadas pelo ensino. Isto é, a escrita, mesmo precoce, tendencialmente obedece às sequências de letras que podem ou não ocorrer, não violando os seus princípios de organização. Vale *et al.* (2017b) observaram que no final do 1º ano, ainda antes de a escrita alfabética estar totalmente dominada, crianças portuguesas escreviam mais frequentemente o grafema <e> no final de pseudopalavras que terminavam com *chevá*,[1] produzindo uma coda fonológica não legal, como /mavɨ/ (<mave>), do que no final de pseudopalavras com *chevá* que produzia uma coda fonológica legal, como /pɔlɨ/ (<pol>). Uma vez que no código ortográfico português o final das palavras pode frequentemente terminar em <l>, <r>, <s> ou <m>, mas não com outras consoantes (muito raramente com <b> ou com <n>), as produções significativamente mais frequentes de <e> para representar o *chevá* em final de palavra com coda fonológica não permitida traduzem a sensibilidade dessas crianças às sequências ortográficas mais frequentes, ganhas pelo efeito da exposição, e não apenas o da fonologia.

Nessa mesma linha, um trabalho de Vale, Martins e Silva (2018) mostrou que crianças do 1º ano intensificaram o uso do grafema <o> para escrever o fonema /u/ em palavras dissilábicas (lupa, peru, funil, total, cabo), muitas vezes de forma incorreta, entre março e junho, passando de 42,7 para 59,6% de produção. Esse padrão de mudança, que se traduziu por um aumento significativo do número de erros na escrita de /u/, denota o aumento da exposição à escrita que, na ortografia portuguesa, representa /u/ com muito mais frequência com <o> do que <u> (respectivamente, 76,6 e 22,19% das ocorrências no PORLEX [GOMES, 2001]). Denota também que as crianças extraem as regularidades do funcionamento do código que estão aprendendo desde cedo, embora não as dominem tão logo. Por exemplo, a conquista da norma ortográfica para a representação de /u/ dá-se de forma paulatina. O caso da escrita de /u/ em sílaba tônica, que se realiza sempre com o grafema <u>, avança lentamente, apesar da consistência da sua representação. Um estudo transversal com alunos portugueses do 1º Ciclo (VALE, 2015) documentou uma progressão de 63% de respostas corretas no 1º ano para 96,5% no 4º. No entanto, quando os estímulos eram pseudopalavras com a mesma estrutura, os níveis de precisão diminuíram significativamente (59% no 1º ano e 85,75% no 4º ano), sugerindo que essa regularidade foi sendo integrada, mas não usada como regra, mesmo no 4º ano. É interessante notar que esses dados realçam um aspecto pouco destacado na pesquisa sobre aprendizagem da escrita, que é o do papel da informação lexical: a falta dessa informação fragiliza as capacidades de representação ortográfica (MARTINS; SILVA; VALE, 2018).

---

[1] Em português brasileiro, normalmente aceitamos o estrangeiro *schwa* para designar esse som vocálico.

Nesse estudo transversal (VALE, 2015) também foi estudada a progressão do uso de regras contextuais ensinadas explicitamente, como <m> antes de <p> e <b> e <rr> para /R/ intervocálico, entre outras. A aplicação correta dessas regras aumentou de 62% no final do 1º ano para 92% no 4º ano, atingindo valores elevados de proficiência (86%) já no final do 3º ano. Mas, como no exemplo da representação de /u/, na escrita de pseudopalavras que envolviam o uso dessas regras, apenas as crianças do 4º ano tiveram um desempenho acima de 80% (53,5; 69,42; 78,83; 81,58%, respectivamente, para 1º, 2º, 3º e 4º anos). Isso indica, novamente, que a informação lexical tem papel relevante mesmo quando é suposto que uma regra abstrata ensinada de modo explícito pode sustentar a produção escrita. Aliás, o fato de os níveis atingidos na tarefa de transferência (pseudopalavras são "palavras novas") serem significativamente diferentes dos observados com palavras em todos os anos de escolaridade sugere que as crianças não as estavam usando de modo consistente, mas apenas aplicando uma regra. Meireles e Correa (2005) examinaram igualmente a escrita desse tipo de regras com crianças brasileiras de 2º e 4º anos do ensino fundamental e verificaram um padrão semelhante de progressão. Isto é, embora explicitamente ensinadas, a aplicação dessas regras atinja níveis de proficiência (80% ou acima) apenas no 4º ano. Portanto, não apenas o ensino explícito, mas também a quantidade de experiência influencia o desenvolvimento da escrita. Curiosamente, as autoras também verificaram que a escrita da vogal nasal com <-n> atingia níveis de sucesso de 97% logo a partir do 2º ano, não se distinguindo estatisticamente dos valores alcançados no 4º ano (99%). No entanto, em ambas as séries a escrita da vogal nasal com <-m> era significativamente mais difícil, o que sugere que a frequência muito maior de ocorrência de <-n> na representação das vogais nasais no código ortográfico português teve aqui um mesmo papel determinante na precisão.

Para escrever corretamente em português é necessário, ainda, aprender regularidades que envolvem informação morfossintática. Um estudo realizado com crianças portuguesas do 1º ao 4º ano (ROSA; NUNES, 2010) sobre a escrita de *chevás* em palavras de baixa frequência, derivadas de palavras cuja vogal correspondente é tônica (o grafema <e>, que representa o *chevá* em "martelar", representa a vogal /ɛ/ na palavra base "martelo"), mostrou uma progressão de 43, para 51, 53 e 61% de precisão, respectivamente, nos 1º, 2º, 3º e 4º anos. Esses dados indicam que, já presente no início da escolaridade formal, esse conhecimento complexo sobre a representação escrita do *chevá* em palavras derivadas ainda não estava dominado no final de quatro anos de aprendizagem. Um dado relevante desse trabalho foi evidenciar que, quando tinham oportunidade de ver e ouvir a leitura de uma frase escrita que continha a palavra-base (p. ex., "tambor" em "ele está tocando tambor"), as crianças escreviam depois a vogal-alvo da palavra derivada (<tamborilar>) com maior nível de sucesso.

No entanto, esse efeito facilitador do estímulo prévio só ocorreu nos 3º e 4º anos, sugerindo que é necessário que as crianças atinjam um certo nível de experiência e conhecimento, ortográficos e linguísticos, para se beneficiar da informação morfológica a que são expostas. Nessa linha de estudo sobre a aquisição de aspectos ortográficos específicos, Rego e Buarque (1999) já tinham documentado detalhadamente a evolução da escrita de segmentos homófonos cuja representação ortográfica depende da categoria gramatical da palavra. Por exemplo, o segmento fonológico /iw/, que deve ser escrito <iu> para verbos, e <io> para substantivos (p. ex., <partiu> - <navio>), era representado pelas crianças utilizando a mesma forma ortográfica nas duas categorias de palavras no início da escolaridade, de maneira diferente de criança para criança; posteriormente, cada criança usava inconsistentemente as duas formas ortográficas e só mais tarde diferenciavam corretamente cada um dos registos. Mais recentemente, Cardoso-Martins e Gonçalves (2017) testaram a hipótese de que a informação morfossintática contida nas palavras ajuda a decidir sobre a escrita de segmentos homófonos.

As autoras pediram a crianças do 2º ao 5º ano que escrevessem palavras que, no português brasileiro, contivessem um de dois tipos de inconsistência ortográfica: 1) palavras com um segmento fonológico (/iw/) cuja escrita diferia de acordo com a sua categoria gramatical, contendo, portanto, informação morfossintática (ver o exemplo explicado anteriormente); 2) palavras com um segmento fonológico (/ɛw/) cuja escrita é irregular, o que pode ocorrer com <el> (p. ex., <papel>) ou com <éu> (p. ex., <chapéu>) sem que haja uma razão condicionante. Os resultados mostraram que só a partir do 4º ano os alunos escreviam as palavras do primeiro grupo de forma mais correta do que as do segundo grupo, indicando que, como no trabalho de Rosa e Nunes (2010), as crianças com mais experiência, fosse de exposição e/ou ensino, se beneficiavam de modo mais significativo da informação morfossintática presente nas palavras.

Ainda nessa linha de trabalho, Meireles e Correa (2005) já tinham documentado que a escrita de /ezɐ/, que pode ter a forma ortográfica <esa> ou <eza> dependendo de ser um substantivo derivado de um adjetivo (<delicadeza>, <beleza>) ou de ser um adjetivo derivado de um substantivo (<camponesa>, <japonesa>), atingia níveis de sucesso maiores no 4º do que no 2º ano. Verificaram também que a escrita correta desse morfema era mais difícil do que a de /ozu/, que alcançou 88% de respostas corretas logo no 2º ano, não havendo, para esse caso, diferenças entre anos. Na análise dessas diferenças desenvolvimentais de aquisição, é imperativo sublinhar que o morfema /ozu/, embora integrando um fonema cuja representação ortográfica é irregular (/z/), é consistentemente escrito como <oso>, enquanto o morfema /ezɐ/ registra frequências semelhantes para as duas possibilidades de escrita. Esses dados sugerem, uma vez mais, que a frequência de ocorrência de um dado padrão ortográfico tem peso considerável nas aprendizagens.

Essa dimensão do conhecimento ortográfico — as regularidades de base morfossintática — envolve casos de grande complexidade, como a escrita de formas verbais homófonas cuja ortografia depende do papel gramatical que os morfemas desempenham (p. ex., "lemos" vs. "lê-mos"). Um estudo recente realizado com estudantes universitários portugueses mostrou que palavras como "pesa-mos" ou "pintar-mos" eram escritas com uma taxa de apenas 70% de sucesso em uma tarefa de ditado de verbos inseridos em lacunas de frases (VALE; SOUSA, 2017). Os erros consistiam exclusivamente na produção da forma alternativa que é mais frequente (<pesamos>, <pintarmos>), refletindo um efeito de dominância homofônica que produziu incerteza sobre a forma utilizada e promoveu o uso de processos de recuperação.

As evidências já apresentadas sugerem que a escrita ortograficamente correta de palavras e de partes de palavras (padrões ortográficos sublexicais) parece ocorrer em uma progressão associada à emergência de "casos ortográficos" em que diferentes complexidades da mesma natureza — fonológica ou morfossintática, ou grafotática ou lexical — são dominadas em diferentes momentos do desenvolvimento, mesmo que diversas fontes de conhecimento pareçam atuar simultaneamente desde cedo. Esse padrão favorece as perspectivas teóricas que defendem que o desenvolvimento da escrita é incremental (Restrictive-Interactive Model [PERFETTI, 1992; 1998]; Overlapping Waves [RITTLE-JOHNSON; SIEGLER, 1999]; Self-Teaching [SHARE, 1995; 2008]; IPM [TREIMAN; KESSLER, 2014]) relativamente às teorias de estágios (Construtivista [NUNES; BRYANT, 2009] e Fonológica: alfabética seguida de ortográfica [EHRI, 1992; FRITH, 1985]). Enquanto as primeiras sustentam que o conhecimento ortográfico emerge gradualmente, apresentando uma sofisticação cada vez maior nas relações entre a linguagem e a ortografia, e as crianças usam diferentes tipos de conhecimento e estratégias em um mesmo período de tempo, as últimas defendem que o surgimento de um dado tipo de conhecimento (p. ex., escrita de cariz ortográfico) ocorre apenas após o domínio de um tipo de conhecimento menos complexo (p. ex., escrita de cariz alfabético).

Não obstante o desenvolvimento da escrita ser, provavelmente, mais bem explicado segundo uma perspectiva incremental, e embora diferentes tipos de conhecimento se sobreponham em graus diferentes em momentos diversos do desenvolvimento, é crucial enfatizar que muitos estudos documentam, tal como foi apresentado para a ortografia portuguesa, a evolução de conhecimentos específicos associados à idade/aos anos de escolaridade (CARRILLO; ALEGRÍA; MARÍN, 2013; DEFIOR; JIMENEZ-FERNANDEZ; SERRANO, 2009; KEUNING; VERHOEVEN, 2008; McGEOWN; MEDFORD; MOXON, 2013) que emergem essencialmente por via do ensino explícito e da frequência de exposição. Essa verificação pode orientar sobre o tipo de erro que é mais ou menos esperado em um dado período da trajetória da aprendizagem. É importante destacar, ainda, que as bases de conhecimento que sustentam o desenvolvimento da escrita (conhecimento morfológico [DEACON;

LEUNG, 2013], semântico [OUELLETTE, 2010] ou outros tipos de conhecimento, como a sensibilidade à acentuação [DEFIOR; JIMENEZ-FERNANDEZ; SERRANO, 2009]) envolvem também um percurso desenvolvimental.

Por isso, embora uma parte substancial do desenvolvimento da escrita possa ser baseada no conhecimento de itens específicos, as bases linguísticas que motivam a escrita, quando aprendidas, permitem a adoção de princípios que sustentam muitas das suas regularidades e que, dependendo da sua complexidade, podem governar mais cedo ou mais tardiamente o uso da escrita convencional. Um ensino da escrita baseado em princípios linguísticos e nas características psicolinguísticas das palavras talvez permitisse que o desenvolvimento não dependesse tão substancialmente do conhecimento de itens, mas antes do conhecimento de tipos de itens.

OS ERROS DE ESCRITA DE PALAVRAS

A escrita de palavras se sustenta em conhecimento linguístico e ortográfico complexo, dependendo pouco de mecanismos de memorização visual (DYMOCK; NICHOLSON, 2017; FISCHBACK *et al.*, 2013; TREIMAN, 2018).

Dado que diferentes tipos de conhecimento linguístico e diferentes mecanismos cognitivos estão envolvidos na escrita de palavras, os erros produzidos pelas crianças não devem ser encarados como sendo todos iguais, nem como tendo todos a mesma gravidade. Os erros de escrita não são todos da mesma natureza. Por isso, os erros sistemáticos tornam-se uma fonte preciosa de informação sobre os mecanismos cognitivos que as crianças utilizam ou estão tendo dificuldades em mobilizar.

A maneira mais simples de avaliar a escrita é verificar se a palavra está escrita de forma correta ou incorreta, isto é, se apresenta ou não a forma ortográfica convencionada. No entanto, essa abordagem dicotômica é simplista e insuficiente, pois não permite distinguir (a) erros que refletem diferentes tipos de processamento da informação, (b) erros "aceitáveis" daqueles cuja ocorrência não é esperada em uma determinada fase de aprendizagem e (c) erros múltiplos de erros únicos na mesma palavra.

Têm sido propostos vários esquemas de classificação de erros de escrita de palavras (BAHR *et al.*, 2012; MONTEIRO, 2010; PROTOPAPAS *et al.*, 2013; SCLIAR--CABRAL, 2003; VALE; SOUSA, 2017), uns mais generalistas e outros definindo diferentes tipos de desvios da norma. Os esquemas mais generalistas organizam os erros em dois grandes grupos: os erros fonológicos e os erros ortográficos. Os primeiros são considerados falhas na aplicação do princípio alfabético, isto é, no estabelecimento das correspondências entre fonemas e grafemas, não preservando o padrão fonológico da palavra. Os erros que decorrem do uso ineficiente de conhecimentos mais elaborados do que apenas os das relações estritas fonema--grafema, chamados erros de cunho ortográfico, preservam a fonologia do ponto de vista alfabético, mas apresentam um padrão ortográfico não convencional, observando-se o uso de grafemas alternativos à norma para um dado fonema.

Os esquemas que classificam os erros de modo mais minucioso têm proposto subdivisões no quadro dessas duas categorias mais amplas, embora nem sempre estabelecendo relações entre o tipo de erro e as fontes de informação necessárias para a escrita correta. A procura dessa relação é importante, pois na sua ausência, por vezes, não se compreende se existe ou não alguma diferença substancial entre erros que, à primeira vista, parecem iguais. Por exemplo, olhemos duas supressões fonológicas. Se uma criança portuguesa escreve <fliz> para a palavra /fliʃ/, embora esteja cometendo um erro, ela está representando todos os fonemas da palavra em uma ordem correta e em uma sequência ortográfica permitida, já que o *chevá*, por ser instável e optativo (grande probabilidade de não ocorrer na fala espontânea), pode estar sujeito à eliminação na análise do padrão fonológico da palavra e, assim, criar um grupo consonantal permitido, seja ao nível fonológico, seja ao nível ortográfico; mas se escrever <pdal> para a palavra /pɨdal/, que também acontece, mesmo que possa estar usando um processo de análise semelhante ao ocorrido na palavra "feliz", denota, adicionalmente, uma falha de conhecimento grafotático, pois o sistema ortográfico português não admite a sequência <pd>. Isso mostra que é importante fazer uma afinação tão minuciosa quanto possível entre o erro de escrita e a fonte de informação que possa estar em falha, pois esse é o modo de chegar mais perto da necessidade de ajuda da criança que está aprendendo.

O SISTEMA ORTOGRÁFICO DO PORTUGUÊS EUROPEU

O português europeu (PE) tem 19 fonemas consonânticos, 14 vocálicos e quatro semivogais, duas orais e duas nasais, que permitem a formação de ditongos (MATEUS, 2003). Gomes (2001) fez um inventário dos grafemas e contabilizou 67, dos quais 25 são simples (uma letra) e 42 são complexos (mais do que uma letra e letras com diacríticos). Esse inventário não incluía, no entanto, todos os grafemas com <h> inicial, que acrescentam pelo menos 10 outras possibilidades (p. ex., <he> e <hé> como em <hera> e <hélio>). Esse quadro dá conta das inúmeras combinações possíveis entre fonemas e grafemas. Havendo relações regulares, isto é, um fonema para um grafema (p. ex., /b/, /d/, /t/, /p/, /f/, /v/), há fonemas cuja representação gráfica apresenta diferentes possibilidades combinatórias, umas dependentes do contexto (p. ex., o fonema /R/ é grafado <r> no início de palavra ou após uma consoante, e <rr> entre vogais), outras irregulares (p. ex., /z/ pode ser grafado com as letras <x>, como em <exame>, com <z>, como em <azul>, ou com <s>, como em <asa>; /u/ pode ser representado por <u>, <o>, <hu> ou <hú>, como em <lugar>, <local>, <humor> e <húmido>). Dentre as vogais, o grafema <e> é o que representa mais sons: pode corresponder a [e] em "mesa", [ɛ] "mel", [ɐ] "telha", [ɐj] "vejo", [i] "elevador", [ɨ] "mesada", [f] "estrada", [j] "cear", [j̃] e "mãe" (DUARTE; FREITAS, 2000). No conjunto das consoantes, o subsistema que coloca mais dificuldades é o das sibilantes. Por exemplo, o fonema /s/ tem a solução gráfica mais variável (<selo>, <passo>, <paço>, <céu> e <próximo> [SOUSA, 2015]).

Na oralidade, tanto do ponto de vista histórico quanto do regional, o sistema foi reduzido (ANDRADE; SIFKA, 2006), e essa redução não se realizou no sistema escrito. Atente-se ao contraste entre as quatro sibilantes (duas com articulação apicoalveolar [ṣ e ẓ] — uma surda e outra sonora; e duas com articulação predorsodental — uma surda e outra sonora [s] e [z]). Esse contraste fonológico encontra-se neutralizado na norma padrão do PE, mas ainda é reproduzido em dialetos do nordeste português e, em algumas zonas das Beiras, corresponde a ortografias etimologicamente diferenciadas (MATEUS, 2001). Assim, o grafema <s> em início de palavra e o dígrafo <ss> entre vogais corresponde a [ṣ], como em <sinto> /ṣĩtu/ e <passo> /paṣu/, e o fonema [ẓ] corresponde ao grafema <s> intervocálico, como em <mesa> [meẓa]. Já o fonema /s/ corresponde aos grafemas <c> antes de <i> ou <e>, como em <cinto> /sĩtu/, e a <ç> como em <paço> /pasu/, e o grafema <z> em início ou meio de palavra corresponde ao fonema [z], como em <zona> /zonɐ/ e <búzio> / buzju/. A homofonia das sibilantes é uma das áreas críticas de escrita (sinto/cinto, passo/paço, mesa/búzio). Também a escrita dos grafemas homófonos <ch> e <x> correspondia a fonemas distintos, como se pode ainda observar em algumas zonas do país: <chave>, <xaile>, com o primeiro realizado como /tʃavɨ/ e o segundo, /ʃajl/. A redução do sistema de sibilantes acarreta muitas dificuldades na escrita das palavras com sons que atualmente são homófonos para a maioria, mas não para a totalidade dos falantes de PE.

A redução também é observada no sistema vocálico, não tendo expressão no sistema escrito (p. ex., /tlfɔnɨ/ - <telefone>). A redução vocálica e o apagamento de vogais em posição átona (/bolu/ - /bulinu/, /kazɐ/-/kɐzinɐ/, /pɛdrɐ/-/pɨdradɐ/) colocam desafios já documentados na aprendizagem da escrita (MIRANDA, 2007; VALE et al., 2017b). Além disso, a estrutura silábica do português, sendo fonologicamente simples (cerca de 50% das estruturas silábicas têm um formato CV [FREITAS, 2017]), também pode ser fonte de dificuldades quando os formatos são complexos, isto é, quando tem ataques, rimas e núcleos ramificados (VALE; SOUSA, 2017). No início da aprendizagem, podemos observar frequentemente o apagamento dessas estruturas.

Outra característica que causa dificuldades na escrita é a existência de clíticos. O clítico é um item lexical sem acento prosódico. Essa falta de autonomia do acento faz com que dependa de uma palavra adjacente à sua esquerda ou à sua direita, a palavra hospedeira (MARTINS, 2013). É essa caraterística prosódica que desencadeia processos de hipossegmentação — por vezes, são tratados como integrantes da palavra hospedeira; por exemplo, *<opai> ou *<disselhe>. A dificuldade em lidar com esse tipo de estruturas leva as crianças a produzirem também generalizações incorretas das segmentações, como a hipersegmentação de *<va-mos> (em vez de <vamos>).

QUESTÕES SEMELHANTES NO SISTEMA ORTOGRÁFICO DO PORTUGUÊS BRASILEIRO

Algumas dificuldades descritas em relação ao PE também se verificam no português brasileiro (PB). Entre os problemas idênticos, citam-se, a título de exemplo, o caso das sibilantes, o caso do grafema <h>, as alternativas para representar a nasalização, as questões de segmentação de palavra e, ainda, a redução do sistema vocálico.

As consoantes com relação de um para um são em menor número no PB, já que que <t> e <d> antes de /i/ podem ser realizadas como africadas [tʃ] e [dʒ], havendo, no entanto, regiões onde a palatalização não ocorre (SANTIAGO-ALMEIDA, 2004). A redução vocálica observada no PB coloca-se de forma diferente da do PE, já que ocorre em menos vogais em PB (MATEUS, 2003). Apesar disso, as vogais são fonte de problemas, tal como em PE, mas os erros são diferentes. Majoritariamente, os erros nas vogais têm na base o alçamento da vogal (MONTEIRO; MIRANDA, 2008), com especial ênfase no fonema (grafema) <i>, como em *<istrela>, *<piquena>, *<siguiu>, *<vali> para, respectivamente, "estrela", "pequena", "seguiu", "vale".

As sílabas complexas levantam também problemas. A título de exemplo, as codas com consoantes líquidas no PB (MATEUS, 2003) podem constituir uma dimensão problemática na ortografia, seja por semivocalização de /l/, como em /sawtar/ ou /braziw/ por "saltar" e "Brasil", seja por apagamento do /r/, como em /amo/ por "amor". As sequências de consoantes colocam dificuldades nos dois países: tanto os ataques ramificados quanto os grupos consonânticos tidos como grupos problemáticos (sequências de oclusiva+oclusiva, oclusiva+nasal, oclusiva+fricativa nasal+-nasal, fricativa+oclusiva) geram erros frequentes. Assim, observam-se fenômenos de epêntese, como em *<afita>, *<abisurdo>, e, em contrapartida, pode-se observar omissão do núcleo por hipercorreção, o que dá lugar ao encontro consonantal (p. ex., em *<advinha> por "adivinha") (CASTILHO, 2002).

De acordo com Cardoso-Martins e Gonçalves (2017), a dificuldade recrudesce em contextos de homofonia (p. ex., "abril"/"abriu"), tornando-se mais difícil em casos de alternativas competitivas não motivadas linguisticamente ("chapéu"/"papel").

Refletir, ainda que brevemente, sobre a ortografia do PB é não esquecer que a língua falada apresenta muitas variedades tanto diatópicas como diastráticas (ELIA, 1992). Portanto, assim como no PE, o mais importante será ensinar às crianças a forma correta de escrever, assinalando a distância entre o que a criança diz e a forma ortográfica, explicitando essas diferenças e encontrando as regularidades que favorecem a aprendizagem.

GRELHA DE ANÁLISE DE ERROS ORTOGRÁFICOS

A grelha de análise de erros que propomos visa a classificar apenas dificuldades de escrita, e não de leitura de palavras. Essa é uma questão relevante quando se analisa as produções das crianças porque no sistema alfabético português, como na maioria dos sistemas alfabéticos, a escrita envolve um grau de inconsistência maior do que a leitura (MORAIS, 1995) e se baseia em regras e regularidades que não são inteiramente coincidentes com as da leitura. Na língua portuguesa existem mais fonemas do que grafemas e, por isso, existem muitos fonemas que podem ser escritos de mais de uma maneira (p. ex., /ã/ - <an>, <am>, <ã>), enquanto a maioria dos grafemas é lida de uma única forma (ver o exemplo anterior), sendo os grafemas, por isso, menos sujeitos a erros. Ler e escrever, embora sejam "duas faces de uma mesma moeda" e partilhem muitos mecanismos cognitivos e informação envolvida (EHRI, 2000), dependem também de conhecimento específico relativo à direção em que ocorre a conversão: como se traduz em fala o padrão ortográfico de uma palavra e como se representa uma palavra pela escrita. Relativamente a regras, eis alguns exemplos: o grafema <r> pode ser lido /R/ ou /r/ dependendo da posição que ocupa na palavra ("rato", "cara"), mas o fonema /r/ é escrito sempre da mesma maneira (<r>) e, por isso, se bem-ensinado, não deveria dar lugar a níveis elevados de erros; outro exemplo: para a leitura existe a regra de que um <s> entre vogais se lê /z/, mas a escrita do fonema /z/ não depende de uma regra, sendo a sua representação ortográfica irregular (<z>, <s>, <x>) porque na maior parte dos casos não existe um argumento condicionante para o seu uso. Portanto, quando analisamos a escrita para compreender os processos subjacentes às produções das crianças, precisamos levar em conta os fonemas que constituem a palavra, se há ou não efeitos de contexto a considerar, se há ou não homofonia, se existe ou não uma motivação morfológica que sustente a norma ortográfica, em que fase de aprendizagem se encontram as crianças, e não apenas verificar as letras que estão ou não escritas. Por exemplo, muitas crianças portuguesas escrevem a palavra /mɔlɨ/ como <mol>. É verdade que falta um <e>, mas a estrutura fonológica da palavra está integral e corretamente representada. Por isso, o erro não decorre de uma dificuldade em analisar a cadeia fonêmica da palavra nem em estabelecer as correspondências entre fonemas e grafemas, mas, antes, de um conhecimento ortográfico relativo àquela palavra específica. Essa distinção no tipo de conhecimento em falha introduz uma diferença enorme no modo como encaramos o erro, uma vez que as diferenças entre as dificuldades exigem um ensino diferente.

A questão que se coloca é: que opções a criança tem quando escreve, e o que é que essas opções dizem quanto às suas representações sobre a relação entre a fala e a escrita? Ao categorizar os erros, objetiva-se a identificação de processos de transcrição que têm tipos subjacentes de processamento de informação e de conhecimento associados, possibilitando uma intervenção mais ajustada aos problemas de escrita que as crianças possam manifestar. Na verdade, o erro ortográfico constitui-se como material empírico para aceder ao conhecimento linguístico e ortográfico.

Como pode ser observado nos Quadros 8.1 e 8.2, a nossa proposta de categorização de erros compreende sete grandes agrupamentos, atendendo à fonte de informação que estará possivelmente na origem do tipo de dificuldade da criança. Quando os erros têm na sua origem dificuldades de processamento das representações fonológicas e das relações fonema–grafema, levando, por isso, a que a fonologia não seja preservada na escrita, ocorrem (1) erros de base fonológica; se as dificuldades forem na seleção de grafemas que são competidores entre si e/ou porque o contexto ou a posição dos grafemas (vogais ou consoantes) não foram considerados, a fonologia é, do ponto de vista alfabético, preservada, mas a escrita não corresponde à convenção ortográfica, observam-se (2) erros de base ortográfica; se a dificuldade ocorre na observância da segmentação da cadeia falada por falha de identificação da unidade palavra gráfica temos (3) erros de base lexical; quando há omissão, transposição ou adição de acento gráfico ocorrem (4) erros de acentuação gráfica. Além desses, observa-se, com frequência, mais do que um tipo de dificuldades na mesma palavra; esses casos foram classificados como (5) erros complexos. Outro tipo de erros pode ocorrer no uso de letras maiúsculas ou minúsculas tanto em palavras que o exigem pela sua natureza (nomes próprios) quanto por ocorrerem após um sinal de pontuação ou em início de frase. Esses são (6) erros em maiúsculas/minúsculas. Por fim, é preciso considerar que, por vezes, é difícil discernir qual a dificuldade subjacente à escrita, e para esses casos em que os erros não se enquadram em nenhuma das categorias já enunciadas, temos a categoria outros (7). Os erros de base fonológica e os de base ortográfica contêm ainda subdivisões que serão descritas a seguir.

Quadro 8.1 Categorias de erros de escrita de palavras

Tipos de conhecimento com falhas
1 - Fonológico
2 - Ortográfico
3 - Lexical
4 – Acentuação gráfica
5 – Múltiplos/complexos
6 - Maiúscula/minúscula
7 - Outros

Quadro 8.2 Subcategorias de erros

	Tipos de conhecimento com falha	
	Fonológicos	Ortográficos
Subtipos	1.1 Substituição	2.1 Substituição
		2.2 Regularização
	1.2 Omissão	2.3 Regra contextual
		2.4 Prosódico
	1.3 Inserção	2.5 Grafotático
	1.4 Transposição	2.6 Morfossintático

Erros de base fonológica

Os erros de base fonológica estão ligados a problemas de processamento dos fonemas constituintes das palavras e podem refletir dificuldades no nível da identificação ou da segmentação dos fonemas, ou dificuldades na sua ordenação. Mesmo quando os fonemas foram identificados, pode ser difícil registrar a sua ordem precisa, pois pode haver dificuldades na organização das representações fonológicas, e também podem decorrer de dificuldades na aprendizagem das letras e na das correspondências entre fonemas e grafemas. Esse tipo de erro denota dificuldade de utilizar a estratégia alfabética, um dos mecanismos cruciais na aprendizagem da escrita. Observam-se diferentes subtipos de erros de base fonológica: apagamento de fonemas, assim como substituição ou inclusão de fonemas que não fazem parte da palavra-alvo ou mesmo troca na posição do fonema na palavra.

Assim, a criança pode substituir um fonema por outro, como em *<chunto> e *<ronco>, em vez de <junto> e <rouco>, respectivamente; pode omitir um fonema, como em *<cheo>, *<vendemos> e *<trite>, em vez de <cheio>, <vendermos> e <triste>; pode inserir fonemas como em *<falanela>, *<teriste> e *<roixo>, em vez de <flanela>, <triste> e <roxo>; trocar a ordem, como em *<graganta>, *<semper> e *<ruopa>, em vez de <garganta>, <sempre> e <roupa>. No primeiro caso, observam-se (1.1) erros de **substituição**; no segundo (1.2), erros de **omissão**; no terceiro (1.3), erros de **inserção**; e no quarto (1.4), erros de **transposição**.

A substituição pode ocorrer entre fonemas próximos do ponto de vista articulatório, como em *<chunto> por <junto>. Os fonemas /ʃ/ e /ʒ/ são um par mínimo, isto é, apenas se diferenciam no traço de vozeamento: são fricativas, palatais — /ʃ/ é não vozeado e /ʒ/ é vozeado. Os pares mínimos colocam grandes dificuldades na identificação e esse tipo de erro sugere que o ensino deve focar intensivamente no trabalho de articulação, identificação e análise fonêmicas. Semelhante na sua origem pode ser o erro *<nilema> para /dilema/. O /n/ é uma oclusiva dental, vozeada, oral, e o /d/ é uma oclusiva alveolar, vozeada, nasal. Ainda que não sejam pares mínimos, essas duas consoantes são fonologicamente próximas, diferenciando-se principalmente no traço de nasalidade. Esse é um exemplo de uma dificuldade que deve também ser objeto de intervenção ao nível do processamento da fala. Observam-se substituições na escrita de pares mínimos, mas também entre fonemas como /ɲ/ e /ʃ/ (p. ex., *<ronho> em vez de <roxo>); são ambos palatais, mas distinguem-se em outros traços: o primeiro é uma oclusiva nasal vozeada e o segundo uma fricativa oral vozeada. Assim, esse caso pode ter ocorrido não por aproximação entre fonemas, mas antes por falha na identificação do grafema que representaria o fonema /ʃ/ de /Roʃu/. Esse fonema foi provavelmente representado na mente da criança como exigindo um grafema complexo, aquele que é mais frequente na representação de /ʃ/ e que seria <ch>, mas que ela registrou de forma incorreta como <nh>. Esse tipo de erro sugere a necessidade de um ensino reforçado em relação à correspondência entre fonema–grafema e à diferenciação de grafemas que podem ser visualmente próximos (<nh> *versus* <ch>). Nesse tipo de erro, é importante considerar a variedade de português falado pela criança: por vezes, podem ser observados fenômenos regionalistas como os de zonas em que o /v/ é substituído por /b/; se for considerado o formato fonológico usado pela criança, trata-se de uma transcrição ortográfica, e não de uma substituição fonológica.

A omissão pode ocorrer em formatos silábicos complexos ou em sílabas básicas. No primeiro caso, observam-se mais frequentemente omissões de codas silábicas, como o /l/ de /ʀizɔlvi/, escrito *<resove>; de ramificação de núcleos, como em *<cheo> para /ʃeju/ ou de ataques complexos, como em *<tabalho>. Esses exemplos decorrem de prováveis dificuldades das crianças, principalmente as mais jovens (SANTOS; FREITAS; VELOSO, 2014), em processar todos os constituintes das sílabas complexas. A sílaba simples CV é a sílaba mais frequente do PE (FREITAS, 2017; MATEUS, 1994), correspondendo a cerca de 50% das estruturas silábicas possíveis, o que, em conjunto com o fenômeno da redução vocálica, cria, provavelmente, na mente das crianças uma representação fonológica da sílaba CV por defeito.

A inserção ocorre com o acréscimo de fonemas/grafemas. Já apontamos que, em sílabas complexas, os segmentos ramificados podem ser reduzidos por omissão de fonemas, tornando as sílabas mais simples. Também é possível observar que um ataque complexo (CC) pode ser reconvertido em sílaba básica pela inserção de segmentos (epêntese), como em *<teriste>. A inserção de vogais, em especial de *chevás*, que transformam grupos consonantais em sílabas simples, é uma estratégia de regularização silábica que permite reconstruir a estrutura ortográfica CV, mais frequente. Esse comportamento ocorre muitas vezes no início da aprendizagem da escrita, quando as crianças fazem uma análise muito controlada e lenta dos constituintes silábicos e tendem a inserir *chevás* nos encontros consonantais (FREITAS, 2017; VALE, 2000; VALE *et al.*, 2017a), mas também ocorre quando a epêntese não se verifica (SANTOS; FREITAS; VELOSO, 2014), o que sugere haver aqui um efeito de exposição ortográfica assinalável, dada a maior frequência da estrutura ortográfica CV. Em contrapartida, a inserção pode complexificar a sílaba, como em *<fioi> em vez de <foi>. Muitas vezes as inserções são repetições de fonemas que ocorrem em outra posição da palavra. Esse tipo de erro indica a necessidade de um ensino explícito da segmentação e da análise fonêmica acompanhando a escrita.

A transposição pode ser observada em nível intrassilábico, mas também intersilábico. Por exemplo, em *<tisrte>, são conservados todos os fonemas, mas a rima está desorganizada, e de VC passa a VCC, um formato possível, mas pouco comum em português. A coda ramificada ocorre em palavras como "solstício" ou "perspectiva", mas há um número muito limitado de palavras com coda ramificada. Como vemos, a sequência VCC é permitida, a ordem das consoantes é, entretanto, restrita: o /ʃ/ ocorre sempre após a outra consoante e nunca antes. A transposição pode ocorrer também entre sílabas: por exemplo, *<lidema> em vez de <dilema>. Nesse exemplo, verifica-se a permuta entre os ataques da segunda e da primeira sílabas. No processamento do que a criança ouviu, por fragilidades ligadas à organização das sequências fonológicas da língua, perde-se a ordenação dos ataques das duas primeiras sílabas. Tais exemplos refletem dificuldades de análise fonêmica e provavelmente de memória de trabalho insuficiente para produzir a escrita na sequência correta.

Erros de base ortográfica

A criança pode revelar dificuldades na correspondência fonema–grafema, mas as dificuldades tendem a ampliar-se quando ela tem de escrever grafemas que não derivam apenas da fonologia. Para certas palavras, além de termos de atender à sequência das correspondências entre fonemas–grafemas, devemos ainda considerar uma ou várias questões relativas ao contexto de ocorrência ou à posição do grafema, ou à classe gramatical da palavra, entre outras. Nesse tipo de erro, a estrutura fonológica da palavra é preservada, mas a forma ortográfica canônica, não.

Conhecer as regras, as regularidades do sistema e os padrões ortográficos específicos é crucial, já que no sistema ortográfico do PE existe uma relação não unívoca entre fonemas e letras. A título de exemplo, recorde-se do que já foi exemplificado para o fonema /s/, que pode ser representado por vários grafemas. O que ocorre com o fonema /s/ acontece para muitos outros (/z/, /ʒ /, /k/, /g/, /R/, /ʃ/ e para todas as vogais que, além de poderem representar diferentes fonemas, podem ainda ser escritas com ou sem <h> (em início de palavra). A homofonia é uma dificuldade acrescida do sistema. Os erros de base ortográfica podem ser divididos em várias subcategorias.

Em uma primeira subcategoria, agrupamos os erros em que a criança escreve a palavra fazendo apenas uso do princípio alfabético, recorrendo, por exemplo, ao nome da letra ou a grafemas alternativos. É o que acontece em *<tacsi>, *<gustava> ou *<misa>: do ponto de vista da constituição da sequência fonêmica e da conversão fonema–grafema, a fonologia fica inalterada, mas a escrita viola a norma ortográfica. Quando isso acontece há uma (2.1) **substituição ortográfica**.

Nos casos em que um fonema pode ser transcrito por diferentes grafemas, o processamento torna-se muito difícil. Conhecer as palavras é fundamental para escrever com correção ortográfica, mas, quando não se conhece, os alunos tendem a recorrer ao conhecimento estatístico implícito e representam o grafema mais usado para transcrever o fonema em causa. Quando o grafema usado corresponde ao mais frequente, como a escrita de <o> para representar /u/ (*<boraco>) ou o uso de <s> para /s/ em posição inicial (*<sinema>), ou o de <ch> para /ʃ/ (*<brucha>), ocorre um

(2.2) erro de **regularização**. A diferença entre um erro de substituição ortográfica e um erro de regularização está no fato de, no caso da substituição ortográfica, a opção não corresponder ao grafema mais frequentemente usado no contexto em causa. Reconhecer essa diferença ajuda a compreender melhor o mecanismo que está na origem do desvio ortográfico e, portanto, ajuda a desenhar um plano de ensino mais informado. Muitos erros de regularização só serão resolvidos pela aprendizagem da palavra específica, isto é, exigem um tratamento item a item. No entanto, algumas situações de regularização incorreta da escrita podem ser abordadas por meio da observância de processos linguísticos que as motivam, reduzindo, assim, a aparente arbitrariedade que, por vezes, lhes é atribuída.

Para escrever com correção, a criança precisa saber quais são as restrições na combinação de letras. Assim, a não preservação da norma ortográfica pode ser devida a falhas no uso de regras contextuais como as implicadas, por exemplo, na escrita de /g/ seguido de /ɛ, e, ɨ, ẽ, i, ĩ/ - <gu>. Outro exemplo é a marcação ortográfica da nasalização, em que também é frequente observar erros que se ligam a restrições sobre o uso das consoantes nasais que representam as vogais nasais. Como a nasalização é marcada por <-m> antes de <p> e <b> e por <-n> antes de outras consoantes (<canto>, <campo>), ocorrem trocas entre <m> e <n> nos dois contextos. Por exemplo, *<tamta> e *<conpra>. São erros ortográficos que têm subjacente o não respeito por (2.3) uma **regra contextual**. Esse tipo de erro é indicador de que o que está falhando não é a compreensão do princípio alfabético, mas sim a aprendizagem de regras que dependem muito de um ensino explícito e de exposição/treino.

Alguns erros ocorrem por dificuldade em atender à informação prosódica. Por exemplo, embora o fonema /u/ do PE seja grafado <o> na maioria dos contextos, sempre que /u/ for núcleo da sílaba tônica, é representado por <u>, como em <tubo> ou <minuto>. Essa é uma regra, embora pouco ou mesmo nunca ensinada. Portanto, erros como *<fomo> e *<dona> para, respectivamente, <fumo> e <duna> cabem nessa categoria. Do mesmo modo, a sequência /ɐ̃w̃/ pode ser escrita como <ão> ou como <am>: no primeiro caso, se for núcleo de uma sílaba tônica (<virão>), e no segundo se a sílaba for átona (<viram>). Erros que tenham na base falha de conhecimento prosódico são (2.4) erros **de falha prosódica** e sugerem a necessidade de ensinar a relação entre a acentuação fonológica e a escrita.

Se determinados contextos exigem determinados grafemas ou coocorrência de grafemas, em contrapartida, há grafemas que são interditos em determinados contextos. Retomando o exemplo, o dígrafo <rr> ocorre entre vogais, mas não pode ocorrer em início de palavra (*rroda), nem no início de uma sílaba precedida por consoante (<palra>, <tenro>, e não *<palrra> e *<tenrro>, respectivamente). Também a grafia de codas mediais pode corresponder a <l>, <s> ou <r>, mas não a <z>: (*<trizte> é incorreto, ainda que <z> possa ocorrer em final absoluto, como em <feliz>). Quando a criança usa grafemas criando contextos ortográficos não permitidos, estamos diante de (2.5) erros **grafotáticos**. Esse tipo de erro denota falta de exposição à escrita e, se for muito frequente, falta também ensino explícito sobre esse tipo de restrições.

Há vários erros que decorrem de falhas de conhecimento morfossintático. Por exemplo, aqueles em que a escrita não atende à formação da palavra: /mudiʃtɐ/ deriva de /mɔdɐ/, por isso a sua representação escrita é <modista>, e não *<mudista>. Observam-se também com muita frequência erros do tipo <oferece-se> em vez de <oferecesse> — hiperssegmentação; ou <gostasse> em vez de <gosta-se> — hipossegmentação. Tendo esses tipos de erros uma motivação prosódica, a escrita correta dessas formas verbais também depende crucialmente, tal como para o primeiro exemplo deste parágrafo, de conhecimento morfossintático. Outro exemplo é o da escrita de homófonos, que pode exigir conhecimentos de diferentes ordens. Assim, para decidir entre <há> (forma do verbo haver) e <à> (preposição contraída com o artigo definido), ou <ver-mos> (conjugação pronominal) e <vermos> (conjugação de infinitivo impessoal), ou decidir sobre a escrita do morfema /isɨ/, que pode assumir duas formas — <isse> quando é flexional, nos verbos (<partisse>), e <ice> quando é derivacional, nos nomes (<tolice>) —, precisamos recrutar conhecimentos morfológico e sintático. Os erros dessa natureza são chamados de (2.6) **erros de falha morfossintática**. Entre <há> e <à> precisa ser verificado o contexto sintático (/a/ é predicador?) e o comportamento morfológico (/a/ pode variar em pessoa? — [há, hei, hás]; pode ser substituído por a+a?). Do mesmo modo, em <vender-mos/vendermos> precisa ser mobilizado conhecimento sintático, morfológico e/ou semântico. Assim, para aferir se /muʃ/ é morfema de pessoa e número ou grupo de pronomes (me+os), um teste sintático pode ser utilizado: colocar a frase na negativa. Em PE, em diferentes contextos sintáticos, entre eles em frases de polaridade negativa, o pronome é proclítico: "Ele tratou de não mos vender". Um outro teste possível é a identificação do sujeito: a forma escrita <mos> é morfema de primeira pessoa do plural em todos os tempos verbais flexionados: nós darmos, mas ele/tu dar-mos. Uma estratégia suplementar pode mobilizar conhecimento semântico: verificar a referência de /muʃ/ (o pronome retoma a referência de grupos nominais ou preposicionais do texto, já enunciados [anáfora], ou enunciados depois do pronome [catáfora]). Esse tipo de erro ilustra a enorme importância de haver um ensino rico relativamente ao funcionamento da linguagem oral, que deve sempre acompanhar o ensino da escrita. As dificuldades sobre homofonia colocam desafios que permanecem até muito tarde no decorrer da aprendizagem (CARDOSO-MARTINS; GONÇALVES, 2017; VALE; SOUSA, 2017). Os erros que incidem nesse tipo de morfema normalmente apresentam a forma escrita alternativa.

Há casos em que a falha é considerada apenas de conhecimento morfológico (ROSA, 2003; PIRES, 2010; BARBOSA; GUIMARÃES; ROSA, 2015). No entanto, se nos ativermos à definição de palavra (DUARTE; FREITAS, 2000) e ao tipo de conhecimento mobilizado para desambiguar a escrita, parece mais pertinente classificá-los como falhas morfossintáticas. Assim, quando a criança grafa *<camponeza>, a fonologia é preservada, mas não é considerada a informação relativa a /ezɐ/ nessa palavra. Nesse caso, resulta da junção do constituinte temático "a" a /eʃ/, estando em causa um fenômeno de concordância, <camponês>, <camponesa>; já quando se trata do morfema /ezɐ/ presente em substantivos derivados de adjetivos, como na palavra /mulezɐ/, a representação ortográfica é <eza> (<moleza>). Em ambos os fenômenos estamos diante de processos de derivação (no primeiro caso, nominalização denominal; no segundo, nominalização deadjetival), mas os sufixos são diferentes, e no processo de concordância cria-se a homofonia. Segundo Barbosa, Guimarães e Rosa (2015), é possível reduzir esse tipo de erro quando se ensina a motivação morfológica que lhes subjaz. Da nossa experiência, a informação morfossintática torna mais fácil a correção do erro.

Erros de base lexical

Alguns dos erros que encontramos na escrita são produções em que a palavra, enquanto representação mental que sustenta a comunicação entre membros de uma comunidade e que representa a grafia normativa, sofre segmentações não convencionais que muitas vezes decorrem de fenômenos prosódicos (CUNHA, 2012; DUARTE; FREITAS, 2000; MARTINS, 2013). Esses fenômenos denotam um conhecimento fragilizado, ou desconhecimento, das palavras da língua ou da representação gráfica delas. Podem ocorrer hiperssegmentações, quando a palavra é dividida incorretamente, como em *<a sim> em vez de <assim>, *<ar mário> em vez de <armário>, *<sa bado> em vez de <sábado>. Também podem ocorrer hipossegmentações, quando palavras independentes são unidas em uma só, como em *<àsvezes> em vez de <às vezes> ou *<porisso> em vez de <por isso>, e ainda ocorrem situações híbridas que combinam as duas, como em *<por quéque> em vez de <porque é que>. Como a noção de palavra varia consoante se tenha em conta uma perspectiva fonológica, sintática ou morfológica (MATEUS *et al.*, 1990; DUARTE; FREITAS, 2000), esse tipo de erro indica a importância de um ensino rico de oralidade, que será a fonte da aprendizagem da escrita.

Erros de acentuação gráfica

O português é uma língua acentual, dado que o acento primário tem um valor linguístico distintivo: "viram" é diferente de "virão". Opõem-se sílabas átonas a sílabas tônicas, sendo estas as que são acentuadas. A acentuação gráfica não coincide totalmente com a acentuação fônica, sendo acentuadas graficamente todas as palavras proparoxítonas, mas apenas algumas oxítonas e algumas paroxítonas (ver regras em Castelo e Sousa, 2017). Salvo poucas exceções (o caso das palavras com hiato, p. ex., "período"), o uso da acentuação gráfica é muito consistente, pois as regras de utilização são explícitas. Exige, no entanto, o recrutamento de capacidades de análise prosódica que, na sua dimensão explícita, parecem ser de aquisição tardia, como sugerem estudos realizados em língua espanhola (DEFIOR; JIMÉNEZ-FERNÁNDEZ; SERRANO, 2009). Os **erros de acentuação gráfica** (4) podem corresponder a ausência, presença indevida ou incorreção do acento gráfico, que pode ser agudo (´), circunflexo (^) ou grave (`). Exemplos podem ser *<chapeu> ou *<chápéu> em vez de <chapéu>. Esse tipo de erro, e a sua proporção, sugerem a necessidade de um ensino explícito sobre análise prosódica da palavra e o papel do diacrítico na sua representação escrita. São muito poucos os estudos sobre acentuação gráfica na escrita em português. Os que existem indicam que essa dimensão da escrita de palavras coloca uma dificuldade séria até o final do ciclo inicial de aprendizagem (taxas de 45% de erros desse tipo observados em crianças brasileiras no 4º ano [NEY, 2012]) e que não está totalmente dominada mesmo em indivíduos do ensino superior (CASTELO; SOUSA, 2017). No estudo de Castelo e Sousa (2017), nos 71 textos de candidatos para ingresso em um mestrado, que continham erros ortográficos, os erros de acentuação gráfica constituíam 75% do total de erros, com uma média de três erros por texto. A ausência incorreta de acento foi o caso mais frequente (58%).

Erros complexos

Por vezes, na análise da transcrição confrontamo-nos com mais do que uma dimensão do processamento ortográfico em falha, observando-se mais do que um erro na mesma palavra, sendo difícil dar maior peso a uma ou a outra falha. Por exemplo, *<sobera> em vez de <sombra>, *<toba> em vez de <tromba>, ou *<bocha> em vez de <bruxa>. Chamamos esses erros de (5) **complexos**. Esses erros indicam, normalmente, que é prioritário fazer um trabalho sistemático e paciente que incida sobre várias dimensões da consciência fonêmica (identificação, segmentação e análise) e que relacione esses treinos com a escrita.

Erros em maiúsculas/minúsculas

Na escrita correta de palavras há ainda outros conhecimentos que são importantes. A convenção opõe letras minúsculas e maiúsculas. A informação a mobilizar é ortográfica, bem como de conhecimento linguístico e extralinguístico. Na escrita de palavras em texto, o uso de maiúsculas verifica-se em início de frase/parágrafo. Na escrita de palavras, em qualquer contexto (texto, listas, isolada), o uso de maiúsculas/minúsculas decorre de regras que supõem conhecimento avançado (p. ex., nomes próprios, nomes de seres mitológicos, topônimos, siglas, etc.). São erros de falha ortográfica, mas não envolvem conhecimento sobre a transcrição da palavra. As dificuldades de escrita de palavras relacionadas com o uso de maiúscula ou minúscula estão na categoria (6) **erros em maiúsculas/minúsculas**.

Outros erros

Há grafias em que não se identifica a dificuldade que esteve na base da escrita não convencional, e chamamos esses erros de (7) **outros**. Por exemplo, *<bolaha> em vez de <bolacha>. Trata-se de desconhecimento do grafema <ch>? De uma falha de atenção? A questão aqui é a necessidade de verificar se esse tipo de erro é frequente ou não. Se for frequente, é preciso aprofundar a avaliação, criando oportunidades de escrita de palavras e pseudopalavras que contenham, além de outras, a estrutura fonológica/ortográfica em foco de análise.

UM ESTUDO EMPÍRICO

Considerando a grelha de análise de erros que apresentamos, objetivamos documentar a evolução dos tipos de erros produzidos por crianças do ensino básico. Pedimos-lhes que escrevessem, sob ditado, um texto que produzimos para esse efeito.

Com exceção de algumas crianças que apresentavam quadros complexos de transtornos do desenvolvimento, participaram todas as outras que frequentavam as escolas de um distrito rural e periurbano do interior norte de Portugal: 55 meninas e 66 meninos. As crianças tinham idades compreendidas entre 6, 8 e 12 anos; 31 com 6 anos frequentavam o 2º ano; 26, o 3º ano; 23, o 4º; e 41, o 5º ano. O nível de leitura avaliado pelo teste de idade de leitura — TIL (SUCENA; CASTRO, 2010) situava-se, em média, nos percentis 53, 50, 55 e 64, respectivamente, nos 2º, 3º, 4º e 5º anos de escolaridade. Não sendo essa uma amostra representativa, podemos, no entanto, admitir que as crianças desse estudo teriam características semelhantes às de muitas crianças portuguesas dos mesmos anos de escolaridade.

O ditado foi realizado em grupo, em meados do ano letivo (março). Fez-se uma primeira leitura para as crianças conhecerem a história, e em seguida as palavras foram ditadas em sequências que correspondiam a enunciados de três a quatro palavras, de modo a não sobrecarregar a memória, lidas com uma prosódia adequada, procurando preservar tanto quanto possível o sentido do contexto imediato, bem como o sentido da narrativa. Após uma primeira apresentação oral, o enunciado era repetido e as crianças escreviam. Normalmente, esperava-se até que a esmagadora maioria das crianças tivesse terminado e muitas vezes esperava-se por todas para ditar um novo enunciado. O critério para o ritmo do ditado foi adotado no decorrer da tarefa por meio da avaliação subjetiva do ambiente, e tinha como princípio não tornar a tarefa rápida demais e nem muito monótona, procurando assegurar tanto quanto possível a atenção da maioria das crianças.

A razão pela qual optamos por usar o ditado de um texto e não o de palavras isoladas prende-se com o fato de não ser possível testar, no ditado de palavras isoladas, a precisão da escrita de palavras como "vender-mos" e "vendermos" ou "há" *versus* "à", que exigem um contexto que desambigue o seu padrão ortográfico.

O texto era de tipo narrativo e tinha 239 palavras, das quais 123 eram palavras de conteúdo e 165 exigiam conhecimentos ortográficos para além da aplicação do princípio alfabético.

A porcentagem total de erros (respectivamente, 23, 16, 12 e 10% do 2º para o 5º ano), mostrou-se elevada e, como era esperado, decresceu à medida que os anos de escolaridade avançavam, mas abrandou logo no 3º ano e depois pareceu estabilizar. Verificaram-se diferenças individuais muito amplas, que iam de 25 pontos (erros) de desvio em relação à média no 2º ano até 18 no 5º ano. Análises estatísticas indicaram que o 2º ano produziu significativamente mais erros do que cada um dos outros anos, não se tendo observado diferenças entre o 3º e o 4º, nem entre o 4º e o 5º anos. Aparentemente, a partir do 3º ano as melhorias foram surgindo apenas pouco a pouco, o que sugere uma provável falta de investimento no ensino.

A Figura 8.1 apresenta as categorias de erros mais frequentes. É importante esclarecer que a porcentagem de erros da categoria **ortográfico** foi obtida considerando o conjunto de palavras que exigiam esse conhecimento mais elaborado, e não todas as palavras do texto. Já as porcentagens dos outros dois tipos tiveram como base o total de palavras do texto, uma vez que existe a possibilidade de ocorrer erros de cunho **fonológico** e/ou **complexos** em todas as palavras, exceto para os erros de **acentuação gráfica**, que serão discutidos adiante, os erros nas outras categorias foram residuais.

O 2º ano produziu mais erros **fonológicos** do que cada um dos outros anos, que não se distinguiram entre si. Faz sentido que as crianças mais novas tenham mais dificuldade em analisar e representar a sequência precisa de fonemas de uma palavra. No entanto, se pensarmos que essa aprendizagem depende do ensino explícito de uma técnica — estabelecer uma correspondência entre um som de fala e uma letra — e de treino dessa técnica, devemos refletir sobre a razão que poderá explicar por que, após um ano e meio de ensino, ainda há falhas dessa natureza em, pelo menos, 3,5% das palavras. Ensino pouco sistematizado? Falta de treino? Dentre os erros **fonológicos**, os de **substituição** (p. ex., *<mechor> em vez de <melhor>; *<munca> em vez de <nunca>) foram os mais frequentes (cerca de 50% no 2º e no 3º ano, 39% no 4º ano e 27% no 5º ano), seguidos dos de **omissão** (36, 34, 35 e 37%, respectivamente; p. ex., *<tranformou> em vez de <transformou> e <mas> em vez de <mais>). Os dados sugerem a necessidade de ensino sobre correspondências entre sons e letras e sobre análise de estruturas silábicas complexas.

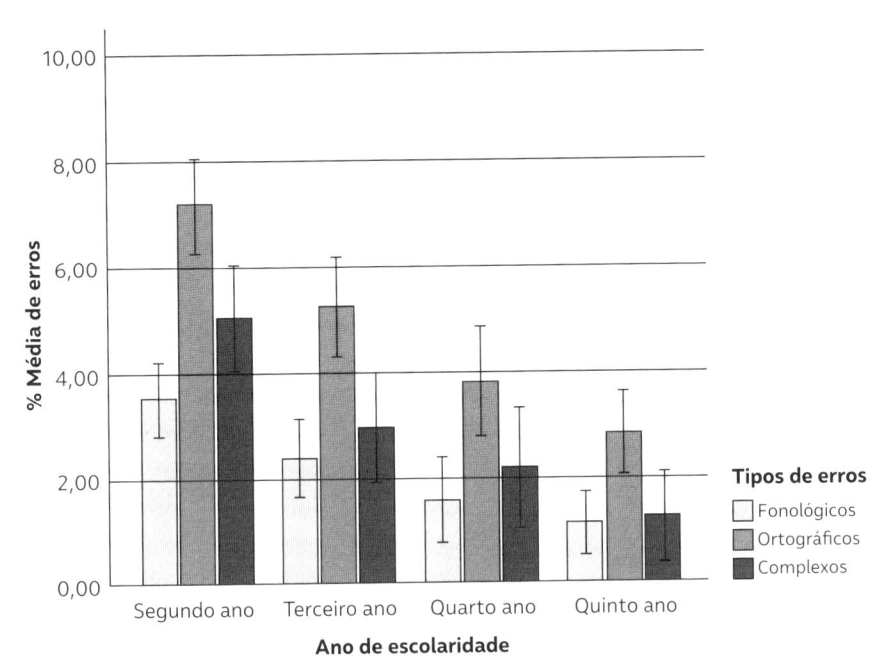

Figura 8.1 Porcentagem de erros nas categorias mais frequentes por ano de escolaridade.

Considerando que a esmagadora maioria dos erros **complexos** envolvia falhas de cunho **ortográfico**, e um grande número desses erros envolvia mais do que uma falha apenas de cariz **ortográfico** (p. ex., *<negossio>; *<xapeo>; *<prufição>), e se os juntarmos aos erros de tipo ortográfico, o gráfico da Figura 8.1 dá conta de uma condição que outros estudos já documentaram: a escrita que exige conhecimento que vai além das correspondências fonema–grafema é de difícil aprendizagem, pois as dificuldades mantêm-se até muito tarde. Esse padrão de erros indica a necessidade de um ensino sistemático que faça apelo às bases linguísticas da escrita e que não deve terminar nos primeiros anos de escolaridade.

Os erros de natureza ortográfica foram significativamente mais frequentes do que os de natureza fonológica em todos os anos letivos. Em cada ano letivo e em cada texto, os erros ortográficos eram, em média, o dobro dos fonológicos.

Como podemos observar na Figura 8.2, as **regularizações**, as **substituições ortográficas** e os **morfossintáticos** surgiram como os subtipos mais frequentes. Como os subtipos foram calculados em relação ao total de erros ortográficos, que foi diminuindo com o avanço da escolaridade, os morfossintáticos atingiram porcentagens mais elevadas no 4º e 5º anos (47 e 43%, respectivamente) do que nos outros anos

[Gráfico: Subtipos de erros ortográficos por ano de escolaridade, com barras para Segundo ano, Terceiro ano, Quarto ano e Quinto ano, eixo Y "% Média" de 0,00 a 60,00.]

Erros ortográficos
☐ Regularizações
☐ Substituições ortográficas
▨ Regras contextuais
■ Morfossintático
☰ Prosódico
■ Grafotático

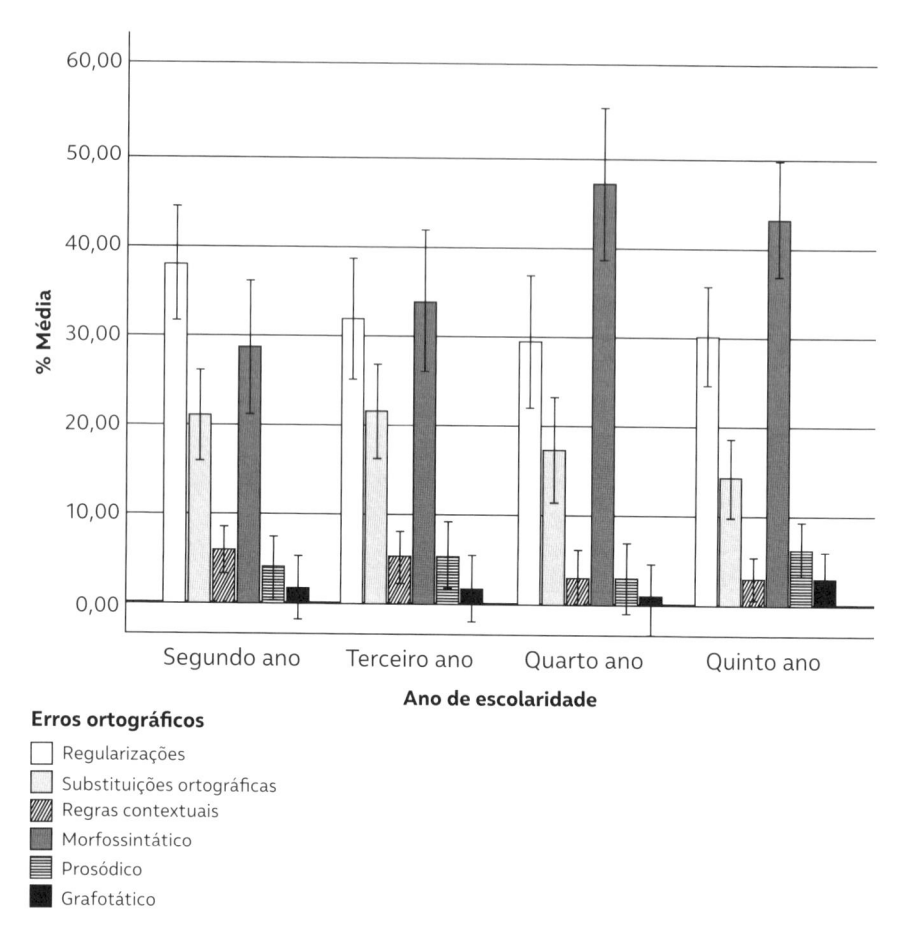

Figura 8.2 Subtipos de erros ortográficos por ano de escolaridade.

(28,5% no 2º e 34% no 3º ano). Isso reflete o fato de que, enquanto os erros de regularização e de substituição ortográfica vão sendo resolvidos, provavelmente pelo efeito da experiência, os morfossintáticos permanecem, por exigirem um ensino de grande qualidade que envolva conhecimento linguístico, além de muito treino.

Uma nota para os erros de **acentuação gráfica**. No texto, havia 26 grafemas com acentos gráficos, 12 dos quais na estrutura <ão>. Como nessa estrutura não houve praticamente nenhum erro de acentuação, as médias de 6, 5, 4 e 3 erros de acentuação gráfica observados por texto, respectivamente no 2º, 3º, 4º e 5º anos, ocorreram em apenas 14 dessas estruturas, o que indica dificuldades de lidar com essa dimensão ortográfica, mesmo no 5º ano de escolaridade. Exemplos de erros ocorreram em *<chapeu>, *<negocio>, *<alem>, *<ás>, <e> em vez de <é>. A acentuação gráfica envolve memória ortográfica e sensibilidade ao papel da prosódia na identidade e na distinção entre palavras (p. ex., <contem> vs. <contém>). Aparentemente, essas duas habilidades exigem, além de ensino explícito, muita exposição/experiência, mas nem sempre essa condição é suficiente para ultrapassar os desafios criados pelas regras de acentuação (CASTELO; SOUSA, 2017).

Tal como seria esperado para uma ortografia de consistência intermédia, os erros mais frequentes e persistentes ocorreram em palavras com estruturas ortográficas que exigem conhecimentos ortográficos elaborados. Esses dados mostram que a ortografia portuguesa apresenta complexidades que tornam a aprendizagem da escrita uma tarefa contínua ao longo de muitos anos do percurso escolar e que, mesmo assim, não fica resolvida. Também mostram o papel nuclear que o desenvolvimento da linguagem tem para a escrita. Tais evidências sustentam a importância que deve ser dada à qualidade do ensino e à formação dos professores para esse ensino.

ABORDAGEM DIDÁTICA DE QUESTÃO DE ESCRITA DE PALAVRAS

Compreender a que nível se dá a dificuldade de quem escreve é crucial na tomada de decisões no que concerne ao ensino da escrita. Tanto na planificação como nas decisões tomadas no decurso das atividades em sala de aula, o conhecimento das conceitualizações dos alunos e das suas dificuldades de processamento de informação na escrita de palavras propiciam uma atuação mais adequada do professor. Assim, se as dificuldades estão situadas a nível fonológico, torna-se necessário trabalhar, por um lado, a tomada de consciência dos fonemas e do modo como se organizam na palavra e nas sílabas e, por outro, o conhecimento de letras e da correspondência fonema–grafema. Como referido, a tomada de consciência dos fonemas é um preditor da aprendizagem inicial da escrita. Por isso, é necessário ensinar de forma explícita e sistemática a natureza fonológica das palavras: de que são constituídas as palavras e como se organizam os fonemas, assim como o funcionamento do princípio alfabético. Se a dificuldade for de natureza ortográfica, a observação e a explicitação das regularidades ortográficas, o trabalho sistemático na sua aprendizagem e maior exposição ao modo escrito tornam-se necessários, considerando a dificuldade específica observada.

Seguindo de perto o que Tomasello, Kruger e Ratner (1993) afirmam para a aprendizagem cultural, a aprendizagem da ortografia assenta predominantemente na aprendizagem por instrução; isto é, depende essencialmente do ensino explícito, mas também de modelização de estratégias e de aprendizagem por colaboração — ou seja, da partilha de conhecimento construído e do modo de construí-lo. Portanto, defendemos percursos didáticos que considerem a observação das dificuldades dos alunos e a identificação do tipo de conhecimento em falha, para conceber tarefas que permitam o levantamento de hipóteses e a verificação dessas hipóteses, discussão e reflexão sobre língua e ortografia. Desse modo, da observação de regularidades, do levantamento e da verificação de hipóteses objetiva-se a formulação de regras e, subsequentemente, o treino. Como o *input* de escrita é importante, valoriza-se a leitura, mas também a organização de *corpora* (listas, famílias de palavras, ficheiros de ortografia, etc.), em que é possível observar e treinar as regularidades linguísticas e ortográficas.

O ditado é uma das estratégias que adotamos. Faz-se um primeiro ditado que servirá de diagnose e no final do ensino servirá de avaliação (com uma lógica de professor investigador da sua prática). Consideramos também que a intervenção deve ser sustentada em ditados metalinguísticos (SOUSA, 2014; SOUSA; COSTA; NADEAU, 2015), que explicaremos adiante. Propomos esse tipo de ditado desde o primeiro ano de escolaridade.

Da observação de aulas e formação de professores, verifica-se que o ditado é, sobretudo no 1º Ciclo, um exercício comum nas salas de aula. Por um lado, apresenta vantagens de gestão de sala de aula: ocupa todo o grupo ao mesmo tempo, é fácil de fazer, demora pouco tempo para corrigir e é sinônimo de silêncio e sossego; por outro lado, dá resposta a uma preocupação central dos professores: a escrita com correção. Como qualquer outra estratégia em sala de aula, as potencialidades do ditado dependem da intencionalidade pedagógica e dos objetivos que os professores definem. Se o ditado for usado apenas como exercício de avaliação, perde-se o seu potencial de estratégia de ensino. Mas se o ditado visa à reflexão, à partilha de estratégias cognitivas de resolução de problemas de escrita de palavras e é seguido de exercícios de treino, então pode ser uma mais-valia no ensino da ortografia.

O DITADO METALINGUÍSTICO

O ditado metalinguístico (SOUSA, 2014; SOUSA; COSTA; NADEAU, 2015) é um exercício de reflexão sobre regularidades linguísticas e ortográficas. Em uma abordagem de resolução de problemas, propomos a escrita de palavras, frases e textos a pares ou individualmente, seguida de discussão e partilha de estratégias cognitivas. Enquanto instrumento de intervenção, os ditados partem sempre das dificuldades diagnosticadas na escrita dos alunos. Assim, as palavras ou frases ditadas contemplam os problemas observados, de modo a refletir sobre a língua e a modalidade escrita.

O trabalho de ditado deve ser complementado por sessões de trabalho de sistematização e treino. Partindo da observação e análise de *corpora*, colocam-se hipóteses que são testadas para verificar a regularidade ou irregularidade de um determinado fenômeno. Apresentamos, a seguir, três modalidades de ditado metalinguístico (SOUSA, 2014).

Palavra mistério — a atividade consiste em ditar uma palavra a todo o grupo. O professor dita a palavra a escrever e, em duplas, as crianças escrevem a palavra negociando para chegarem a um consenso sobre a forma correta de escrevê-la. Todas as grafias são colocadas no quadro, e o professor dá a palavra aos alunos para que expliquem as opções escolhidas. O objetivo é encontrar a escrita correta e colocar em evidência a estratégia usada. O professor anima a discussão, fazendo refletir os alunos, quer pedindo explicações "por que vocês escreveram assim?", quer aprofundando a reflexão "o que leva você a dizer que esta pode ser a solução?", "como sabes que deve ser assim?". À medida que as grafias não corretas vão sendo eliminadas, vão sendo apagadas as palavras do quadro, ficando só as palavras corretas. No início do primeiro ano de escolaridade, devem ser usadas palavras simples: dissílabos, com sílabas básicas CV e sons com uma só possibilidade de transcrição, de preferência com letras dos nomes das crianças, que elas já conhecem (p. ex., <tatu>, <mota>, <figo>), ou com letras que representam sons com maior acessibilidade fonológica (p. ex., <vila>, <ave>, <fumo>). O objetivo é aprofundar o conhecimento dos fonemas e dos grafemas e sistematizar a sua correspondência. Por exemplo, ao ditar a palavra /figu/, em fases mais iniciais, podem ser observadas dificuldades em todos os grafemas, mas o erro mais provável será na escrita do fonema /u/ como <u>, pois a estratégia dominante quando começam é a da escrita alfabética. No entanto, há sempre duplas que acertam recorrendo a conhecimento ortográfico. É uma oportunidade para lançar a discussão sobre o som /u/ que se pode escrever <o> (no final de uma palavra) e para pedir todas as palavras que conhecem em que isso se verifica. A discussão é uma oportunidade para tomar consciência da relação fonema-–grafema. No caso do <o> final, pode-se pedir todas as palavras que terminam como <figo> fazendo-se uma lista, para colocar em evidência a regularidade ortográfica e dar a oportunidade de as crianças criarem imagens mentais/ortográficas da palavra escrita.

Aos poucos, podem ser introduzidas as questões que esperam ver discutidas: por exemplo, codas, marcação de nasalidade, etc. Por exemplo, ditou-se no final de fevereiro, em uma turma de 1º ano (cerca de quatro meses de ensino formal), a palavra /salto/. A intenção era refletir sobre o <l> em coda e a escrita do morfema flexional <-ou> (3ª pessoa do singular do pretérito perfeito simples). Na partilha das soluções encontradas, feita no quadro negro, verificou-se que a escrita mais comum foi *<sato>, seguida de *<satu>. Mas uma díade escreveu corretamente <saltou>, tendo dois grupos escrito a coda <l> em *<salto>, mas não <-ou>. Quando justificaram à turma, mostraram que a estratégia usada em um grupo foi pegar no bocadinho de <Salvador> (o nome de um menino da sala) e a do outro grupo foi recorrer à palavra <sal> que uma das crianças conhecia. O par que escreveu <-ou> no final disse que sabia que era assim que se escreviam essas palavras, como <brincou> e <jogou>; na justificativa, disse que são "palavras de fazer coisas". Refira-se que todos os pares leram a sua palavra como /salto/, e não como /sato/ ou /saltu/ (TEBEROSKY; SEPÚLVEDA; SOUSA, 2020). As crianças não analisaram a palavra nos grafemas escritos? Não decifraram? Recorreram à memória da palavra ditada? Isso sugere, a par das justificativas dadas pelas crianças, que nessa fase é decisivo ensinar a fazer uma análise sistemática dos sons da palavra e da correspondência grafêmica para cada som.

Frase da semana — a atividade consiste em ditar uma frase, cada aluno escreve e, em seguida, discute e negocia com um colega, de maneira a confrontarem o modo como escreveram e a negociar para chegarem a um consenso sobre as palavras escritas de forma diferente. Nessa sequência, um par escreve a sua frase no quadro e os restantes pares escrevem, também no quadro, apenas as palavras que grafaram de forma diferente. Quando todas as variantes estão escritas no quadro, o professor guia a discussão para ir eliminando as escritas não conformes. À medida que as crianças explicam por que escreveram do modo que escreveram, o professor vai enfatizando as estratégias cognitivas usadas pelos alunos para resolver os problemas que encontraram. Ao longo da discussão, o professor vai pondo em evidência as regularidades e, no final, valida as estratégias que ajudam a resolver o problema em questão. Essa atividade é mais produtiva no final do 1º e durante o 2º ano porque, não contendo muitas palavras, delimita os fenômenos a estudar e permite focalizar a atenção das crianças nas estratégias cognitivo-linguísticas a mobilizar.

O exercício que exemplificamos — **frase da semana** — foi usado no segundo trimestre do 1º ano, mas coloca muitos desafios, como se pode observar na Figura 8.3 com a frase "o elefante tem a tromba grande". Na Figura 8.4, ilustramos as variações da mesma frase em uma outra turma de 1º ano.

Os ditados foram realizados na mesma semana em duas turmas diferentes. O que se pode observar na Figura 8.4 é que as crianças conheciam a palavra <tem> e não a erraram. Essas duas turmas seguiam uma rotina semanal: as professoras liam um livro, trabalhavam a compreensão e elaborava-se uma frase relacionada com o conteúdo do livro que contemplasse aspectos de ortografia que quisessem

O elefate tem a toba cabte.
O elefãte tem a trba grãde.
O elefato tem a fopa ...
O elefate tem a terba tede.
O elefte tem a torba hevade.
O elefate tem a teroba grde.
O elefita tem uma topaemga.
O elefant tem a tronba grande.
O elefato tem a torba garte.

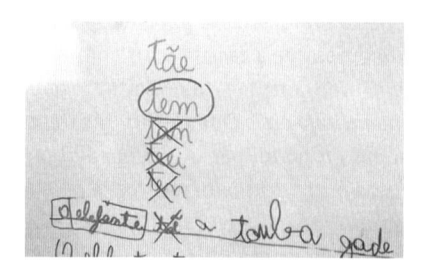

Figura 8.3 Frase do ditado — Turma A.   **Figura 8.4** Frase do ditado — Turma B.

trabalhar. Nesse caso, trabalhou-se a nasalização: como vemos na Figura 8.4, uma dupla registrou a vogal nasal em "elefante" — *<elefant> e <grande>. Nessa turma, a discussão centrou-se em <ã> e <an->. Em seguida, fez-se um *brain storming* sobre todas as palavras que conheciam com esses sons, e a professora foi listando e organizando as formas de escrevê-los.

Na sequência da leitura de um livro sobre bruxas, a frase ditada foi "A bruxa gostou do gato". Na Figura 8.5, são observadas as variações da palavra "bruxa", e na Figura 8.6, as variações de "gostou".

Com o conhecimento gerado pelos ditados, o professor organiza exercícios para treinar as dificuldades observadas. As listas são um exercício inestimável, entre outros, pois possibilitam a observação de regularidades, o levantamento de hipóteses e o estabelecimento de regras. A título de exemplo, um dos erros muito comuns em PE é a troca entre <-ão> e <-am>. Faz-se um levantamento com os alunos das palavras que eles conhecem terminadas com esse som: "verão, então, estavam, estão, vão, são, dão, escreverão, escrevam, balão, escorpião, esfregão, davam, bebam". Pede-se para as crianças organizá-las em duas listas e guia-se a discussão. Pede-se para sublinharem a sílaba tônica em todas as palavras e para descreverem a regularidade. Depois formula-se a regra: as palavras terminadas em <-ão> são agudas, e as terminadas em <-am> são graves.

Ditado de texto — Nos 3º, 4º, 5º e 6º anos usa-se o ditado de texto. Nessa atividade, o professor lê um pequeno texto, verifica a sua compreensão e depois dita segmento a segmento (o segmento a ditar pode ser uma frase ou um sintagma, mas de modo que não tenha mais do que três ou quatro palavras). No final de cada segmento ditado, os alunos individualmente escrevem e colocam para o grupo as dúvidas que surgiram ao escrever. O professor gere a discussão, dá voz às dúvidas e às estratégias usadas pelos alunos e guia a conversa para a resolução do problema. Quando o aluno pergunta "/kɐ̃tej/ escreve-se com <a+i>?", o professor mantém uma atitude neutra e devolve a

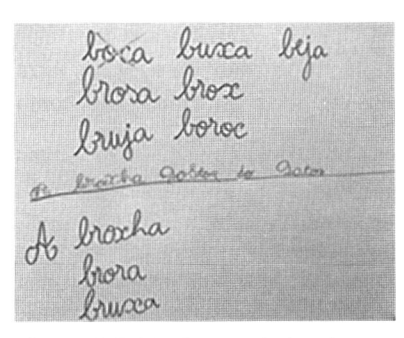

Figura 8.5 Escritas variadas da palavra /bruʃɐ/.

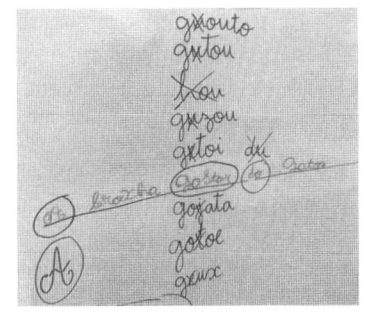

Figura 8.6 Escritas variadas da palavra /guʃtou/.

questão ao aluno que colocou a dúvida, perguntando: "o que você acha?". Ele ouve o aluno e solicita a intervenção dos outros até ter a melhor resposta, aprofundando a estratégia usada para resolver esse problema (primeira pessoa do pretérito perfeito simples dos verbos em <-ar> escreve-se <–e+i>). Então o professor pergunta: "e como você sabe que é um verbo no pretérito perfeito?", dita mais um segmento, e a discussão das dificuldades continua depois de cada segmento escrito até ao final do ditado. Apresenta-se mais um exemplo de dúvida que surge muitas vezes nesse tipo de atividade, porque é um erro muito comum: <cantasse> ou <canta-se> (imperfeito do conjuntivo e conjugação pronominal)? Quando ouvem a forma verbal, perguntam: "escreve-se junto ou separado?". Novamente se devolve a questão: "o que você acha? Como podemos saber? Coloca na negativa! O que você observa? Por quê?".

Antes de treinar para que as crianças fixem a regra, ensina-se a pensar e a ter uma atitude vigilante sobre a escrita. No ensino, é crucial aproveitar as dúvidas das crianças, as suas conceitualizações, para percorrer um caminho metodológico que parte da observação de regularidades para estabelecer um raciocínio que pode guiar a ação em novas situações. Os ditados devem ser usados para não apenas treinar a escrita, mas também para, a partir das concepções dos alunos, planificar o ensino. Tem-se em conta o que os alunos já sabem e organiza-se o ensino para fazê-los evoluir em direção à norma, treinando-se também uma atitude questionadora e vigilante. Ao centrar o ensino em estratégias, objetiva-se construir conhecimento que pode ser mobilizado quando as crianças se deparam com palavras novas.

Sendo vasto o conhecimento subjacente à escrita de palavras, o trabalho em equipe de professores e a reflexão teórico-prática torna mais fácil não só a tomada de consciência de dificuldades dos estudantes, mas também o uso de estratégias facilitadoras de aprendizagem (RUIZ-BIKANDI; CAMPS, 2009; VALE *et al.*, 2017a). Dada a necessidade de, por um lado, perceber as dificuldades dos alunos e, por outro, de conhecer processos linguísticos e regularidades ortográficas e de produzir materiais que sirvam às dificuldades diagnosticadas, o trabalho em grupo é crucial no ensino da escrita. O trabalho em grupo deve também contemplar a elaboração de um banco de materiais (p. ex., exercícios com lacunas, exercícios com transformações sintáticas, listas com questionamento dirigido, entre outros, corretos do ponto de vista ortográfico e linguístico) a usar tanto em trabalho dirigido pelos professores, como em trabalho autônomo dos alunos.

REFERÊNCIAS

ANDRADE, A.; SLIFKA, J. Estudo fonético de sibilantes produzidas por dois falantes de um dialeto português setentrional. *In: Textos selecionados APL.* Lisboa: APL, 2006. p. 109-123.

BAHR, R. H. *et al.* Linguistic pattern analysis of misspellings of typically developing writers in Grades 1-9. *Journal of speech, language, and hearing research,* v. 55, p. 1587-1599, 2012.

BARBOSA, M.; MEDEIROS, L.; VALE, A. P. Relação entre os níveis de escrita, consciência fonológica e conhecimento de letras. *Estudos de Psicologia*, v. 33, n. 4, p. 667-676, 2016.

BARBOSA, V. R.; GUIMARÃES, S. R. K.; ROSA, J. O impacto do ensino de regras morfológicas na escrita. *Psico-UDF*, v. 20, n. 2, p. 309-321, 2015.

CARAVOLAS, M. Spelling development in alphabetic writing systems: a cross-linguistic perspective. *European Psychologist*, v. 9, p. 3-14, 2004.

CARDOSO-MARTINS, C.; BATISTA, A. C. E. O conhecimento do nome das letras e o desenvolvimento da escrita: evidência de crianças falantes do português. *Psicologia: Reflexão & Crítica*, v. 18, n. 3, p. 330-336, 2005.

CARDOSO-MARTINS, C.; GONÇALVES, D. "Funil" ou "Funiu"?: um estudo exploratório sobre o desenvolvimento do conhecimento de padrões ortográficos de natureza morfossintática em português brasileiro. *Da Investigação às Práticas: Estudos Educacionais*, v. 7, n. 3, p. 41-60, 2017.

CARRILLO, M. S.; ALEGRÍA, J.; MARÍN, J. On the acquisition of some basic word spelling mechanisms in a deep (French) and a shallow (Spanish) system. *Reading and Writing: An Interdisciplinary Journal*, v. 26, p. 799-819, 2013.

CASTELO, A.; SOUSA, O. Desempenho ortográfico em estudantes do ensino superior. *Da Investigação às Práticas: Estudos Educacionais*, v. 7, n. 3, p. 84-107, 2017.

CASTILHO, A. *Moderna gramática Portuguesa*. Rio de Janeiro: Lucerna, 2002.

CORREA, E. Regras contextuais e morfossintáticas na aquisição da ortografia da língua portuguesa por crianças. *Psicologia: Teoria e Pesquisa*, v. 21, n. 1, p. 77-84, 2005.

CUNHA, A. P. N. As segmentações não convencionais da escrita inicial: um estudo sobre o troqueu silábico e sua relação com o ritmo linguístico do PB e do PE. *Revista de Estudos Linguísticos da Universidade do Porto*, v. 7, p. 45-63, 2012.

DEACON, S. H.; LEUNG, D. Testing the statistical learning of spelling patterns by manipulating semantic and orthographic frequency. *Applied Psycholinguistics*, v. 34, n. 6, p. 1093-1108, 2013.

DEFIOR, S.; JIMENEZ-FERNANDEZ, G.; SERRANO, F. Complexity and lexicality effects on the acquisition of spanish spelling. *Learning and Instruction*, v. 19, p. 55-65, 2009.

DUARTE, I.; FREITAS, M. J. O oral e o escrito. In: DUARTE, I. (org.). *Língua portuguesa*: instrumentos de análise. Lisboa: Universidade Aberta, 2000.

DYMOCK, S.; NICOLSON, T. To what extent does children's spelling improve as a result of learning words with the look, say, cover, write, check, fix strategy compared with phonological spelling strategies? *Australian Journal of Learning Difficulties*, v. 22, n. 2, p. 171-187, 2017.

EHRI, L. C. Learning to read and learning to spell: two sides of a coin. *Topics in Language Disorders*, v. 20, n. 3, p. 19-36, 2000.

EHRI, L. C. Reconceptualizing the development of sight word reading and its relationship to recoding. In: GOUGH, P. B.; EHRI, L. C.; TREIMAN, R. (ed.). *Reading acquisition*. Hillsdale: Lawrence Erlbaum, 1992. p. 105-143.

ELIA, S. *El português en Brasil*: historia cultural. Madrid: Mapfre, 1992.

FERNANDES, S. *et al.* Reading and spelling acquisition in european portuguese: a preliminary study. *Reading and Writing: An Interdisciplinary Journal*, v. 21, p. 805-821, 2008.

FISCHBACH, A. *et al.* What is not working in working memory of children with literacy disorders? Evidence from a three-year-longitudinal study. *Reading & Writing*, v. 27, p. 267-286, 2014.

FREITAS, M. J. Aquisição da fonologia em língua materna: a sílaba. *In*: FREITAS, N. J.; SANTOS, A. L. (ed.). *Aquisição de língua materna e não materna*: questões gerais e dados do português. Berlin: Language Science, 2017. p. 71-94.

FRITH, U. Beneath the surface of developmental dyslexia. *In*: PATTERSON, K. E.; MARSHALL, J. C.; COLTHEART, M. (ed.). *Surface dyslexia*: Neuropsychological and cognitive studies of phonological reading. Hove: Erlbaum, 1985. p. 301-330.

GOMES, I. *Ler e escrever em português europeu*. Tese (Doutoramento) - Universidade do Porto, Porto, 2001.

GRAHAM, S.; SANTANGELO, T. Does spelling instruction make students better spellers, readers, and writers? A meta-analytic review. *Reading & Writing: An Interdisciplinary Journal*, v. 27, p. 1703-1743, 2014.

HILTE, M.; REITSMA, P. Effects of explicit rules in learning to spell open-and closed-syllable words. *Learning and Instruction*, v. 21, p. 34-45, 2011.

KEMPER, M. J.; VERHOEVEN, L.; BOSMAN, A. M. Implicit and explicit instruction of spelling rules. *Learning and Individual Differences*, v. 22, p.639-649, 2012.

KEUNING, J.; VERHOEVEN, L. Spelling development throughout the elementary grades: the Dutch case. *Learning and Individual Differences*, v. 18, p. 459-470, 2008.

MARTINS, A. M. A posição dos pronomes pessoais clíticos. *In*: PAIVA RAPOSO, E. *et al.* (org.). *Gramática do português*. Lisboa: Fundação Calouste Gulbenkian, 2013. p. 2231-2302.

MARTINS, B.; SILVA, A. R.; VALE, A. P. Lexicality effect on spelling rule-based orthographic patterns from first to sixth grades in european portuguese. *In*: 1ST LITERACY SUMMIT. Universidade do Porto, Porto, 2018.

MATEUS, M. H. A silabificação de base em português. *In*: ATAS DO 10º ENCONTRO DA ASSOCIAÇÃO PORTUGUESA DE LINGUÍSTICA. Évora, 1994. p. 289-300.

MATEUS, M. H. *Caminhos do português*. Lisboa: Biblioteca Nacional, 2001.

MATEUS, M. H. *et al. Fonética, fonologia e morfologia do português*. Lisboa: Universidade Aberta, 1990.

MATEUS, M. H. Fonologia. *In*: MATEUS, M. H. *et al. Gramática da* língua *portuguesa*. 7. ed. Lisboa: Editorial Caminho, 2003. p. 987-1033.

McGEOWN, S.; MEDFORD. E.; MOXON, G. Individual differences in children's reading and spelling strategies and the skills supporting strategy use. *Learning and Individual Differences*, v. 28, p. 75-81, 2013.

MEIRELES, E. S.; CORREA, J. Regras contextuais e morfossintáticas na aquisição da ortografia da língua portuguesa por crianças. *Psicologia: Teoria e Pesquisa*, v. 21, n. 1, p. 77-84, 2005.

MIRANDA, A. R. Aquisição ortográfica das vogais do português: relações com a fonologia e a morfologia. *Revista de Letras*, v. 36, p. 151-168, 2007.

MONTEIRO, C. R. A aprendizagem da ortografia e o uso de estratégias metacognitivas. *Cadernos de Educação*, v. 35, p. 271-302, 2010.

MONTEIRO, C. R.; MIRANDA, A. R. As vogais do português brasileiro:ortografia e fonologia na escrita infantil. In: CÍRCULO DE ESTUDOS LINGUÍSTICOS DO SUL (CELSUL), Santa Maria, 2008. *Anais [...]*, Santa Maria: CELSUL, 2008, p. 1-4.

MORAIS, J. Do orthographic and phonological peculiarities of alphabetically written languages influence the course of literacy acquisition? *Reading and Writing: An Interdisciplinary Journal*, v. 7, p. 1-7, 1995.

NADEAU, M.; FISHER, C. Les connaissances implicites et explicites en grammaire : quelle importance pour l'enseignement? Quelles conséquences? *Bellaterra Journal of Teaching & Learning Language & Literature*, v. 4, n. 4, p. 1-31, 2011.

NEY, L. A. *Acentuação gráfica na escrita de crianças das séries iniciais*. Dissertação (Mestrado) – Universidade Federal de Pelotas, Pelotas, 2012.

NOTARNICOLA, A. *et al*. Development of spelling skills in a shallow orthography: the case of Italian language. *Reading and Writing: An Interdisciplinary Journal*, v. 25, p. 1171-1194, 2012.

NUNES, T.; BRYANT, P. *Children's reading and spelling*: beyond the first steps. Oxford: Wiley-Blackwell, 2009.

OUELLETTE, G. Orthographic learning in learning to spell: the roles of semantics and type of practice. *Journal of Experimental Child Psychology*, v. 107, p. 50-58, 2010.

PACTON, S. *et al*. Children benefit from morphological relatedness independently of orthographic relatedness when they learn to spell new words. *Journal of Experimental Child Psychology*, v. 171, p. 71-83, 2018.

PERFETTI, C. A. The representation problem in reading acquisition. *In*: GOUGH, P. B.; EHRI, L. E.; TREIMAN, R. (ed.). *Reading acquisition*. Hillsdale: Lawrence Erlbaum, 1992. p. 145-174

PERFETTI, C. A. Two basic questions about learning to read. *In*: REITSMA, P.; VERHOEVEN, L. (ed.). *Problems and interventions in literacy development*. Dordrecht: Kluwer Academic, 1998. p. 15-47.

PINHEIRO, A. M. V. Reading and spelling development in brazilian portuguese. *Reading & Writing*, v. 7, n. 1, p. 111-138, 1995.

PIRES, M. *O impacto do ensino de estratégias morfológicas no desenvolvimento da escrita*: um estudo de intervenção. Dissertação (Mestrado) - Escola Superior de Educação do Instituto Politécnico de Lisboa, 2010.

POLLO, T. C.; KESSLER, B.; TREIMAN, R. Vowels, syllables, and letter names: differences between young children's spelling in english and portuguese. *Journal of Experimental Child Psychology*, v. 92, p. 161-181, 2005.

PROTOPAPAS, A. *et al*. What do spelling errors tell us?: classification and analysis of errors made by Greek schoolchildren with and without dyslexia. *Reading and Writing: An Interdisciplinary Journal*, v. 26, p. 615-646, 2012.

REGO, L. L. B.; BUARQUE, L. L. Algumas fontes de dificuldade na aprendizagem de regras ortográficas. *In* MORAIS, A. G. (org.). *O aprendizado da ortografia*. Belo Horizonte: Autêntica, 1999. p. 21-41.

RITTLE-JOHNSON, B.; SIEGLER, R. S. Learning to spell: variability, choice, and change in children's strategy use. *Child Development*, v. 70, n. 2, p. 332-348, 1999.

ROSA, J. *Morphological awareness and spelling development*. Tese (Doutorado) - Universidade de Oxford Brookes, Oxford, 2003.

ROSA, J.; NUNES, T. Can children's spelling of chevá vowels in stems be improved? *Educar em Revista*, v. 38, p. 113-127, 2010.

RUIZ-BIKANDI, U.; CAMPS, A. Corrientes en investigación educativa y formación del profesorado: una visión de conjunto. *Cultura y Educación*, v. 19, n. 2, p. 105–122, 2009.

SANTIAGO-ALMEIDA, M. M. As consoantes do português falado no vale do Cuiabá. *Signum*: Estudos da Linguagem, v. 7, n. 1, p. 149-163, 2004.

SANTOS, R.; FREITAS, M. J.; VELOSO, J. Grupos consonânticos na escola: desenvolvimento fonológico e conhecimento ortográfico. *Diacrítica*, v. 28, n. 1, p. 407-436, 2014.

SARGIANI, R.; ALBUQUERQUE, A. Análise das estratégias de escrita de crianças pré-escolares em português do Brasil. *Psicologia Escolar e Educacional*, v. 20, p. 591-600, 2016.

SARGIANI, R.; EHRI, L.; MALUF, M. Orthographic mapping instruction to facilitate reading and spelling in Brazilian emergent readers. *Applied Psycholinguistics*, v. 39, n. 6, p. 1405-1437, 2018.

SCLIAR-CABRAL, L. *Guia prático de alfabetização, baseado em princípios do sistema alfabético do português do Brasil*. São Paulo: Contexto, 2003.

SERRANO, F. et al. Variations in reading and spelling acquisition in portuguese, french and spanish: a cross-linguistic comparison. *Journal of Portuguese Linguistics*, v. 9, n. 10, p. 183-205, 2010.

SHARE, D. L. On the anglocentricities of current reading research and practice: the perils of overreliance on an "outlier" orthography. *Psychological Bulletin*, v. 134, p. 584-615, 2008.

SHARE, D. L. Phonological recoding and self-teaching: sine qua non of reading acquisition. *Cognition*, v. 55, p. 151-218, 1995.

SOUSA, O. *Textos e contextos:* leitura, escrita e cultura letrada. Lisboa: MediaXXI, 2015.

SOUSA, O.; COSTA, J. A.; NADEAU, M. Ortografía y desarrollo de la reflexión metalingüística en alumnos portugueses en primaria. *Cultura & Educación*, v. 27, n. 4, p. 868-878, 2015.

SOUSA, O. O Ditado como estratégia de aprendizagem. *EXEDRA*, v. 9, p. 116-127, 2014.

SUCENA, A.; CASTRO, S. L. *Aprender a ler e avaliar a leitura:* o TIL: Teste de Idade de Leitura. 2. ed. Coimbra: Almedina, 2010.

TEBEROSKY, A.; SEPÚLVEDA, A.; SOUSA, O. C. Orality, reading and writing in early literacy. *In:* ALVES, R.; LIMPO, T.; JOSHI, M. (ed.). *Reading-writing connections*: towards integrative literacy science. (Em produção.)

TOMASELLO, M.; KRUGER, A.; RATNER, H. Cultural learning. *Behavioral and Brain Sciences*, v. 16, n. 3, p. 495-552, 1993.

TREIMAN, R. et al. Do young children spell words syllabically?: evidence from learners of brazilian portuguese. *Journal of Experimental Child Psychology*, v. 116, p. 873-890, 2013.

TREIMAN, R. Learning to spell: phonology and beyond. *Cognitive Neuropsychology*, v. 34, p. 3-4, p.83-93, 2017.

TREIMAN, R. The teaching and learning of spelling. *Child Development Perspectives*, v. 12, n. 4, p. 235-239, 2018.

TREIMAN, R.; KESSLER, B. *How children learn to write words*. New York: Oxford University, 2014.

VALE, A. P. *Correlatos metafonológicos e estratégias iniciais de leitura-escrita de palavras no português*: uma contribuição experimental. Tese (Doutorado) – Universidade de Trás-os-Montes e Alto Douro, Vila Real, Portugal, 2000.

VALE, A. P. et al. Aprender a ler está ao alcance de todas as crianças (quase): avaliar e intervir cedo para prevenir problemas posteriores. *In:* RODRIGUES, I.; AZEVEDO, J. (ed.). *Livro comemorativo dos 10 anos dos cursos de atualização de professores do 1.º ciclo do ensino* básico. Vila Real: Universidade de Trás-os-Montes e Alto Douro, 2017a. p. 237-250.

VALE, A. P. et al. Early orthographic knowledge in european portuguese: the spelling of the chevá. *In:* XIII INTERNATIONAL SYMPOSIUM OF PSYCHOLINGUISTICS. Portugal: Braga, 2017b.

VALE, A. P. Fontes de conhecimento usadas na escrita de palavras: perspetiva desenvolvimental. *In:* 6º SEMINÁRIO DE FORMAÇÃO CONTÍNUA: ORTOGRAFIA E DESENVOLVIMENTO DA CONSCIÊNCIA LINGUÍSTICA. Lisboa: Escola Superior de Educação de Lisboa, 2015.

VALE, A. P.; MARTINS, B.; SILVA, A. R. Exposure frequency effect on early orthographic representation: a longitudinal study of the spelling of phoneme /u/ in european portuguese. *In:* I WORKSHOP ON COGNITIVE SCIENCE OF CULTURE - LITERACY: AN ACCULTURATION OF THE BRAIN. Faculdade de Psicologia da Universidade de Lisboa, Lisboa, Portugal, 2018.

VALE, A. P.; SOUSA, O. Conhecimento ortográfico e escrita. *Da Investigação às Práticas: Estudos Educacionais,* v. 7, n. 3, p. 3-7, 2017.

9

As dificuldades do ensino da leitura e da escrita no desenvolvimento típico e nos transtornos do neurodesenvolvimento

Ana Luiza Navas

A leitura é um produto cultural de nossa sociedade, depende de instrução formal e explícita, de um bom desenvolvimento da linguagem oral e de outras habilidades cognitivas (RAYNER *et al.*, 2001). Aprender a ler e a escrever envolve tanto as questões básicas do domínio do código alfabético quanto as relacionadas a fonologia, morfologia, sintaxe, semântica, coesão e coerência, entre outras competências metalinguísticas. Esse processo não se desenvolve apenas no ambiente escolar. Muito antes de chegar à escola, a criança já experimentou vários momentos de imersão no mundo da escrita e de oportunidades para a aquisição da linguagem oral que a preparam para adquirir habilidades cada vez mais complexas (EVANS; SHAW; BELL, 2000).

Sendo assim, nem sempre o caminho para alcançar a competência de leitura e escrita é trilhado com facilidade por nossas crianças. As dificuldades desse percurso podem ser de naturezas diversas, e o desempenho em leitura aferido por exames nacionais e internacionais tem apontado para um desfecho muito aquém do esperado para o Brasil (OECD, 2018). É notório que a maioria das crianças cursando o ensino fundamental no Brasil não alcança níveis recomendáveis em compreensão de leitura (TODOS PELA EDUCAÇÃO, 2020).

São várias as razões para que uma criança tenha dificuldades iniciais no processo alfabetização, e dentre estas há razões físicas, culturais, socioeconômicas, pedagógicas e/ou emocionais, circunstanciais ou persistentes (SNOWLING *et al.*, 2016). No entanto, não se pode negar que há também uma parcela de crianças que falha no processo de aprendizagem da leitura porque tem uma condição de ordem neurofuncional, como é o caso, por exemplo, de muitos dos transtornos do neurodesenvolvimento.

A quinta edição do *Manual Diagnóstico e Estatístico de Transtornos Mentais* (DSM-5) (APA, 2013) apresentou uma classificação de um grupo de crianças que apresenta alterações funcionais relacionadas ao neurodesenvolvimento, com alto grau de hereditariedade e diferentes níveis de dificuldades de comunicação e condições para a aprendizagem. Como é sabido, a interação dos componentes genéticos aliados ao desenvolvimento socioemocional, bem como a interação entre fatores de risco e proteção, contribui para a estimativa do potencial de desenvolvimento dessas crianças. Esse grupo de crianças pode ser caracterizado no eixo dos transtornos do neurodesenvolvimento, subdividido em sete subgrupos específicos, conforme ilustra a Figura 9.1, adaptada a partir dos critérios publicados no DSM-5 (APA, 2013).

ALFABETIZAÇÃO DE CRIANÇAS COM TRANSTORNOS DO NEURODESENVOLVIMENTO

Dentre os transtornos do neurodesenvolvimento mais prevalentes estão deficiências intelectuais (DIs), transtornos da comunicação (TCs), transtorno do espectro autista (TEA), transtorno de déficit de atenção/hiperatividade (TDAH) e os transtornos específicos de aprendizagem (TEAps — dislexia, disortografia e discalculia). De acordo com a Organização Mundial de Saúde (OMS), cerca de 8% da população mundial tem algum transtorno do neurodesenvolvimento isolado ou em comorbidade. Se considerarmos que o número de matrículas na educação básica é de 48,5 milhões de alunos, a estimativa é de que cerca de 4 milhões de estudantes apresentem um transtorno do neurodesenvolvimento no Brasil.

Cada um dos transtornos aqui descritos apresenta comprometimento em algum aspecto, conhecimento ou alguma habilidade que pode ser essencial para a aprendizagem da leitura. Portanto, é preciso valorizar as evidências de melhores práticas para o ensino de leitura e escrita para crianças com esses transtornos (CALHOON; SANDOW; HUNTER, 2010; NATIONAL READING PANEL, 2000).

A seguir, serão detalhados alguns transtornos do neurodesenvolvimento que, por diversas razões, podem apresentar dificuldades no processo de alfabetização, e, portanto, deveriam receber apoio pedagógico, e quando necessário, intervenção clínica:

- TEAp;
- TC;
- TDAH.

Alfabetização baseada em evidências **209**

```
Transtornos do neurodesenvolvimento
├── Deficiências intelectuais
├── Transtornos da comunicação
│   ├── Transtorno da fala
│   ├── Transtorno da linguagem
│   ├── Transtorno da fluência
│   └── Transtorno da comunicação social
├── Transtorno do espectro autista
├── Transtorno de déficit de atenção/hiperatividade
├── Transtorno específico de aprendizagem
│   ├── Leitura
│   ├── Escrita
│   └── Matemática
├── Transtornos da coordenação
│   ├── Transtorno do desenvolvimento da coordenação
│   └── Transtorno do movimento estereotipado
└── Transtornos de tique
    ├── Transtorno de Tourette
    ├── Transtorno de tique motor ou vocal persistente
    └── Transtorno de tique transitório
```

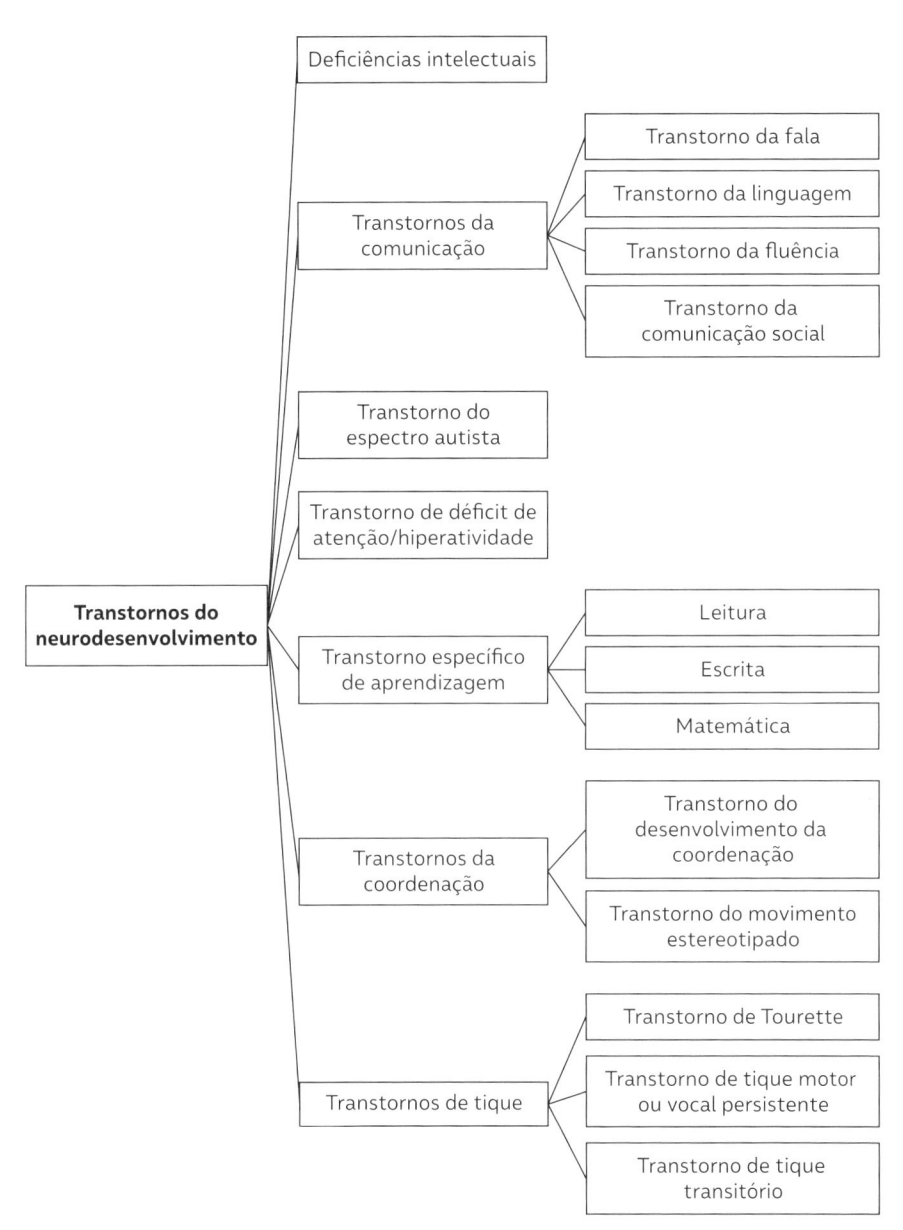

Figura 9.1 Diagrama dos transtornos do neurodesenvolvimento.
Fonte: Elaborada com base no DSM-5 (APA, 2013).

Transtornos específicos de aprendizagem

Em relação ao TEAp com comprometimento na leitura (também conhecido como dislexia), sabe-se que é

> [...] um transtorno específico e persistente da leitura e da escrita, de origem neurofuncional, caracterizado por um inesperado e substancial baixo desempenho da capacidade de ler e escrever, apesar da adequada instrução formal recebida, da normalidade do nível intelectual, e da ausência de déficits sensoriais. O disléxico responde lentamente às intervenções terapêuticas e educacionais específicas. Porém, somente com essas intervenções adequadas pode melhorar seu desempenho em leitura e escrita. O prognóstico depende ainda de diversos facilitadores com precocidade do diagnóstico, o ambiente familiar e escolar. (MOOJEN; BASSÔA; GONÇALVES, 2016, documento *on-line*).

A dislexia é uma condição amplamente reconhecida no meio educacional nacional e internacional, com sintomas bem definidos, com vasto embasamento teórico-científico. No Brasil, não há um estudo epidemiológico para saber com certeza a estimativa real da prevalência da dislexia em nosso meio, contudo, um estudo em Portugal apresenta prevalência de 5,4% em crianças falantes do português europeu (VALE; SUCENA; VIANA, 2011).

Toda criança com dislexia tem seu quadro inicialmente identificado como uma dificuldade para aprender a ler e a escrever. A diferença entre casos de dislexia e dificuldades de aprendizagem mais abrangentes é a persistência das manifestações e resistência a propostas de intervenção. Nos casos de dificuldades iniciais, quando atendidas pelo professor, com apoio de recursos pedagógicos e estimulação das habilidades de linguagem e processamento fonológico, poderiam ser sanadas. É diferente no caso de dislexia, cuja dificuldade inicial em leitura e escrita não será superada somente com a estimulação na escola, e a criança precisará adicionalmente de intervenção clínica especializada (MOUSINHO; NAVAS, 2016).

O desenvolvimento do conhecimento científico em todo o mundo sobre esse tema tem nos brindado com fortes evidências de que é possível identificar essas crianças e intervir precocemente para prevenir que as dificuldades se agravem (CATTS *et al.*, 2016; CATTS *et al.*, 2015). Uma vez que a dificuldade é identificada, a intervenção precoce melhora sobremaneira o prognóstico de crianças que apresentam desempenho em habilidades de leitura e escrita abaixo do esperado durante a fase pré-escolar e nos primeiros anos de alfabetização.

Transtorno de déficit de atenção/hiperatividade

O TDAH também é um transtorno comum, com prevalência no mundo estimada em 5,29% da população (POLANCZYK *et al.*, 2014). De acordo com o critério para o diagnóstico, as principais manifestações do TDAH são falta de atenção, hiperatividade e impulsividade. Essas manifestações são persistentes, apresentadas em diferentes ambientes e acarretam prejuízos para o desenvolvimento emocional e escolar.

Diversos estudos têm apontado que crianças com TDAH têm maiores riscos para dificuldades em leitura, escrita e matemática, em comparação com crianças sem sintomas de TDAH (MACHADO-NASCIMENTO *et al.*, 2016; PAULA; NAVAS, 2018; CZAMARA *et al.*, 2013). O desempenho é pior também em competências de linguagem oral (ALBUQUERQUE *et al.*, 2012), em habilidades de nomeação rápida, consciência fonológica e ainda em compreensão de leitura (CAPELLINI *et al.*, 2007; CUNHA *et al.*, 2013).

Transtornos da comunicação (transtorno de fala, transtorno do desenvolvimento da linguagem, transtorno da fluência e transtorno da comunicação social)

Uma vez que se sabe o papel fundamental da linguagem oral para o desenvolvimento da leitura, fica evidente que qualquer alteração desse desenvolvimento trará consequências maiores ou menores para a aprendizagem da leitura e da escrita. Quanto maior o comprometimento da linguagem em seus subsistemas (fonologia, morfologia, semântica, sintaxe e pragmática), maior será o impacto na linguagem escrita (CATTS; HOGAN, 2003; CATTS *et al.*, 2016).

Além disso, o desenvolvimento da linguagem tem sido identificado como um dos principais fatores de proteção para os transtornos do neurodesenvolvimento em geral. A estimulação de leitura e de linguagem oral tiveram efeito positivo em uma comunidade remota do Chile (MESA *et al.*, 2020) para aumentar o potencial de aprendizagem de crianças em situação de vulnerabilidade social. Para o Conselho Nacional da Infância nos Estados Unidos, a orientação para a promoção da leitura no ambiente familiar deve ser um componente essencial dos serviços de pediatria (HIGH *et al.*, 2014).

PROGRAMAS DE IDENTIFICAÇÃO PRECOCE

Por todas as razões já detalhadas neste capítulo, quanto antes essas dificuldades de alfabetização sejam identificadas, melhor e mais eficiente será o acompanhamento especializado da criança e apoio pedagógico na escola. Por isso, é muito importante que haja uma política pública que estimule programas de identificação e intervenção precoce. Além disso, o reconhecimento da existência de transtornos do neurodesenvolvimento pode evitar o surgimento de sentimentos negativos em relação à escola e acentuar sentimentos de baixa autoestima (GLAZZARD, 2010).

A legislação de países como Inglaterra e Estados Unidos destaca a importância da identificação precoce dos transtornos do neurodesenvolvimento para intervir o mais rapidamente possível (UK, 2015; USA, 2004).

No Reino Unido, Canadá e nos Estados Unidos, programas de identificação precoce auxiliam a escola a desenvolver com as famílias e as crianças estratégias de ensino para potencializar a aprendizagem que depende do código escrito. Instrumentos cada vez mais sensíveis e padronizados têm sido elaborados com o intuito de auxiliar educadores e profissionais especializados no ensino de leitura, na tarefa de melhor atender aqueles que possuem necessidades pedagógicas especiais.

A abordagem de resposta à intervenção pressupõe a identificação precoce a partir de triagem do desempenho de leitura, escrita e habilidades envolvidas, seguido de um programa estratificado de intervenção e acompanhamento em diversos níveis de acordo com a severidade das dificuldades e persistência da defasagem (FUCHS; FUCHS, 2006).

Em linhas gerais, a abordagem está organizada em níveis de intervenção: (a) instrução sistemática e explícita pelo professor; (b) instrução mais intensa e longa, em pequenos grupos de estudantes que ainda apresentam dificuldades específicas; e (c) encaminhamento para intervenção clínica especializada, como ilustra a Figura 9.2.

Figura 9.2 Modelo de resposta à intervenção.
Fonte: Mousinho e Navas (2016); National Reading Panel (2000).

Com esse foco, a Inglaterra propôs um programa nacional, denominado Não ao Fracasso (*No To Failure*), baseado na identificação precoce de dificuldades no processo de alfabetização, com uso de instrumentos de triagem. As crianças que tiveram um desempenho abaixo do esperado foram classificadas em grupo de risco e submetidas a um programa de intervenção, com base na estimulação de habilidades de processamento fonológico e linguagem oral. O programa reconhece a necessidade de promover orientações efetivas às escolas e às famílias sobre as melhores formas de intervenção para as crianças com dificuldades (ROSE, 2009).

Nos Estados Unidos, a abordagem de resposta à intervenção é utilizada como política de acompanhamento de crianças com dificuldades de aprendizagem a partir da revisão das Diretrizes para Educação de Pessoas com Deficiências em 2004 (IDEA, do inglês Individuals with Disabilities Education Act) (USA, 2004). Essas diretrizes determinam como os estados e as organizações públicas norte-americanos devem promover ações de intervenção precoce e atendimento especializado para crianças com necessidades especiais. São consideradas nessa condição crianças com DI, deficiência auditiva e surdez, transtornos de fala e de linguagem, deficiência visual e cegueira, transtornos emocionais, deficiência física, TEA, sequelas de traumatismo craniencefálico e TEAp (dislexia, discalculia).

Nota-se que a cautela de se encontrar instrumentos precisos para esse rastreio é de extrema importância (COMPTON *et al.*, 2010). O erro na identificação da criança de risco pode ter consequências mínimas quando a criança fez parte do grupo de estimulação sem precisar (falso positivo). No entanto, o erro mais grave é privar de estimulação precoce, e comprovadamente benéfico, aqueles que realmente necessitam (falso negativo).

No Brasil, há estudos que demonstram o impacto da aplicação de programas de intervenção precoce no desempenho de leitura e escrita de crianças (BATISTA; PESTUN, 2019). A intervenção estruturada em habilidades de processamento fonológico e de linguagem oral é uma abordagem importante para diferenciar aqueles casos que necessitam de um atendimento especializado, como é o caso das crianças com dislexia que apresentam dificuldades mais severas.

Esses estudos confirmam o que a literatura nacional e internacional vem apontando como diretriz para a determinação do diagnóstico de dislexia e que deve incorporar uma fase de intervenção. A maioria das crianças que apresenta dificuldades iniciais no processo de apropriação da escrita não indicou mais nenhuma defasagem em relação ao seu grupo escolar após a estimulação e, portanto, não se enquadrava no critério para o diagnóstico de dislexia.

CONSIDERAÇÕES FINAIS

No Brasil, ainda não existem programas efetivos de identificação e intervenção precoce que estejam disponíveis para as escolas. Sendo assim, o diagnóstico de transtornos do neurodesenvolvimento, quando feito, é tardio, e com isso as consequências educacionais e socioemocionais são grandes.

A implementação de programas de promoção e estimulação das habilidades precursoras para a aprendizagem da leitura em sala de aula pode ser encontrada em projetos de pesquisa e extensão universitária, mas não ainda em políticas públicas. É preciso diminuir a distância entre a ciência e a prática educacional, e entre pesquisadores e políticos, para que educadores, profissionais de saúde e demais envolvidos no processo de aprendizagem possam ajudar a todas as crianças e jovens a aprender melhor, especialmente as crianças com transtornos do neurodesenvolvimento.

Por fim, recomenda-se como ações de promoção do desenvolvimento a estimulação de linguagem oral, em geral, e especificamente das habilidades metalinguísticas (consciência fonológica e morfológica). Somadas a um programa de literacia familiar, essas habilidades são importantes preditores do sucesso da aprendizagem da leitura para crianças com desenvolvimento típico e sua estimulação se torna ainda mais importante em crianças com transtornos do neurodesenvolvimento.

REFERÊNCIAS

ALBUQUERQUE, G. *et al.* Processamento da linguagem no transtorno do déficit de atenção e hiperatividade (TDAH). *D.E.L.T.A.*, v. 28, n. 2, p. 245-280, 2012.

ALONZO, C. N. *et al.* Predicting dyslexia in children with developmental language disorder. *Journal of Speech, Language, and Hearing Research*, v. 63, n. 1, p. 151-162, 2020.

AMERICAN PSYCHIATRIC ASSOCIATION. (APA). *Manual diagnóstico e estatístico de transtornos mentais*: DSM-5. 5.ed. Porto Alegre: Artmed, 2014.

BATISTA, M.; PESTUN, M. S. V. O Modelo RTI como estratégia de prevenção aos transtornos de aprendizagem. *Psicologia Escolar e Educacional*, v. 23, e205929, 2019.

CALHOON, M. B.; SANDOW, A.; HUNTER, C. V. Reorganizing the instructional reading components: could there be a better way to design remedial reading programs to maximize middle school students with reading disabilities' response to treatment? *Annals of Dyslexia*, v. 60, n. 1, p. 57-85, 2010.

CAPELLINI, S. A. *et al.* Desempenho de escolares bons leitores, com déficit de atenção e hiperatividade em nomeação automática rápida. *Rev. Soc. Bras. Fonoaudiol.*, v. 12, n. 2, p. 114-119, 2007.

CATTS, H. W. *et al.* Early identification of reading comprehension difficulties. *Journal of Learning Disabilities*, v. 49, n. 5, 2016.

CATTS, H. W. *et al.* Early identification of reading disabilities within an RTI framework. *Journal of Learning Disabilities*, v. 48, n. 3, 2015.

CATTS, H. W.; HOGAN, T. P. Language basis of reading disabilities and implications for early identification and remediation. *Reading Psychology*, v. 24, n. 3-4, p. 223-246, 2003.

COMPTON, D. L. *et al*. Selecting at-risk first-grade readers for early intervention: eliminating false positives and exploring the promise of a two-stage gated screening process. *J. of Educational Psychology*, v. 102, n. 2, p. 327-340, 2010.

CUNHA, V. L. O. *et al*. Performance of students with attention deficit disorder and hyperactivity in metalinguistic and reading tasks. *Rev. CEFAC*, v. 15, n. 1, p. 40-50, 2013.

CZAMARA, D. *et al*. Children with ADHD symptoms have a higher risk for reading, spelling and math difficulties in the GINIplus and LISAplus cohort studies. *PLoS One*, v. 8, n. 5, p. e63859, 2013.

EVANS, M. A.; SHAW, D.; BELL, M. Home literacy activities and their influence on early literacy skills. *Can. J. Exp. Psychol.*, v. 54, n. 2, p. 65-75, 2000.

FUCHS, D.; FUCHS, L. Introduction to response to intervention: what, why, and how valid is it? *Reading Research Quarterly*, v. 41, p. 92-99, 2006.

GLAZZARD, J. The impact of dyslexia on pupils' self-esteem. *Support for Learning*, v. 25, p. 63-69, 2010.

HIGH, P. C. *et al*. Literacy promotion: an essential component of primary care pediatric practice. *Pediatrics*, v. 134, n. 2, p. 404-409, 2014.

MACHADO-NASCIMENTO, N. *et al*. Alterações fonoaudiológicas no transtorno de déficit de atenção e hiperatividade: revisão sistemática de literatura. *CoDAS*, v. 28, n. 6, p. 833-842, 2016.

MESA, C. *et al*. The effects of reading and language intervention on literacy skills in children in a remote community: An exploratory randomized controlled trial. *International Journal of Educational Research*, v. 100, p. 101535, 2020.

MOOJEN, S. M. P.; BASSÔA, A.; GONÇALVES, H. A. Características da dislexia de desenvolvimento e sua manifestação na idade adulta. *Revista de Psicopedagogia*, v. 33, n. 100, p. 50-59, 2016.

MOUSINHO, R., NAVAS, A. L. G. P. Mudanças apontadas no DSM-5 em relação aos transtornos específicos de aprendizagem em leitura e escrita. *Revista Debates em Psiquiatria.*, v. 6, n. 3, p. 38-45, 2016.

NATIONAL READING PANEL. *Teaching children to read*: an evidence-based assessment of the scientific research literature on reading and its implications for reading instruction. Rockville: NIH Publication, 2000.

OCDE. *PISA: Programme for International Student Assessment*. Paris: OCDE, 2018. Disponível em: https://www.oecd.org/pisa/. Acesso em: 23 fev. 2022.

PAULA, E. M. S.; NAVAS, A. L. Profile of reading difficulties in children with attention deficit hyperactivity disorder: a literature review. *Revista CEFAC*, v. 20, n. 6, p. 785-797, 2018.

POLANCZYK, G. V. *et al*. ADHD prevalence estimates across three decades: an updated systematic review and meta-regression analysis. *International Journal of Epidemiology*, v. 43, n. 2, p. 434-442, 2014.

RAYNER, K. *et al*. How psychological science informs the teaching of reading. *Psychol. Sci. Public Int.*, v. 2, p. 31-74, 2001.

ROSE, J. *Identifying and teaching of children and young people with dyslexia and literacy difficulties*. 2009. Disponível em: http://www.thedyslexia-spldtrust.org.uk/media/downloads/inline/the-rose-report.1294933674.pdf. Acesso em: 24 fev. 2022.

SNOWLING, M. J. *et al.* Language profiles and literacy outcomes of children with resolving, emerging, or persisting language impairments. *J. Child Psychol. Psychiatry*, v. 57, n. 12, p. 1360-1369, 2016.

TODOS PELA EDUCAÇÃO. *Anuário brasileiro da educação básica*. Brasília, 2020. Disponível em: https://www.todospelaeducacao.org.br/_uploads/_posts/456.pdf?1969753478/=&utm_source=content&utm_medium=site-todos. Acesso em: 22 fev. 2022.

UK. Department for Education and Department of Health. *Special educational needs and disability code of practice*: 0 to 25 years. 2015. Disponível em: https://www.gov.uk/government/publications/send-code-of-practice-0-to-25. Acesso em: 23 fev. 2022.

USA. *The Individuals with Disabilities Education Act*. Washington: Department of Education, 2004.

VALE, A. P.; SUCENA, A.; VIANA, F. Prevalência da dislexia entre crianças do 1.º ciclo do ensino básico falantes do português europeu. *Revista Lusófona de Educação*, n. 18, p. 45-56, 2011.

10

Avaliação em larga escala da alfabetização para a garantia das aprendizagens: os avanços com o Spaece-Alfa

Josiane Toledo Ferreira Silva • Hakima Megherbi

Este capítulo busca contribuir para a compreensão da importância de diagnósticos por meio da avaliação em larga escala da alfabetização para o desenvolvimento de políticas públicas voltadas para as aprendizagens, revelando, assim, o uso efetivo dos resultados. Apresentaremos um breve histórico do surgimento dessas avaliações no Brasil. Abordaremos, também, um enquadramento conceitual no qual a avaliação da alfabetização encontra respaldo na literatura, como em Soares (1999; 2003), e, em seguida, abordaremos o exemplo da avaliação realizada no estado do Ceará, o Sistema Permanente de Avaliação da Educação Básica do Ceará (Spaece-Alfa), o importante papel do sistema próprio de avaliação para monitoramento do sistema e orientação de ações pedagógicas. Para esse último ponto, faremos uma análise documental de dados de avaliação publicizados pela Secretaria de Educação do Ceará (Seduc-CE).

O SURGIMENTO DAS AVALIAÇÕES DA ALFABETIZAÇÃO

A partir da década de 1990, de modo paralelo aos avanços obtidos na universalização do acesso ao ensino fundamental, o Brasil passa a contar com avaliações nacionais que permitem acompanhar a qualidade da educação brasileira (FRANCO et al., 2007). Desde sua implementação, em 1995, o Sistema Nacional de Avaliação da Educação Básica (Saeb) veio retratando, por meio dos resultados alcançados pelos estudantes que concluíam a primeira etapa do ensino fundamental, a dificuldade de os sistemas educacionais promoverem avanços nas aprendizagens de seus estudantes, o que pode ser confirmado por meio da análise das Figuras 10.1 e 10.2.

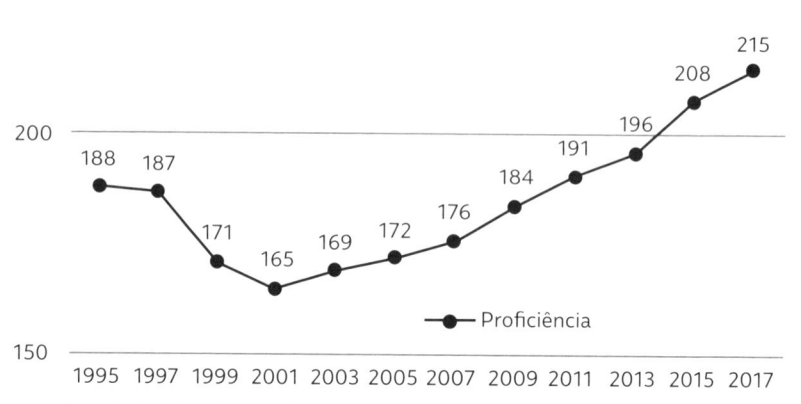

Figura 10.1 Evolução das proficiências médias dos estudantes no Saeb 4ª série/ 5º ano em Língua Portuguesa – 1995/2017.

Fonte: Elaborada a partir de dados do Inep (2019, documento *on-line*).

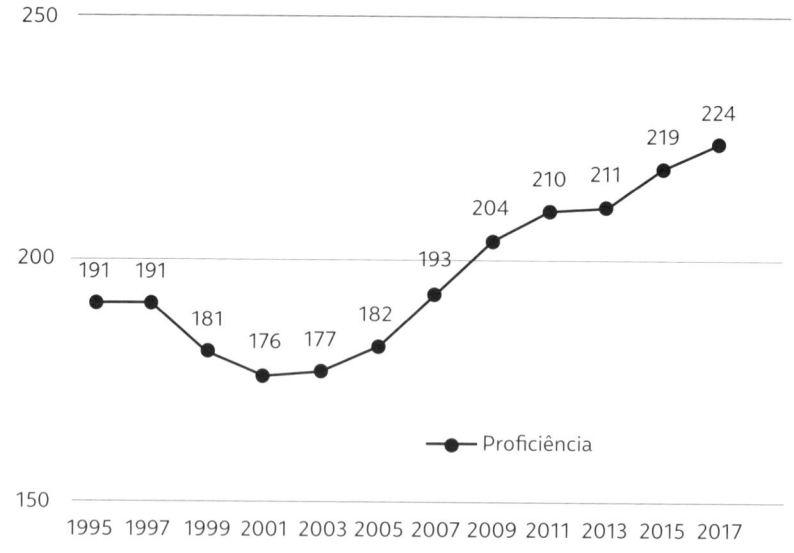

Figura 10.2 Evolução das proficiências médias dos estudantes no Saeb 4ª série/ 5º ano em Matemática – 1995/2017.

Fonte: Elaborada a partir de dados do Inep (2019, documento *on-line*).

Observamos que, no período de 1999 a 2007, o desempenho médio tanto em língua portuguesa quanto em matemática, na 4ª série (atualmente, corresponde ao 5º ano do ensino fundamental) permaneceram relativamente estáveis, em níveis de proficiência bastante inferiores àqueles alcançados nos dois primeiros ciclos avaliativos do Saeb. Com relação a essa queda, a diferença de proficiência média em língua portuguesa, de 2001, ano em que se observa a maior queda nos resultados, em relação a 1995 é de 23 pontos, em uma escala de proficiência de 0 a 500, com média de 250, desvio-padrão 250 e intervalos de 25 pontos. Essa diferença corresponde, portanto, a praticamente um intervalo e a quase meio desvio-padrão.

Assim, tanto do ponto de vista estatístico quanto do pedagógico da interpretação dessa escala, há uma diferença bastante significativa entre as aprendizagens que haviam sido alcançadas pelos estudantes ao concluírem a primeira etapa do ensino fundamental em 1995 e aqueles que terminaram em 2001. O mesmo ocorre com a matemática, sendo que a diferença é de exatamente 25 pontos na escala de matemática.

Esses resultados sugeriam a existência de problemas concernentes às etapas relativas à alfabetização. Isso é uma defasagem no desenvolvimento e na consolidação de habilidades básicas de leitura, escrita e dos conhecimentos básicos de matemática pertinentes aos de escolaridade anteriores ao término da etapa. Nesse contexto, são desenvolvidas pesquisas, e as redes estaduais dão início a um processo de implementação de seus sistemas próprios de avaliações a fim de monitorar as aprendizagens nos anos iniciais do ensino fundamental. No âmbito da pesquisa, os resultados do Saeb fazem parte da motivação original do projeto Estudo Longitudinal da Geração Escolar 2005 (GERES), pioneiro em conduzir o monitoramento da aprendizagem em leitura e matemática de um painel de alunos nos quatro primeiros anos do ensino fundamental (SILVA, 2013).

Brooke e Bonamino (2011) relatam que foram quase sete anos de pesquisa, que acompanhou uma coorte que entrou em 2005 na 1ª série, e, em 2008, saiu da 4ª série, levantando informações importantes sobre as aprendizagens dos estudantes, características de práticas pedagógicas e de gestão escolar. Para isso, aplicaram testes cognitivos, de múltipla escolha, para obter informações sobre a aprendizagem e questionários para a obtenção de dados contextuais. Logo após, diversos estados começaram a criar seus programas de avaliação dos anos iniciais, com foco na alfabetização, inspirados no GERES. Temos, assim, por exemplo, o surgimento do Programa de Avaliação da Alfabetização de Minas Gerais (Proalfa-MG) (2006), do Spaece-Alfa (2007), da Avaliação Diagnóstica da Alfabetização do Estado do Espírito Santo (PAEBES-Alfa) (2008) e do Sistema de Avaliação Educacional de Pernambuco (SAEPE) (2008). No ano de 2013, o Governo Federal implementou a Avaliação Nacional da Alfabetização e, em 2021, o Saeb 2º ano do ensino fundamental, amostral.

Todos os sistemas de avaliação citados anteriormente têm em comum o fato de buscarem aferir o nível de alfabetização das crianças. Contudo, há que se ressaltar uma diferença importante entre as avaliações dos sistemas estaduais e/ou municipais e a avaliação nacional no que diz respeito aos níveis em que os resultados são apresentados: país, estados, municípios redes, coordenadorias/gerências/superintendências regionais, escolas e turmas. Isso é o que denomina nível de agregado, em que os resultados são divulgados. Esse tratamento dos dados implica uma diferença em seu uso, o qual pode se dar em três diferentes níveis, a saber:

- nível nacional — fornece indicadores para medir, em nível nacional, o desempenho do(s) sistema(s) educacional(ais);
- nível das redes e sistemas — fornece indicadores para uma gestão educacional mais eficaz;
- nível da turma — fornece aos professores ferramentas para (re)orientar suas práticas de ensino.

Esses níveis de apresentação e, consequentemente, do uso de resultados estabelecem uma diferença importante entre as avaliações estaduais e aquela realizada em âmbito nacional. Esta traz resultados em um nível de agregado até a unidade escolar, ao passo que, nas avaliações estaduais e municipais, chega-se ao nível da turma, sendo possível que a gestão escolar e o professor da turma possam conhecer cada estudante que ainda não desenvolveu as habilidades esperadas para o ano de escolaridade em que foi avaliado. Esse modo de acesso aos resultados contribui para que a avaliação impacte em uma efetiva ação pedagógica orientada para a superação das fragilidades nas aprendizagens. Isso só ocorre, como dito, no âmbito das avaliações realizadas pelas redes públicas de ensino estaduais e municipais.

É importante ressaltar que todos os estados que citamos, após a implementação de seus sistemas próprios de avaliação com foco na alfabetização e com o desenvolvimento de ações pedagógicas baseadas nos resultados, têm avançado significativamente nas medidas de proficiência de suas avaliações, bem como naquelas avaliações realizadas pelo Governo Federal e, consequentemente, no Índice de Desenvolvimento da Educação Básica (Ideb) do 5º ano do ensino fundamental, reflexo da melhoria do fluxo escolar e do desempenho, variáveis utilizadas para o cálculo do Ideb.

Nesse sentido, a avaliação educacional em larga escala da alfabetização pode passar a ser uma avaliação **para** aprendizagem e não apenas uma avaliação **da** aprendizagem, em uma acepção como nos apresenta Dubec (2019). Isto é, enquanto avaliação para aprendizagem, os resultados da avaliação educacional em larga escala passam a serem interpretados, usados para identificar o progresso, as fragilidades nas aprendizagens dos estudantes e, consequentemente, (re)orientar o ensino de modo que os objetivos de aprendizagens sejam alcançados. Nessa lógica, o ensino torna-se alinhado com reais necessidades dos estudantes, permitindo a seleção ou produção de materiais e recursos pedagógicos mais eficazes.

BREVE QUADRO CONCEITUAL PARA SE PENSAR A AVALIAÇÃO DA ALFABETIZAÇÃO

Diante do exposto, constatamos que o desenvolvimento e a implementação de uma avaliação educacional em larga escala da alfabetização fundamenta-se na priorização de políticas educacionais voltadas para garantir a alfabetização das crianças na idade certa, como estabelecido pelo PNE 2014–2024, cuja Meta 5 é "Alfabetizar todas as crianças, no máximo, até o final do 3º (terceiro) ano do ensino fundamental.", estabelecendo como uma das estratégias para que tal meta possa ser atingida, a estratégia 5.2:

> [...] instituir instrumentos de avaliação nacional periódicos e específicos para aferir a alfabetização das crianças, aplicados a cada ano, bem como estimular os sistemas de ensino e as escolas a criarem os respectivos instrumentos de avaliação e monitoramento, implementando medidas pedagógicas para alfabetizar todos os alunos e alunas até o final do terceiro ano do ensino fundamental. (BRASIL, 2015, documento *on-line*).

Quando falamos em avaliar a alfabetização, é preciso considerar que nos referimos a processos de aprendizagem da língua escrita, os quais envolvem, conforme Soares (1999), dois pontos de vista: o individual, relacionado à aquisição da tecnologia da escrita (alfabetização); e o social, relativo ao envolvimento do sujeito em situações sociais que exijam o uso da escrita (letramento). Conforme assevera Soares (2003), é um equívoco considerar alfabetização e letramento[1] como sinônimos designando o mesmo processo. Ao tratarmos de alfabetização e letramento, estamos diante de fenômenos que, apesar de distintos, são complementares e indissociáveis:

> [...] a alfabetização se desenvolve no contexto de e por meio de práticas sociais de leitura e escrita, isto é, através de atividades de letramento, e este por sua vez, só pode desenvolver se no contexto da e por meio da aprendizagem das relações fonema-grafema, isto é, em dependência da alfabetização. (SOARES, 2003, p. 12).

---

[1] Mais recentemente, a literatura especializada vem optando pelo uso do termo "literacia", para alinhamento com pesquisas internacionais. Contudo, usamos aqui o termo "letramento", respeitando a tradução e sua acepção no contexto de seu uso pelos autores citados.

De acordo com Megherbi, Seigneuric e Ehrlich (2006), Cain e Oakhill (2006), aprender a ler e a escrever nos anos iniciais irá garantir o desenvolvimento de habilidades linguísticas e cognitivas que operam na compreensão de textos. Nessa perspectiva, corrobora para nossa reflexão a Base Nacional Comum Curricular (BNCC), documento que normatiza as referências para elaboração de currículos escolares das diversas redes de ensino, homologado pelo Conselho Nacional de Educação (CNE) em dezembro de 2017. Ao abordar as características e os objetivos da ação pedagógica nos anos iniciais do ensino fundamental, estabelece que:

> Nos dois primeiros anos do Ensino Fundamental, a ação pedagógica deve ter como foco a alfabetização, a fim de garantir amplas oportunidades para que os alunos se apropriem do sistema de escrita alfabética de modo articulado ao desenvolvimento de outras habilidades de leitura e de escrita e ao seu envolvimento em práticas diversificadas de letramentos. (BRASIL, 2017, p. 59).

Além disso, não podemos deixar de falar rapidamente do *National Reading Panel* (2000), documento produzido pela Secretaria de Educação dos Estados Unidos e o Instituto Nacional de Saúde Infantil e Desenvolvimento Humano, o qual teve como objetivo organizar evidências de pesquisas sobre a aprendizagem e o ensino da leitura, o que, por aqui denominamos, na maioria das vezes, alfabetização. Esse documento traz a conclusão de que existem cinco competências básicas para a leitura, considerando aqui o processo de alfabetização: consciência fonêmica, fônica, vocabulário, fluência e compreensão de texto.

Vários desses componentes podem ser observados e distribuídos em habilidades indicadas por descritores[2] de matrizes de referência[3] dos diversos modelos de testes para avaliação da alfabetização que têm sido disponibilizados às redes de ensino, como podemos observar, a seguir, na matriz de referência para avaliação da alfabetização do Spaece-Alfa (Fig. 10.3).

Tomar o que trazem as pesquisas a respeito dos processos e habilidades pertinentes à aprendizagem da língua escrita, à alfabetização, e o que estabelecem os documentos normativos para elaboração de currículos é essencial, pois não se pode pensar em avaliar sem a clareza do que se é esperado ensinar. Para a construção dos instrumentos de avaliação, essa clareza é fundamental, pois ela vai orientar na seleção das habilidades consideradas essenciais para serem avaliadas em cada ano ou etapa de escolaridade, considerando o tipo de item a ser utilizado, múltipla escolha ou questão aberta, por exemplo.

---

[2] Descritores concretizam uma associação entre os conteúdos curriculares e as operações mentais a serem desenvolvidas pelos estudantes.

[3] Matriz de referência é o instrumento no qual são listadas as habilidades que serão contempladas em uma avaliação em larga escala, orientado a elaboração dos itens que irão compor os testes.

MATRIZ DE REFERÊNCIA DE LÍNGUA PORTUGUESA – SPAECE-ALFA 2016

2º ANO DO ENSINO FUNDAMENTAL

EIXO 1: APROPRIAÇÃO DO SISTEMA DE ESCRITA – HABILIDADES RELACIONADAS À IDENTIFICAÇÃO E AO RECONHECIMENTO DE ASPECTOS RELACIONADOS À TECNOLOGIA DA ESCRITA

1.1 – QUANTO AO RECONHECIMENTO DE LETRAS.

D01	Identificar letras entre desenhos, números e outros símbolos gráficos.
D02	Reconhecer as letras do alfabeto.

1.2 – QUANTO AO DOMÍNIO DAS CONVENÇÕES GRÁFICAS.

D03	Identificar as direções da escrita.
D04	Identificar o espaçamento entre palavras na segmentação da escrita.
D05	Reconhecer as diferentes formas de grafar uma mesma letra ou palavra.

1.3 – QUANTO AO DESENVOLVIMENTO DA CONSCIÊNCIA FONOLÓGICA.

D06	Identificar rimas.
D07	Identificar o número de sílabas de uma palavra.
D08	Identificar sílabas canônicas (consoante / vogal) em uma palavra.
D09	Identificar sílabas não canônicas (vogal, consoante / vogal / consoante, consoante / consoante / vogal etc.) em uma palavra.

EIXO 2: LEITURA – HABILIDADES RELACIONADAS À LEITURA DE PALAVRAS, DE FRASES E DE TEXTOS.

2.1 – QUANTO À LEITURA DE PALAVRAS.

D10	Ler palavras no padrão canônico (consoante / vogal).
D11	Ler palavras nos padrões não canônicos (vogal, consoante / vogal / consoante, consoante / consoante / vogal etc.).

2.2 – QUANTO À LEITURA DE FRASES

D12	Ler frases.

2.3 – QUANTO À LEITURA DE TEXTOS.

D13	Localizar informação explícita em textos.
D14	Inferir informação em texto verbal.
D16	Interpretar textos não verbais e textos que articulam elementos verbais e não verbais.
D17	Reconhecer o tema ou assunto de um texto ouvido.
D18	Reconhecer o tema ou assunto de um texto lido.
D21	Reconhecer o gênero discursivo.
D22	Identificar o propósito comunicativo em diferentes gêneros.

Figura 10.3 Matriz de referência de língua portuguesa – Spaece-Alfa-2016.
Fonte: SPAECE (2016, documento *on-line*).

Como visto na matriz de referência do Spaece-Alfa, elencaram-se habilidades relacionadas a objetos de conhecimento específicos, as quais serão avaliadas por meio de itens de múltipla escolha. Isso nos remete ao primeiro dos quatro princípios de Tyler (1949) para que se possa ensinar e avaliar: é preciso ter clareza acerca dos propósitos educacionais a que a escola deseja alcançar. Isto é, devem ser definidos os objetivos de aprendizagem apropriados. No âmbito das redes de ensino, isso se traduz em metas educacionais claras a serem atingidas pelas redes.

Diante disso, como podemos observar os avanços nas aprendizagens e no desempenho dos estudantes por meio das avaliações? Para responder a essa questão, tomaremos como exemplo a avaliação do Spaece-Alfa que, desde seu início, tem orientado a implementação de ações educacionais para a melhoria das aprendizagens de modo a garantir que as crianças estejam alfabetizadas na idade correta.

AVALIAÇÃO EDUCACIONAL EM LARGA DA ALFABETIZAÇÃO: MONITORAMENTO DO SISTEMA PARA GARANTIA DAS APRENDIZAGENS

Poderíamos, neste momento, discutir os diversos significados que o termo qualidade vem adquirindo nos últimos tempos no mundo da educação. Contudo, tomaremos aqui a acepção de que os indicadores de desempenho, obtidos por meio das avaliações em larga escala e concretizados nas medidas de proficiência, revelam a qualidade do ensino ofertado por uma rede e os avanços nas aprendizagens dos estudantes. No caso do Ceará, podemos tomar os resultados no Ideb para o 5º ano do ensino fundamental e no Spaece-Alfa. Vejamos, na Tabela 10.1, as médias alcançadas no Ideb do 5º ano do ensino fundamental.

Observamos um resultado crescente e de superação das metas estabelecidas para o 5º ano do ensino fundamental. Acrescenta-se, ainda, que em 2019, na avaliação do Saeb 2019 do 2º ano do ensino fundamental, o Ceará obteve o melhor desempenho do Brasil. Em uma escala de 0 a 1.000, alcançou, em língua portuguesa, uma média de proficiência de 765,50, enquanto a média para o Brasil é de 750 (INEP, 2019). Além disso, os resultados da avaliação do 2º ano do ensino fundamental do Spaece-Alfa revelaram que 92,7% dos estudantes do estado encontram-se alfabetizados nesse ano de escolaridade, ou seja, na idade correta (Seduc-CE). Esses índices e indicadores de qualidade são resultados de uma política educacional pautada em evidências obtidas por meio de avaliações e ancoradas em pesquisas sobre alfabetização. Contudo, o cenário educacional cearense nem sempre foi exemplo de política pública exitosa nesse campo.

Tabela 10.1 Ideb esperado e resultados obtidos na rede do Ceará

Ano	Ideb observado	Meta
2005	2,8	2,9
2007	3,5	3,2
2009	4,1	3,6
2011	4,7	3,9
2013	5	4,2
2015	5,7	4,5
2017	6,1	4,8
2019	6,3	5,1

Fonte: Inep (2019, documento *on-line*).

Essa trajetória em busca da garantia de uma educação pública de qualidade que levou à criação do Programa Alfabetização na Idade Certa (PAIC)[4] e da implementação de um sistema de avaliação voltado para a alfabetização, ambos no ano de 2007, que se apoiam fortemente nas conclusões do *Relatório Final do Comitê Cearense Para Eliminação do Analfabetismo Escolar* e nos resultados do Saeb 2001 para o 5º ano. Esse Comitê organizou três frentes de pesquisa com diferentes objetivos complementares. Destacamos aqui a pesquisa voltada ao diagnóstico da leitura (fluência e compreensão de textos) e da escrita de crianças do 2º ano do ensino fundamental, tendo sido avaliados, aproximadamente, 8.000 estudantes (CEARÁ, 2006). Tal pesquisa obteve os resultados reportados no Quadro 10.1, nas dimensões avaliadas.

Diante de um cenário em que a maioria das crianças da pesquisa, após dois anos de escolarização formal no ensino fundamental, ainda não podiam ser consideradas alfabetizadas, foi desenvolvido e implementado o PAIC, transformado em política prioritária pelo Governo do Estado do Ceará, criado por meio da Lei nº 14.026, de 17 de dezembro de 2007, a qual em seu art. 1º estabelece:

> Fica instituído o Programa Alfabetização na Idade Certa – PAIC, por meio do qual o Estado, em cumprimento ao regime de colaboração, poderá prestar cooperação técnica e financeira aos municípios cearenses, com vistas à melhoria dos resultados de aprendizagem. (CEARÁ, 2007, documento *on-line*).

---

[4] Nos anos de 2005 e 2006, houve um piloto do PAIC e, em 2007, ele se tornou uma política pública estadual.

Quadro 10.1 Resultados do Relatório Final do Comitê Cearense para Eliminação do Analfabetismo Escolar

Fluência	Compreensão do texto	Produção de texto
"... 39% dos alunos não leram o texto apresentado, enquanto 42% leram o texto sem fluência. Somando-se a proporção de alunos que não leram o texto ou o leram sem fluência, encontra-se uma proporção de 81% dos alunos que ainda não conseguem ler com fluência. Restam apenas 19% dos alunos que conseguiram ler o texto fluentemente."	"... apenas 15% dos alunos conseguiram compreender todas as questões de compreensão do texto, os quais foram considerados como tendo alcançado o nível de compreensão de texto esperado; ou seja, são alunos que leem o texto e o compreendem na sua plenitude. Vale também destacar que outros 31% dos alunos conseguiram compreender parcialmente o texto lido. Contudo, mais da metade dos alunos não conseguiu sequer ler o texto apresentado (39%) ou conseguiu ler o texto, mas não foram capazes de demonstrar que compreenderam o que leram."	"... 27% dos alunos não realizaram a atividade de produção (12%) ou tiveram a produção de texto considerada não identificada ou em nível pré-silábico (15%). Outros 31% tiveram a produção de texto classificada em um nível intermediário, que compreende as produções entre o nível silábico e o nível ortográfico. Ao contrário das demais dimensões da avaliação, 43% dos alunos conseguiram produzir um texto com continuidade, coesão textual e progressão, embora ninguém produzisse um texto ortográfico."

Fonte: CEARÁ (2006).

Também no ano de 2007, realizou-se a primeira edição de avaliação do Spaece-Alfa, avaliando de modo censitário todas as crianças das redes municipais e estadual matriculadas no 2º ano do ensino fundamental. Por meio das informações obtidas com essa avaliação, o Estado passou a ter um instrumento de monitoramento da qualidade ofertada em cada uma das unidades escolares com matrículas no 2º ano do ensino fundamental, produzindo resultados para cada aluno em sua turma, escola, município e Coordenadoria Regional de Desenvolvimento da Educação (Crede) (CEARÁ, 2007), além, claro, de informações para o Estado.

Uma das informações, para cada um dos agregados até o nível da turma é a média de proficiência, um indicador sintético de qualidade; a outra é o percentual de estudantes por padrão de desempenho, que oferece um indicador das desigualdades educacionais encontradas no sistema. Esses padrões são o agrupamento de níveis da escala de proficiência, cuja interpretação descreve de forma sintética característisticas comuns dos estudantes cuja proficiência os posiciona naquele intervalo. Vejamos, na Tabela 10.2, os resultados obtidos no primeiro ciclo avaliativo (2007) e na última edição (2019), considerando a distribuição do percentual de estudantes nos padrões, perfis, de desempenho.

Tabela 10.2 Resultados obtidos no primeiro ciclo avaliativo do Spaece-Alfa

Ano	% de estudantes por padrão de desempenho[5]				
	Não alfabetizado	Alfabetização incompleta	Intermediário	Suficiente	Desejável
2007	32,8	14,6	12,7	9,9	30
2019	0,5	2,1	4,7	8	84,7

Fonte: Ceará (2006).

Para fins de levar-se em conta se o estudante demonstra ter desenvolvido habilidades que permitem considerá-lo alfabetizado, tomam-se os padrões suficiente e desejável. São considerados não alfabetizados os estudantes alocados nos padrões não alfabetizado e alfabetização incompleta. Assim, observamos que, em 2007, em todo o Estado do Ceará havia apenas 39,9% de crianças alfabetizadas e 47,4% não alfabetizadas, resultados que corroboram com aqueles obtidos na pesquisa do Comitê Cearense para Eliminação do Analfabetismo Escolar. Os avanços na ampliação do percentual de crianças que consolidaram a alfabetização ocorrem ano a ano e, em 2019, o Estado apresentou 92,7% estudantes alfabetizados e apenas 2,6% não alfabetizados.

Esses resultados revelam a eficácia e efetividade das ações desenvolvidas em nível do PAIC focado no 2º ano do ensino fundamental. Com relação ao sucesso do PAIC, diversas pesquisas como aquelas conduzidas por Costa e Carnoy (2015) e Marques, Aguiar e Campos (2009) têm focado, de um lado, a avaliação de impactos do programa e, de outro, abordam como as avaliações do Spaece-Alfa e avaliações diagnósticas desenvolvidas no âmbito da Seduc-CE têm mudado práticas pedagógicas, orientando-as para as efetivas necessidades de aprendizagens dos alunos.

Nessa direção, o Spaece-Alfa oferece um conjunto de informações e materiais para apropriação dos resultados dirigidos a cada um dos atores envolvidos no

---

[5] As cores de cada padrão, perfil e desempenho foram atribuídas pela Seduc-CE considerando a dimensão semiótica das cores.

processo educacional, ou seja, materiais específicos para o gestor da rede, disponibilização de planilhas com resultados de dados de desempenho para o Estado, Crede, municípios e escolas. Essas planilhas, com exceção dos dados individuais dos alunos, agrupados nas turmas, são dados públicos, disponibilizados na página da Seduc. Além, disso com relação aos materiais de formação para apropriação, via *site* da Seduc, há um *link* (http://www.spaece.caedufjf.net/) que dá acesso à página exclusiva do Spaece, incluindo-se, portanto, o Spaece-Alfa, desenvolvida pelo Centro de Políticas Públicas de Avaliação da Educação da Universidade Federal de Juiz de Fora (CAEd/UFJF[6]), na qual há áreas restritas, acesso para gestores escolares e gestores da rede:

> Para os estudantes é possível observar o número de itens apresentados e acertados em cada descritor, o percentual de acerto total no teste, a categoria de desempenho, a proficiência, assim como o padrão de desempenho em que a proficiência do estudante está alocada. (SPAECE, 2019, documento *on-line*).

Para orientação de práticas pedagógicas focadas nas necessidades efetivas dos estudantes, essa informação, fornecida com o tratamento das informações por meio da Teoria Clássica dos Testes (TCT), é de extrema importância. Com ela, é possível conhecer as habilidades nas quais é necessário focar, tanto no âmbito da turma como no nível do aluno. Visto que se pode fazer um planejamento de modo a: (i) se abordar as habilidades que são pré-requisitos, com vistas a desenvolver aquela(s) em que os estudantes demonstraram ter mais dificuldade; (ii) levantar o(s) objeto(s) de conhecimento relacionados à(s) habilidade(s) os quais estão presentes nos documentos curriculares da rede e da escola; (iii) desenvolver materiais para intervenções pedagógicas direcionadas às reais necessidades. Nesse sentido, pode-se obter uma adequada articulação entre três aspectos essenciais do processo educacional: o currículo, o ensino e a avaliação. E, nesse último, passa-se a ter a avaliação educacional em larga escala como uma evidência para orientar ações que possam levar o avanço do desempenho e, consequentemente, das aprendizagens.

Além disso, é possível acessar o resultado individual de cada escola: resultado de desempenho, média de proficiência e padrões de desempenho, bem como de participação, posicionando as escolas em relação ao estado e ao seu município. São também disponibilizados para *download*, de modo público, materiais de apoio utilizados em oficinas para divulgação desde 2008. Acrescenta-se ainda vídeos de divulgação de resultados. Todos esses materiais visam a apoiar gestores e professores para que conheçam, entendam e apliquem em sua prática profissional as informações coletadas por meio da avaliação.

---

[6] O CAEd/UFJF desenvolve as avaliações e ações de devolutivas do Spaece-Alfa desde sua implementação.

Podemos afirmar que os indicadores de qualidade obtidos por meio da avaliação do Spaece-Alfa têm oferecido importantes ferramentas para o monitoramento de políticas e ações educacionais desenvolvidas pela Seduc-CE, com vistas a apoiar professores e gestores escolares do ensino fundamental, no planejamento e com o foco em habilidades que garantam o avanço dos estudantes com sucesso. Destacamos a disponibilização de: planejamento para semana pedagógica, cadernos de atividades; avaliações diagnósticas, vídeos para se trabalhar com descritores/habilidades; orientações didáticas. Essas orientações didáticas trazem todo o planejamento do conteúdo a ser trabalhado por etapa, mês e semanas (Seduc-CE).

Se retomarmos os dados de resultados do Spaece-Alfa, constatamos que as ações desenvolvidas, a formação de professores, a disponibilização de materiais didáticos de apoio às práticas pedagógicas e a gestão do ensino têm surtido efeito, visto que estudantes têm progredido ao longo do tempo de modo equânime, chegando a 2019 com 92,7% dos estudantes do 2º ano do ensino fundamental ao perfil de alfabetizados.

CONSIDERAÇÕES FINAIS

Ao longo dos últimos 15 anos, muito se avançou no monitoramento dos sistemas de ensino. Esses avanços dizem respeito a alguns pontos:

- compreensão da importância de se avaliar, o que se revela na ampliação da avaliação educacional por estados e municípios que buscaram implementar o desenvolvimento de sistemas próprios de avaliação;
- entendimento de que a avaliação diz respeito a como usar as medidas obtidas nos testes de proficiência para uma justa tomada de decisões;
- modalidades de testes que podem ser disponibilizados para um melhor diagnóstico do nível de alfabetização dos estudantes de uma determinada rede, como testes de múltipla escolha para habilidades relativas à aprendizagem da escrita, compreensão leitora e letramento, questões abertas de resposta construída, para se avaliar a escrita, desde escrita de palavras até a produção de texto, e, mais recentemente, em 2018, a introdução de testes de fluência de leitura por meio de um aplicativo.

Ao tomarmos o exemplo do Spaece-Alfa, constatamos que o grande avanço se deu no uso das evidências para orientação e (re)orientação de políticas e ações visando sempre à melhoria das aprendizagens dos estudantes. Mesmo com tantos avanços tão concretos, ainda podemos nos deparar com críticas à avaliação em larga escala atribuindo-lhe uma visão reducionista do processo educacional. Tais críticas, no entanto, deixam de considerar o objetivo e as características de uma avaliação cujos resultados são produzidos por meio de modelagens estatísticas da Teoria da Resposta ao Item (TRI). Até este momento, usando o modelo de três parâmetros e, em um modelo da realidade, não cabe toda a realidade, é necessário fazer escolhas de prioridades de habilidades, de objetos de conhecimento e de dimensões a serem consideradas na avaliação. Assim, ao se modelar a realidade educacional por meio de testes de proficiência, geralmente de múltipla escolha, é mister elencar as prioridades para que a rede e a escola possam: (i) se olhar, se perceber; (ii) obter um diagnóstico fidedigno; (iii) ter em mãos instrumentos que lhes auxiliem em tomadas de decisão que vão ao encontro das reais necessidades dos estudantes e do sistema como um todo.

Sem uma medida não é possível falar em qualidade, pois não se tem um norte, um ponto de partida que oriente as ações. Nesse sentido, por meio do exemplo que trouxemos, o Spaece-Alfa, fica comprovada a eficácia no uso das medidas obtidas com a avaliação da alfabetização, a qual se revela como uma avaliação para as aprendizagens. Além disso, essas ações vão ao encontro dos princípios de Tyler (1949), tendo o primeiro deles já apresentado anteriormente o qual diz respeito ao (i) estabelecimento de propósitos educacionais, de metas educacionais. Mas, ao concluirmos, não podemos nos furtar de elencar os demais princípios, os quais ratificam os caminhos que vêm sendo percorridos pelo Estado do Ceará: (ii) introduzir experiências úteis de aprendizagem; (iii) organizar as experiências para maximizar sua eficácia e (iv) avaliar o processo e revisar as áreas que não foram eficazes.

REFERÊNCIAS

BONAMINO, A.; COSCARELLI, C.; FRANCO, C. Avaliação e letramento: concepções de aluno letrado subjacentes ao SAEB e ao PISA. *Educação e Sociedade,* v. 23, n. 81, p. 91-113, 2002.

BRASIL. *Base nacional comum curricular*: educação é a base. Brasília: MEC, 2017. Disponível em: http://basenacionalcomum.mec.gov.br/images/BNCC_EI_EF_110518_versaofinal_site.pdf. Acesso em: 23 fev. 2022.

BRASIL. *Lei Nº 13.005/2014*: Plano Nacional de Educação. Brasília: MEC, 2014. Disponível em: http://pne.mec.gov.br/18-planos-subnacionais-de-educacao/543-plano-nacional-de-educacao-lei-n-13-005-2014. Acesso em: 23 fev. 2022.

BRASIL. *Plano nacional de educação 2014-2024*: Lei 13.005, de 25 de junho de 2014, que aprova o Plano Nacional de Educação (PNE) e dá outras providências. 2. ed. Brasília: Câmara dos Deputados, 2015. Disponível em: https://pne.mec.gov.br/18-planos-subnacionais-de-educacao/543-plano-nacional-de-educacao-lei-n-13-005-2014. Acesso em: 7 mar. 2022.

BROOKE, N.; BONAMINO, A. (org.). *GERES 2005*: razões e resultados de uma pesquisa longitudinal sobre eficácia escolar. Rio de Janeiro: Walprint, 2011.

CAIN, K.; OAKHILL, J. Profiles of children with specific reading comprehension difficulties. *British Journal of Educational Psychology*, v. 76, p. 683-696, 2006.

CEARÁ. *Educação de qualidade começando pelo começo*: relatório final do Comitê Cearense para a Eliminação do Analfabetismo Escolar. Fortaleza: Seduc, 2006.

CEARÁ.. *Lei nº 14.026/2007*. Fortaleza: Assembleia Legislativa, 2007. Disponível em: https://belt.al.ce.gov.br/index.php/legislacao-do-ceara/organizacao-tematica/educacao/item/4310-lei-n-14-026-de-17-12-07-d-o-19-12-07. Acesso em: 23 fev. 2022.

CEARÁ. *MaisPAIC*: mapas dos resultados. Fortaleza: Seduc, 2015.

CEARÁ. *Matrizes de referência*: alfabetização - 2º ano do ensino fundamental – língua portuguesa. Fortaleza: Spaece, 2016.

CEARÁ. *Regime de colaboração para a garantia do direito à aprendizagem*: o Programa Alfabetização na Idade Certa (PAIC) no Ceará. Fortaleza: Seduc, 2012. Disponível em: https://www.aprendereditora.com.br/v2/midia/page/download/paic.pdf. Acesso em: 23 fev. 2022.

COSTA, L.; CARNOY, M. The effectiveness of an early grades literacy intervention on the cognitive achievement of brazilian students. *Educational Evaluation and Policy Analysis*, v. 37, n. 4, p. 567-590, 2015.

DUBEC, R. *Assessment for, as, and of learning*. National Forum for the Enhancement of Teaching and Learning in Higher Education, 2019.

FRANCO, C. et al. Qualidade e equidade em educação: reconsiderando o significado de "fatores intra-escolares". *Ensaio: Avaliação e Políticas Públicas em Educação*, v. 15, n. 55, p. 277-298, 2007.

INEP. *Apresentação de resultados amostrais Saeb*. Brasília: Instituto Nacional de Estudos e Pesquisas Educacionais Anísio Teixeira, 2019. Disponível em: https://download.inep.gov.br/educacao_basica/saeb/2020/documentos/Apresentacao_Resultados_Amostrais_Saeb_2019.pdf. Acesso em: 23 fev. 2022.

INEP. *Press kit*: Saeb. Brasília: Instituto Nacional de Estudos e Pesquisas Educacionais Anísio Teixeira, 2017. Disponível em: https://download.inep.gov.br/educacao_basica/saeb/2018/documentos/presskit_saeb2017.pdf

MARQUES, C.; AGUIAR, R.; CAMPOS, M. Programa Alfabetização na Idade Certa: concepções, primeiros resultados e perspectivas. *Estudos em Avaliação Educacional*, v. 20, n. 43, p. 275-291, 2009.

MEGHERBI, H.; SEIGNEURIC, A.; EHRLICH, M.-F. Reading comprehension in French 1st and 2nd grade children: contribution of decoding and language comprehension. *European Journal of Psychology of Education*, v. 21, n. 2, p. 135-147, 2006.

MINAS GERAIS. Secretaria de Estado da Educação. *Ciclo inicial de alfabetização*. Belo Horizonte: Centro de Alfabetização, Leitura e Escrita, 2004.

NATIONAL READING PANEL. *Teaching children to read*: an evidence-based assessment of the scientific research literature on reading and its implications for reading instruction. Rockville: NIH Publication, 2000.

SOARES, M. A reinvenção da alfabetização. *Presença Pedagógica*, v. 9, n. 52, p. 15-21, 2009.

SOARES, M. Alfabetização: a ressignificação do conceito - alfabetização e cidadania. *Revista de Educação de Jovens e Adultos*, n. 16, p. 10-11, 2003.

SOARES, M. B. *Letramento*: um tema em três gêneros. 3. ed. Belo Horizonte: Autêntica, 1999.

SOARES, M. Letramento e alfabetização: as muitas facetas. *Revista Brasileira de Educação*, n. 25, 2004.

SPAECE. *Matrizes de referência*: alfabetização - 2º ano do ensino fundamental – língua portuguesa. 2016. Disponível em: https://spaece.caedufjf.net/wp-content/uploads/2012/07/CE-SPAECE--2016-MATRIZ-LP-2EF.pdf. Acesso em: 23 fev. 2022.

SILVA, J. T. F. *A escrita na avaliação da alfabetização em larga escala*. 2013. 136 f. Tese (Doutorado). Rio de Janeiro: Pontifícia Universidade Católica do Rio de Janeiro, 2013. Disponível em: https://www.maxwell.vrac.puc-rio.br/56148/56148_1.PDF. Acesso em: 23 fev. 2022.

TYLER, R. *Princípios básicos de currículo e instrução*. Chicago: University of Chicago, 1949.

ZESIGER, P. *Écrire:* approches cognitive, neuropsychologique et développementale. Paris: Universitaires Françaises, 1995.

11

Por que devemos estudar mais o sucesso escolar dos alunos do município de Sobral?

Ilona Becskeházy

A Constituição Federal do Brasil, no Capítulo sobre Educação, em seu art. 211 (BRASIL, 1988), distribui as responsabilidades de cada um dos três níveis de dependência administrativa (federal, estadual e municipal), de modo[1] que permite aos entes federados (26 estados, o Distrito Federal e 5.568 municípios) gozar de considerável autonomia administrativa, operacional e financeira para cumprir as obrigações educacionais devidas às suas populações. Um resultado provável (mas não desejável) dessa independência é algum grau de desigualdade nos indicadores do setor, desde os que se referem ao atendimento, até os que medem a aprendizagem dos alunos, passando por tudo o que pode ser comparado, incluindo as atividades-meio e os níveis de dispêndio.

Para mitigar o impacto negativo desse poder discricionário local, coube à União, entre outras, a função "redistributiva e supletiva, de forma a garantir equalização de oportunidades educacionais e padrão mínimo de qualidade do ensino mediante assistência técnica e financeira" (BRASIL, 1988, Art. 211), o que inclui um sistema

---

[1] Art. 211. A União, os Estados, o Distrito Federal e os Municípios organizarão em regime de colaboração seus sistemas de ensino.
§ 1º A União organizará o sistema federal de ensino e o dos Territórios, financiará as instituições de ensino públicas federais e exercerá, em matéria educacional, função redistributiva e supletiva, de forma a garantir equalização de oportunidades educacionais e padrão mínimo de qualidade do ensino mediante assistência técnica e financeira aos Estados, ao Distrito Federal e aos Municípios;
§ 2º Os Municípios atuarão prioritariamente no ensino fundamental e na educação infantil.
§ 3º Os Estados e o Distrito Federal atuarão prioritariamente no ensino fundamental e médio.
§ 4º Na organização de seus sistemas de ensino, a União, os Estados, o Distrito Federal e os Municípios definirão formas de colaboração, de modo a assegurar a universalização do ensino obrigatório.

nacional de monitoramento da operação e dos resultados do setor. Por exemplo, o Censo Escolar coleta e processa informações sobre cada uma das unidades educacionais do País, e o Sistema de Avaliação da Educação Básica (Saeb) aplica provas padronizadas aos alunos de escolas públicas no ISCED[2] 1, 2 e 3.[3] A combinação dessas gigantescas pesquisas de campo permite expor, contrapor e aventar explicações para avanços, retrocessos e desafios há quase três décadas.

Entretanto, o entendimento sobre significado e da relação entre os dados escapa à compreensão média da população. Para que a opinião pública pudesse alcançar alguns aspectos essenciais dessa profusão de informações, de forma a ganhar poder argumentativo e cobrar, em suas bases, decisões políticas que minimizem discrepâncias educacionais, em 2005, esse Sistema, que operava desde 1991 sobre uma base amostral, passou a ser censitário e a subsidiar a composição de um indicador de evolução de qualidade denominado Índice de Desenvolvimento da Educação Básica (Ideb). Esse número, que resulta da associação do conjunto do escore de proficiência dos alunos[4] obtido nas provas de língua portuguesa e de matemática com a proporção de alunos promovidos ao ano seguinte, rapidamente caiu no gosto da imprensa, a qual passou a apresentá-lo regularmente sob a forma de *rankings*.

A análise da evolução desses dados tornou nacionalmente conhecido o pequeno município de Sobral há mais de uma década. Localizado em uma região pobre e inóspita do Brasil — o semiárido nordestino —, despontou positivamente no atendimento à população educacional de baixa renda que ali reside ou estuda. Nesse período, inúmeras matérias na imprensa chamaram atenção para os resultados dos alunos sobralenses, tentando adivinhar o que poderia explicar tão inédito fenômeno. Entretanto, a limitação usual das análises de dados do tipo jornalística fez com que sua capacidade explicativa não chegasse longe. Assim, apesar do interesse da opinião pública despertado por esse tipo de veiculação, ainda são poucas as produções acadêmicas que esmiúcem as políticas e práticas educacionais locais que levaram aos resultados educacionais auferidos em Sobral. As principais são: INEP, 2005; MAIA, 2006; AGUIAR; GOMES; CAMPOS, 2006; SUMIYA, 2015; BECSKEHÁZY, 2018. Já a transposição institucionalizada e sistemática do que foi aprendido pelas autoridades educacionais do Município para o nível estadual — o Programa de Alfabetização na Idade Certa (PAIC) — é mais bem-estudada e reportada que as reformas sobralenses que lhe deram origem (COSTA; LOUREIRO; SALES, 2010; MARQUES; AGUIAR; CAMPOS, 2009; GUSMÃO; RIBEIRO, 2011; SUMIYA, 2015; SEGATTO, 2015).

Como o País ainda luta para vencer uma cultura amplamente disseminada de naturalização do fracasso e do analfabetismo escolar (PATTO, 1988; 1990; RIBEIRO,

---

[2] International Standard Classification of Education. https://unesdoc.unesco.org/ark:/48223/pf0000223059_por

[3] Nos 3º, 5º, 9º anos do ensino fundamental e ao final do ensino médio, sendo que, a partir de 2018, a avaliação do 3º ano do ISCED 1 passará para o 2º ano.

[4] Que podem ser agregados em turmas, escolas, municípios, estados e País.

1991; ARROYO, 2000; SCHWARTZMAN; OLIVEIRA, 2002), quando a superação acontece é relevante conhecer seus determinantes. Para além da curiosidade científica a respeito de um fenômeno praticamente isolado no território nacional, a correta identificação e categorização de seus componentes aumentam a chances de replicação do modelo/fenômeno.

Embora tenham alcançado projeção nacional a partir de 2005, quando começaram a surgir na imprensa os *rankings* de Ideb municipal (portanto, para 5º e 9º anos do ensino fundamental) as reformas educacionais de Sobral tiveram início localmente já em 2001, com a reformulação do **processo de alfabetização, que foi deslanchado** à época, como desdobramento de as autoridades municipais terem sido informadas, no ano de 1999, que a maior parte de seus alunos de 2ª série (atual 3º ano[5]) nem sequer era capaz de ler palavras. As autoridades educacionais locais estabeleceram as seguintes metas:

1. Alfabetização do conjunto de crianças de 6 e 7 anos de idade nas duas primeiras séries do ensino fundamental sobralense (1ª série básica e 1ª série regular);
2. Alfabetização, em caráter de correção, de todos os alunos da 2ª à 6ª série que não sabem ler;
3. Regularização do fluxo escolar no ensino fundamental por meio de ações que garantam as condições necessárias à aprendizagem;
4. Redução do abandono para percentual inferior a 5%;
5. Progressiva universalização e qualificação do atendimento da educação infantil;
6. Reestruturação do sistema de ensino das séries terminais do ensino fundamental;
7. Progressivo atendimento à alfabetização de todos os jovens e adultos que ainda não sabem ler. (INEP, 2005, documento *on-line*).

Além de várias medidas administrativas, como a criação de um ano a mais no ensino fundamental,[6] que precedia a então 1ª série (atual 2º ano, que passou a ser denominado 1ª série regular), recebendo o nome de 1ª série básica. De fato, os indicadores estabelecidos foram todos atingidos em poucos anos, como se poderá ver nos gráficos apresentados a seguir (para detalhes sobre o início desse processo, ver INEP, 2005; MAIA, 2006; BECSKEHÁZY, 2018).

---

[5] Apenas depois da Lei nº 11.274/2006 é que foi criado o ensino fundamental de nove anos, com início obrigatório aos 6 anos de idade.
[6] À época, ainda não havia o ensino fundamental com nove anos obrigatórios e, em Sobral, foi criado um ano a mais no início do processo, com foco na alfabetização (BECSKEHÁZY, 2018, p. 179).

UMA BREVE DESCRIÇÃO DO CONTEXTO EDUCACIONAL DE SOBRAL

Segundo o Instituto Brasileiro de Geografia e Estatística (IBGE, 2015), o município de Sobral conta com população estimada em pouco mais de 200 mil habitantes. Apesar de ser considerado de grande porte e de apresentar o produto interno bruto (PIB) *per capita* mais alto do Estado (R$ 20,2 mil [IBGE, 2015]), a geração local de renda não é muito expressiva: 82,9% das fontes de recursos municipais são oriundas de repasses externos (IBGE, 2015) e sua população é majoritariamente pobre, com renda média de dois salários mínimos, sendo que 44,2% vivem com até meio salário mínimo (IBGE, 2015).

A rede de ensino sobralense é 100% municipalizada (em relação às matrículas estaduais — as matrículas em escolas privadas correspondem a aproximadamente 20% do total) e cobre desde a creche até o final do ensino fundamental, com 30,4 mil alunos, 56 escolas e 1.242 docentes (INEP, 2017). O Município oferece ainda 10,4 mil matrículas de ensino médio, por meio de 17 escolas da rede estadual e oito da rede privada. Segundo os dados do Sistema de Informações sobre Orçamentos Públicos em Educação (SIOPE) de dezembro de 2017, a remuneração média dos profissionais do magistério com jornada de 40 horas do município é de R$ 2.379,12, e o total *per capita* de despesas empenhadas na função educação do ano foi de R$ 5.412,49.

Trata-se, portanto, de uma rede pública que compõe um contingente significativo de alunos, em grande medida vulneráveis, sob um comando administrativo único local, a um custo unitário abaixo da média nacional e compatível com os demais municípios dos estados que recebem o complemento da União para o Fundo de Manutenção e Desenvolvimento da Educação Básica e de Valorização dos Profissionais da Educação (Fundeb[7]).

COMO O MUNICÍPIO DE SOBRAL SE TORNOU FAMOSO NO CONTEXTO EDUCACIONAL BRASILEIRO?

Esta seção assinala, com dados comparativos por escola, a importância de se ir além do que evidenciam os dados mais superficiais captados nas provas nacionais e reportados pela imprensa e que formam apenas a ponta de um grande "*iceberg* pedagógico", que vem sendo sistematicamente estruturado em todos os aspectos de gestão administrativa e pedagógica. A Rede, que se prepara para dar um novo salto com

---

[7] Disponível em: https://www.fnde.gov.br/financiamento/fundeb. São os seguintes: Alagoas, Amazonas, Bahia, Ceará, Maranhão, Pará, Paraíba, Pernambuco e Piauí.

o estabelecimento de um currículo próprio[8] inspirado em documentos similares de países desenvolvidos, vem, ao longo desse tempo (desde 2001), acumulando experiência e conhecimento pedagógico e de gestão educacional com suas próprias conquistas. O que se aprende em uma etapa fundamenta as ações para as subsequentes, permitindo a formação de massa crítica técnica nas escolas e na Secretaria Municipal de Educação de Sobral (Seduc-Sobral), que também contribui para as reformas em nível estadual (MAIA, 2006; SUMIYA, 2015).

As análises elementares com base na hierarquização dos valores de Ideb em relação a diferentes níveis administrativos feitos pela imprensa mostram o destaque positivo alcançado tanto por Sobral quanto por algumas escolas e municípios do Estado do Ceará. Resumidamente, a partir de uma comparação em nível nacional utilizando-se a base de dados do Saeb temos, para o 5º ano do ensino fundamental[9] (ISCED 1), que:

- 528 redes municipais do Brasil saíram de um Ideb médio menor ou igual a 4 em 2005 e alcançaram, em 2017, a meta de 6 proposta pelo Plano Nacional de Educação (PNE);
- 68 delas, em 2017, já alcançaram Ideb acima de 7;
- 26 dessas redes estão localizadas no Estado do Ceará (praticamente todas 100% municipalizadas[10]), mas apenas um é um município de grande porte: Sobral.

Para o 9º ano do ensino fundamental (ISCED 2):

- 79 redes municipais do Brasil saíram de um Ideb igual ou menor a 4 em 2005 e alcançaram, em 2017, a meta de 5,5 proposta pelo PNE;
- Nenhuma delas alcançou Ideb municipal médio acima de 7 até 2017;
- 21 dessas estão localizadas no Estado do Ceará (praticamente todas 100% municipalizadas[11] — sendo que 11 municípios estão nas duas listas, de fundamental I e II);

---

[8] O currículo novo foi publicado sob a forma de decreto em 29/01/2021 (SOBRAL, 2021).
[9] Esses dados foram levantados por mim e já apresentados (com a versão dos dados até 2013) anteriormente pelo ex-Secretário de Educação de Sobral, Julio César Alexandre, na Comissão de Educação da Câmara dos Deputados em 01/10/2015.
[10] Apenas o município de Novo Oriente tem 98,6% de matrículas municipalizadas, o restante dos municípios do Estado do Ceará com nota 7 ou acima no Ideb de 2017 contam com 100% das matrículas do ensino fundamental I municipalizadas.
[11] Apenas os municípios de Farias Brito, com 93,9%, e Novo Oriente, com 98,8%, têm menos de 100% das matrículas municipalizadas no ensino fundamental II, para aqueles que saíram de um Ideb menor ou igual a 4,0 e já alcançaram a meta de 5,5 até 2017.

- Sobral apresentou, em 2017, um Ideb de 7,2 — o mais alto das redes municipais do Brasil — entretanto, não está na lista porque não tinha rede municipal nos anos finais em 2005 (seu primeiro Ideb foi de 5,8 em 2013 e 6,7 em 2015).

Resumindo, Sobral tornou-se um intrigante exemplo de sucesso escolar sistemático, a partir de um nível de gasto trivial, de uma rede de ensino municipal com comando totalmente local, de grande porte e em contexto de pobreza. Uma análise mais profunda desses mesmos dados, agregados ou não a outras informações institucionais sobre a operação da educação, com diferentes recortes dentro do Brasil, mostra uma evolução comparativa ainda mais surpreendente.

Por exemplo, os gráficos da Figura 11.1 apresentam a evolução das notas de leitura (língua portuguesa) no SAEB para o final dos anos iniciais do ensino fundamental (ISCED 1 5º ano) para todas as edições da Prova Brasil de 2005 a 2017.[12] No gráfico da esquerda (Fig. 11.1A), com dados dos 184 municípios do Ceará, nota-se o desempenho francamente positivo da média das escolas e ainda mais acentuado de suas melhores unidades. As de desempenho mais baixo começam a mostrar sinais de melhora apenas nas duas últimas avaliações (2015 e 2017). No gráfico da direita (Fig. 11.1B), apenas para as escolas de Sobral, a evolução positiva de suas escolas é muito mais veloz para todos os níveis de desempenho (mesmo em um cenário local de aumento do atendimento de sua Rede, quer por um rápido processo de municipalização, quer pelo próprio aumento de cobertura do atendimento).

Outros indicadores da política educacional de Sobral, como cobertura, presença nas provas padronizadas, distorção idade-série, evasão e repetência também estão entre os melhores do País.[13] Os gráficos apresentados na Figura 11.2 mostram a dificuldade que as escolas brasileiras enfrentam para aumentar a proficiência de leitura de seus alunos de uma etapa para a seguinte (ISCED 1 para ISCED 2), mesmo quando há uma tendência clara de melhora para aquelas de desempenho mais alto. O gráfico A compara as notas da coorte que fez a Prova Brasil em 2005 no 5º ano e que também fez no 9º em 2009 (Sobral ainda não aparece porque não tinha escolas na segunda etapa do ensino fundamental). Nele percebe-se que pouquíssimas escolas conseguiam, até aquele momento, alcançar a pontuação esperada para as duas etapas.[14]

---

[12] Sistema de Avaliação da Educação Básica (Saeb) - evidências da edição 2017 (apresentado em entrevista coletiva de apresentação do Saeb 2017, Brasília, DF) os valores básicos para o 5º ano estão entre 200-275 pontos e entre 275-350 para o 9º ano, indicando uma distância desejável de 75 pontos entre cada ponto de cada uma das faixas.

[13] Ver indicadores Inep: http://inep.gov.br/indicadores-educacionais.

[14] Para fazer essa comparação, só podem ser computadas as escolas que atendem alunos nas duas etapas do ensino fundamental, aproximadamente 50% do total de escolas em nível nacional.

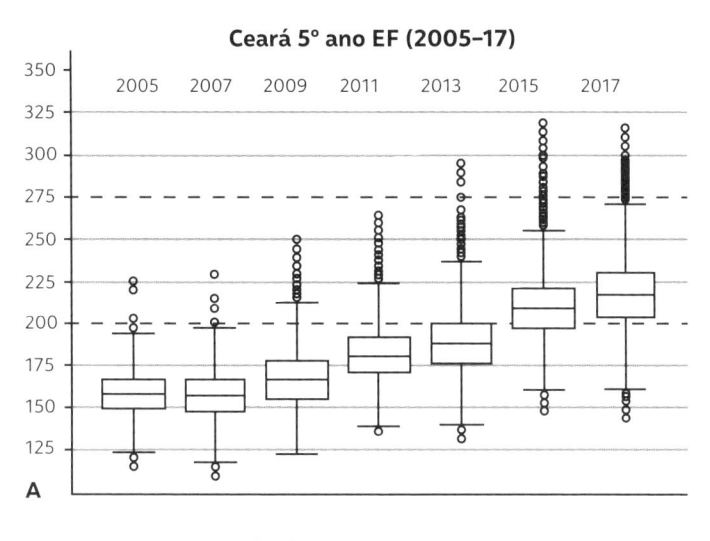

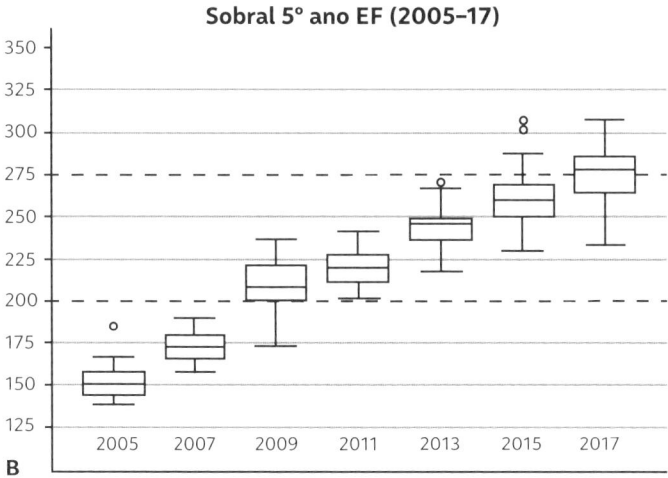

Figura 11.1 Evolução da distribuição das notas por escola da Prova Brasil/Anresc[15] de Língua Portuguesa (leitura) de 2005 a 2017 para (**A**) o Estado do Ceará e para (**B**) o município de Sobral – 5º ano do ensino fundamental.
Fonte: Elaborada com base em dados do INEP (2015).

---

[15] Avaliação Nacional do Rendimento Escolar.

No gráfico B, que faz a mesma comparação, só que para um período mais recente — os anos de 2013 (5º ano) e 2017 (9º ano) —, percebe-se um contingente muito maior de escolas alcançando os escores esperados nas duas etapas, além de um maior alinhamento (esperado) entre os dois escores. Entretanto, ainda há dois grupos de escolas que preocupam, as que alcançam 200 pontos ou mais em média no 5º ano, mas não alcançam ao menos 275 na etapa seguinte e as que nem alcançam o esperado para nenhuma das duas etapas. Como será mostrado nos gráficos da Figura 11.3, esses grupos de escolas normalmente (mas não exclusivamente) atendem a alunos de NSE mais baixo.

Quando se adiciona o componente nível socioeconômico (NSE), o Município de Sobral e o Estado do Ceará realmente se destacam no contexto nacional. Para o 5º ano, a maior parte das escolas dos 184 municípios do Estado já consegue alcançar as notas mais altas de leitura independentemente de seu NSE mais baixo (até o nível III)[16]. Nessa etapa, a maior parte das escolas de Sobral apresenta escore situado acima do nível esperado para a etapa seguinte, de 275 pontos. Já para o 9º ano, as escolas do Estado apenas protegem seus alunos dos piores desempenhos, uma vez que apenas um número pequeno de unidades alcança a faixa esperada que começa em 275 pontos, sendo que Sobral, mais uma vez, traz suas escolas na faixa esperada, mesmo que nem todas consigam o "ganho" de 75 pontos entre as duas etapas, como já foi mostrado nos gráficos da Figura 11.2. É importante notar que a maior parte das escolas de 9º ano apresenta desempenho médio abaixo do esperado, mas pelo menos já alcançando os 200 pontos da etapa anterior. Entretanto, é muito grave a situação das escolas que atendem alunos de 9º ano e que nem alcançam esse patamar, para qualquer que seja a faixa de NSE.

Os gráficos apresentados na Figura 11.4 mostram dois aspectos diferentes da evolução dos indicadores educacionais de Sobral e do Ceará em relação à conclusão da alfabetização. O gráfico A refere-se ao exame estadual do Sistema Permanente de Avaliação da Educação Básica do Ceará (Spaece-Alfa) para a etapa de alfabetização,

---

[16] De acordo com a nota técnica sobre o Indicador de Nível Socioeconômico das Escolas de Educação Básica (Inse) publicada pelo Ministério da Educação (MEC), disponível em: https://download.inep.gov.br/informacoes_estatisticas/indicadores_educacionais/2015/nota_tecnica/nota_tecnica_inep_inse_2015.pdf, seguem as descrições dos níveis II e III, nos quais se localizam a maior parte das escolas do Ceará e de Sobral.
Nível II - [20;40]: Neste, os alunos, de modo geral, indicaram que há em sua casa bens elementares, como uma televisão, uma geladeira, um ou dois telefones celulares, um banheiro e até dois quartos para dormir. Não possui máquina de lavar roupa ou computador entre seus bens. A renda familiar mensal é de até um salário mínimo; e seu pai e sua mãe (ou responsáveis) sabem ler e escrever, tendo ingressado no ensino fundamental, completando ou não o 5º ano de estudo.
Nível III - [40;48]: Neste, os alunos, de modo geral, indicaram que há em sua casa bens elementares, como banheiro e até dois quartos para dormir, possuem televisão, geladeira, dois ou três telefones celulares; bens complementares como máquina de lavar roupas e computador (com ou sem internet); a renda familiar mensal é entre um salário mínimo e meio; e seus responsáveis completaram o ensino fundamental ou o ensino médio.

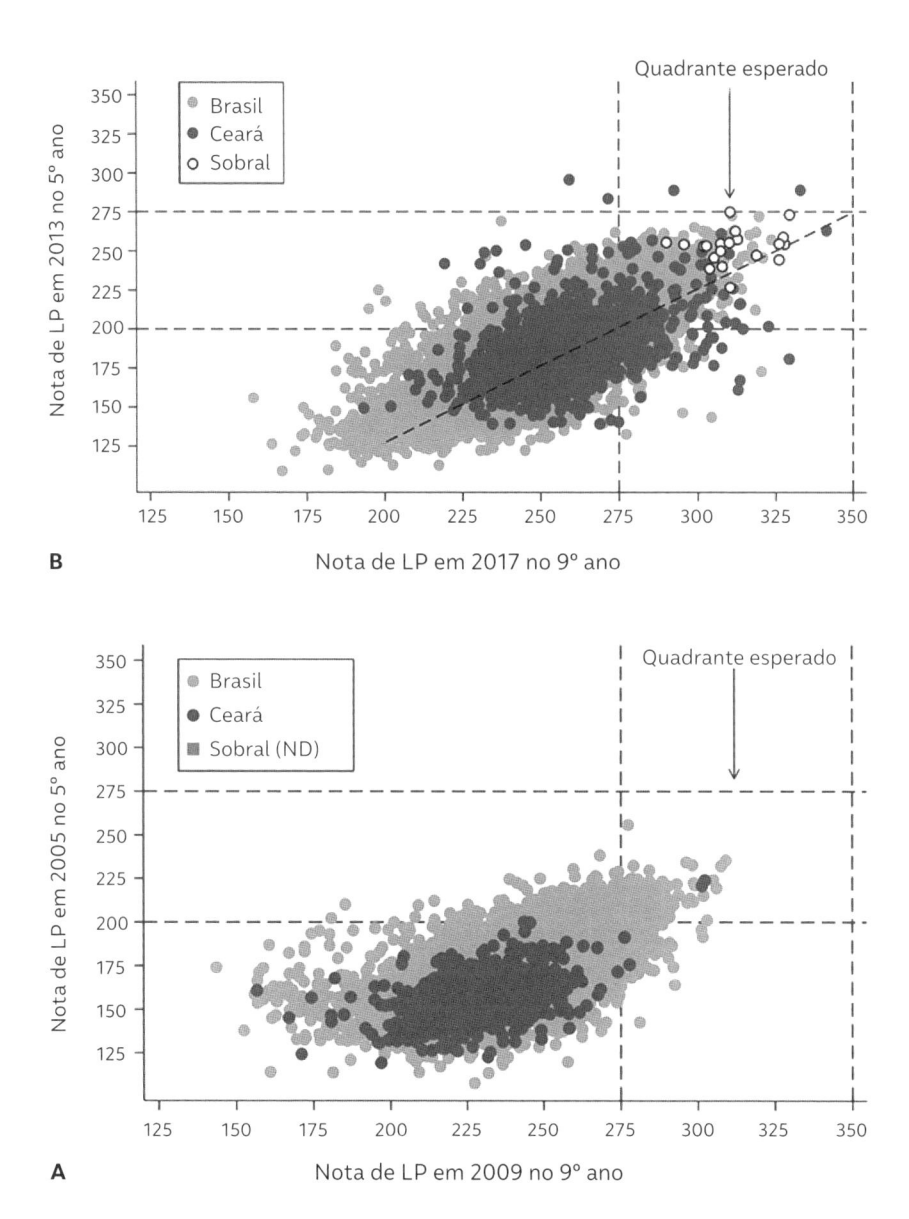

Figura 11.2 Comparação das notas por escola da Prova Brasil/ANRESC de Língua Portuguesa (leitura) (LP) para a mesma coorte no 5° e no 9° ano: (**A**) 2005 vs. 2009 e (**B**) 2013 vs. 2017 – Brasil, Ceará e Sobral.

Fonte: Elaborada com base em dados do INEP (2015).

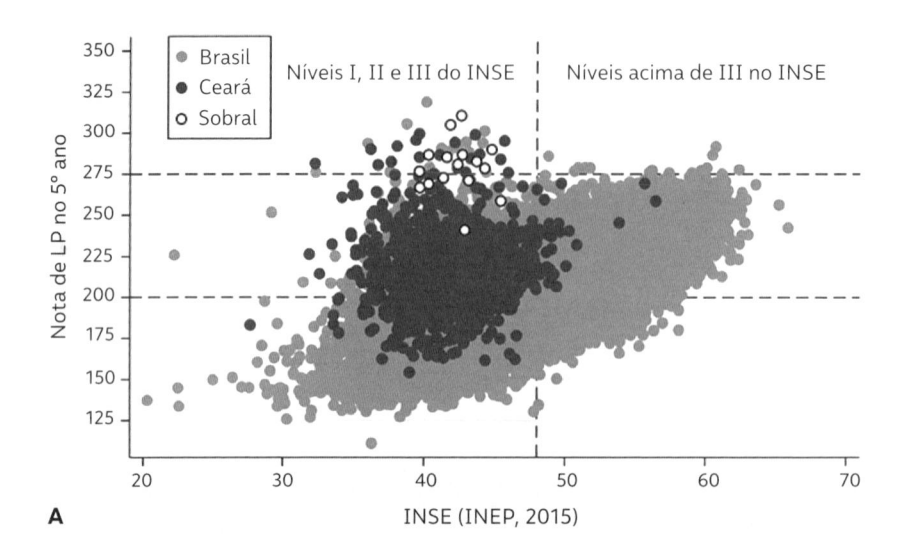

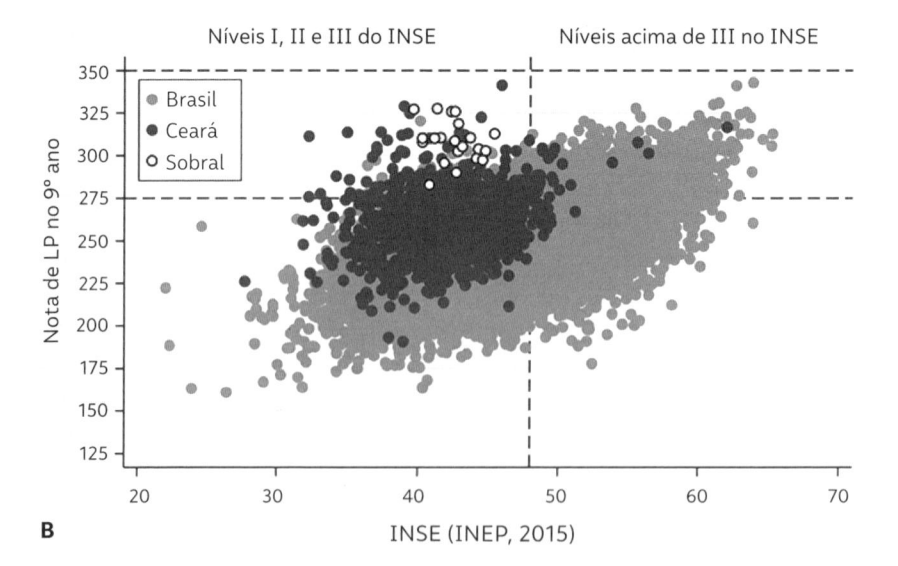

Figura 11.3 Distribuição das notas por escola da Prova Brasil/Anresc de 2017 de Língua Portuguesa (leitura) por INSE (INEP, 2015) – Brasil, Ceará e Sobral (**A**) 5º ano e (**B**) 9º ano.

Fonte: Elaborada com base em dados do INEP (2015).

Alfabetização baseada em evidências 243

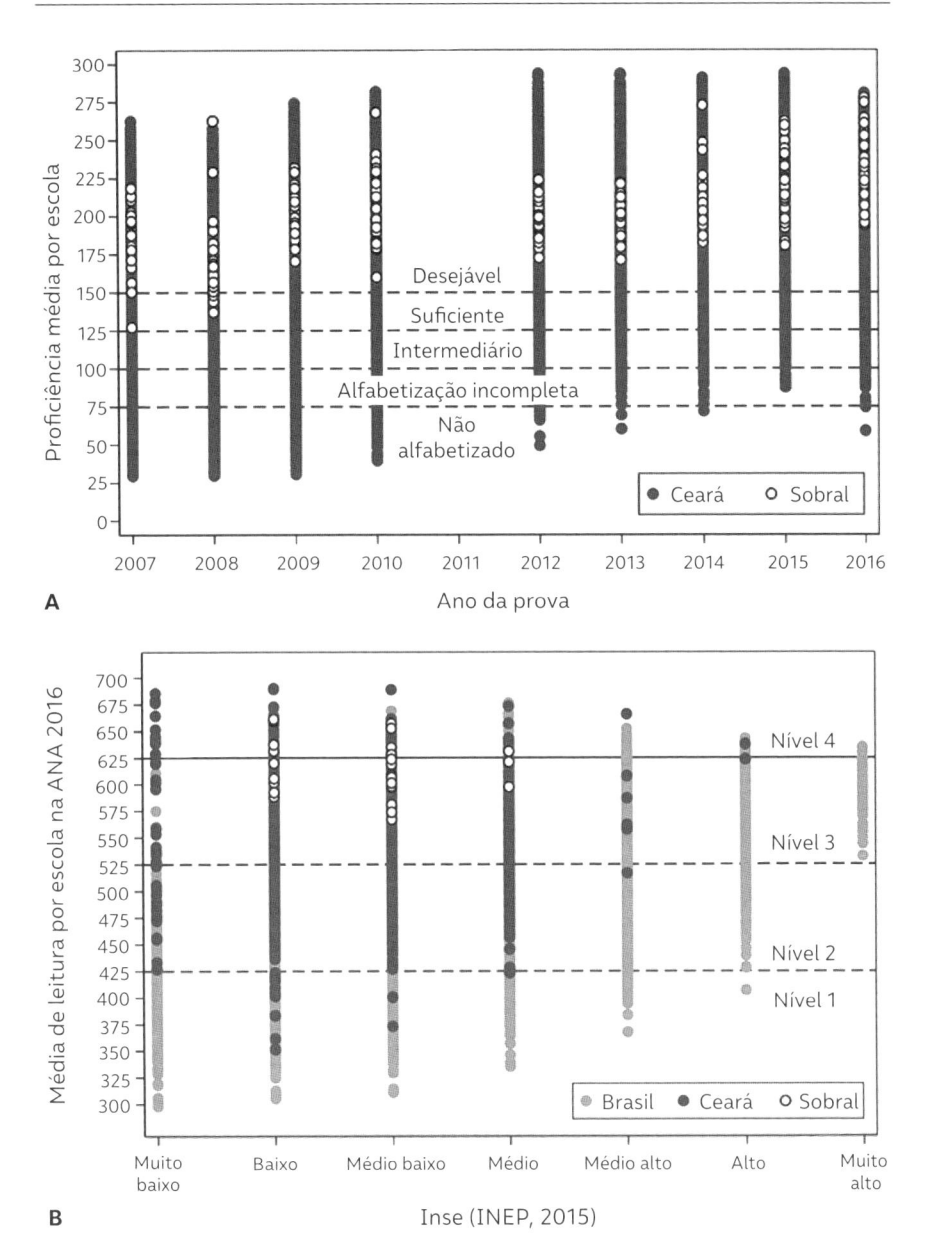

Figura 11.4 (A) Evolução das notas por escola entre 2007 e 2016 (Spaece-Alfa - Ceará e Sobral). (B) Distribuição das notas de leitura por escola e Inse em 2016 (Ana - Brasil, CE e Sobral).

Fonte: Elaborada com base nos dados de Ceará (c2021).

o Spaece-Alfa, que é aplicado anualmente no 2º ano do ensino fundamental. Nesse, observa-se o caminho trilhado pelas escolas do Estado entre 2007 e 2016, com destaque para as escolas de Sobral. Em 2016, mais de 85% das escolas do Ceará apresentavam desempenho médio acima de 150 pontos (nível desejável), com as de Sobral em um patamar ainda mais alto, acima de 190 pontos. Já o gráfico B, com as notas por escola da ANA de 2016 distribuídas pelo Inse (INEP, 2013, 2015), evidencia as escolas do Estado do Ceará (inclusive Sobral), que, apesar de atenderem à clientela de Inse mais baixo, conseguem atingir os níveis mais altos de proficiência. Embora menos de 10% das escolas apresentem proficiência média abaixo de 425 pontos (quando os alunos conseguem ler apenas palavras), existe uma clara relação entre esse desempenho muito baixo e Inse médio das escolas. Menos de 40% das escolas do Brasil alcançam desempenho médio localizados nos níveis 3 ou 4, enquanto no Ceará essa proporção chega a quase 70%, sendo que em Sobral chega a 100%.

Um último parâmetro destaca ainda mais o Município no cenário brasileiro: seu dispêndio *per capita* no ensino fundamental (R$ 4.853,88) e no infantil (R$ 2.426,16) correspondem, respectivamente, a 71 e 58% do gasto médio dos demais municípios do Brasil em cada uma das etapas (BRASIL, 2020) (Fig. 11.5).

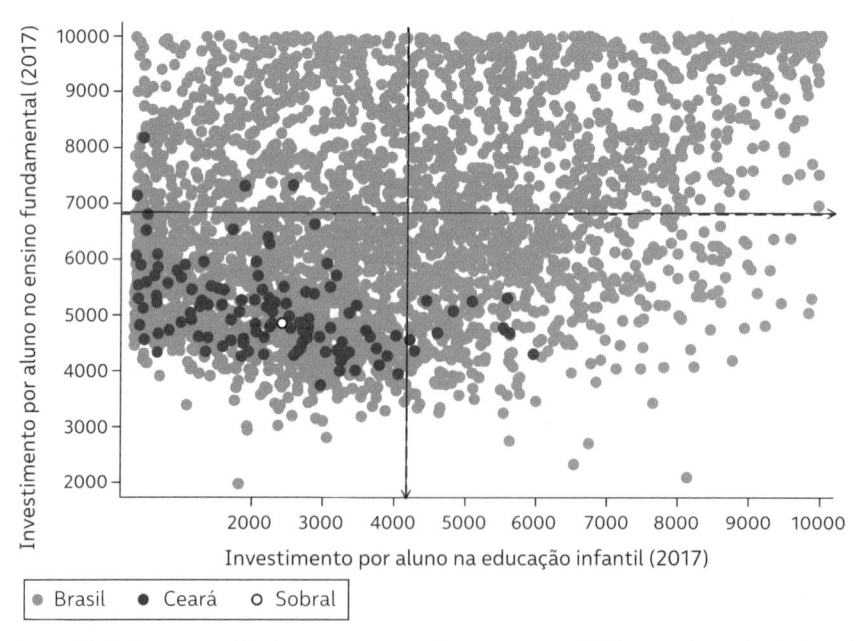

Figura 11.5 Comparação dos gastos por aluno por município na educação infantil e no ensino fundamental em 2017 (SIOPE - Brasil, CE e Sobral).
Fonte: Brasil (2016; 2020). Planilha com Indicadores 2017 do SIOPE.

Resumindo, o caso dos resultados educacionais do município de Sobral mostra, principalmente, que é possível operar uma rede municipal de porte relevante totalmente municipalizada e em contexto de pobreza, com nível de gastos abaixo da média dos demais municípios brasileiros e fazer com que os alunos aprendam o que é esperado até o final das primeiras etapas da educação obrigatória (ISCED 1 e 2), a partir de um processo sólido de alfabetização, que será apresentado a seguir.

A concepção do processo de alfabetização na Rede Municipal de Ensino de Sobral

A pesquisa que identificou em detalhe como se dá a alfabetização em Sobral só foi possível a partir da intensa colaboração entre a equipe técnica local e a autora deste capítulo, no âmbito da produção de um documento curricular para o Município, inexistente até então. Essa interação contínua e densa entre profissionais determinados a explicitar, em detalhes, os objetivos de aprendizagem para língua portuguesa e matemática em todos os anos do ensino fundamental permitiu a produção de um estudo detalhado de diferentes aspectos das políticas educacionais do Município.

Com as informações coletadas por meio de observações do trabalho cotidiano, entrevistas e análise documental, foi possível estruturar um estudo de caso do tipo "crucial" (ECKSTEIN, 1992), no qual uma proposição teórica pode ser comprovada ou rechaçada.[17] Dessa forma, algumas formulações acadêmicas bem consolidadas em diferentes áreas do conhecimento foram confrontadas com as minúcias da realidade educacional de Sobral, com o objetivo de verificar a aderência de algumas lógicas explicativas preexistentes ao que se observou em campo.

Inicialmente, as hipóteses sobre os componentes essenciais que poderiam explicar o sucesso educacional sustentável de Sobral estavam limitadas a dois territórios de elaborações teóricas: 1) *aspectos de gestão eficaz da política educacional*: a introdução de práticas estruturantes tipificadas como "correlatos das escolas eficazes" (LEZOTTE, 1991), formando o *polity*, arcabouço institucional que regula o funcionamento da Rede Municipal (cuja conexão é feita em BECSKEHÁZY, 2018); 2) *aspectos ligados a condições políticas* (politics): a permanência de um grupo político que compartilhava crenças que podem sustentar políticas de ruptura no tempo — conhecidas como *Advocacy Coalition Framework* (SABATIER; JENKINS-SMITH, 2007a; WEIBLE; SABATIER; MCQUEEN, 2009). Essa segunda proposição sobre

---

[17] The essential abstract characteristic of a crucial case can be deduced from its function as a test of theory. It is a case that must closely fit a theory if one is to have confidence in the theory's validity, or, conversely, must not fit equally well any rule contrary to that proposed. The same point can be put thus: in a crucial case it must be extremely difficult, or clearly petulant, to dismiss any finding contrary to theory as simply 'deviant' (due to change, or the operation of unconsidered factors, or whatever 'deviance' might refer to other than the fact of deviation from theory per se) and equally difficult to hold that any finding confirming theory might just as well express quite different regularities (ECKSTEIN, 1992).

crenças comuns foi enriquecida e detalhada por Lezotte (1996) e Fullan (2011) em relação à gestão educacional e ao compromisso *moral* que priorizam a aprendizagem de todos os alunos acima de outras distrações e por Wilson (1974), Wilson e Dilulio Jr., (2008), que categorizaram os tipos de conflitos que emergem na gestão de interesses relacionados a políticas educacionais de qualidade, e Corrales (1999), identificando seus principais opositores. Essa segunda checagem do tipo "crucial" de Eckstein, a confrontação de detalhes da realidade com a "melhor" teoria existente, foi apresentada em Becskeházy (2018).

Entretanto, os fatos e dados se impuseram na pesquisa, e aspectos específicos de ensino relacionados a características do processo de alfabetização (*policy*) também emergiram dessa convivência direcionada no âmbito de uma produção curricular e não puderam ser deixados de lado. Os aspectos de *policy* tinham sido confundidos com os de *polity* durante a maior parte da condução da pesquisa, sendo praticamente ignorados até que foi necessário explicitar de forma detalhada como a alfabetização praticada em Sobral seria apresentada no novo currículo. Essa negligência pode ser explicada pela combinação de a) a abordagem teórica original limitada a *polity* e *politics*, conforme explicado, com b) o escopo inicial do projeto de produção de um documento curricular para o Município cobrir o ensino de língua portuguesa apenas a partir do 6º ano do ensino fundamental, tendo sido apenas posteriormente "esticado" até o início da escolarização, e ainda com c) a naturalização do processo de alfabetização na equipe técnica da Seduc-Sobral, que não percebia em suas práticas algo muito diferente do que supostamente se fazia alhures, chegando a apelidar seu próprio trabalho de "arroz com feijão".

Assim, *a priori*, detalhes dos componentes pedagógicos da alfabetização em âmbito local não seriam investigados e muito menos confrontados com a teoria existente. Por exemplo, as entrevistas iniciais, embora também tenham procurado levantar o papel da alfabetização na política educacional de Sobral como um todo, tinham como objetivo principal apenas fornecer um diagnóstico das práticas *curriculares* da Rede, mesmo que essas fossem pautadas não por uma normativa específica, mas pelo uso corrente de certas obras didáticas elegidas pela Rede. O relatório que apresenta os principais achados dessa fase inicial (LOUZANO *et al.*, 2015) já apontou para importantes pistas sobre como se alfabetiza nas escolas do Município, por meio da lista básica de materiais didático-pedagógicos utilizados nos dois primeiros anos do ensino fundamental:[18]

> No primeiro ano a rede utiliza o material estruturado da Editora Alfa e Beto, os livros paradidáticos do Projeto Trilhas do Instituto Natura e o material do Pro-

---

[18] A coleta de informações para essa etapa assinalou o uso do material da Editora Alfa e Beto também para a etapa de educação infantil, quando tem início o processo de literacia e numeracia emergente — essa última informação só ficou clara na etapa de desenho do currículo, relatada mais à frente neste documento.

grama Alfabetização na Idade Certa do Estado do Ceará (PAIC). No segundo ano, as escolas contam com o material estruturado da Aprender Editora e da Consultoria Lyceum, e nos 3º e 4ºanos utilizam os materiais do Programa Alfabetização na Idade Certa do Estado do Ceará. O 5º ano e o 9º ano utilizam um conjunto de materiais estruturados fornecidos pela Consultoria Lyceum. (LOUZANO et al., 2015, p. 16).

Como as escolas da Rede contam com autonomia pedagógica e administrativa em sua gestão (SOBRAL, 2004), cada unidade pode complementar as referências fornecidas pela Seduc-Sobral com o que seus gestores julgarem necessário para o cumprimento de seu Plano de Desenvolvimento da Escola (PDE[19]). Como consequência disso, há uma percepção de que não há controle unificado sobre o método de alfabetização. Entretanto, algumas importantes concepções e fundamentações teóricas que embasam o monitoramento externo do processo de alfabetização nas escolas sobralenses por sua Seduc garantem que mobilizações cognitivas mínimas sejam acompanhadas na Rede. É razoável inferir que, por indução, estejam contempladas em sala de aula.[20]

Outra referência para se compreender como foi feita a reformulação do ensino da alfabetização em Sobral, um processo que teve início em 2001 e que vem sendo aprimorado desde então, é o Relatório Final do Comitê Cearense para a Eliminação do Analfabetismo Escolar (CCEAE), publicado em 2006 (AGUIAR; GOMES; CAMPOS, 2006). Esse documento apresenta as principais ações que envolveram a mobilização política e técnica para levar as reformas educacionais de Sobral para o conjunto do Estado do Ceará, por iniciativa das lideranças políticas da Assembleia Legislativa Estadual. Essas ações subsidiaram as recomendações para superar o problema do analfabetismo gerado dentro das escolas, as quais foram precedidas pela descrição de suas características principais, causas e mecanismos, incluindo uma etapa com três levantamentos estruturados resumidos no documento: 1) um diagnóstico da leitura e escrita dos alunos de 2º ano, 2) identificação das condições e formas de organização do trabalho escolar e trabalho docente na alfabetização e 3) análise de programas e instituições de formação de docentes na primeira etapa do ensino fundamental; além de capítulos com considerações técnicas mais amplas. Entre eles, destaca-se um sobre a concepção de leitura, em que o autor, Prof. Edgar Linhares Lima, o especialista responsável pelas reformas educacionais de Sobral na etapa

---

[19] Para detalhes sobre o PDE e demais instrumentos de gestão autônoma das escolas, ver Flem (2000, p. 294-404).

[20] Para detalhes sobre os mecanismos de avaliação, ver a Parte 3 (Partilhando Metodologia e Instrumentos) do Relatório do Instituto Nacional de Estudos e Pesquisas Educacionais Anísio Teixeira (Inep) (2005, p. 91-104) e o Capítulo 8 do Relatório do Comitê Cearense para Eliminação do Analfabetismo Escolar.

da alfabetização, apresenta as concepções de alfabetização que embasaram seu trabalho (LIMA, 2006).

Ao ser confrontado com os capítulos que descrevem os achados das pesquisas sobre os docentes já citadas, o do Prof. Edgar Linhares Lima permite perceber diferenças importantes entre as referências bibliográficas citadas pelos docentes encarregados da alfabetização do Estado à época e por seus formadores, lotados nas principais instituições de ensino superior cearense, e o arcabouço técnico levado para Sobral em 2001 por ele (ver as tabelas que comparam as obras citadas em cada capítulo no Anexo I).

Os resultados dos dois levantamentos junto aos docentes — o primeiro sobre as práticas de alfabetização nas escolas (MOURA; LINS, 2006, p. 70-92) e o segundo sobre a formação profissional dos docentes alfabetizadores (CARDOSO-MARTINS, 2006, p. 100-127) — trazem, entre outras informações, as principais referências bibliográficas que embasam a atuação profissional de cada grupo. Conforme esperado, docentes alfabetizadores e seus formadores compartilham muitas delas. Chama a atenção, entretanto, o fato de essas serem bastante restritas e pouco relacionadas ao processo de alfabetizar em si, quando muito, limitadas a uma produção praticamente doméstica sobre o tema. Como consequência do escasso estofo teórico dos docentes em atuação entrevistados, aparece a constatação dos pesquisadores do Comitê a respeito da dificuldade que os entrevistados apresentaram para definir alfabetização, a partir de uma vivência leitora pobre. Em relação aos docentes alfabetizadores, eles verificaram:

> [...] um raso nível de fundamentação teórica dos métodos e fragilidade nas práticas adotadas. *Causou até um certo constrangimento às professoras o fato de serem perguntadas sobre as concepções dos métodos utilizados, uma vez que não conseguiam formular uma resposta congruente e fundamentada sobre os mesmos.* (AGUIAR et al., 2006, p. 85. Grifos nossos).

Quanto aos professores em formação, a categoria de respostas mais comuns no levantamento incluiu formulações muito vagas a respeito do que seja o ensino da alfabetização:

> O único elemento em comum nessas respostas foi a ausência de qualquer menção à aprendizagem da leitura e/ou escrita. Com efeito, a julgar por essas respostas, o processo de alfabetização não envolve a aprendizagem de uma competência específica. Pelo contrário, é visto como *"um processo de construção de conhecimentos"*; *"que trabalha a existência do ser"*; *"um processo que envolve o todo da criança"*; ou ainda, *"a base do desenvolvimento da criança em seus aspectos emocional, educacional, psicológico"* e cuja finalidade *"é formar futuros cidadãos"* etc. (AGUIAR et al., 2006, p. 109).

Além disso, os pesquisadores do Comitê destacaram:

> Em primeiro lugar, há um desconhecimento generalizado sobre o processo de aprendizagem da leitura e da escrita na criança. A menos que se trate de uma rejeição absoluta, nem professores, nem alunos parecem conhecer a literatura científica na área. Não obstante, tanto alunos como professores têm uma concepção clara do que é alfabetização. Conforme é discutido mais adiante, essa concepção está imbuída de um tom político e ideológico, sem um caráter científico mais evidente. (AGUIAR *et al.*, 2006, p. 117).

Enquanto o prof. Linhares, ao contrário, faz recomendações bem específicas para o ensino da alfabetização:

> A classe onde se der alfabetização só deve pensar em resolver três problemas: a. conseguir a melhor capacidade possível do aluno em decodificar palavras, isto é, ler a palavra sem soletração, sem paradas. [...] Por isso [medimos] o tempo de leitura da criança, segundo o número de palavras que ele lê por minuto. [...]; b. trabalhar o conteúdo do texto com o aluno. Conversar com ele sobre o que leu do texto. É com esta atividade, que hoje chamamos de contextualização, que o aluno incorpora significado ao que lê. [...] c. desenvolver a fluência, isto é, a junção da decodificação com a compreensão do conteúdo do texto a que se refere o item b. (LIMA, 2006, p. 141).

Essa clareza de propósitos e de prioridades no ensino da alfabetização é uma das características do funcionamento da Rede Municipal de Sobral e foi minuciosamente revelada na oportunidade proporcionada pela necessidade de se explicitar e expandir os objetivos pedagógicos já trabalhados na prática, dentro de um documento curricular formalizado, como será mostrado em exemplos mais adiante neste capítulo.

É importante levar em conta que, em larga medida, essas recomendações para o ensino da alfabetização foram compartilhadas com os demais municípios do Estado, quando da criação do PAIC a partir de 2007, ainda em vigência. O Programa prevê ações coordenadas[21] em cooperação com os municípios, de forma a garantir implantação de propostas didáticas de alfabetização.

---

[21] As ações do PAIC compreendem: cooperação técnico-pedagógica com municípios para a implantação de propostas didáticas de alfabetização; a disponibilização de materiais didáticos estruturados para professores e alunos do 1º e 2º anos e material de apoio pedagógico para professores e alunos do 3º ao 5º anos do ensino fundamental dos 184 municípios; formação docente continuada e em serviço nos municípios, através de formadores do MAIS PAIC/PNAIC das SME; suscitar que nenhum aluno ainda não alfabetizado, independente da turma em que esteja matriculado, fique sem ler e escrever nos anos iniciais do ensino fundamental até o 5º ano; realizar acompanhamentos pedagógicos nos municípios (http://www.paic.seduc.ce.gov.br/index.php/o-paic/eixos-do-programa/eixo-de-alfabetizacao).

Para se estimar a real incorporação delas nas escolas dos demais 183 municípios do Estado seriam necessários levantamentos locais complementares. Entretanto, é razoável supor que os materiais de ensino e as formações em serviço proporcionadas pelo PAIC, que tomaram como base as recomendações estipuladas pelo Relatório do CCEAE, já venham influenciando as práticas de sala de aula desde então.

O gráfico apresentado na Figura 11.6 corrobora essa hipótese, pois mostra o desempenho em leitura no 3º ano (BRASIL, 2016) das escolas do Ceará, com destaque para Sobral, em relação ao restante do País, comparado com a distribuição do nível de Adequação da Formação Docente criado pelo Inep (Informação referente ao Grupo 1, para os anos iniciais do ensino fundamental [BRASIL, 2014]). Percebe-se que esse parâmetro de adequação da formação inicial dos docentes das escolas segundo as orientações legais não faz diferença no resultado apresentado pelos alunos naquela avaliação. A disposição do desempenho das escolas do Ceará em relação ao restante do Brasil mostra uma espécie de "proteção" sistemática contra a baixa *performance* de leitura que *possivelmente* tem como causa práticas pedagógicas alinhadas com as recomendações utilizadas em Sobral.

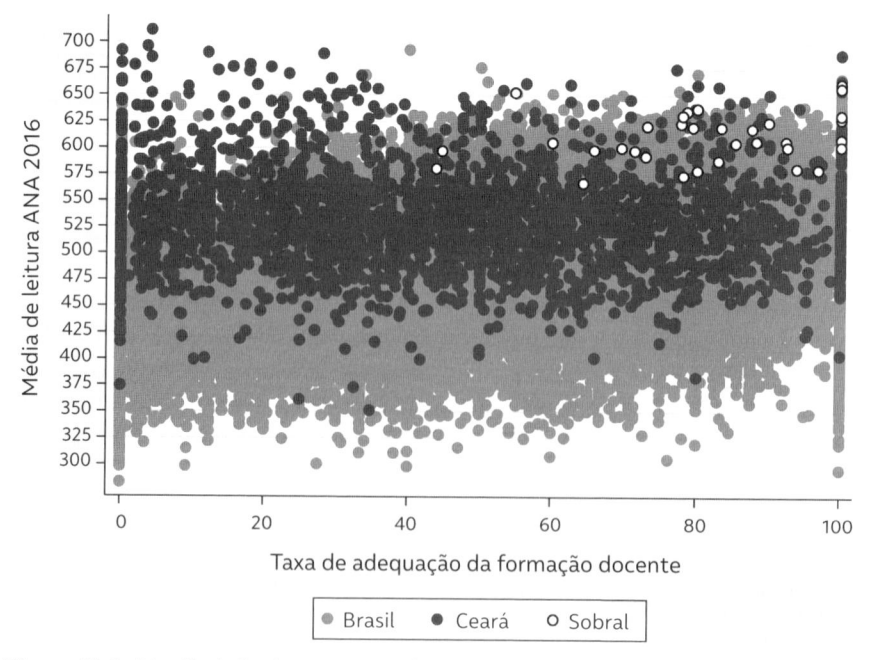

Figura 11.6 Distribuição das notas médias de leitura por escola comparada com o indicador de adequação de formação docente (Ana 2016 - Brasil, Ceará e Sobral).
Fonte: Brasil (2016).

Para finalizar a construção da hipótese de que as referências técnicas usadas em Sobral e, provavelmente, em muitos outros municípios do Estado podem dar uma contribuição ainda maior que os aspectos de *polity* e *politics* para a explicação do sucesso educacional dos alunos do Município, os exemplos a seguir ilustram o nível de detalhamento a que foi possível chegar no trabalho que partiu justamente das referências do processo de alfabetização reportado pela equipe de Sobral, sendo posteriormente enriquecido pelas referências de documentos curriculares de alguns países[22] e editado de acordo com a estrutura curricular proposta. As referências curriculares internacionais foram selecionadas por dois critérios principais: a) qualidade do documento curricular — avaliada pela clareza da linguagem, coerência da estrutura para o planejamento pedagógico, rigor acadêmico e explicitação da progressão — e b) de países que apresentam boa evolução da proficiência de seus alunos, em particular os de NSE mais baixo.

Para facilitar o entendimento da lógica do novo documento curricular de Sobral, são necessárias algumas explicações sobre a concepção do currículo de língua portuguesa de Sobral:

- Seria inicialmente concebido para cobrir apenas o ensino fundamental. Entretanto, de forma que o 1º ano pudesse ser estruturado e alinhado com a educação infantil, foi feito um levantamento detalhado do que já se praticava e do que seria necessário incluir, para que as etapas anteriores da educação infantil (essas ainda não publicadas)[23] sustentassem os objetivos mais ambiciosos que a equipe técnica da Seduc-Sobral planeja para os alunos da cidade nas demais séries.
- A estrutura da disciplina foi dividida em quatro eixos, a saber: oralidade, leitura, escrita e gramática. Cada um deles foi subdividido em subeixos e expectativas, essas, por sua vez, detalhadas em habilidades,[24] que podem ou não ser compostas por modificadores, conforme o Quadro 11.1.
- Houve preocupação em explicitar, no máximo de detalhes possível, cada habilidade — inclusive apontando, em **bold**, o que aparece de novo de um ano para o seguinte —, até onde se julgou necessário, sendo que o término de cada progressão é claramente apontado no documento.
- No documento, optou-se por não usar exemplos de atividades em sala de aula.

---

[22] Ontário (Canadá), França, Portugal, Reino Unido, Chile e Estados Unidos.

[23] A versão preliminar do Novo Currículo de Sobral não continha essa etapa, mas a versão final, publicada em 29/1/21, sim. (SOBRAL, 2021).

[24] Para ver a estrutura completa até este nível, consultar o Anexo II deste capítulo.

Quadro 11.1 Exemplo 1: quadro de progressão de habilidades (com modificadores) para os quatro anos envolvidos no processo de alfabetização em Sobral (dois últimos anos da pré-escola e dois primeiros do ensino fundamental para o eixo "oralidade", subeixo "consciência fonêmica" e expectativa "relacionar fonemas e grafemas"

EIXO 1. ORALIDADE 1.1. CONSCIÊNCIA FONÊMICA 1.1.1. RELACIONAR FONEMAS E GRAFEMAS	
INFANTIL IV	**INFANTIL V**
Com supervisão para ganhar autonomia, relacionar fonemas e grafemas, a partir da análise de sílabas, a. identificando os sons de suas letras; b. identificando os seus pares mínimos; c. operando na contagem, pronúncia, junção, separação e repetição de suas letras em dissílabas canônicas; d. identificando **aliterações e rimas**; e. pronunciando-as de forma audível, articulada e correta.	Com supervisão para ganhar autonomia, relacionar fonemas e grafemas, a partir da análise **de palavras de até três sílabas**, a. identificando os sons de suas letras; b. identificando os seus pares mínimos; c. operando na contagem, pronúncia, junção, separação e repetição de suas letras **e sílabas**; d. identificando **aliterações e rimas**; e. pronunciando-as de forma audível, articulada e correta.
1º ANO	**2º ANO**
Relacionar fonemas e grafemas, a partir da análise de palavras de até **quatro sílabas**: a. identificando os sons de suas letras; b. identificando os seus pares mínimos; c. operando na contagem, pronúncia, junção, separação e repetição de suas letras e sílabas; d. identificando **aliterações e rimas**; e. pronunciando-as de forma audível, articulada e correta.	Relacionar fonemas e grafemas, a partir da análise **de palavras**: a. identificando os sons de suas letras; b. identificando os seus pares mínimos; c. operando na contagem, pronúncia, junção, separação e repetição de suas letras e sílabas; d. identificando aliterações e rimas; e. pronunciando-as de forma audível, articulada e correta.

Fonte: Normativa Curricular do Município de Sobral: Língua Portuguesa e Matemática (SOBRAL, 2021).

Quadro 11.2 Exemplo 2: seleção detalhamento de habilidades (com modificadores) para 1º ano do ensino fundamental

EIXO 1. ORALIDADE 1.3. EXPRESSÃO E COMPREENSÃO ORAL 1.3.1. EXPRESSAR-SE DE MANEIRA EFETIVA NAS DIFERENTES INTERAÇÕES 1º ANO	EIXO 2. LEITURA 2.1. DECODIFICAÇÃO 2.1.1. INCORPORAR O PRINCÍPIO ALFABÉTICO 1º ANO
Expressar-se de maneira efetiva nas diferentes interações, a. pronunciando, de forma articulada e com clareza, palavras, frases, perguntas, queixas, opiniões ou manifestações gerais; b. utilizando vocabulário familiar de forma correta; c. fazendo uso da persuasão, sem coação, quando conveniente; d. mantendo-se no tema abordado; e. constituindo uma imagem positiva de si e de seus pares.	**Incorporar** o princípio alfabético, a. identificando o nome de todas as letras do alfabeto, nas diferentes formas de grafia (maiúscula **e minúscula**, não cursiva **e cursiva**); b. diferenciando letras de algarismos arábicos, de símbolos e de marcas de seu cotidiano; c. reconhecendo pares mínimos em palavras do padrão canônico e não canônico em estudo; d. identificando sílabas, inicial e final, de palavras em estudo; e. operando na contagem, pronúncia, junção, separação e repetição de letras e sílabas de palavras do padrão canônico e não canônico em estudo.
EIXO 2. LEITURA 2.1. DECODIFICAÇÃO 2.1.2. DECODIFICAR 1º ANO	EIXO 2. LEITURA 2.2. DESENVOLVIMENTO DA FLUÊNCIA LEITORA 2.2.1. LER COM FLUÊNCIA 1º ANO
Decodificar palavras de até **quatro** sílabas, do vocabulário familiar, formadas por fonemas em estudo **e pseudopalavras**, desenvolvendo a automação e a fluência.	**Ler textos, com velocidade de 60 a 80 palavras por minuto**, de forma audível e compreensível, respeitando os princípios da precisão e prosódia.

Fonte: Normativa Curricular do Município de Sobral: Língua Portuguesa e Matemática (SOBRAL, 2021).

CONCLUSÕES E RECOMENDAÇÕES

Respondendo à pergunta que iniciou este capítulo, o resultado das políticas educacionais do município de Sobral constitui, acima de tudo, uma constatação de que a educação brasileira pode melhorar consideravelmente, em um lapso de tempo não muito longo, sem que tenham de ser tomadas medidas necessariamente radicais ou simplesmente autóctones e sem que o investimento na educação básica deva ser substancialmente majorado. Verificar, em detalhe, a existência de conquistas educacionais improváveis, estruturadas a partir do que localmente é chamado de "arroz com feijão", ou seja, com o que é factível e ao alcance de qualquer outro município — pelo menos no Ceará —, aponta para possibilidades materiais palpáveis de se praticar eficácia escolar nas escolas públicas brasileiras, até mesmo naquelas que atendem alunos de muito baixa renda de municípios inseridos em contexto de pobreza. Conhecer minuciosamente essa nova realidade permite fazer pontes para que o avanço das reformas educacionais para a eficácia escolar possa ocorrer, inclusive diminuindo o esforço político para levá-las a cabo. São muitas as razões para se continuar a estudar o que se passa em Sobral e nos demais municípios do Ceará em termos de educação. Uma delas é mapear as infinitas experiências individuais de acertos e erros que se fizeram e fazem no dia a dia para vencer o analfabetismo dentro das escolas.

O Governo Federal, ou outros governos estaduais, cumprindo suas funções constitucionais delineadas no art. 211 da Constituição Federal, podem induzir e contribuir para a concepção, implementação e viabilização material de ações e programas junto aos demais entes federados, replicando as reformas educacionais testadas e provadas em Sobral e já expandidas para uma boa parte das redes municipais do Estado do Ceará por meio do PAIC. Isso já foi tentado com o PNAIC, ainda sem resultados comprovados. Comparar o PNAIC (e outros programas amplos com os mesmos objetivos) com o PAIC e com as práticas de Sobral é uma via importante a ser bem pavimentada.

As medidas, que chegaram no miolo do Semiárido com alguma ajuda do acaso, são, ao contrário, sistemáticas e intencionais, e representam um denominador comum de políticas educacionais em países/territórios que vêm satisfatoriamente contemplando o binômio excelência e equidade, mesmo a partir de arcabouços econômicos e institucionais bem díspares, como Portugal, a Província de Ontário, no Canadá, e Cuba (BECSKEHÁZY, 2018; seção 3.3.1). Além de as escolas de Sobral contemplarem uma obsessão de alfabetizar cada aluno logo no início da escolarização, seguindo métodos comprovados em outros contextos e monitorando continuamente os resultados de forma a permitir tempestivas correções de rumo, a estrutura organizacional da Seduc-Sobral, respaldada pela liderança política da prefeitura, organiza suas prioridades e seus investimentos segundo a lógica da eficácia escolar, que, acima de tudo, parte do princípio de que todos os alunos podem e devem aprender, pelo menos, um currículo mínimo relativamente ambicioso.

Em relação à alfabetização, a lição que fica de Sobral apenas *grosso modo* — porque pode ser mais detalhada, uma vez que raramente é registrada em publicações científicas e acadêmicas — pode ser conhecida em algumas poucas produções. A principal delas, o relatório da iniciativa técnico-política (CCEAE) que levou o aprendizado de Sobral para o restante do Estado, dá detalhadas e valiosas pistas sobre o que fazer e sobre o que evitar. O novo currículo de ensino fundamental do Município, publicado em sua versão preliminar no site da Seduc-Sobral em dezembro de 2016,[25] cuja versão completa foi esboçada nos exemplos já apresentados, é outra indicação. Uma última é conhecer bem as referências utilizadas ali (citadas pelo Prof. Linhares no relatório do CCEAE, compiladas no Anexo I e listadas de forma completa na seção Referências) e as documentações curriculares usadas como referência para organizar as práticas curriculares de Sobral oriundas de contextos internacionais que alcançam resultados similares.[26] Aos poucos, vai se formando um mapa para guiar os que querem compreender melhor o que vem se passando no Município e no Estado ou até seguir os passos que levaram à melhoria sustentável de proficiência discente.

REFERÊNCIAS

AGUIAR, R. R.; GOMES, I. F.; CAMPOS, M. O. C. (org.). *Educação de qualidade, começando pelo começo*: relatório final do Comitê Cearense para a Eliminação do Analfabetismo Escolar. Fortaleza: Assembleia Legislativa do Estado do Ceará, 2006.

ALMEIDA, E. *Construindo na pré-escola*. São Paulo: Quinteto Editorial, 1997.

ARROYO, M. G. Fracasso/sucesso: um pesadelo que perturba nossos sonhos. *Em Aberto*, v. 17, n. 71, p. 33-40, 2000.

BAGNO, M. *Preconceito linguístico*: o que é, como se faz. São Paulo: Edições Loyola, 1999.

BAHIA. Secretaria de Estado da Educação. *Gestão escolar*: gerenciando a escola eficaz - conceitos e instrumentos. Salvador: Secretaria de Estado da Educação da Bahia, 2000.

BECSKEHÁZY, I. *Institucionalização do direito à educação de qualidade*: o caso de Sobral, CE. Tese (Doutorado em Educação) - Universidade de São Paulo, Faculdade de Educação, São Paulo, SP, 2018.

BLOOM, P. *How children learn the meanings of words*. Cambridge: MIT, 2000.

BOYSSON-BARDIES, B. *et al*. A crosslinguistic investigation of vowel formants in babbling. *Journal of Child Language*, v. 16, n. 1, p. 1-17, 1989.

BRAGANÇA, A.; CARPANEDA, I.; NASSUR, R. *Porta de papel*: alfabetização - língua portuguesa. São Paulo: FTD Educação, 2014.

---

[25] Já substituído por sua versão final, sob a forma de Decreto Municipal, em 29/1/21. (SOBRAL, 2021).

[26] Ver Parte III, Capítulo 9 do Relatório Nacional de Alfabetização Baseada em Evidências (Renabe) (BRASIL, 2021).

BRASIL. *Constituição da República Federativa do Brasil de 1988*. Brasília: Senado Federal, 1988. Disponível em: https://www2.senado.leg.br/bdsf/bitstream/handle/id/518231/CF88_Livro_EC91_2016.pdf

BRASIL. Microdados da ANA 2016. Brasília: INPE, 2016.

BRASIL. Nota técnica nº 20/2014. Indicador de adequação da formação do docente da educação básica. Brasília: MEC, INEP, 2014. Disponível em: https://download.inep.gov.br/informacoes_estatisticas/indicadores_educacionais/2014/docente_formacao_legal/nota_tecnica_indicador_docente_formacao_legal.pdf. Acesso em: 22 fev. 2022.

BRASIL. SIOPE - Arquivos - Dados analíticos. Brasília: FNDE, 2020. Disponível em: https://www.fnde.gov.br/index.php/fnde_sistemas/siope/relatorios/arquivos-dados-analiticos. Acesso em: 22 fev. 2022.

CAGLIARI, L. C. *Alfabetização & linguística*. São Paulo: Scipione, 1995.

CARDOSO-MARTINS, C. Como estão sendo formados os professores alfabetizadores do Ceará? In: AGUIAR, R. R.; GOMES, I. F.; CAMPOS, M. O. C. (org.). *Educação de qualidade, começando pelo começo*: relatório final do Comitê Cearense para a Eliminação do Analfabetismo Escolar. Fortaleza: Assembleia Legislativa do Estado do Ceará, 2006. p. 100-127.

CARROLL, J. B. *Language and thought*. Englewood Cliffs: Prentice-Hall, 1970.

CARVALHO, M. *Guia prático do alfabetizador*. São Paulo: Ática, 2002.

CCSSO; NGA. *The Common Core State Standards for English Language Arts & Literacy in History/Social Studies, Science, and Technical Subjects*. 2010. Disponível em: http://www.corestandards.org/ELA-Literacy/. Acesso em: 22 fev. 2022.

CEARÁ. *Resultado Space-Alfa*. Fortaleza: Seduc, c2021. Disponível em: https://www.seduc.ce.gov.br/resultado-spaece-alfa/. Acesso em: 22 fev. 2022.

CENTRO DE REFERÊNCIA E MEMÓRIA. *Projeto Raízes e Asas*. São Paulo: CENPEC, 1993-1997.

CHALL, J. S. *Learning to read*: the great debate. New York: McGraw-Hill, 1967.

CHOMSKY, N. *Aspects of the theory of syntax*. Cambridge/Mass: MIT, 1995.

CORRALES, J. The politics of education reform: bolstering the supply and demand, overcoming institutional blocks. *The Education Reform and Management Series*, v. 2, n. 1, 1999.

COSTA, L. O.; LOUREIRO, A. O. F.; SALES, R. S. Uma análise do analfabetismo, fluxo e desempenho dos estudantes do ensino fundamental no estado do Ceará. *Revista de Desenvolvimento do Ceará - IPECE*, n. 1, 2010. Disponível em: https://www.ipece.ce.gov.br/wp-content/uploads/sites/45/2016/07/UMA_ANALISE_DO_ANALFABETISMO_FLUXO_E_DESEMPENHO_DOS_ESTUDANTES_DO_ENSINO_FUNDAMENTAL_NO_ESTADO_DO_CEARA_10.pdf. Acesso em: 22 fev. 2022.

CURY, A. J. *Pais brilhantes, professores fascinantes*: a educação de nossos sonhos: formando jovens felizes e inteligentes. Rio de Janeiro: Sextante, 2003.

ECKSTEIN, H. Case study and theory in political science. *In*: GOMM, R.; HAMMERSLEY, M.; FOSTER, P. (org.). *Case study method*: key issues, key texts. London/Californi/New Delhi: Thousand Oaks/SAGE, 1992.

FERREIRO, E. *Alfabetização em processo*. São Paulo: Cortez, 2001.

FERREIRO, E. *Com todas as letras*. São Paulo: Cortez, 1993a.

FERREIRO, E. *Reflexões sobre alfabetização*. São Paulo: Cortez, 1993b.

FERREIRO, E.; TEBEROSKY, A. *Psicogênese da língua escrita*. Porto Alegre: Artmed, 1999.

FLEM. *Gestão escolar*: gerenciando a escola eficaz - conceitos e instrumentos Salvador: Secretaria de Estado da Educação da Bahia, 2000.

FREIRE, P. *A importância do ato de ler*: em três artigos que se completam. 51. ed. São Paulo: Cortez, 1984.

FREIRE, P. *Educação como prática de liberdade*. Rio de Janeiro: Paz e Terra, 1967.

FREIRE, P. *Pedagogia da autonomia*: saberes necessários à prática educativa. São Paulo: Paz e Terra, 2000.

FREIRE, P. *Pedagogia do oprimido*. Rio de Janeiro/São Paulo: Paz e Terra, 1970.

FUCHS, L. *et al*. Formative evaluation of academic progress: how much growth can we expect? *School Psychology Review*, v. 22, n. 1, 1993.

FULLAN, M. *The moral imperative realized*. Thousand Oaks: Corwin, 2011.

GUSMÃO, J. B.; RIBEIRO, V. M. Colaboração entre estado e municípios para a alfabetização de crianças na idade certa no Ceará. *Cadernos Cenpec/Nova série*, v. 1, n. 1, 2011.

HARRIS, T. L. *The literacy dictionary*: the vocabulary of reading and writing. Newark: International Reading Association, 1995.

HASBROUCK, J.; TINDAL, G. Curriculum-based oral reading fluency norms for students in grades 2 through 5. *Teaching Exceptional Children*, p. 41-44, 1992. Disponível em: http://samresources.scholastic.com/ResourceManager/previewresource.spr?_page=0&objectId=3178. Acesso em: 22 fev. 2022.

IBGE. Dados sobre a cidade de Sobral - CE. Rio de Janeiro: IBGE, 2015. Disponível em: https://cidades.ibge.gov.br/brasil/ce/sobral/panorama. Acesso em: 25 fev. 2022.

INEP. *Nota técnica*: indicador de nível socioeconômico (Inse) das escolas. Brasília: Instituto Nacional de Estudos e Pesquisas Educacionais Anísio Teixeira, 2013. Disponível em: http://download.inep.gov.br/informacoes_estatisticas/indicadores_educacionais/2011_2013/nivel_socioeconomico/nota_tecnica_indicador_nivel_socioeconomico.pdf Acesso em: 22 fev. 2022.

INEP. *Nota técnica*: indicador de nível socioeconômico das escolas de educação básica (INSE). Brasília: Instituto Nacional de Estudos e Pesquisas Educacionais Anísio Teixeira, 2015. Disponível em: http://download.inep.gov.br/informacoes_estatisticas/indicadores_educacionais/2015/nota_tecnica/nota_tecnica_inep_inse_2015.pdf. Acesso em: 22 fev. 2022.

INEP. Sinopse estatística. Brasília: INEP, 2017.

INEP. *Vencendo o desafio da aprendizagem nas séries iniciais*: a experiência de Sobral/CE. Brasília: Instituto Nacional de Estudos e Pesquisas Educacionais Anísio Teixeira, 2005. Disponível em: http://portal.inep.gov.br/documents/186968/488938/Vencendo+o+desafio+da+aprendizagem+-nas+s%C3%A9ries+iniciais+a+experi%C3%AAncia+de+Sobral-CE/a7de6174-3f52-49fe-b81c--9f40372761a3?version=1.3 Acesso em: 22 fev. 2022.

INTERNATIONAL READING ASSOCIATION. *Using multiple methods of beginning reading instruction*: a position statement of the International Reading Association. Newark, 1999. Disponível em: https://www.literacyworldwide.org/docs/default-source/where-we-stand/multiple-methods-position-statement.pdf?sfvrsn=d04ea18e_6. Acesso em: 23 fev. 2022.

KLARE, G. R. *Measurement of readability*. Ames: Iowa State University, 1963.

LEMLE, M. *Guia teórico do alfabetizador*. São Paulo: Ática, 1991.

LEZOTTE, L. *Correlates of effective schools*: the first and second generation. Okemos: Effective Schools Products, 1991. Disponível em: http://www.effectiveschools.com/images/stories/escorrelates.pdf

LEZOTTE, L. *Learning for all*: setting a new mission. [S.l.; s. n.], 1996.

LIMA, E. L. A importância da leitura hoje. *In*: AGUIAR, R. R.; GOMES, I. F.; CAMPOS, M. O. C. (org.). *Educação de qualidade, começando pelo começo*: relatório final do Comitê Cearense para a Eliminação do Analfabetismo Escolar. Fortaleza: Assembleia Legislativa do Estado do Ceará, 2006.

LIMA, M. S. L. *A hora da prática*: reflexões sobre o estágio supervisionado e a ação docente. Fortaleza: Edições Demócrito Rocha, 2001.

LOUZANO, P. et al. *Diagnóstico da situação curricular do município de Sobral e mapeamento de expectativas locais*: relatório interno. Sobral: Instituto Natura/Secretaria de Educação de Sobral, 2015.

MAIA, M. H. *Aprendendo a marchar*: os desafios da gestão municipal do ensino fundamental e da superação do analfabetismo escolar. Tese (Doutorado em Educação) - Universidade Federal do Ceará, Faculdade de Educação, Programa de Pós-Graduação em Educação Brasileira, Fortaleza, Ceará, 2006.

MAMEDE, I. Alunos da 2ª série não sabem ler e escrever: surpreende? mobiliza? *In*: AGUIAR, R. R.; GOMES, I. F.; CAMPOS, M. O. C. (org.). *Educação de qualidade, começando pelo começo*: relatório final do Comitê Cearense para a Eliminação do Analfabetismo Escolar. Fortaleza: Assembleia Legislativa do Estado do Ceará, 2006.

MARQUES, C. A.; AGUIAR, R. R.; CAMPOS, M. O. C. Programa alfabetização na idade certa: concepções, primeiros resultados e perspectivas. *Estudos em Avaliação Educacional*, v. 20, n. 43, p. 275, 2009.

McNEILL, D. *The acquisition of language*: the study of developmental psycholinguistics. New York: Harper & Row, 1973.

MILLER, G. A. The magical number seven, plus or minus two: some limits on our capacity for processing information. *Psychological Review*, v. 63, n. 2, p. 81-97, 1956.

MORAIS, J. *A arte de ler*. São Paulo: Unesp, 1996.

MOURA, A. C. C.; LINS, S. D. (2006). As Condições e Formas do Trabalho Docente. *In*: AGUIAR, R. R.; GOMES, I. F.; CAMPOS, M. O. C. (org.). *Educação de qualidade, começando pelo começo*: relatório final do Comitê Cearense para a Eliminação do Analfabetismo Escolar. Fortaleza: Assembleia Legislativa do Estado do Ceará, 2006. p.70-92.

OLIVEIRA, J. B. A. *A pedagogia do sucesso*. São Paulo: Saraiva/Instituto Ayrton Senna, 1999.

OLIVEIRA, J. B. A. *ABC do alfabetizador*. 8. ed. Brasília: Instituto Alfa e Beto, 2008.

ONTARIO. Ministry of Education and Training. *A guide to effective instruction in reading*: kindergarten to grade 3. Toronto: Ministry of Education, 2003.

ONTARIO. Ministry of Education and Training. *The kindergarten program 2016*. Toronto: Ministry of Education, 2016. Disponível em: http://www.edu.gov.on.ca/eng/curriculum/elementary/kinderprogram.html

ONTARIO. Ministry of Education and Training. *The Ontario curriculum, grades 1-8*: language. Toronto: Ministry of Education, 2006. Disponível em: http://www.edu.gov.on.ca/eng/curriculum/elementary/language.html. Acesso em: 23 fev. 2022.

PATTO, M. H. S. *A produção do fracasso escolar*: histórias de submissão e rebeldia. São Paulo: Casa do Psicólogo, 1990.

PATTO, M. H. S. O fracasso escolar como objeto de estudo: anotações sobre as características de um discurso. *Cadernos de Pesquisa*, n. 65, p. 72-77, 1988. Disponível em: http://fcc.org.br/pesquisa/publicacoes/cp/arquivos/708.pdf. Acesso em: 23 fev. 2022.

PORTUGAL. Ministério da Educação e Ciência. *Metas curriculares de português*: ensino básico 1º, 2º e 3º ciclos. Lisboa: Ministério da Educação e Ciência, 2012.

PORTUGAL. Ministério da Educação e Ciência. *Programa e metas curriculares de português do ensino básico*. Lisboa: Ministério da Educação e Ciência, 2015. Disponível em: http://www.dge.mec.pt/sites/default/files/Basico/Metas/Portugues/pmcpeb_julho_2015.pdf. Acesso em: 23 fev. 2022.

RASINSKI, T. V. *The fluent reader*: oral reading strategies for building word recognition, fluency, and comprehension. New York: Scholastic Professional Books, 2003.

RIBEIRO, L.; PINTO, G. *O real do construtivismo*. Belo Horizonte: Fapi, 1991.

SABATIER, P. A.; JENKINS-SMITH, H. C. The advocacy coalition framework: an assessment. *In*: SABATIER, P. A. (org.). *Theories of the policy process*. 2. ed. Boulder: Westview, 2007a. p. 117-166.

SABATIER, P. A.; WEIBLE, C. M. The advocacy coalition framework: inovations and clarifications. *In*: SABATIER, P. A. (org.). *Theories of the policy process*. 2. ed. Boulder: Westview, 2007b. p. 189-220.

SAMUELS, S. J. Decoding and automaticity: helping poor readers become automatic at word recognition. *The Reading Teacher*, v. 41, n. 8, p. 756-760, 1988.

SCHWARTZMAN, S.; OLIVEIRA, J. B. A. *A escola vista por dentro*. Belo Horizonte: Alfa Educativa, 2002.

SEGATTO, C. I. *O papel dos governos estaduais nas políticas municipais de educação*: uma análise dos modelos de cooperação intergovernamental. Tese (Doutorado), Escola de Administração de Empresas de São Paulo, São Paulo, SP, 2015. Disponível em: http://bibliotecadigital.fgv.br/dspace/bitstream/handle/10438/13542/tese_Catarina%20(2)%20(1).pdf?sequence=6. Acesso em: 23 fev. 2022.

SOARES, M. *Português*: uma proposta para o letramento. São Paulo: Moderna, 1999.

SOBRAL. Decreto nº 2560, de 29 de janeiro de 2021. Institui o Novo Currículo de Língua Portuguesa e Matemática no âmbito da Rede Pública Municipal de Ensino de Sobral e dá outras providências. Disponível em: http://www.sobral.ce.gov.br/diario/public/files/diario/45c441c9486cbdc42ff29e7525645171.pdf. Acesso em: 23 fev. 2022.

SOBRAL. Lei Municipal nº 489, de 6 de janeiro de 2004. *Dispõe sobre o regime de autonomia pedagógica e administrativa da gestão das escolas da Rede Municipal de Ensino de Sobral, CE e dá outras providências*. 2004. Disponível em: https://www.camarasobral.ce.gov.br/painel/files/docs/norma_lei/LO4892004200401060001pdf22062015085025.pdf. Acesso em: 23 fev. 2022.

SUMIYA, L. A. *A hora da alfabetização*: atores, ideias e instituições na construção do PAIC-CE. Tese (Doutorado em Administração), Centro de Ciências Sociais Aplicadas, Universidade Federal do Rio Grande do Norte, Natal, Rio Grande do Norte, 2015. Disponível em: https://repositorio.ufrn.br/jspui/handle/123456789/20854. Acesso em: 23 fev. 2022.

WEIBLE, C. M.; SABATIER, P. A.; McQUEEN, K. Themes and variations: taking stock of the advocacy coalition framework. *The Policy Studies Journal*, v. 37, n. 1, p. 121-140, 2009.

WILSON, J. Q. *Political organizations*. New Jersey: Princeton University, 1974.

WILSON, J. Q.; DILULIO, J. J. Jr. *American government*: institutions & policies. 11th. ed. Boston: Houghton Mifflin, 2008.

Leituras recomendadas

FRANCE. Ministère de L'éducation Nationale, de la Jeunesse et de la Vie Associative (DGESCO). (2012a). *Progressions pour le cours préparatoire et le cours élémentaire première année – Français*. Disponível em: http://media.eduscol.education.fr/file/Progressions_pedagogiques/78/6/Progression-pedagogique_Cycle2_Francais_203786.pdf. Acesso em: 22 fev. 2022.

FRANCE. Ministère de L'éducation Nationale, de la Jeunesse et de la Vie Associative (DGESCO). (2012b). *Progressions pour le cours élémentaire deuxième année et le cours moyen – Français*. Disponível em: http://cache.media.eduscol.education.fr/file/Progressions_pedagogiques/75/9/Progression-pedagogique_Cycle3_Francais_203759.pdf. Acesso em: 22 fev. 2022.

FRANCE. Ministère de L'Éducation Nationale. ([s.d.]). *Annexe 1 Programme d'enseignement du cycle des apprentissages fondamentaux (cycle 2) NOR : MENE1526483A arrêté du 9-11-2015 - J.O. du 24-11-2015 MENESR - DGESCO MAF 1*. Disponível em: http://www.education.gouv.fr/pid285/bulletin_officiel.html?cid_bo=94753. Acesso em: 22 fev. 2022.

FRANCE. Ministère de L'Éducation Nationale. ([s.d.]). *Annexe 2 Programme d'enseignement du cycle de consolidation (cycle 3) NOR : MENE1526483A arrêté du 9-11-2015 - J.O. du 24-11-2015 MENESR - DGESCO MAF 1*. Disponível em: http://www.education.gouv.fr/pid285/bulletin_officiel.html?cid_bo=94708. Acesso em: 22 fev. 2022.

FRANCE. Ministère de L'Éducation Nationale. ([s.d.]). *Programme d'enseignement de l'école maternelle NOR : MENE1504759A arrêté du 18-2-2015 - J.O. du 12-3-2015 MENESR - DGESCO MAF 1*. Disponível em: http://www.education.gouv.fr/pid25535/bulletin_officiel.html?cid_bo=86940. Acesso em: 22 fev. 2022.

INTERNATIONAL BUREAU OF EDUCATION. *Glossário de terminologia curricular*. Brasília: UNESCO, 2013 Disponível em: https://unesdoc.unesco.org/ark:/48223/pf0000223059_por. Acesso em: 22 fev. 2022.

PORTUGAL. *Aprendizagens Essenciais, Articulação com o Perfil dos Alunos: 3º ano (1.º ciclo do ensino básico) - Inglês*. Portugal: Direção Geral da Educação, Ministério da Educação, 2018. Disponível em: http://www.dge.mec.pt/sites/default/files/Curriculo/Aprendizagens_Essenciais/1_ciclo/ingles_1c_3a_ff.pdf. Acesso em: 22 fev. 2022.

UNITED KINGDOM Government - Department of Education. *The National Curriculum in England Framework Document*. London: Gov.UK, 2014. Disponível em: https://assets.publishing.service.gov.uk/government/uploads/system/uploads/attachment_data/file/425601/PRIMARY_national_curriculum.pdf Acesso em: 22 fev. 2022.

UNITED KINGDOM Government - Department of Education. *National curriculum in England: mathematics programmes of study*. London: GOV.UK, 2018. Disponível em: https://www.gov.uk/government/publications/national-curriculum-in-england-mathematics-programmes-of-study/national-curriculum-in-england-mathematics-programmes-of-study. Acesso em: 22 fev. 2022.

ANEXO I

Tabelas com as obras citadas nos capítulos do documento de Aguiar, Gomes e Campos (2006, p. 85 e 115)

Cap. 3 – As Condições e Formas do Trabalho Docente – obras citadas como referências para sua formação (p. 85)	Cap. 4 – Como Estão Sendo Formados os Professores Alfabetizadores do Ceará? – as cinco publicações indispensáveis para a formação do professor-alfabetizador (p. 115)
• CARVALHO, Guia Prático do Alfabetizador (2002) • FREIRE, Pedagogia da autonomia: saberes necessários à prática educativa ([1996], 2000) • FERREIRO, TEBEROVSKI, Psicogênese da Língua Escrita ([1979] 1999) • Letramento • OLIVEIRA, ABC do Alfabetizador (2008) • OLIVEIRA, Pedagogia do Sucesso (1999) • Aprender a Ler e Escrever • Pré-escola e Alfabeto • FREIRE, A Importância do Ato de Ler (1984) • Ensinar e Aprender • BRAGANÇA et al., Porta de Papel • SOARES, Português: Uma Proposta Para o Letramento (1999) • ALMEIDA, Construindo na Pré-escola (1997) • RIBEIRO, PINTO, O Real do Construtivismo • Prática para Alfabetização • CENPEC, Projeto Raízes e Asas (1993-1997)	• FERREIRO, Alfabetização em Processo ([1985] 2001) • Revista Nova Escola (Editora Abril) • MEC, Parâmetros Curriculares Nacionais (1997) • FERREIRO, TEBEROVSKI, Psicogênese da Língua Escrita ([1979] 1999)* • LUCENA LIMA, A hora da prática: reflexões sobre o estágio supervisionado e a ação docente (2001) • CAGLIARI, Alfabetização & Linguística (1995)* • FREIRE, Pedagogia da autonomia: saberes necessários à prática educativa ([1996], 2000) • FREIRE, Pedagogia do Oprimido (1970) • FERREIRO, Reflexões sobre alfabetização ([1993], 2010)* • BAGNO, Preconceito lingüístico: o que é, como se faz (1990) • FERREIRO, Com Todas as Letras (1993) • CURY, Pais Brilhantes, Professores Fascinantes – A educação inteligente: formando jovens felizes e inteligentes (2003) • FREIRE, Educação Como Prática de Liberdade (1967) • LEMLE, Guia Teórico do Alfabetizador Miriam Lemle (1991)*

Nota: As obras marcadas com * também apareceram na lista das principais referências dos formadores de docentes nas instituições de ensino superior cearense (Aguiar, Gomes e Campos, 2006, p. 117).

Tabelas com as obras citadas nos capítulos do documento de Aguiar, Gomes e Campos (2006, p. 146-147)

Cap. 6 – A Importância da Leitura Hoje Edgar Linhares Lima
• CHALL, Learn to read: The great Debate (1967) • ILA, Using Multiple Methods of Beginning Reading Instruction: A Position Statement of the International Reading Association (1999) • MORAIS, A Arte de Ler (1996) • CHOMSKI, Aspects of the Theory of the Syntax (1965) • BLOOM, How Children Learn the Meanings of Words (2000) • BOYSSON-BARDIES, HALLE, SAGART, DURAND, A Crosslinguistic Investigation of Vowel Formants in Babbling (1989) • MCNEILL, The Acquisition of Language: The Study of Developmental Psicolinguistics (1970) • CARROLL, Language and Thought (1964) • HARRIS, HOGGES, The Literacy Dictionary (1995) • HASBROUCK, TINDAL, Curriculum Based Oral Reading Fluency Norms for Students in Grades 2 Through 5 (1992) • FUCHS, FUCHS, HAMLETT, WALZ, GERMANN, Formative evaluation of academic progress: How much growth can we expect? (1993) • SAMUELS, Decoding and automaticity: helping poor readers become automatic at word recognition. (1988) • Centro de Recursos para a Língua Portuguesa www.linguateca.pt (1998 – 2008) • NATIONAL INSTITUTE OF CHILD HEALTH AND HUMAN DEVELOPMENT. Report of the National Reading Panel. Teaching Children to read: An evidence-based assessment of the scientific research literature on reading and its implication for reading instruction (2000) • MILLER, The magical number seven, plus or minus two: some limits on our capacity for processing information (1956) • RASINSKI, The Fluent Reader: Oral reading strategies for building word recognition, fluency, and comprehension (2003) • KLARE, The Measurement of Readability (1969)

Nota: As referências foram compiladas aqui neste Anexo conforme constam originalmente nos capítulos. As referências completas, conforme ABNT, estão listadas na seção Referências, mas nem todas foram identificadas.

ANEXO II

Quadro-resumo do currículo de língua portuguesa de Sobral, contendo eixos, subeixos e expectativas para o conjunto das séries do ensino fundamental

1 Oralidade	2 Leitura	3 Escrita	4 Gramática
1.1.1. Relacionar fonemas e grafemas	2.1.1. Incorporar o princípio alfabético 2.1.2. Decodificar	3.1.1. Aprimorar as habilidades motoras finas 3.1.2. Apropriar-se do sistema de escrita	4.1.1. Incorporar as regras fonéticas e fonológicas de modo funcional 4.1.2. Incorporar as regras morfológicas de modo funcional
1.2. Apresentação e colaboração discursiva	2.2. Desenvolvimento da fluência leitora	3.2. Registro e uso de informações	4.2. Apropriação da língua
1.2.1. Respeitar as regras de cortesia e de interação 1.2.2. Realizar apresentações orais	2.2.1. Ler com fluência	3.2.1. Organizar registros e notas 3.2.2. Registrar informações coletadas em diferentes fontes 3.2.3. Produzir pesquisa	4.2.1. Grafar palavras corretamente 4.2.2. Apreender os elementos e os processos morfológicos de palavras de modo funcional 4.2.3. Incorporar a classificação das palavras e suas funções 4.2.4. Utilizar os sinais de pontuação corretamente
1.3. Expressão e Compreensão oral	2.3. Compreensão leitora	3.3. Produção textual	4.3. Construção e relação de sentido da língua
1.3.1. Expressar-se de maneira efetiva nas diferentes interações 1.3.2. Compreender texto oral	2.3.1. Analisar a situação de comunicação que deu origem ao texto 2.3.2. Compreender textos escritos 2.3.3. Analisar elementos e estruturas de diferentes tipos de texto 2.3.4. Comparar textos impressos	3.3.1. Planejar a escrita 3.3.2. Redigir diferentes tipos de texto 3.3.3. Revisar o texto 3.3.4. Editar o texto escrito	4.3.1. Conjugar verbos corretamente 4.3.2. Analisar enunciados, sua construção e a relação entre os seus termos 4.3.3. Assimilar conceito semântico

12

O que os professores precisam saber?

Catherine Elizabeth Snow

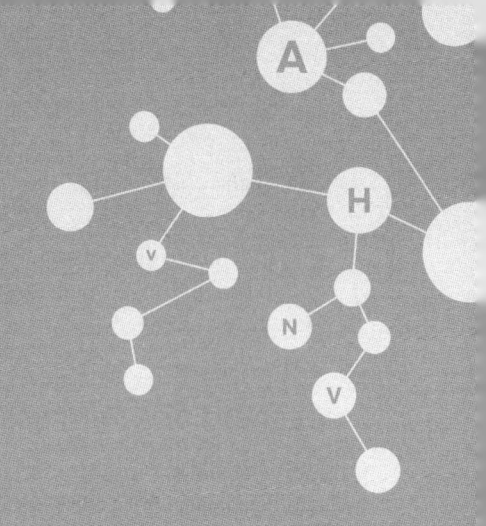

DESAFIO DAS CRIANÇAS

Os primeiros capítulos deste livro explicam, com admiráveis detalhes, as muitas demandas de alfabetização enfrentadas pelos jovens aprendizes. Crianças que estão na transição da alfabetização precisam de habilidades fundamentais de reconhecimento de letras e consciência fonêmica (Capítulo 3), domínio dos processos necessários para aplicar essas habilidades em tarefas de decodificação e escrita (Capítulos 5, 6, 7 e 8), assim como conhecimentos de mundo e habilidades de linguagem que, de modo típico, estão amplamente disponíveis para crianças de famílias com muitos recursos, mas possivelmente não para crianças de famílias com menos escolarização ou menos recursos financeiros (Capítulos 1, 2 e 4).

Essa é uma lista assustadora de domínios que os alunos precisam aprender sobre e dominar. Aqui, é preciso distinguir entre "aprender sobre" e "dominar" porque, além das séries primárias, a leitura hábil requer automaticidade na implantação do conhecimento sobre esses domínios. Alunos do 1º ou do 2º ano que estão fazendo um progresso adequado na leitura podem ainda estar decodificando palavras polissilábicas com esforço, pronunciando palavras familiares sem acessar imediatamente seu significado, ou lendo frases com prosódia inadequada. Leitores fluentes no 3º ano não devem mais ser restringidos dessa forma. Eles não apenas adquiriram conhecimento sobre letras e suas ligações com os sons, mas também praticaram essas conexões com frequência suficiente para que as ligações sejam feitas de forma automática o suficiente para que o significado das palavras e frases possa ser focalizado. Uma representação esclarecedora e amplamente disseminada das muitas vertentes ou dos domínios que devem ser unidos para o sucesso no desenvolvimento da alfabetização é o modelo de cordas da alfabetização de Scarborough (2001) (ver Fig. 12.1).

DESAFIO DOS PROFESSORES

Professores das séries primárias são responsáveis por mover as crianças além da familiaridade com as letras, os sons e suas relações de mapeamento para o estágio de automaticidade e foco no significado durante a leitura. Mas, como vimos, isso significa garantir que os alunos tenham acesso a vários domínios do conhecimento (letras, sons, vocabulário, sintaxe e estrutura de texto) e que eles tenham a oportunidade de avançar para a maestria em alguns desses domínios — em especial nas "tarefas restritas" de decodificação e escrita durante o primeiro ou os dois primeiros anos de escolaridade formal (PARIS, 2005; SNOW; MATTHEWS, 2016), enquanto constrói a base para a maestria nos domínios menos restritos (vocabulário, conhecimento do mundo, compreensão). Isso significa que os professores precisam planejar uma instrução que equilibre ou integre vários objetivos — não é uma tarefa fácil e para a qual a maioria dos professores primários esteja bem-preparada.

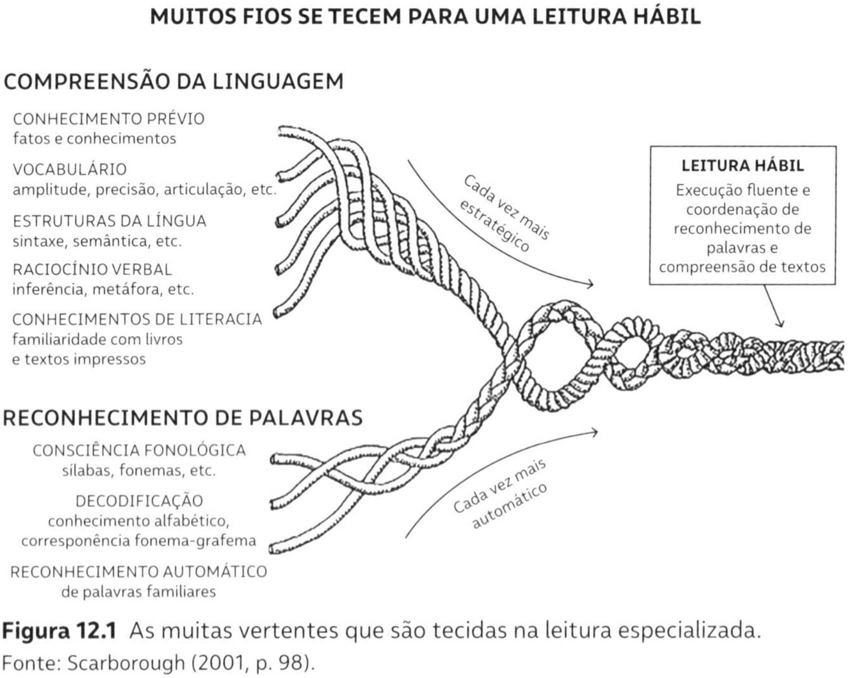

MUITOS FIOS SE TECEM PARA UMA LEITURA HÁBIL

COMPREENSÃO DA LINGUAGEM
- CONHECIMENTO PRÉVIO
  fatos e conhecimentos
- VOCABULÁRIO
  amplitude, precisão, articulação, etc.
- ESTRUTURAS DA LÍNGUA
  sintaxe, semântica, etc.
- RACIOCÍNIO VERBAL
  inferência, metáfora, etc.
- CONHECIMENTOS DE LITERACIA
  familiaridade com livros
  e textos impressos

Cada vez mais estratégico

LEITURA HÁBIL
Execução fluente e coordenação de reconhecimento de palavras e compreensão de textos

RECONHECIMENTO DE PALAVRAS
- CONSCIÊNCIA FONOLÓGICA
  sílabas, fonemas, etc.
- DECODIFICAÇÃO
  conhecimento alfabético,
  correspondência fonema-grafema
- RECONHECIMENTO AUTOMÁTICO
  de palavras familiares

Cada vez mais automático

Figura 12.1 As muitas vertentes que são tecidas na leitura especializada.
Fonte: Scarborough (2001, p. 98).

A tarefa de integrar objetivos múltiplos em um único currículo é exacerbada pelo fato de que as crianças individualmente na sala de aula primária podem estar em qualquer lugar na trajetória de desenvolvimento do conhecimento inicial ao domínio total. Muito do ensino é voltado, compreensivelmente, para o meio da classe — a criança média ou modal. De fato, essa pode ser a abordagem mais eficiente ou equitativa e, certamente, a mais viável, mas não é uma abordagem que irá gerar o sucesso universal na alfabetização inicial que esperamos das escolas. Atender às diversas necessidades de toda a gama de crianças em uma sala de aula típica com um único conjunto de atividades de ensino é impossível; quase inevitavelmente, algumas crianças ficarão frustradas com a complexidade do material, enquanto outras ficarão entediadas e inclinadas a se desengajar.

SOLUÇÕES CURRICULARES?

O enorme desafio de ensinar todos os diferentes domínios que devem ser integrados na instrução de alfabetização bem-sucedida de uma forma que atenda às diversas necessidades de todas as crianças em uma sala de aula muitas é vezes abordado dando aos professores programas de alfabetização para trabalhar — materiais e guias que especificam uma variedade de atividades de aprendizagem e fornecem orientação sobre como sequenciar e alocar tempo para essas atividades. Todos os programas de alfabetização vêm com seus próprios desafios, é claro, que estão relacionados ao seu *design* básico, à sua teoria da mudança, à sua usabilidade e à sua aceitabilidade.

Como o próprio professor, o programa de alfabetização precisa abordar toda a gama de domínios ou tarefas que as crianças devem dominar. Isso raramente acontece. Pegue, por exemplo, os programas de jardim de infância e do 1º ano usados nas Escolas Públicas de Boston (BPS), um sistema que é considerado um dos distritos urbanos mais bem-sucedidos nos Estados Unidos. As BPS desenvolveram suas próprias unidades curriculares para a educação infantil e o 1º ano, projetadas para desenvolver seu currículo e programa preK de muito sucesso (WEILAND; YOSHIKAWA, 2013). A preocupação de que os resultados positivos do programa preK estivessem sujeitos a esmaecimento levou as BPS a projetar currículos para as últimas séries do ensino fundamental que seriam construídos gradativamente com base no que havia sido realizado, em vez de repetir ou voltar a ensinar. O currículo, denominado Focus, foi baseado em princípios altamente defensáveis, projetados por professores e formadores experientes. Foi relevante para as crianças que estavam sendo ensinadas, abrangente, envolvente e rico em oportunidades de aprendizagem de linguagem e conteúdo. Entretanto, as revisões iniciais do próprio currículo e dos resultados da criança depois de sua introdução levaram a BPS a adicionar um programa fônico comercial padronizado (Fundations, https://www.wilsonlanguage.com/programs/

fundations/) às atividades curriculares, para fornecer suporte para as habilidades de consciência fonológica, decodificação e escrita que foram consideradas inadequadas nos materiais originais do Focus.

As BPS não estão sozinhas na escolha desse tipo de solução para o problema de fornecer instrução abrangente de alfabetização na primeira infância. Os distritos frequentemente remendam várias partes independentes do currículo, e cada uma serve a um propósito específico, por exemplo, um conjunto de leituras em voz alta projetado para oferecer suporte à linguagem e compreensão, um programa fônico projetado para oferecer suporte à decodificação, um programa de caligrafia, um programa de ortografia, e talvez um programa como *Book Buddies* ou *Drop Everything and Read* para promover a leitura independente e aumentar a fluência. O desafio dessa abordagem é que os vários programas podem não estar alinhados a um único modelo de desenvolvimento, resultando em uma falta de coerência em todo o pacote. Claro, leitores emergentes engajados e bem preparados podem ter sucesso ou até mesmo prosperar sob esse tipo de regime, mas os alunos que estão em risco por atraso de linguagem ou transtornos leves de leitura, alunos que não tiveram nenhuma experiência de leitura, alunos que não têm conhecimento sobre o alfabeto, rimas ou as funções da alfabetização ao chegar à escola, todos eles provavelmente terão problemas com algumas ou todas as atividades desconexas que o professor está oferecendo, e muitos podem nunca conseguir vincular essas várias atividades à tarefa de aprender a ler.

NECESSIDADE DE EXPERIÊNCIA DO PROFESSOR

Existem muitos distritos escolares em que um currículo pobre ou incoerente é o único apoio oferecido aos professores primários responsáveis pela instrução inicial de alfabetização. Todos os professores sofrem nessas condições, mas os que tiveram a oportunidade de aprender em seu programa de formação alguns dos fundamentos sobre o desenvolvimento da linguagem e da literacia e sobre as práticas de sala de aula para a alfabetização inicial têm uma base para dar sentido às peças curriculares. Professores inexperientes ou mal-preparados nessa situação têm poucos recursos disponíveis para realizar o que desejam fazer — ajudar as crianças a aprender a ler.

O que todos os professores devem saber sobre linguagem e alfabetização? Como eles podem trabalhar com alunos que podem variar, não apenas em familiaridade com a alfabetização, mas também em habilidades linguísticas, dialeto ou língua materna e orientação escolar? Uma resposta é que todos os professores devem ter alguma instrução básica sobre a natureza da linguagem e a variação da linguagem (ver ADGER; SNOW; CHRISTIAN, 2018). Certamente, todos os professores devem compreender os aspectos não negociáveis da instrução de alfabetização inicial (STRICKLAND *et al.*, 2002). Professores bem preparados deveriam ter tido a oportunidade de analisar e comparar alguns programas de alfabetização e observar e praticar os movimentos feitos por excelentes professores. O ideal é que os professores estejam familiarizados com uma ampla gama de livros infantis atraentes e envolventes para que possam fazer boas escolhas para ler em voz alta ou recomendar às crianças.

Contudo, as muitas vertentes diferentes de desenvolvimento da alfabetização e, portanto, os muitos domínios que os professores devem dominar, quase certamente requerem mais tempo do que o disponível nos programas de formação de professores — especialmente porque os professores que se preparam para cargos na educação básica também precisam aprender a ensinar matemática, estudos sociais, ciências, habilidades para a vida e uma variedade de outros tópicos. A enormidade da tarefa é o porquê de Snow, Griffin e Burns (2005) apresentarem um modelo de desenvolvimento do conhecimento e da habilidade do professor, sugerindo que os professores do primeiro ano poderiam funcionar bem com um currículo sólido e uma sala de aula homogênea de crianças em desenvolvimento típico, mas precisariam do apoio de especialistas ou colegas para lidar com leitores com dificuldades, com falantes de uma segunda língua ou com a implementação de um programa inútil.

O contraste é bem-ilustrado por observações que fiz em escolas que adotaram o *Success for All* (www.successforall.org), um esforço de reforma escolar que oferece currículos de alfabetização altamente elaborados e avaliações regulares de todas as crianças para que possam ser organizadas em grupos homogêneos de apenas 12–15 para instrução de alfabetização. Professores novatos e menos experientes responderam muito positivamente a esse programa, relatando que se sentiram mais eficazes, mais no controle e mais capazes de atender às necessidades de seus alunos. Um deles me disse: "Antes de usarmos o Success for All, eu nunca acreditei que poderia realmente ensinar as crianças a ler". Em contraste, os professores mais experientes não gostavam das restrições que o programa impunha a eles, e muitos decidiram sair para lecionar em escolas onde tinham mais autonomia. Em outras palavras, os professores cujos conhecimentos e habilidades transcenderam o nível básico gostaram do desafio de agrupar seus alunos de maneiras *ad hoc* para aulas específicas de que pudessem precisar, integrando o ensino de fônica com a exposição a parlendas e livros ilustrados, usando a escrita como um caminho para a leitura e de várias maneiras, respondendo de forma adaptativa a problemas inesperados na sala de aula ou com o currículo. Os professores experientes e qualificados poderiam, por exemplo, trabalhar de forma eficaz com um currículo adaptado, mas os professores que estão começando precisam de um ambiente mais protegido.

As Figuras 12.2a e 12.2b, de Snow, Griffin e Burns (2005), ilustram a diferença. Enquanto a educação inicial oferece aos futuros professores a oportunidade de adquirir uma grande quantidade de conhecimento declarativo, muito desse conhecimento é teórico. Os programas de pré-serviço normalmente não suportam suficientemente

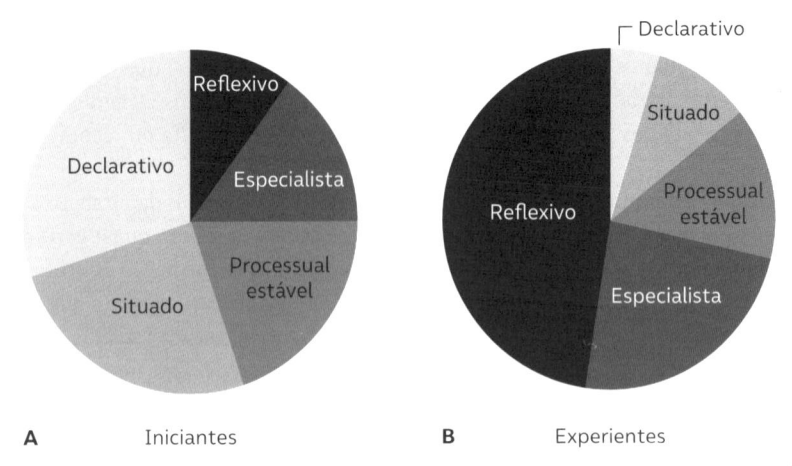

Figuras 12.2 A distribuição dos tipos de conhecimento nos repertórios de professores (**A**) iniciantes e (**B**) experientes.
Fonte: Adaptada de Snow, Griffin e Burns (2005).

a aquisição de conhecimento procedimental — o conhecimento que apoia a execução das etapas necessárias para ensinar uma nova habilidade, responder ao erro de uma criança ou decidir qual atividade curricular implementar a seguir. O conhecimento processual que os professores novatos adquiriram é inicialmente em sua maioria conhecimento "situado", o conhecimento necessário para executar rotinas bem praticadas. Com mais tempo em sala de aula, o conhecimento focado na prática torna-se mais estável e confiável, menos vinculado a situações específicas, mas o professor novato ainda tem pouco do tipo de conhecimento especializado necessário para lidar com toda a gama de alunos e implementar totalmente um programa complexo. Os professores experientes, em contrapartida, ao longo de anos de experiência, não apenas desenvolveram um conhecimento mais especializado, mas também passaram a ser capazes de refletir sobre o que sabem, antecipar problemas e diagnosticar falhas. Esses professores estão em posição de fornecer desenvolvimento profissional, orientação e treinamento para seus colegas menos experientes — mas é claro que as escolas não são organizadas (como os hospitais) para facilitar ou reforçar essas relações de apoio. O treinamento médico moderno apresenta aos alunos problemas médicos reais desde o primeiro dia da faculdade de medicina, mas só seis ou sete anos depois os médicos são considerados capazes de praticar a medicina sem a supervisão de médicos mais experientes, e até mesmo profissionais habilidosos e experientes em áreas como a cirurgia chegaram a reconhecer que valorizam e se beneficiam da ajuda e do apoio dos treinadores (GAWANDE, 2011). No entanto, os programas de *coaching* ou consulta ao colegiado nas escolas são muito raros.

ESTRATÉGIAS DE CURTO E LONGO PRAZOS

Eu esbocei três domínios que se cruzam, os quais a complexidade das tarefas a serem realizadas exige que repensemos nossas abordagens atuais: desenvolvimento da alfabetização inicial, instrução da alfabetização e formação e apoio aos professores. As estratégias de longo prazo, que exigirão muitos recursos e comprometimento sério, incluem garantir que todas as crianças cheguem à escola prontas para aprender, desenvolver programas curriculares integrados e abrangentes que sejam fáceis de implementar, redesenhar a formação de professores para se concentrar adequadamente na alfabetização e reconfigurar escolas como locais de trabalho em que o apoio colegiado e o treinamento estão universalmente disponíveis.

A curto prazo, porém, há ajustes muito menos intensivos de recursos que poderiam ser feitos. Os locais onde crianças em idade pré-escolar são cuidadas poderiam receber mais livros ilustrados e o professor da pré-escola ou creche poderia ter mais orientação sobre como ler em voz alta e falar com as crianças, para nivelar as disparidades socioeconômicas que são abundantes atualmente. Os programas curriculares de alfabetização do primeiro ano podem ser revisados para garantir que forneçam instrução real para todos os componentes de alfabetização de que as crianças precisam: consciência fonológica, reconhecimento de letras, compreensão da decodificação e domínio desta por meio da prática, vocabulário, conhecimento de mundo e um entendimento acerca do propósito da alfabetização. Os professores de formação inicial podem ser obrigados a fazer pelo menos um curso de desenvolvimento da linguagem e da alfabetização em que trabalhem em sala de aula ou individualmente com um aluno com dificuldades. Os professores em serviço podem ser obrigados a fazer um curso sobre noções básicas de alfabetização — um curso como aquele obrigatório para todos os professores do jardim de infância do terceiro ano no estado do Mississippi, por exemplo, que precedeu e pode ajudar a explicar a forte melhora em pontuações de leitura do estado do Mississippi (FOLSOM *et al.*, 2017). Essas são abordagens de curto prazo e de baixo impacto que valem algum investimento, enquanto a vontade política para lançar as estratégias de longo prazo e de uso intensivo de recursos é acumulada.

O campo da leitura gerou uma enorme quantidade de pesquisas e uma enorme quantidade de acrimônia. A acrimônia desviou a atenção das vastas áreas de concordância entre estudiosos e profissionais que podem pensar que estão em lados opostos de uma discussão sobre como ensinar a ler (ver SNOW; BURNS; GRIFFIN, 1998). No entanto, ninguém em nenhum dos campos argumentaria que não se deve ler em voz alta para os pré-escolares, ou que a fônica deveria estar completamente ausente da instrução de leitura do primeiro ano, ou que os professores de formação inicial e continuada não se beneficiariam de mais oportunidades de treinamento integrado à prática e mais apoio. Existem muitos passos incontestáveis que poderiam ser dados para melhorar os resultados da leitura enquanto continuamos a discutir sobre outras coisas.

REFERÊNCIAS

ADGER, C. T.; SNOW, C. E.; CHRISTIAN, D. *What teachers need to know about language*. 2nd ed. Bristol: Multilingual Matters, 2018.

FOLSOM, J. et al. *Educator outcomes associated with implementation of Mississippi's K-3 early literacy professional development initiative*. Washington: U.S. Department of Education, Institute of Education Sciences, National Center for Education Evaluation and Regional Assistance, Regional Educational Laboratory Southeast, 2017. Disponível em: http://ies.ed.gov/ncee/edlabs. Acesso em: 21 fev. 2022.

GAWANDE, A. Personal best. *The New Yorker*, 2011. Disponível em: https://www.newyorker.com/magazine/2011/10/03/personal-best. Acesso em: 21 fev. 2022.

PARIS, S. Reinterpreting the development of reading skills. *Reading Researh Quarterly*, v. 40, p. 184-202, 2005.

SCARBOROUGH, H. S. Connecting early language and literacy to later reading (dis)abilities: evidence, theory, and practice. *In*: NEUMAN, S.; DICKINSON, D. (ed.). *Handbook for research in early literacy*. v. 1, New York: Guilford, 2001. p. 97-110.

SNOW, C.; GRIFFIN, P.; BURNS, M. S. (ed.). *Knowledge to support the teaching of reading*: preparing teachers for a changing world. San Francisco: Jossey-Bass, 2005.

SNOW, C.; MATTHEWS, T. Reading and language in the early grades. *Future of Children*, v. 26, p. 57-74, 2016.

SNOW, C. E.; BURNS, S.; GRIFFIN, P. (ed.). *Preventing reading difficulties in young children*. Washington: National Academy, 1998.

STRICKLAND, D. et al. *Preparing our teachers*: opportunities for better reading instruction. Washington: J. Henry, 2002.

WEILAND, C.; YOSHIKAWA, H. Impacts of a prekindergarten program on children's mathematics, language, literacy, executive function, and emotional skills. *Child Development*, v. 84, n. 6, 2013.

IMPRESSÃO:

PALLOTTI
GRÁFICA

Santa Maria - RS | Fone: (55) 3220.4500
www.graficapallotti.com.br